Die Seele des Menschen
und die Hoffnung der Christen

Für Herrn F. Schmid

in Dankbarkeit

Christof Gestrich

Christof Gestrich

Die Seele des Menschen und die Hoffnung der Christen

Evangelische Eschatologie vor der Erneuerung

edition ✥ chrismon

 Christof Gestrich, Dr. theol., Jahrgang 1940, studierte Evangelische Theologie in Tübingen und Zürich, wurde im Fach Kirchengeschichte promoviert und habilitierte sich in der Systematischen Theologie. Von 1974 bis 1979 hatte er ein Pfarramt inne. Bis zu seiner Emeritierung 2007 war Gestrich Ordinarius für Systematische Theologie, zuletzt an der Humboldt-Universität zu Berlin mit den Schwerpunkten Hermeneutik, Religionsphilosophie, Ethik. Er wirkt als ehrenamtlicher Pfarrer in der Evangelischen Stephanus-Gemeinde Berlin-Zehlendorf. Seit 1986 ist er Mitglied der Dialogkommission der EKD zum Gespräch mit der Russisch-Orthodoxen Kirche und seit 2003 Vorsitzender des Ethikkomitees der Evangelischen Herzbergklinik (KEH) in Berlin-Lichtenberg.

Die Deutsche Bibliothek – Bibliographische Informationen
Die Deutsche Bibliothek verzeichnet diese Publikation in der Deutschen Nationalbibliographie, detaillierte bibliographische Daten sind im Internet über <http://dnb.dbb.de> abrufbar.

© Hansisches Druck- und Verlagshaus GmbH, Frankfurt am Main 2009
Alle Rechte vorbehalten. Das Werk einschließlich seiner Teile ist urheberrechtlich geschützt. Jede Nutzung außerhalb der Grenzen des Urheberrechts ist ohne schriftliche Einwilligung des Verlags unzulässig.

Umschlagbild:
Mark Lawrence 2008: Intercessory Introspection [Fürbittende Innenschau].
VerseVisions Art; 1 Thessalonians 5:23

Umschlaggestaltung:
Kristin Kamprad

Satz:
Annette Weidhas

Druck und Binden:
Druckerei Böhlau, Leipzig

Printed in Germany
ISBN 978-3-86921-004-9

ALMUTH

Er aber, der Gott des Friedens, heilige euch durch und durch und bewahre euren Geist samt Seele und Leib unversehrt, untadelig für die Ankunft unseres Herrn Jesus Christus.

(1. Thessalonicher 5,23)

Vorwort

Der hier unterbreitete Vorschlag, die Seele in einem konsistenten Verständnis wieder ins Zentrum der Anthropologie und auch der christlichen Eschatologie zu rücken, versteht sich nicht als eine Rückkehr zur vorneuzeitlichen Metaphysik. Er antwortet vielmehr auf hermeneutische Fragen im Bereich gegenwärtiger Theologie, Philosophie und Religionsgeschichte. Langjährige Erfahrungen mit der Schwierigkeit bei der Kommunikation der christlichen Hoffnung sowohl im Kontext von Kirche als auch von Theologie an der Universität stehen im Hintergrund. Dem Verfasser ging es um das Ergreifen neuer Möglichkeiten in einer wichtigen Angelegenheit; und es ging um die Prüfung ihrer Reichweite.

Frau Dr. Annette Weidhas danke ich herzlich dafür, dass sie diese zusammenhängende Darstellung, die einigen Aufsatzveröffentlichungen nachfolgt, angeregt hat. Mit liebevoller Geduld hat sie die Entstehung des Buches begleitet und das Manuskript lektoriert. Ich danke ferner Herrn Mark Lawrence in Alpharetta (GA) für die Erlaubnis, sein im Sinne von 1. Thessalonicher 5,23 den Geist-Seele-Körper-Zusammenhang meditierendes Lichttechnikbild für das Buch-Cover zu verwenden, und Frau Kristin Kamprad für die einfühlsame graphische Gestaltung. Dem scheidenden Inhaber der Guardini-Professur an der Humboldt-Universität zu Berlin, Herrn Kollegen Prof. Dr. Edmund Runggaldier SJ (Philosoph an der Universität Innsbruck), danke ich für Gespräche und verschiedene Hinweise auf heutige philosophische ‚Wiederannäherungen' an den Begriff der Seele. Nicht wenige Menschen haben mir in letzter Zeit ihre persönlichen Einschätzungen von ‚Seele' und ‚christlicher Hoffnung' zukommen lassen und dankenswerterweise auch die Erlaubnis, daraus zu zitieren. Wo das geschah, ist es gekennzeichnet.

Gratissimo animo et gaudibunda anima ist dieses Buch meiner Frau gewidmet: zum 28. November 2009.

Berlin, im Sommer 2009   Christof Gestrich

Inhaltsverzeichnis

Hinführung 11

I.
Unsterbliche Seele – ein Traum von vorgestern?

1. Die problematische Abwendung der neueren Theologie von einer alten anthropologischen Gewissheit 14
2. Was ist ‚Eschatologie'? 31
3. Die religiöse Abwendung von den Kirchen wegen deren moderner Unvertrautheit mit den seelischen Bezügen zur Transzendenz 66
4. Zusammenfassung der Ergebnisse von Kapitel I 75

II.
Für welche Erlösung steht Jesus Christus?

1. Die Antwort auf die Gottesfrage Hiobs durch Jesus Christus 78
2. Der auferstandene Christus und wir – im ‚Zeitalter der Wissenschaft' . . . 95
3. Wie Gott die Welt erlöst: die Botschaft der Hauptfeste des christlichen Kirchenjahrs 107
4. Zusammenfassung der Ergebnisse von Kapitel II 114

III.
Kann die Seele evident beschrieben werden?

1. Kein semantisches Chaos trotz unterschiedlicher Deutungen der Seele . 120
2. Zeit und Ewigkeit 158
3. Schnittstellen zu Praktischer Theologie und Seelsorge 171
4. Zusammenfassung der Ergebnisse von Kapitel III 184

IV.
Auferstehung der Toten und das ewige Leben?

1. „Wenn wir es wissen müssten, was uns nach dem Tod erwartet, wüssten wir es auch." Die vielen eschatologischen Bilder und die Frage der Heilsgewissheit 188
2. Warum sollen wir in den Himmel kommen? 210
3. Zur Interpretation des Jüngsten Gerichts 226
4. Zusammenfassung der Ergebnisse von Kapitel IV 239

Namenregister 245

Hinführung

Was hülfe es dem Menschen, wenn er die ganze Welt gewönne und nähme doch Schaden an seiner Seele? Oder was kann der Mensch geben, womit er seine Seele auslöse?

(Matthäus 16,26)

Jesu Warnung vor einer Beschädigung der Seele (bzw. des eigenen Lebens) ist in Luthers Übersetzung in die schönsten Konjunktive der deutschen Sprache gekleidet worden. Aber die heute gesprochene deutsche Sprache umgeht Konjunktive, sie sind nahezu verschwunden. Und trügt etwa der Eindruck, die Möglichkeit der Seelenbeschädigung, vor der Jesus warnt, sei heute durch Überdehnung des innerweltlichen Engagements weithin Realität geworden? Ein Indiz dafür ist, dass der Begriff der Seele selbst – wie die schönen Konjunktive – nicht mehr recht greifbar ist. Die beschädigten Seelen zeigen sich nicht mehr. Sogar die evangelische Theologie hat sich von der zentralen Bedeutung der menschlichen Seele, zumal der für ‚unsterblich‘ gehaltenen, zurückgezogen. Es ist in der evangelischen Theologie heute unproblematischer, von einer Seele der Tiere und der Pflanzen zu sprechen als distinkt von einer Seele des Menschen. Es verhält sich aber mit dem Verlust des Wortes ‚Seele‘ wie mit dem Verlust des Wortes ‚Gott‘: Man bemerkt ihn zunächst gar nicht. Man spürt keine Konsequenzen. Sollte zwischen dem im Christentum des 20. Jahrhunderts so oft konstatierten ‚Tod Gottes‘ und dem ‚Verlust der Seele‘ ein Zusammenhang bestehen? Damit ist auf jeden Fall zu rechnen. Der dreieinige Gott und die menschliche Seele meinen beide etwas, das in sich selbst beziehungsreich ist in dem Sinne, dass sich ewige und zeitliche Größen miteinander verschränken. Die Relationen in Gott und in der Seele, die beide auch aufeinander bezogen gedacht werden können, sprengen den Rahmen der Immanenz. Deshalb umgeht man Gott und die Seele im modernen Denken und Sprechen.

In diesem Buch wird der Versuch unternommen, ein konsistentes Denken und Sprechen von der menschlichen Seele zurückzugewinnen. Dafür gibt es Vorarbeiten am ehesten in der Philosophie und Psychotherapie der Gegenwart. Wir können uns mit dem Verlust der Seele offenbar nicht abfinden, wie man das auch früher niemals konnte. Irgendwann spürt man die schrecklichen Konsequenzen, die an die Wurzeln des Menschlichen reichen. Man fragt sich: Wogegen hat man die Seele eigentlich eingetauscht? Welchen Gegenwert hat man für die Seele bekommen? Keinen! Das Preisgegebene wurde nicht kompensiert und so beginnt man, um sich nicht verlorengeben zu müssen, den Versuch der Rückeroberung der Seele mit aller noch verbliebenen Kraft. Wir haben nicht den Eindruck, dass wir hier theologischen Fleiß und philosophische Mühe in eine veraltete Fragestellung investieren. Eher ist zu befürchten, dass wir eine schon sehr verfahrene Lage antreffen und reichlich spät um ihre Wendung bemüht sind. Chancen hat dieser Versuch nur, wenn er Wiederhall findet und ähnliche Bemühungen anderer folgen.

In diesem Buch wird die menschliche Seele innerhalb eines bestimmten Kontextes untersucht: dem der christlichen Lehre von den letzten Dingen. Auch sie handelt von Verschränkungen des Zeitlichen und des Ewigen. Sie gibt dem menschlichen Dasein einen besonderen Horizont, der heute allerdings ebenfalls verblasst und unseren Augen entschwindet. Man muss die kirchliche Eschatologie der Gegenwart als theologisches Notstandsgebiet bezeichnen. Ob ihre Erneuerung möglich sein wird, wenn ein erneuerter Begriff von der menschlichen Seele in die theologische und philosophische Diskussion zurückkehrt? Wir sind uns dessen sehr bewusst, dass es niemandem möglich sein dürfte, den Umfang und die Grenzen, die Tiefen und die Untiefen der menschlichen Seele weitgehend auszuloten. Das hat schon Heraklit prophezeit: „Der Seele Grenzen dürftest du nicht finden, auch wenn du jeden Weg der Erde gingest, so tiefen Sinn birgt sie in sich" (Fragment 97). Aber Anstöße für ein Wiedererwachen des Seelenbegriffes aus seiner derzeitigen theologischen und philosophischen Ohnmacht hoffen wir geben zu können. Damit könnte sich auch der christlichen Hoffnung über den Tod hinaus und der christlichen Seelsorge ein Paradigma öffnen, das künftig ihrer besseren theologischen Entfaltung zugutekommt.

Das erste Kapitel erläutert die Fragestellung und den Sinn der christlichen Eschatologie. Das zweite Kapitel vollzieht die theologische Grundlegung. Das dritte Kapitel untersucht die Notwendigkeit, Plausibilität und Konsistenz des Begriffs der menschlichen Seele und weist auf die Schnittstellen zur Philosophie und zur Praktischen Theologie hin. In kritischer Prüfung bietet schließlich das vierte Kapitel Impulse für die Erneuerung der christlichen Lehre von den letzten Dingen.

Berlin, im Mai 2009
Christof Gestrich

I.

Unsterbliche Seele – ein Traum von vorgestern?

I. Unsterbliche Seele – ein Traum von vorgestern?

Fürchtet euch nicht vor denen, die den Leib töten, die Seele aber nicht töten können, sondern fürchtet euch vor dem, der Seele und Leib ins Verderben der Hölle stürzen kann.

Matthäus 10,28

ARME SEELE: Sie ist in aller Munde, doch meistens nur noch als unverbindliche Metapher für allerlei Befindlichkeiten des Menschen. Rückt man ihr näher, scheint sie sich zu verflüchtigen. Sie bleibt jenseits naturwissenschaftlicher Evidenzen, als Geist so gut wie als leibzugehöriges Etwas. Selbst die Theologie redet von ihr nicht mehr in glatter Selbstverständlichkeit. Der Befund: Die fundierte Rede von der Seele bedarf der Reanimierung.

Zeitzeichen 12/2006
(einleitender Redaktionstext zum Schwerpunkt des Heftes „Seele")

1.
Die problematische Abwendung der neueren Theologie von einer alten anthropologischen Gewissheit

1.1 Seele – eine fragliche Gewissheit 15
1.2 Theologische Rückzüge und theologische Versuche einer
    Eschatologie-Korrektur 17
1.3 Wiederentdeckung der Seele in der Philosophie der Gegenwart? 21
1.4 Zur heutigen theologischen Begründung der christlichen Hoffnung
    ohne die Seele 23
1.5 Fachtheologische Gründe, warum der Seelenbegriff zurückgewonnen
    werden muss 25
1.6 Wiederannäherung an die Realität, Gewichtigkeit,
    distinkte Unterschiedenheit und innere Einheit der Seele 27
1.7 Zur Forschungslage und zur angewandten Forschungsmethode 29

1.1 Seele – eine fragliche Gewissheit

„Was geschieht mit mir, wenn ich sterbe?" Niemand kann dieser bedrängenden Frage auf die Dauer ausweichen. Naturwissenschaftliche Aussagen darüber, was beim Sterben vor sich geht, erläutern zwar die entsprechenden biologischen Vorgänge mit einer Eindeutigkeit, der nicht auszuweichen ist. Aber sie beantworten eben nicht ‚alles'. ‚Alles' bezieht sich hier auf die Frage, ob unser Ich (und unser Bewusstsein von diesem Ich) im Sterben ebenfalls abbricht und erlischt. Gibt es eine Kontinuität unserer *personalen Existenz* über die Todesgrenze hinweg? Wird unser Leben in eine neue Dimension hinein *transformiert*? Das zunehmende Schweigen oder vage Umschreiben der Kirchen, wenn sie hierauf antworten sollen, hat im Laufe des 20. Jahrhunderts viele Menschen den Kirchen entfremdet. Das Vakuum hat großes Interesse an ‚Nahtoderlebnissen' und an alten ostasiatischen Seelenwanderungsvorstellungen geweckt. Daneben steht aber, wie in einem abseitigen Winkel, die z. B. in der römisch-katholischen Glaubenslehre noch immer festgehaltene alte kirchliche Lehre:

> *Die Kirche lehrt, dass jede Geistseele unmittelbar von Gott geschaffen ist – sie wird nicht von den Eltern ‚hervorgebracht' – und dass sie unsterblich ist: sie geht nicht zugrunde, wenn sie sich im Tod vom Leibe trennt, und sie wird sich bei der Auferstehung von neuem mit dem Leib vereinen.*[1]

Dass die Seelen von Gott stammen und wieder zu Gott gehen und dass sich die Seele im Prozess des Sterbens vom Leib trennt, beides gehört sogar zu den ältesten Gewissheiten der Menschheit. *Aber genau sie sind naturwissenschaftlich nicht zu erweisen.* Dass die meisten Menschen fragen: „Was geschieht mit unserer Seele, wenn wir sterben? Trennt sich dann unsere Seele vom Leib? Wohin kommt sie dann?", ist aus naturwissenschaftlicher Perspektive nicht sinnvoll. Es fehlt die physiologische Grundlage für solche Fragestellungen. Doch damit sind sie längst nicht erledigt.

Menschliche Personen müssen z. B. eine individuelle Freiheit beanspruchen, obwohl hierfür die Naturbasis im Gehirn als fraglich erscheint. Wegen dieser menschlichen Verwurzelung in einem ‚geistigen Überhang' oder ‚Mehr, als da ist' wirft das menschliche *Sterben* Fragen nach einer weiter reichenden personalen Identität auf, die durchaus sinnvoll sind. Sie sind nicht von der Art, dass man den Kommentar geben sollte: „Du darfst diese Fragen zwar stellen, aber erwarte

---

1) KATECHISMUS DER KATHOLISCHEN KIRCHE, München-Wien-Leipzig-Freiburg i. Br. 1993 (Nr. 366).

keine Antwort, denn Klärungen der Probleme auf einer verallgemeinerungsfähigen Grundlage sind nicht möglich." Im Gegenteil: Sie *sind* möglich, wenn auch nicht leicht zu gewinnen. Aussagen über das Geschick der Menschen nach ihrem Tod müssen nicht aus unklaren Quellen unbekannter Regionen hergeleitet werden. Sie sind dort zu finden, wo wir auch fürs jetzige Leben bereits Sinn und Wegweisung schöpfen.

Wenn ein individuelles Menschenleben nach einigen Sekunden, Minuten, Stunden, Wochen, Monaten oder Jahren *endet*, steht immer *viel offen Gebliebenes* im Raum. Beispielsweise hat auch ein bei geistiger Gesundheit alt und innerlich reif gewordener Mensch all die Jahre seines Lebens über noch keine volle Selbsterkenntnis gewinnen können. Ein ‚Fragment' geblieben, stirbt er nun und ist immer noch unterwegs mit offenen Fragen. Und weiter: Auch die Frage der Gerechtigkeit, die seiner Existenz widerfuhr bzw. nicht widerfuhr oder die umgekehrt durch sie bewirkt oder beschädigt wurde, ist beunruhigend unabgeschlossen geblieben. Es hinterbleibt, wenn sich die Augen für immer geschlossen haben, eher eine Spur von Ungerechtigkeit und von Schuld. Und weiter: Die individuelle Identität eines verstorbenen Menschen ist auch den anderen um ihn herum all die Jahre über nur schemenhaft erkennbar geworden: Sie tritt oft erst Jahre *nach* seinem Tod vollständiger und in ausgewogenerer und gerechterer Beurteilung an den Tag. Im Erinnern der Nachfahren wird noch an ihr gearbeitet, und dabei arbeiten diese gleichzeitig auch an ihrer eigenen Identität. Darum pflegt man ja zu sagen, ein Mensch, dessen noch gedacht wird, ist nicht tot. Sein Leben ist noch nicht abgeschlossen. Ein erstes Fazit aus alldem ist: Gestorbene Menschen sind *Unvollendete*.

Somit wird die Identität (das ‚Selbst') eines Menschen nicht nach und nach im Zusammenhang mit seiner biographischen Reifung im Gehirn abgebildet und neuronal gespeichert. Nur das Streben nach der eigenen Identität hat irgendwo seine ‚Gehirnregion'. Aber worin die jeweilige individuelle Identität, das singuläre Selbst eines Menschen, besteht, das weiß der jeweilige Kopf auch in seinen geheimsten Winkeln nicht – und es weiß dies eigentlich niemand. Denn die personale Identität eines menschlichen Individuums wird sozusagen im Kopf *vieler* ausgebildet: im Kopf von Menschen, die früher gelebt haben; von Menschen, die jetzt noch weiterleben; von Menschen, die erst noch leben werden. Zudem hängt die Identität eines Menschen auch von nicht-personalen Instanzen ab: biologischen, kulturellen, religiösen usw. Sollte also *Seele* das ‚Selbst' eines Menschen bedeuten (und dass dies zutrifft, soll im Folgenden gezeigt werden), ist die menschliche Seele in jedem Fall von weit her.

Der jetzt lebende Mensch ist bei seiner eigenen Seele *zu Gast* und sie bei ihm. Es besteht zwischen ihm und seiner eigenen Seele eine gewisse Differenz.[2]

Zwar sagt man oft: „Nein, im Gegenteil, die Seele eines Menschen ist sein Eigenstes und Innerstes, sein einmaliger und unzerstörbarer Besitz, sein Personkern, der seinen Charakter und seinen Körper formt. Diese Seele ist die Trägerin seiner unantastbaren Würde!" Aber dagegen ließe sich lakonisch einwenden: „Einen ‚Personkern', den *es* gibt, den ‚gibt es nicht'!" Wenn der Mensch tatsächlich bei seiner Geburt zusammen mit seiner Seele auch schon sein unverwechselbares Selbst mit in die Welt brächte, so bliebe ihm dieses doch verschlüsselt. Er müsste es ja erst mit Leben füllen bzw. ‚gefüllt bekommen'.

Schwere Fragen! Sie sind aber für ein humanes Leben so wichtig, dass sie selbstverständlich nicht unter Verbot zu stellen sind, nur weil es eben keine naturwissenschaftliche Klärungsmöglichkeit für sie gibt. Sie müssen gestellt werden, weil sich gerade in ihnen das ausdrückt, was den Menschen zum Menschen macht. Gewiss soll man naturwissenschaftlich klären, was immer man klären kann. Aber es gibt auch Fragen, die sich ihrer Beschaffenheit nach durch empirische Untersuchungen, wie sie beispielsweise auf dem Seziertisch geschehen, nicht klären lassen. Das muss anerkannt bleiben oder wieder anerkannt werden. Heute geschieht das oft, indem der naturwissenschaftlichen Rationalität die eigene Rationalität der Kulturwissenschaften beigeordnet wird.

1.2 Theologische Rückzüge und theologische Versuche einer Eschatologie-Korrektur

Bis zum Beginn des 19. Jahrhunderts stand in der europäischen Theologie – auch in der evangelischen – die Jahrtausende alte Menschheitsüberzeugung noch überall in Geltung, dass Menschen eine ins Ewige hineinreichende Seele haben. Wenn sie sterben, wird der ‚entseelte' Leib bestattet, der sich nun bald in seine Moleküle auflösen wird. Ihre Seele bleibt jedoch hiervon unbetroffen. Warum? Hierauf gibt es *heute* allerdings zu viele verschiedene Antworten. Sie reichen von der Vermutung einer substanziellen Unsterblichkeit der Seele bis hin zu der Erwartung, sich als ‚Ich' noch in anderen Körpern bewähren zu dürfen oder zu müssen. Es könnte aber auch die Antwort versucht werden: Die Seele bleibt vom Tod des Menschen deshalb ‚unbetroffen', weil es sie gar nicht gibt. Oder die

---

2) Gerade diese Differenz ist es, mit der sich Menschen *psychisch* Tag für Tag auseinandersetzen. Sie suchen sich selbst oder sie lehnen sich selbst ab. Solche *psychischen* Erscheinungen muss man also ebenfalls von der Seele *unterscheiden*. Eine Beziehung zwischen beidem mag trotzdem da sein. Denn Unterscheiden heißt ja nicht Trennen. Aber wir halten fest: Die Psyche (der ‚psychische Apparat') der Psychologen und Neurologen ist nicht identisch mit der menschlichen Seele. Die Antwort auf die Frage, was die Seele sei (oder nicht sei), ist nicht abhängig von den jeweiligen Ergebnissen der naturwissenschaftlichen Gehirnforschung.

Antwort: Vom Tod wird *gerade* die Seele aufs Tiefste betroffen; *sie* ist es, die, sogar schon vorausschauend, den Verlust des Körpers als Katastrophe empfindet; sie steht, wenn der Tod dann kommt, entweder ebenfalls vor dem Untergang oder aber vor einer ‚Neubeheimatung'. Viele sind in dieser Lage unsicher geworden, ob fundierte Aussagen über die menschliche Seele aus heutiger Sicht überhaupt möglich sind. Wer heute von dieser Möglichkeit noch immer oder wieder neu überzeugt ist, muss mindestens darlegen, *welche* Aussagen über die Seele des Menschen möglich und sinnvoll geblieben sind. Dabei ist auch auf die Frage einzugehen, ob man jene Phänomene, die oft im Blick sind, wenn man von der ‚Seele' spricht, nicht auch *unter einen anderen Begriff* fassen könnte. Denn es wird heute die Eignung des Seelen-Begriffs oft bezweifelt.

Der bekannte evangelische Theologe Paul Tillich schrieb nach dem Zweiten Weltkrieg: „Das Wort ‚Seele' hat ein ähnliches Geschick erlitten wie das Wort ‚spirit' im Englischen." Beide sind von der modernen wissenschaftlichen Persönlichkeitspsychologie überrollt worden, die sich, genau genommen, so zitiert Tillich Friedrich Albert Lange[3], zu einer ‚Psychologie ohne Seele' entwickelt hat. Zwar hat das Wort ‚Seele' „in der liturgischen ... und dichterischen Sprache" heute noch eine gewisse Beheimatung. Dort soll mit ‚Seele' auf metaphorische Weise der „Sitz der Gefühle" angedeutet werden. Aber „für die allgemeine wie auch für die theologische Beschreibung des Menschen" hat „das Wort Seele" seinen Nutzen verloren.[4]

Tillich und andere Theologinnen und Theologen haben auch darauf hingewiesen, dass der Begriff der Seele in der Bibel selbst gar nicht so prominent hervortritt, wie man dies bisher immer meinte. Wichtiger sei dort der Lebens*geist*, der Odem Gottes, der sowohl das physische wie das geistige und schließlich auch das geistliche Leben des Menschen ermöglicht. Im Alten Testament meinte *Seele* aber oft nur den ‚Schlund' oder die ‚Kehle' als Kanäle fürs ‚Durchrinnen' des Lebensgeistes. In der ganzen Bibel, also auch im Neuen Testament, lasse sich zudem der *Dualismus* von unsterblicher Seele und sterblichem Leib, der sich seit alters in unserem Volksglauben vorfindet, *nicht* nachweisen. Einige prominente Theologen schrieben am Beginn des letzten Drittels des 20. Jahrhunderts, es sei als ‚verhängnisvoll' zu werten, dass sich die Kirchen fast 2000 Jahre lang im Banne des altgriechischen Philosophen Platon auf jenen Dualismus eingelassen haben. Damit hätten sie ihre *Lehren vom Leben nach dem*

---

[3] Friedrich Albert Lange (1828–1875) war ein zwischen der naturwissenschaftlichen Denkweise und Kants Denken vermittelnder Philosoph und Nationalökonom. Er ist der Verfasser des Standardwerks „Geschichte des Materialismus".

[4] Paul Tillich, Systematische Theologie III, Stuttgart 1966, 35.

Tode auf eine heidnische Grundlage gestellt, nämlich auf den Boden der Vorstellung von einer unsterblichen Seelensubstanz im Menschen.[5] Gemäß der Bibel selbst trage der Mensch jedoch gar nichts Unsterbliches an oder in sich. Ewig ist allein Gott.[6] Im Tod bleibt *nichts Substanzielles* von uns übrig und lebt weiter (sog. ‚Ganztod'-Auffassung).[7]

Worin besteht dann aber noch die christliche Hoffnung? Nun, es bleibt immer noch die *Vaterunserbitte* um das Kommen des *Reiches Gottes*: die Hoffnung auf die durchgreifende Neugestaltung der Weltverhältnisse durch Gott. Aber wann oder wie wird sie kommen? Und ist diese Hoffnung wirklich zentral bei heutigen Christen? Es bleibt außerdem die Hoffnung auf die *leibliche Auferweckung* aller gestorbenen Menschen durch Gott am ‚Jüngsten Tag'. Aber wann und wie soll das geschehen? Wie groß ist unser Zutrauen zur Möglichkeit und Wünschbarkeit einer solchen Zukunft? Wie einleuchtend ist uns eine *‚leibliche'* Wiederherstellung? Und es bleibt schließlich die Hoffnung auf die *Wiederkunft Christi zum Weltgericht*. Aber in welcher Weise könnte das unsere große ‚Hoffnung' sein?

Diese nach dem Verzicht auf die ‚Seelenvorstellung' noch zurückbleibenden ‚Säulen' der christlichen Hoffnung sind ebenfalls nicht nach jedermanns heutigem Geschmack. Doch ist es ein Faktum, dass viele evangelische Christen der Gegenwart die soeben erwähnte Wendung in der Lehre von den ‚letzten Dingen' begrüßen. Dass wir Menschen ‚ganz' mit Leib *und* Seele sterben, scheint nicht

---

5) Ein wirkungsvolles Zeugnis in dieser Richtung stammt von dem Neutestamentler OSCAR CULLMANN, Unsterblichkeit der Seele oder Auferstehung der Toten?, Stuttgart 1962: Man „hat das 15. Kapitel des 1. Korintherbriefs dem ‚Phaidon' geopfert" (12). In diesem Platon-Dialog drückt Sokrates seine Freude über seinen bevorstehenden Tod aus, der ihm ein Fest der Befreiung der *unsterblichen Seele* vom Körper sein werde. Damit ist aber, so C., die Haltung Jesu vor seinem eigenen Tod absolut nicht vergleichbar. Jesus zitterte und zagte. Er ging, wie alle Hebräer, von der Zusammengehörigkeit von Körper und Seele aus. Der Tod selbst galt ihm als „Feind Gottes", weshalb er „größte Verlassenheit bedeutet" (26). In der ganzen Bibel gibt es Hoffnung über den Tod hinaus nur als Hoffnung, dass Gott gestorbene Menschenkörper wieder *auferwecken* und mit seinem Geist neu beleben werde. Deshalb sei das, was Platon im ‚Phaidon' lehrt, „eines der größten *Missverständnisse* des Christentums" (19).

6) Zu welchem Zeitpunkt der Evolution wäre denn, so wird oft kritisch gefragt, beim kontinuierlichen Übergang von den höheren Primaten hin zum Menschen plötzlich der ‚unsterbliche Seelenkern' des Menschen zustande gekommen? Sieht nicht sogar die Bibel selbst den Menschen noch „wie das Gras" (vgl. I Petrus 1,24)? *Gott allein* kann daher des Menschen *Jenseits* sein! Darauf hat KARL BARTH mit allem Nachdruck hingewiesen (KD III/2, 770).

7) Die Rede von der im Protestantismus vertretenen *Ganztod-Hypothese* findet sich besonders häufig in der apologetisch oder polemisch kommentierenden römisch-katholischen theologischen Literatur. Der Erste, der diese Bezeichnung mit Blick auf die führenden evangelischen Eschatologien der Gegenwart anwandte, dürfte *Karl Rahner SJ* (1904–1984) gewesen sein. – Jedoch: Auf die Eschatologien beispielsweise Karl Barths oder Oscar Cullmanns trifft der ihnen öfter unterstellte ‚Ganztod'-Gedanke nicht wirklich zu. Denn sie verbinden durchaus das jetzige Menschenleben mit einem von Gott gewährten ‚Auferstehungsleben'.

nur biblischer Realismus zu sein, sondern passt eben gut zur naturwissenschaftlichen Sicht des Menschen. Auch wird Befriedigung darüber geäußert, dass heute – nachdem ‚platonische Einflüsse' auf das Christentum im evangelischen Bereich tunlichst eliminiert worden sind – Altes und Neues Testament, Judentum und Christentum in ihren eschatologischen Hoffnungen endlich wieder *einheitlicher* erscheinen. Erleichterung wird schließlich darüber verspürt, dass uns die historisch-wissenschaftlich arbeitende Bibelexegese jetzt eine Basis liefere, um von der ‚augustinischen Leibfeindlichkeit' in der Kirche wegzukommen. Deren Grundlage sei (trotz der Äußerungen über Ehe und Sexualität, die immerhin schon beim jüdischstämmigen Apostel Paulus ganz ähnlich klingen wie bei Augustinus!) angeblich *nicht das Neue Testament selbst*, sondern der dualistische Neuplatonismus der ‚Kirchenväter'.

Zusammenfassend kann gesagt werden:

a) In überwiegenden Teilen hält besonders die zeitgenössische evangelische Theologie im Zuge *historisch-kritischer Bibelauslegung* die Lehre von der unsterblichen Menschenseele für ‚unbiblisch'. Mit dieser traditionellen kirchlichen Lehre sei das Christentum für lange Zeit ‚dualistisch' geworden und habe hierdurch auch seine Verantwortung fürs materielle Diesseits, das weniger wichtig zu sein schien, vernachlässigt.

b) Evangelische Theologie hat – weitgehender und grundsätzlicher[8] als die katholische – der *naturwissenschaftlich und antimetaphysisch begründeten Anthropologie und Psychologie der Moderne* gerecht werden wollen. Sie verabschiedete sich von der zu Luthers und selbst noch zu Schleiermachers Zeiten selbstverständlich gewesenen Lehre von der Unsterblichkeit der Seele, die sich im Tod vom Körper trenne. In Deutschland war hierfür anfänglich die große Autorität Immanuel Kants ausschlaggebend, der bereits gelehrt hatte, die mögliche Unsterblichkeit eines menschlichen Individuums lasse sich naturwissenschaftlich nicht plausibel machen, höchstens aus ethischen Gründen[9] ‚postulieren'.

c) Evangelische Theologie entwickelte im 20. Jahrhundert großes Interesse an der *Entmythologisierung* biblischer Transzendenz-, Apokalyptik- und Jenseitsbilder. Dahinter steht ihre nicht unberechtigte Sorge vor dem ‚Wörtlichnehmen' vieler traditioneller Bilder von Himmel und Hölle, Gerichtstribunalen, Teufeln und Engeln – als stünden dinghafte Realitäten oder ein ‚weltgeschicht-

---

[8] Das *Grundsätzliche* hängt hier damit zusammen, dass die evangelische Theologie keine eigene Philosophie auszubilden pflegt.

[9] Vor allem wegen des ethischen Gesichtspunktes, dass es einer (während unseres irdischen Lebens nicht zum Zuge kommenden) *ausgleichenden Gerechtigkeit* bedürfe.

licher Fahrplan' dahinter. Evangelische Theologie ging zu einer innergeschichtlichen, ‚existenzialen' Interpretation dieser Bilder (Rudolf Bultmann) über. In diesen Interpretationsrahmen ließ sich aber der ‚Unsterblichkeitsgedanke' *nicht mehr* einfügen. Er sollte hier vielmehr durch eine neue Erschließung des Wortes ‚Auferstehung' überwunden werden.

1.3 Wiederentdeckung der Seele in der Philosophie der Gegenwart?

Was sagen Philosophen zu den neueren Entwicklungen besonders im Protestantismus, sofern sie diese noch beachten? Auch in der modernen westlichen Philosophie steht der Begriff der Seele nicht mehr hoch im Kurs. Aber von einigen Repräsentanten der in der strengen Logik besonders profilierten *analytischen Philosophie* wird wiedererwachendes Interesse am Begriff der Seele (sogar an der ‚unsterblichen'!) vermeldet:

> *Was ist die menschliche Seele? In welchem Verhältnis steht sie zum Körper? Ist sie sterblich oder unsterblich? Derlei Fragen schienen bis vor kurzem als völlig überholt. Auch die Leib-Seele-Problematik galt als Relikt aus der alten griechischen Philosophie bzw. dem modernen Cartesianischen ‚cogito' ... Dessen ungeachtet hat es aber in den letzten Jahrzehnten besonders unter analytischen Philosophen eine Renaissance der Frage nach der Seele ... gegeben.*[10]

---

10) Man sollte aber diese interessanten Versuche von Seiten der Theologie nicht überbewerten. Teils verdanken sie sich nämlich einer neuen Flucht in den ontologischen *Dualismus* hinein, von dem sogar einige (wenige) ‚Gehirnforscher' meinen, dass man ihm letztlich nicht entkommen könne, wolle man die Probleme des menschlichen Bewusstseins erklären. Teils handelt es sich um ein Experimentieren mit meistens gar nicht so neuen Zeittheorien, welche ‚Ewigkeit' und ‚Zeit' im ‚Augenblick der Gegenwart' ineinanderstellen. Philosophische *Äternisten*, aber auch einige *Präsentisten* meinen: Wenn der ‚Zeitfluss' von der Vergangenheit über die Gegenwart in die Zukunft vielleicht gar nichts Reales ist, wenn vielmehr von einem bestimmten Standpunkt aus gesehen ‚alles immer zugleich' ist, dann wäre auch die Frage der Verewigung des Menschen neu zu sehen. Manche knüpfen an eine von *John M.E. McTaggart* schon 1908 vorgetragene (und dann in den zwanziger Jahren weiter ausgebaute) Theorie über *The Unreality of Time* an. Wieder andere gehen der Frage philosophisch nach, ob menschliche Körper, die jeweils binnen acht Jahren ihre ‚Zellen' mehr oder weniger komplett austauschen, auch sogar nach einem Intervall, wie ihn der Tod darstellen, mit neuen ‚Zellen' identisch *kontinuiert* werden können. In dieser Weise wäre dann die ‚leibliche Auferstehung' *denkbar*. Auch wenn die Literatur über solche Fragen anwächst und auch wenn inzwischen wieder im englischsprachigen Westen eine ernsthafte *philosophy of mind* betrieben wird, die zum Teil mittelalterliche Definitionen mit heutigen Mitteln weiter bedenkt, ist es doch kaum realistisch, hiervon *apologetische Erfolge* zur Wiedererstarkung des früheren christlichen Volksglaubens an die Unsterblichkeit der Seele und an ein Leben nach dem Tod zu erwarten. Von der Theologie sind hier vielmehr eigene neue Aufbrüche gefordert!

Mit diesen Worten begann der Guardini-Professor der Theologischen Fakultät der Humboldt-Universität zu Berlin, der Innsbrucker Philosoph Edmund Runggaldier, 2007 seine Antrittsvorlesung. Er brachte dann im Folgenden die menschliche Seele, ohne sie als ‚Substanz' zu bezeichnen, mit der *Identität* des Menschen in Verbindung.[11]

Wie konnte es zu diesem überraschenden neuen philosophischen Interesse an der menschlichen Seele kommen? Und warum ist es ausgerechnet die analytische Philosophie und nicht etwa die Theologie, die gegenwärtig ein neues Interesse an der Menschenseele anmeldet?

Zusammenfassend kann geantwortet werden:

a) Auf mehr als zwei Jahrtausende philosophischer Theoriebildungen zur Seele zurückblickend, lernte die Philosophie die Komplexität der hier anstehenden Probleme in einen *Zusammenhang* zu bringen. Heutige Philosophie muss nicht mehr unmittelbar auf platonisch-neuplatonische Begriffe wie ‚Substanz' rekurrieren. Sie verharrt auch nicht immer noch bei unscharf andeutenden Benennungen der Seele mit ‚Herz', ‚Lebenskraft' ‚Sitz der Gefühle', ‚Personzentrum', ‚Subjektivität' oder ‚Ich' (= Ego?). Vielmehr bietet sich ihr jetzt der vieles früher über die Seele Gesagte übergreifende Begriff der *Identität* an. Es geht bei der Menschenseele demnach um das *Selbst* des Menschen. Viele Philosophen verstehen darunter die von Anfang an bestehende individuelle Besonderheit eines Menschen. *Der Mensch ändert sich. Aber er hat einen bleibenden Kern.* Andererseits wird er so lange er lebt niemals vollständig Er-Selbst sein können. Das schafft eine innere Spannung in der menschlichen Person. Und diese Spannung scheint das Aktionsfeld der Seele zu sein. *Demnach hat man ‚Seele' zu verstehen als die in jedem Menschen lebendige Strebekraft der Übereinstimmung mit sich selbst.*

b) Herausgefordert sehen sich nicht wenige heutige Philosophen durch den *Naturalismus* der meisten Gehirnforscher. Ihm zufolge erlischt im Tod mit den Gehirnfunktionen jede psychische ‚Betätigung' eines Menschen. An das Übrig-

---

11) In der Alltagserfahrung erleben wir Identität einerseits als ‚Kern' unserer Person, der in allen Veränderungen identisch bleibt, andererseits aber als das ‚Selbst' unserer Person, das wir noch nicht gewonnen haben, dem wir vielmehr *stets* entgegenstreben. Das ist die ‚innere Verschränkung' im Begriff des ‚Selbst', der auf jeden Fall vom Begriff des ‚Ich' und vom subjektiven Ichgefühl zu unterscheiden ist. Vgl. hierzu u. a. JOSEF QUITTERER, Ist unser Selbst Illusion oder neurobiologische Realität? Ein Beitrag zur Aktualität des Seelenbegriffs. In: PETER NEUNER (Hg.), Naturalisierung des Geistes – Sprachlosigkeit der Theologie? Die Mind-Brain-Debatte und das christliche Menschenbild (QuD 205), Freiburg-Basel-Wien 2003, 79–97. Vgl. zum Ganzen auch die analytisch-philosophischen Beiträge von: GÜNTER RAGER, JOSEF QUITTERER und EDMUND RUNGGALDIER, Unser Selbst. Identität im Wandel der neuronalen Prozesse, Paderborn 2002. S. daselbst besonders Runggaldiers Ausführungen über den semantischen Unterschied von ‚Ich' und ‚Selbst' und zur Frage der Seele als Identität (205 ff.).

bleiben eines vitalen Bewusstseinskerns oder Kernbewusstseins ist nicht zu denken. Aber ist dann wirklich *alles* vorüber: auch das menschliche Streben nach Ganzheit, nach Übereinstimmung mit sich und anderen, nach gültiger Wahrheit?

c) Besonders die Philosophie diskutiert den Begriff der Zeit. Könnte die Zeit rückwärts laufen? Sich verlangsamen? Stehen bleiben? Ist sie etwas Reales oder nur eine *Anschauung*? Ist Zeit ein Wechselbegriff zu *Ewigkeit*? Sind Ewigkeit und Unendlichkeit in jedem Gegenwarts-Augenblick vorhanden? Oder ist alles Zeitliche (mit seiner Struktur Vergangenheit – Gegenwart – Zukunft) ein Ausfluss aus der Ewigkeit? Ist ewiges Leben im Prinzip möglich? Wie ist die Zeit in Gott, wenn sie überhaupt in ihm ist und es ihn überhaupt ‚gibt'?

1.4 Zur heutigen theologischen Begründung der christlichen Hoffnung ohne die Seele

Kann die evangelische Theologie bei ihren Darstellungen der *Anthropologie* wirklich, wie es heute manchmal geschieht, ganz auf den Begriff oder auf das Bedeutungsfeld der Seele verzichten? Kann sie bei der Explikation der sog. *letzten Dinge* darauf verzichten? Beides wohl nicht. Vielmehr ist es erschreckend, zu sehen, dass es in der gegenwärtigen evangelisch-theologischen Anthropologie sowie in der Lehre von den letzten Dingen nicht mehr wichtig zu sein scheint, darzulegen, was wir unter der Seele des Menschen zu verstehen haben.[12] Es verwundert, dass sich das Wort ‚Seelsorge' noch erhalten hat. Was soll dort geschehen? Diese Frage stößt in eine offene Wunde heutiger kirchlicher Praxis und Theologie.[13]

---

12) Dass wir gegenwärtig in der Theologie nicht auf eine klare und anerkannte Definition der Seele zurückgreifen können, wird in der Fachliteratur registriert und beklagt: Vgl. Konrad Stock, Art. Seele VI. Theologisch, in: TRE Bd. 30, 1999 (759–773), 760: Die „sachgerechte Bestimmung" von Seele „ist nach wie vor eine dringende theologische Aufgabe". – Ferner: Kirsten Huxel, Ontologie des seelischen Lebens. Ein Beitrag zur theologischen Anthropologie im Anschluss an Hume, Kant, Schleiermacher und Dilthey, Tübingen 2004, 1–21.

13) Dieses Problem erörtert umsichtig, aber auch Fragen offen lassend, der Praktische Theologe Michael Klessmann, Seelsorge – Begleitung, Begründung, Lebensdeutung im Horizont des christlichen Glaubens. Ein Lehrbuch, Neukirchen-Vluyn 2008. Klessmann geht davon aus, dass sich zwar die wissenschaftliche Psychiatrie und Psychotherapie seit dem 19. Jahrhundert vom Begriff *Seele* verabschiedet haben. Aber die frühere kirchlich-dogmatische Synthese aus hebräischer und griechisch-philosophischer Perspektive auf die Seele sei dennoch nicht grundsätzlich veraltet. Denn sie verbinde eine ganzheitliche biblische Sicht auf den Menschen mit der in unserer Zeit meistens zu schwach ausgeprägten Ahnung, dass im Menschen etwas Göttliches stecke. Die kirchliche Seelsorgepraxis sollte *beidem* folgen. Es sei mindestens „wünschenswert, dass die christliche Seelsorge an dem schwierigen Begriff der Seele festhält und damit an ein Menschenbild erinnert, das in der Wissenschaft weitgehend verloren gegangen ist" (a. a. O., 30). – Aber ist die von Klessmann so apostrophierte Seele auch ‚Wirklichkeit'?

Wie Umfragen belegen, haben evangelische Pfarrerinnen und Pfarrer inzwischen eine hundertfältige je eigene, persönliche Eschatologie[14] – meistens ohne Seelenvorstellung. Ihre auf die letzten Dinge und Fragen gerichteten Gedanken unterscheiden sich in aller Regel deutlich von den oft noch viel konventionelleren Vorstellungen über Tod, Seele und Ewigkeit bei den Gemeindegliedern. Diese Diskrepanz wird bei Beerdigungen durch liturgische Lesungen aus dem Neuen Testament überspielt, deren Wortlaut in *rezeptionsästhetischer Weise* für viele persönliche Interpretationen offenstehen sollen. Die dahinterstehende Unklarheit wird aber in der Gemeinde verspürt.[15]

Die fachtheologische Abwendung von der Seele, die den Tod überragt, ist viel zu weit gegangen! Sie beruht zum Teil auf Selbstmissverständnissen insbesondere der evangelischen Theologie, die im 20. Jahrhundert staunend feststellte, dass die traditionelle Seelenlehre der Kirche in der Bibel ja gar kein Pendant habe, jedenfalls dort nicht in der Art der späteren Kirchendoktrin vorkomme. Was also war zu tun? Angeleitet von der historisch-kritischen Bibelexegese kam es bezüglich der christlichen Hoffnung über den Tod hinaus zu einer großen Reinigung von den Einflüssen ‚griechischer Philosophie' (als ob es dort nur Platon gäbe und als ob nur dieser und nicht auch Aristoteles auf die kirchliche Lehre eingewirkt hätte).[16]

War wirklich alles falsch gewesen, was zuvor von der Seele gelehrt und geglaubt wurde? Ist die neutestamentliche Eschatologie verdorben worden? Sind etwa die Kirchenväter und die älteren Choräle der Kirchengesangbücher mit ihrer Ausdrucksweise der christlichen Hoffnung über den Tod hinaus Makulatur geworden? Oder wurden hier die theologischen Lehrer aus 1900 Jahren Kirchengeschichte von einem hochmütigen Gegenwartsgeschlecht als ‚theologisch verirrt' dargestellt? Hatte das Gegenwartsgeschlecht vielleicht übersehen, dass es *herme-*

---

14) Zum Begriff ‚Eschatologie' s. u., 32–40.
15) Vgl. hierzu: UNSERE HOFFNUNG AUF DAS EWIGE LEBEN. Ein Votum des Theologischen Ausschusses der Union Evangelischer Kirchen in der EKD, Neukirchen-Vluyn 2006, 24 f.: „In den letzten Jahrzehnten verhielt sich die evangelische Theologie in ihren Aussagen zur individuellen Eschatologie, also zur Hoffnung des Einzelnen über seinen Tod hinaus, sehr zurückhaltend. Aus der Sorge heraus, Beschreibungen der Zukunft und des Jenseits könnten wörtlich genommen und damit missverstanden werden, verzichteten viele Predigten und theologische Voten auf Beschreibungen des Lebens nach dem Tode. Unterrichtsentwürfe für den Religions- und Konfirmandenunterricht behandelten zwar ausführlich die Sterbe- und Trauerbegleitung, sie schwiegen aber zu der Frage, was nach dem Tod auf den Menschen wartet. So ist theologisch ein Vakuuum entstanden. Es besteht offenkundig eine Differenz zwischen religiösen Fragen und kirchlichen Antworten." – In dieser kirchenoffiziellen Äußerung fehlt allerdings eine selbstkritische Darlegung der Konsequenzen, die dieses Verhalten gehabt hat und die heute aus diesem problematischen *procedere* großer Teile der Kirche gezogen werden müssen!
16) Das ganze Unterfangen war zunächst eine als ‚befreiend' begrüßte theologische Seelsorge an den *Pfarrern*, die nun wieder besser mit ihren Verunsicherungen zwischen Wissenschaft und kirchlichem Dogma zurechtkamen.

neutische Gründe dafür geben kann, auch in der Bibel *nicht* vorkommende Begriffe und Argumentationsketten ins christliche Dogma hineinzunehmen? Ich sehe für einen philosophisch reflektierten Seelenbegriff solche Gründe, weil es unumgänglich ist, voneinander sehr verschiedene biblische Bilder vom Ende aller Dinge im Geist des christlichen Glaubens richtig zusammenzufassen.[17] Ein fundiert ausgearbeiteter Begriff von der menschlichen Seele hat stets in der Kirche diese integrierende Kraft gehabt. Wir haben im Übrigen immer noch kein anderes, geeigneteres Wort, das wir an die Stelle des Seelenbegriffs setzen könnten.

1.5 FACHTHEOLOGISCHE GRÜNDE, WARUM DER SEELENBEGRIFF ZURÜCKGEWONNEN WERDEN MUSS

Schon an dieser Stelle seien zwei weitere Gründe genannt, warum im Christentum die Lehre von der Seele, die den Tod überragt, nicht preisgegeben werden darf, vielmehr zurückgewonnen werden muss.

Ein Grund ist, dass die letzten Dinge, auf die Christen hoffen, nicht einseitig auf die Geschehnisse des Jüngsten Tages, an dem die jetzige Welt vergeht, alle Toten auferweckt werden und Christus vom Himmel her zum Endgericht über die Welt erscheint, fixiert werden dürfen. Sonst haben wir ein eschatologisches *Übergewicht der Apokalyptik* bei der Darlegung der christlichen Hoffnung. Dieses kann nicht richtig sein. Ebenso wenig wäre für die christliche Eschatologie aber eine ausschließliche Ansiedelung der letzten Dinge in der jetzigen, persönlichen Glaubenserfahrung (‚Entscheidung im Jetzt') und beim individuellen Sterben angemessen. Der Begriff der Seele vermag *beide* eschatologische Vorstellungskreise miteinander zu verbinden, und darauf ist die Eschatologie immer angewiesen. Die früheren theologischen Lehren von den letzten Dingen waren gut *austariert* zwischen der ‚Individualeschatologie' und der ‚kosmischen Eschatologie'. Die heutigen Lehren sind es nicht mehr; sie tendieren vielmehr dahin, beide zusammenzuziehen. Aber sind die genannten Lehrkreise in der Eschatologie nicht wie die beiden zueinander in Spannung stehenden und doch zusammengehörenden Brennpunkte einer Ellipse? Oft überfrachten moderne Entwürfe bald den einen, bald den anderen ‚Brennpunkt' der christlichen Eschatologie. Der wünschenswerte Effekt, dass sich das über den individuellen ‚Gang' der Seelen der Gestorbenen zu Gott zu Sagende und das über die Aufer-

---

[17] Die Theologie darf ihre eigene Lehre von den letzten Dingen selbstverständlich nicht einfach inhaltlich anschließen an philosophische Seelenvorstellungen – und stammten diese auch von Platon oder Aristoteles. Aber ob wir wirklich, um der biblischen Wahrheit willen, vor der großen „theologischen Aufgabe" einer „Entplatonisierung des Christentums" (so EBERHARD JÜNGEL, Tod, 3. Aufl. Stuttgart 1971 [Siebenstern-TB 339], 73) stehen, ist mir inzwischen nicht mehr so sicher.

weckung aller Toten am Jüngsten Tag zu Sagende *gegenseitig in angemessenen Grenzen* halten, so dass am Ende gerade *keine* platonische Seelenlehre und auch keine spätantike apokalyptische Gerichts- und Weltuntergangs-Mythologie herauskommt, bleibt unerreicht. Aber das *hatten wir* in der Vergangenheit.

Ein anderer Grund für die Notwendigkeit eines wieder emphatischeren theologischen Redens von der Seele liegt in dem alten Problem, woran Gottes Offenbarung *anknüpfe*, wenn sie zum Menschen kommt. Diese Frage ist im 20. Jahrhundert theologisch viel diskutiert worden. Ich meine aber nicht, dass sie geklärt worden sei. Es gab gut begründete Zweifel daran, dass zum Beispiel die Sprachfähigkeit oder die ethische Verantwortlichkeit des Menschen als Anknüpfungspunkte für Gottes Offenbarung anzusehen wären. Aber es wurde in der evangelischen Theologie des 20. Jahrhunderts sogar überwiegend die These vertreten, der Mensch bringe gar nichts Eigenes mit, auf das Gottes Offenbarung dann eingehe. Aber warum sollte Gott dann überhaupt mit dem Menschen reden und an ihm handeln, wenn der nichts Eigenes mitbrächte? Im Alten Testament brachte z.B. der leidende Hiob seine Klage gegen Gott mit. *Dann* redete Gott mit ihm. Gewiss sollte man nicht sagen, es gebe eine ‚Geeignetheit' des Menschen für Gottes Offenbarung. Aber eben doch eine Bedürftigkeit. Der Mensch hat vom Schöpfer eine seelische Verfassung ‚mitbekommen', durch die er, seine Identität suchend, sich selbst ‚übersteigen' *muss*. Das kann ihn ins größte Elend führen. Die ‚Transzendenzpflichtigkeit' des Menschen ist keine ‚mitgebrachte Geeignetheit', um Gottes Offenbarung zu verstehen und zu glauben. Aber die in ihr sich ausdrückende *Notlage* ist doch der anthropologische Zusammenhang, in dem Gott für das Heil des individuellen Menschen wirkt und ihm verstehbar wird. ‚Gott' wäre kein sinnvolles Wort unserer Sprache, wenn beim Menschen nicht eine seelische Wirklichkeit gegeben wäre, in der das Wort ‚Gott' und auch das ‚Wort Gottes' verstanden werden. Das heutige Entschwinden des Gottesbegriffs aus dem Bewusstsein vieler Menschen korrespondiert mit der modernen Unfähigkeit großer Teile des Christentums, das *seelische Leben* der Menschen denkend zu verstehen und verkündigend anzusprechen, wie es einst Augustinus der Kirche als Vermächtnis aufgegeben hat.[18] Mit dem Entschwinden des einen ist auch das andere entschwunden.

---

18) Vgl. AUGUSTINUS, Selbstgespräche (lateinisch-deutsch, hg. v. HARALD FUCHS/HANSPETER MÜLLER), München und Zürich 1986: I,7 und II,3: Augustinus unterhält sich mit seiner eigenen *Vernunft* (lat. *ratio* und hier vor allem *intellectus*). Zuvor hat er ein langes Gebet an Gott gerichtet, worin er umfassend – die ganze Dogmatik durchgehend – dem lieben Gott mitzuteilen versuchte, wer Er für uns ist und was Er alles für uns tut:

„Augustinus: So habe ich nun zu Gott gebetet.
Vernunft: Was willst du aber *nun* [von mir, der Vernunft] wissen?

1.6 Wiederannäherung an die Realität, Gewichtigkeit, distinkte Unterschiedenheit und innere Einheit der Seele

‚Seele' ist eine Realität. Es ist *nicht nichts*, was wir auf dem Hintergrund wichtiger kulturanthropologischer Traditionen, in denen sich elementare Erfahrungen widerspiegeln, über die Seele des Menschen zu sagen wissen. Andererseits fehlt beim Beschreiben des Menschen und beim Beschreiben aller Lebewesen immer etwas, wenn man die Dimension des Seelischen übergeht. Pflanzen, Tieren und Menschen die Seele und damit eine ins Ewige hineinreichende Würde *abzusprechen*, das steht niemandem zu.[19] Sprechen wir von des Menschen Seele, so weisen wir auf das hin, was im Bezug auf seine Person besonders *wichtig* ist. Ohne Seele wäre sein Leben ganz nichtig. Das drücken in unserem Kulturraum jene Märchen aus, in denen der Teufel in Not geratenen Menschen, manchmal auch gierigen Menschen, eine durchgreifende Hilfe anbietet. Als Gegenleistung müssen sie ihm ‚nur' ihr Seele vermachen. Die ‚Naturalisten' der früheren Zeiten, die bereits nicht mehr an die Existenz der Seele glaubten, witterten hierin ein gutes Geschäft. Doch im Fortgang der Geschichte erwies sich der *deal* mit dem Teufel als katastrophal. Buchstäblich mit allen Mitteln wurde daher versucht, dem Teufel die ihm vermachte Seele wieder abzujagen.

Die Menschheit hat in den auf uns gekommenen einschlägigen Dokumenten nicht, wie oft behauptet wird, äußerst vage und inkonsistent bald dieses und bald jenes ‚Seele' genannt, sondern Aussagen über die Seele getroffen, die – bei aller Verschiedenheit – zusammenpassen. Das müsen wir allerdings zeigen.

A.: All das, was ich im Gebet gesagt habe.
V.: Fass es kurz zusammen.
A.: Gott und die Seele will ich erkennen.
V.: Weiter nichts?
A.: Gar nichts.
V.: Scheint dir auch das Vermögen der *Einsicht* (*intellectus*) zur Seele zu gehören?
A.: Ja, gewiss ... Ich sehe außer der Seele nur noch Gott, wo ich Einsicht vermute."
Der ganze Dialog zwischen Augustinus und seiner Vernunft nimmt das *fides quaerens intellectum* des Anselm von Canterbury (1033–1109) vorweg. Dabei ist, wie bei Platon, ‚Seele' vor allem als Organ der intellektuellen Wahrheitserkenntnis verstanden. Wir haben nur die Seele, um Gott und die Wahrheit zu verstehen. Die Seele bringt zum Glauben *das Verstehen dessen, was wir glauben*, hinzu. Ohne Seele bedeutete uns Gott nichts. Wir lassen zu, dass Gott für uns ins Gleichgültige absinkt, wenn wir unsere Seele ‚verkaufen'.

19) Schon Platon und Aristoteles setzten bei allen Dreien eine (je unterschiedliche) Seele voraus, und biblisches Denken hat ohnehin keine Mühe mit dieser Annahme, ja, es sieht kaum eine Sonderstellung der menschlichen Seele. Die schroffe Absonderung der allein unsterblichen Menschenseele von den übrigen Seelen, die im Verlauf der Kirchengeschichte üblich wurde, bildet also ein Problem. Vgl. hierzu EUGEN DREWERMANN, Über die Unsterblichkeit der Tiere. Hoffnung für die leidende Kreatur. Mit einem Geleitwort von Luise Rinser, Olten-Freiburg i. Br. 1990, 34: Er meint, „... dass ... Menschen nicht exemt [sind] und jedenfalls [nicht als allein der Unsterblichkeit fähige Naturwesen] exklusiv

Dem Begriff der Seele steht unter den anderen anthropologischen Grundbegriffen der Begriff der *Person* besonders nahe. Denn in der Seele drückt sich aus, dass ein lebendiges Individuum mit den Lebewesen vor ihm, neben ihm und nach ihm in *Beziehungen* steht. In meiner Seele erweist sich die *relationale Struktur* meines Daseins.[20] Meine Seele stellt mich permanent vor die Frage: ‚Wer bin denn nun *ich* in allen Beziehungsgefügen meines Lebens?' Dies lässt ‚Seele' geradezu als ein anderes Wort für ‚Person' erscheinen. Schon im Mittelalter wurde die Seele des Menschen der Sache nach meistens dahingehend verstanden, dass gerade *ihr* (modern gesprochen) „das Identitätsprinzip der Person" inhäriere. Gleichzeitig wurde als *Grund* der überhaupt möglichen menschlichen Identität die *Gottesbeziehung* angesehen.[21] Wir fragen also noch einmal: Könnte man nun statt ‚Seele' auch ‚Person' sagen?

So nahe sich beide Begriffe stehen, sie sind doch semantisch verschieden. Der Begriff ‚Person', mit dem wir das besondere Wesen des Menschen in seinen Beziehungen einzufangen versuchen, *kann* zwar auch auf den Gottesbegriff bezogen werden, *muss* es aber wenigstens im philosophischen Bereich nicht. Auf die Dimension des Tierischen und Pflanzlichen jedoch kann der ‚Person'-Begriff *niemals* bezogen werden. Hingegen muss ‚Seele' sowohl theologisch wie philosophisch auch in ihrer Erstreckung auf den tierisch-pflanzlichen Bereich wahrgenommen werden. Von der Seele *Gottes* wiederum pflegt man, obwohl Gott oft personhaft verstanden wird, nicht zu sprechen, jedoch von der grundlegenden Angewiesenheit gerade der menschlichen Seele auf Gott. Darum ist die Überschneidung von ‚Seele' und ‚Person' doch nur eine partielle. ‚Seele' kann also nicht einmal durch den Begriff der Person ersetzt werden.

Erst recht werden wir an Begriffen wie ‚Leben', ‚Ich', ‚Subjektivität', ‚Gemüt', ‚Gewissen', ‚Wahrheitserkenntnis', ‚Selbstbewusstheit' noch zeigen können, dass sie zwar alle dem Begriff der menschlichen Seele nahestehen, ihn aber nie ganz erfüllen. Umgekehrt übergreift die menschliche Seele sie alle. Es ist philoso-

---

der übrigen Welt gegenüberstehen, sondern umgekehrt: dass in uns Menschen nur aufscheint, was allenthalben an ‚Geist' in der Welt objektiv realisiert ist …". Drewermann erwägt: Sind *wir* unsterblich, „warum dann nicht auch die Tiere"? Wie aber dürfen wir dann, so fragt er weiter, deren Leid geringer gewichten als das der Menschen? – Diese Thesen werden umstritten bleiben. Aber gehen sie in die falsche Richtung?

20) Kultur- und religionswissenschaftlich betrachtet, steht hinter der Identität oft ein vorhandenes *wertbezogenes Wir-Gefühl*. Vgl. WERNER GEPHART, Artikel „Identität I" (Religionswissenschaftlich). In: RGG 4. Aufl. Bd. 4, 21: „I. ist die Chance, dass Akteure ihr Handeln an einem räumlich, zeitlich oder sozial verankerten Gemeinsamkeitsglauben orientieren und insoweit ein ‚Wir-Gefühl' entwickeln." Gerade dieses ist freilich in der westlichen Moderne mehr und mehr verloren gegangen; die großen Erzählungen der Vorzeit sind keine gemeinsamen mehr, sie stiften nicht mehr aus einem Gemeinsamen heraus den Einzelnen eine Identität (‚Identitätskrise').

21) Vgl. CORINNA SCHLAPKOHL, Artikel „Identität III" (Dogmatisch). In: RGG 4. Aufl. Bd. 4, 23.

phisch reizvoll und anspruchsvoll, der besonderen Systematik des von der menschlichen Seele gestifteten Einheitszusammenhangs unter den genannten Größen nachzuspüren. Wir werden dies tun müssen, wenn die Aufgabe ansteht, die vielen unterschiedlichen Verständnisweisen des Seelischen, die im Umlauf sind, daraufhin zu befragen, wie sie zusammengehören und zusammenstimmen.

Wir waren bereits davon ausgegangen, dass Menschen *sich selbst überschreiten* müssen, wollen sie sich selbst erfassen und verwirklichen. Im Zusammenhang mit solcher Selbsttranszendenz ergeben sich *Erkenntnisfragen* und spezifische *Gewissens- und Gefühlslagen*. Ein selbstbewusster Mensch muss sein ‚subjektiv' Gefühltes oder Wahrgenommenes kritisch überprüfen, um herausfinden, wer er selbst im Gegenüber zur Mitwelt *in Wahrheit* ist und was die ihm gegenüberstehende Mitwelt *in Wahrheit* ist. Damit ist vorerst wenigstens angedeutet, in welcher Weise die unterschiedlichen Erscheinungsformen und Definitionen des Seelischen im menschlichen Bereich in einer sinnvollen Einheit wahrgenommen werden können.

Die menschliche Seele überragt die ihr zugehörige Biographie nach allen Richtungen. Insofern war es immer richtig, zu sagen, dass die Seele eines Menschen sogar dessen Sterben ‚überlebt'. Wer allerdings erst angesichts des Todes nach dieser überragenden Wirklichkeit der Seele fragt, ist im Kontakt mit ihr wenig geübt.

1.7 Zur Forschungslage und zur angewandten Forschungsmethode

Das Eigene dieser Studie liegt darin, dass sie Anregungen aus der analytischen Philosophie mit anderen längst vorliegenden Annäherungen an das menschliche Selbst verbindet – sei es bei M. Luther, bei S. Kierkegaard oder bei C. G. Jung. Die Wiederannäherungen an den Seelenbegriff bei einigen Philosophen der analytischen Schulrichtung knüpft hauptsächlich an die Seelenlehre des Aristoteles an. Dabei wird auch dessen schwieriges Verhältnis zu Platon untersucht. Der im Ergebnis entwickelte Begriff von der Seele als ‚menschliche Identität' beleuchtet vor allem das Individuelle und Einmalige jedes neu gezeugten Menschen. Es geht um dessen ‚Identität' nicht im Sinne einer Idem-Identität (Gleichheit, franz. *mêmeté*), sondern im Sinne einer Ipse-Identität (Selbstheit, franz. *ipséité*).[22] Für die Ethik kann dies fruchtbar gemacht werden – z. B. bei der Verteidigung der Unantastbarkeit der Embryonen. Unverwechselbar ‚sie selbst', gehen sie auf ihre werdende personale Würde zu. Für die katholische Theologie ist es besonders reizvoll, diese neue philosophische Verteidigungs-

---

22) Unterscheidung nach Paul Ricœur.

möglichkeit zur Kenntnis zu nehmen. Sie sieht in den genannten Resultaten eine neuerliche Bestätigung dafür, wie stark schon Thomas von Aquin ‚auf der richtigen Spur' lag.

Das Neu- oder Wiederverständnis der menschlichen Seele als Identität (als Selbst), das sich bei einigen analytischen Philosophen finden lässt, beachtet aber weniger konkrete Fragen des *Werdens* der menschlichen Seele im Zusammenhang der biographischen Entwicklung. Dass etwa eine Diskussion mit Sören Kierkegaards Begriff vom menschlichen Selbst geführt würde, konnte ich nirgends bemerken. Bei Kierkegaard geht es nicht darum, dass der Mensch kraft seiner Seele ein unverwechselbares ‚Selbst' sei, sondern darum, ob und wie er es möglicherweise wird. Diese Fragestellung steht allerdings nicht im Gegensatz zu den analytischen Vorschlägen für eine konsistente Definition der menschlichen Seele. Sie lässt sich mit ihnen verbinden, weil die Analytiker auf jeden Fall die Frage nach der *Intention* der Seele mit im Blick haben: Die *Seele* ist es, die dem Menschenleben die Intention ‚einstiftet', zur Übereinstimmung mit sich selbst zu gelangen.

Die analytische Philosophie geht aber nicht so vor, dass sie in breiterem Umfang frühere Verständnisweisen der menschlichen Seele in ihre Analysen mit einbezieht. Es kümmert sie wenig, was in den Kulturen schon ‚unter Seele verstanden' worden ist. Sie fragt auch nicht danach, ob diese Verständnisweisen der Seele bald als ‚Leben', bald als ‚Ich', bald als ‚Sitz der Wahrheitserkenntnis' usw. systematisch zusammenstimmen oder *miteinander* verbunden werden könnten. Dieser Frage sind aber wir besonders nachgegangen.

Wir meinen: Es wäre gut, dem insbesondere von Paul Ricœur (*1913) gewiesenen Weg zu folgen, auf dem analytische und geschichtshermeneutische Gesichtspunkte und Fragestellungen *miteinander* zur Geltung gebracht werden. Anders kann ‚Seele' nicht wieder ins theologische Denken zurückgebracht werden. Für die Theologie ist es entscheidend, dass sie sich vom Verdacht befreit, die früheren Texte der Kirche hätten ohne strengere Reflexion bald dies, bald das Seele genannt; ihr mehr der Poesie zugewandtes Betrachten des menschlichen Wesens sei innerhalb einer heutigen philosophischen Anthropologie, die sich auch im Gespräch mit der Gehirnforschung bewähren muss, nicht mehr gesprächsfähig. Hier geht es darum, diesen Einwand wiederum kritisch zu hinterfragen. Es war für den Verfasser sehr erhellend, wahrzunehmen, dass unsere theologische Tradition für ein konsistentes Reden von der Seele im Rahmen heutiger Möglichkeiten besser aufgestellt ist, als das in der Systematischen Theologie bisher angenommen worden war. Das Problem ‚mit der Seele' ist ihre *Bedeutungsfülle*. Uns aber ist es eine große Freude und ein wissenschaftlicher Ansporn, in einer Zeit ‚mit dabei zu sein', in der sich der Begriff der Seele wieder mit Bedeutung *füllen* kann.

Die Lösung der beiden Aufgaben, die Kirche in ihrer Vollendung und den Zustand der Seelen im künftigen Leben darzustellen, wird versucht in den kirchlichen Lehren von den letzten Dingen, *denen jedoch der gleiche Wert wie den bisher behandelten Lehren nicht kann beigelegt werden.*

F. D. E. Schleiermacher
(Der christliche Glaube, 2. umgearb. Ausg. 1830, § 139, Leitsatz)

Christentum, das nicht ganz und gar und restlos Eschatologie ist, hat mit Christus ganz und gar und restlos nichts zu tun.

Karl Barth
(Der Römerbrief, 2. Aufl. 1921)

2.
Was ist ‚Eschatologie‘?

2.1 Die ur-christliche Hoffnung und wir 32
2.2 Wovon handelt ‚Eschatologie‘? 32
2.3 Zur systematisch-theologischen Einordnung der Eschatologie 33
2.4 Die theologische Instabilität und Strittigkeit der Eschatologie 34
2.5 Die Eschatologie der Bibel selbst in den wichtigsten Aspekten 37
2.6 Theologische Spannungen innerhalb der biblischen Eschatologie 38
2.7 Einblicke in fünf bedeutsame Eschatologie-Entwürfe der
 Kirchengeschichte (Origenes, Thomas von Aquino, Luther,
 Schleiermacher, Bultmann 40

2.1 Die ur-christliche Hoffnung und wir

Das Christentum ist ursprünglich, zur Zeit der zwölf Apostel, seelisch wirkungsvoll in die Welt eingetreten mit seiner Froh-Botschaft, *der Tod sei so gut wie abgeschafft*. Der auferstandene Christus habe ihn besiegt. Die jetzige Welt mit ihren Leidenszumutungen, mit ihrer nie endenden Schuld und mit all ihrer Todesangst stehe vor ihrem Ende. Verheißen wurde: Wer jetzt mit Christus geht, hat eine ganz *neue Schöpfung* ohne diese Übel zu gewärtigen: „Heute wirst du mit mir im Paradies sein."[23] Dies war einst die den Glauben beflügelnde Hoffnung der Christen.

Von diesem geistlichen Schwung, mit dem das Christentum steht und fällt, zeigt sich in heutigen Kirchen oft nicht mehr viel. Doch um nicht voreilig zu kritisieren, soll in einem nächsten Schritt geprüft werden, welches Gewicht der sog. Eschatologie für das Ganze des christlichen Glaubens überhaupt zukommt.

2.2 Wovon handelt ‚Eschatologie'?

Eschatologie, wenn sie christlich ist, handelt von der fundamentalen *göttlichen Schöpfungserneuerung im Zeichen Jesu Christi*. Ihr näher bestimmter Inhalt ist die Lehre von der Beseitigung der drei vom Menschen als *Grundübel* erfahrenen Entstellungen des menschlichen Wesens (*humanum*) durch physische, psychische und soziale *Leiden*, durch *Schuld* und durch den *Tod*.

Die Beseitigung dieser drei Grundübel durch Gott im Zeichen Jesu Christi ist der sachliche Gehalt des messianischen *Reiches Gottes*.[24] In ihm liegt die *Erlösung der Menschheit* und zugleich die Vollendung der ganzen Welt. In der Erlösung (= ‚Loskauf', ‚Befreiung') der *Menschen* liegt sozusagen der Schlüssel zur *Vollendung der ganzen Welt*, die längst hierauf *stöhnend* wartet (vgl. Röm 8, 19 ff.). Sogar rückwirkend werden Menschen, die längst gestorben sind, in diese

---

23) Lk 23,43. – Wenn keine andere Bibelübersetzung oder der Autor selbst als Übersetzer angegeben ist, sind die Zitate der Lutherbibel (revidierte Fassung 1984) entnommen.

24) Jesu eigene Predigt vom herangekommenen Reich Gottes hatte genau dieses Ziel, die Befreiung von den drei Grundübeln anzusagen. (Vgl. Jesu Antwort auf die Anfrage Johannes des Täufers aus dem Gefängnis heraus, wer Jesus in heilsgeschichtlicher Betrachtungsweise denn sei, für was er stehe: „Geht hin und sagt Johannes wieder, was ihr hört und seht: Blinde sehen und Lahme gehen, Aussätzige werden rein und Taube hören, Tote stehen auf und Armen wird das Evangelium gepredigt" [Mt 11, 4 f.]). Die Antwort Jesu war also sinngemäß: „Lieber Johannes, wenn du dich daran erinnerst, welche kommende Erlösung vom Propheten Jesaja (Jes 35,5 f. und Jes 61,1) vorausgesagt worden ist, so kann dir berichtet werden, dass genau das jetzt bei mir geschieht." Nach Jesu Tod und Auferweckung aber haben die Apostel erkannt und an die Kirche weitergegeben: In der Person Jesu Christi selbst begegnet das erlösende Reich Gottes, das schon in der alttestamentlichen Prophetie verheißen worden ist. Der Glaube an Jesus Christus bringt uns dieses Reich zu.

Schöpfungserneuerung einbezogen. *Das* nämlich besagt der christliche Glaubenssatz, dass *alle* vom Tode auferweckt werden. Die Frage, *ob* leiblich oder *wie* leiblich die allgemeine Totenauferweckung vor sich gehen wird, ist dieser Glaubens-Sachfrage gegenüber sekundär! Die sehr verbreitete Ansicht, nur durch genaue körperlich-physische Wiederherstellung unserer Person bei der allgemeinen Totenauferweckung am Jüngsten Tag sei die Zurückholung unserer persönlichen Identität durch Gott gewährleistet, ist unbegründet. Sie hat berechtigte Zweifel auf sich gezogen. Warum sollte Gott dem einzelnen Menschen mit seiner unverwechselbaren Identität nicht in der Auferweckung von den Toten auch eine z. B. erweiterte Gestalt geben können?

Die *Ewigkeit* des ‚Auferstehungslebens' ist nicht einfach durch ‚Unaufhörlichkeit' definiert. ‚Unaufhörlichkeit' könnte auch eine Qual sein. Sondern *ewiges Leben ist definiert durch das qualitative Freigewordensein vom dreifachen Übel*, durch das Gottes Bild im Menschen ‚schändlich' beschädigt wird. Um die Erlösung von diesem dreifachen Übel (dem Bösen insgesamt) bittet das Gebet Jesu, das Vaterunser, in seiner siebenten Bitte.

Um diese Generallinie der Eschatologie ranken sich freilich vielerlei einzelne Fragestellungen: Wohin gehen die Toten? Was wird aus der Welt? Wird es vor dem Weltende noch eine letzte ‚Gnadenzeit' geben, ein ‚Tausendjähriges Reich'? Wenn Ja: *Wann* wird das sein? Wie sollen wir über die Möglichkeit eines ‚Fegfeuers' und wie über das ‚Jüngste Gericht' denken? Welche Rolle spielt Christus hierbei? Was wird dann mit Israel sein? Was ist von Himmel und Hölle zu halten? – Mit solcherlei Fragen, zu denen auch diejenige nach dem ewigen Geschick der Menschenseele gehört, befassen sich immer wieder die Eschatologiedarstellungen in theologischen Lehrbüchern.

2.3 Zur systematisch-theologischen Einordnung der Eschatologie

Das aus dem Griechischen gebildete Fremdwort ‚Eschatologie' entstammt der im 17. Jahrhundert erneuerten europäischen theologischen Wissenschaftsnomenklatur.[25] Es bedeutet in wörtlicher Übersetzung ‚Rede vom Letzten', ‚Lehre

---

25) Abraham Calov (1612–1686) rückte in seinem 12-bändigen Hauptwerk *Systema locorum theologicorum* (Wittenberg 1655–1677) die Lehre von der Vollendung wohl erstmals unter die Überschrift *Eschatologia*. Als Schriftgrund für diesen Terminus pflegt man Jesus Sirach 7,36 (in der Vulgata: 7,40) anzugeben. Dort steht, der Mensch möge in allem, was er tut, das *Ende* bedenken (griech. *ta eschata*). In der Vulgata wird dieses Ende mit *novissima* (= ‚jüngste Ereignisse' der Welt- und Menschheitsgeschichte) übersetzt. Beide Vokabeln vertreten das hebräische *acharith* (= ‚Ausgang', ‚Endschicksal', ‚Schlusseffekt'). – Theologisch ist bezüglich dieser letzten Dinge zu fragen, ob sie nur vom *Ende der Welt* oder vor allem von der *Vollendung der Welt* handeln. Das ist so klar nicht, denn es könnte ja möglicherweise an der Welt, wie sie ist, gar nichts zu vollenden geben. Ferner ist zu fragen, wie sich das

vom Äußersten'. ‚Eschatologie' bezieht sich besonders auf jenen Teil der christlichen Glaubenslehre, worin diese nähere Auskunft gibt über die beiden Endaussagen im Dritten Artikel des Apostolischen Glaubensbekenntnisses. Dieser Dritte Artikel *beginnt* mit „Ich glaube an den Heiligen Geist …". Es folgen Aussagen über die Kirche. Die beiden Aussagen am *Ende* aber bekennen, dass Christenmenschen auch an „die Auferstehung der Toten" und „das ewige Leben" glauben.

Mit sachlichem Bezug hierauf pflegt man zu sagen, ‚Eschatologie' bedeute die Lehre von den letzten Dingen. Man darf aber nicht vergessen, dass diese letzten, ‚endzeitlichen' Dinge mit der pfingstlichen Ausgießung des *Heiligen Geistes* eng verbunden sind. Die alte Pfingstbitte *veni creator spiritus* meint: Komm Heiliger Geist, du *Neu*schöpfer des Lebens! Ebenfalls muss die *Kirche, die Gemeinschaft der Heiligen*, theologisch als der schon im Licht des Eschatons stehende und darum *heilige Leib des auferstandenen Christus* begriffen werden.[26]

Die Eschatologie steht also in einer besonders engen Beziehung zur ‚Pneumatologie' und zur ‚Ekklesiologie', mit denen sie geradezu verschränkt ist. Sie steht aber außerdem in der schon erwähnten engen Beziehung zur ‚Christologie' und deren Verschränkung mit dem ‚Reich Gottes'. Schließlich und endlich ist sie auch das Gegenstück zur Schöpfungslehre, also zu allem, was in der Bibel vom Ursprung der Welt ausgesagt wird (‚Protologie'). Urzeit und Endzeit sind aufeinander bezogen. Die kirchliche Lehre von den letzen Dingen behandelt somit kein Randthema des Dogmatik, sondern sie ist im ganzen Gefüge der christlichen Glaubenslehre tief verwurzelt.

2.4 DIE THEOLOGISCHE INSTABILITÄT UND STRITTIGKEIT DER ESCHATOLOGIE

Systematisch-theologische Entwürfe der Eschatologie werden immer wieder unter dem Eindruck geschrieben, man müsse die herkömmliche Kirchenlehre kritisch durchprüfen, zeitgerecht erklären und vor allem gewisse Meinungen anderer richtigstellen. Der Erlanger evangelische Theologe Paul Althaus (1888–1966), der im frühen 20. Jahrhundert ein viel beachtetes Lehrbuch über unseren

---

Ende des einzelnen Menschen zu diesem allgemeinen Welt-Ausgang verhält. Auch muss man im Blick haben, dass *finis* ‚Ende' und ‚Ziel' bedeutet. Und außerdem, dass das *finis* aller Dinge irgendwie auch ihren Anfängen wieder entspricht.

26) Theologisch fachsprachlich geht es um die Interdependenz von Pneumatologie, Ekklesiologie und Eschatologie.

2. Was ist ‚Eschatologie'?

Gegenstand veröffentlicht hat, definierte dort: „Es geht in der Eschatologie um das *von Gott her* zu erwartende Telos, d. h. zugleich [um das] Ende und Ziel des Menschen, der Menschheit, der Welt." Es gehe jedoch *nicht* um Hypothesen über die Endphase der Evolution des Universums, sondern um *kategorische Aussagen über unser Lebensziel*, auf die man in der eigenen Existenzführung unbedingt bauen können muss. Und dann betonte Althaus noch, dass vielfach ein demgegenüber „verschobener Gebrauch des Wortes" ‚eschatologisch' „üblich geworden" sei. Die damals aufgekommene Existential-Theologie verwendete dieses Wort für die im Glauben gegebene „Situation der Entscheidung". Althaus bemerkt dazu, das Richtige an dieser existential-theologischen Deutung sei, dass ‚das Letzte' sich *im Glauben* tatsächlich *jetzt schon* entscheidet. Aber die ‚Gefahr' bestehe bei Rudolf Bultmann[27] (und anderen ‚Existential-Theologen') darin, dass sie das *noch Ausstehende* des Heils, das erst von der Zukunft zu erwarten ist, nicht mehr im Blick haben. Das sei hier der Fehler. Weder seien nämlich eine rein präsentische (‚jetzt schon') noch eine rein futurische (‚die Hauptsache wird erst kommen') eschatologische Glaubensweise angemessen, sondern es müsse gerade die geistliche Spannung zwischen beiden in einer guten Eschatologie sichtbar und verständlich gemacht werden.[28]

Eigentlich sollte die biblische Hoffnung des Glaubens für Christen ja selbsterklärend sein. Sie sollte sich aus dem glaubenden Begreifen Jesu Christi von selbst ergeben. Dass sich jedoch hier so viele Probleme vor uns auftürmen, liegt zum Teil an der Theologie selbst. *Zu viel* ist schon erklärt worden. Immer mehr Einzelfragen sind untersucht und bewertet worden, woraufhin alle diese Ergebnisse und Bewertungen ihrerseits wieder in die Diskussion gerieten. Das begann bei der Überprüfung der Einflüsse antiker Nachbarreligionen auf die biblischen ‚Bilder' von den letzten Dingen und ging hin bis zur Überprüfung des philosophischen und theologischen Sinnes der Begriffe ‚Ewigkeit' und ‚Zeit', ‚Seele' und ‚Geist'.

Wir kommen erst wieder auf festeren Boden, wenn wir uns von dem Vielerlei, das in den Eschatologien verhandelt zu werden pflegt, etwas zurückziehen und uns auf das konzentrieren, was *elementar* zum christlichen Glauben gehört. Elementar ist, dass wir – auf Christus hin – durch Gott nicht wie Knechte und

---

[27] Vgl. hierzu später RUDOLF BULTMANN, Geschichte und Eschatologie, Tübingen 1955, 24: „Eschatologie ist ... die Lehre vom Ende der Welt, von ihrem Untergang." Bultmanns Formulierung klingt bedrohlich. Aber Bultmann beschreibt diesen *Untergang der Welt* dann näher so: Dieser Weltuntergang wird vom *Glauben* bewirkt, weil der Glaube sich nicht auf die Welt verlässt, nicht aus dem Verfügbaren dieser Welt heraus lebt, sondern aus dem, was ‚ewig steht' (= dem Unverfügbaren). Der Glaube entscheidet sich *für Gott* als Lebensgrund. Hierdurch wird bereits jetzt und hier in und an der Welt das *eschaton* vollstreckt.
[28] PAUL ALTHAUS, Die letzten Dinge (1922), Gütersloh 4. Aufl. 1933, 1–5.

Fremde oder wie ‚Stäubchen im Weltall' angesehen werden, vielmehr als *Kinder und Erben*: als zu engster Gemeinschaft mit Gott und zur Teilhabe an seiner schöpferischen Liebesmacht berufene Einzelne. Elementar ist auch, dass, sobald wir ‚Gott' sagen, *der Ewige* gemeint ist. Der Schöpfer des Universums ist selbst nicht der Zeit unterworfen. Er hat vielmehr bei der Schöpfung des Universums die Zeit mit erschaffen. Im ewigen Gott sind alle Zeiten, die seine Schöpfung durchläuft, *stets* präsent, sozusagen ‚gleichzeitig' präsent.[29] Wäre es nicht so, wäre Gott nicht Gott. Daraus ergibt sich: *Man kann nicht an Gott glauben, an ein ewiges Leben für den Menschen aber nicht*. Denn im Glauben gewinnen wir Anteil am ewigen Gott.

Ob es hingegen eine *Ewigkeit* im ontologischen Sinne gibt – einen Raum ohne Ende, eine Zeit ohne Ende –, in die wir ‚hineinkommen' könnten, das ist *ziemlich unklar*. Denn offenbar gehört zu Raum und Zeit, dass sie ein Raum*maß* und ein Zeit*maß* haben und selbst begrenzt sind. Allerdings gibt es unterschiedliche physikalische Hypothesen hierzu. Doch sind wir vom christlichen Glauben her jedenfalls nicht genötigt, einen unendlichen Raum und eine unendliche Zeit ins Auge zu fassen, in die wir einwandern könnten nach ‚diesem Leben' und solches dann Ewigkeit zu nennen. *Wir kennen keine Ewigkeit außer in Gott. Darum beschränkt sich die ganze Eschatologie in ihrem elementaren Grund auf die eine Frage: Was bedeutet es für den Menschen, zu Gott zu kommen?* Hierum geht es – und nicht um einen ganzen ‚Fahrplan' voller endzeitlicher Stationen und Ereignisse. Wir haben es nicht zu tun mit vielerlei ‚letzten Dingen', die in einem komplizierten Verhältnis zueinander stünden und je einzeln Berücksichtigung finden müssten. Wir werden daher im Folgenden versuchen, vom Grund her Klares zu entwickeln. Zunächst aber geben wir jetzt – im Sinne einer ersten gedanklichen Orientierung – eine knappe systematische Zusammenfassung der eschatologischen Aussagen, die in der Bibel selbst begegnen.

---

29) S. dazu u., 166–170. – Vgl. auch: UNSERE HOFFNUNG AUF DAS EWIGE LEBEN. Ein Votum des Theologischen Ausschusses der Union Evangelischer Kirchen in der EKD, Neukirchen-Vluyn 2006, 88 f.: „Gottes Ewigkeit ist die *Konzentration* der Zeitdimensionen von Vergangenheit, Gegenwart und Zukunft. Lässt Gott uns an seiner Ewigkeit teilhaben, dann wird unser ewiges Leben die Konzentration unseres irdischen Lebens als erfülltes Leben sein. Es wird dann kein eigen- und fremdverschuldetes Auseinanderfallen unserer Lebenszeiten mehr geben, in dem wir uns selbst unzugänglich und verborgen sind. Sie *konzentriert* unsere Lebenszeiten auf das, was Gott und wir selbst nur bejahen können. Nichts von uns selbst, was wir im Glauben, in der Liebe und in der Hoffnung und in allen von Gott bejahten Lebensvollzügen waren, wird in der Klarheit des ewigen Gottes verloren sein. Es wird von Gott erkannt und zu Ehren gebracht werden, sodass wir uns dann auch im Erkennen Gottes selbst erkennen und bejahen können (vgl. I Kor 13,12). Das ist das *Neue* eines von Gott auferweckten, ewigen Lebens, auf das Christen im Glauben an Jesus Christus hoffen."

2.5 Die Eschatologie der Bibel selbst in den wichtigsten Aspekten

Wir haben es zu tun mit alttestamentlicher Eschatologie und mit neutestamentlicher Eschatologie – und mit der Frage des Zusammenhanges zwischen beiden. Die ältesten Eschatologie-Sätze sind von Israels Propheten, Weisheitslehrern und Psalmendichtern formuliert worden. Viele von ihnen sind durch Jesus und die Apostel aufgegriffen und teilweise auch weitergebildet worden. Im Einzelnen entstammen sie unterschiedlichen Jahrhunderten und kulturellen Vorgaben. Es sind z. B. verschiedenartig geprägte Jenseitsvorstellungen aus Ägypten, Phönizien, Syrien und Assyrien, Babylonien, Persien und Griechenland religionsgeschichtlich eingeflossen. Dennoch lässt sich ein *innerer roter Faden* bei den entsprechenden biblischen Äußerungen zu den letzten Dingen ausmachen. Sie atmen einen gemeinsamen Geist: *Immer* richten sie sich direkt auf *JHWH*. Sie beziehen sich auf den *Bund* mit Gott. *Immer* enthalten sie *Bilder starker Lebenshoffnung*. Nirgendwo herrscht in der Bibel finsterer Pessimismus, selbst bei herben Gerichtsankündigungen letztlich nicht. Auch ist ein Dualismus, der die Welt in eine positive und eine negative Urmacht auseinanderfallen lässt (und keinen Schöpfergott des Ganzen kennt), der Bibel fremd.

Die Bibel ist voller Erwartung.[30] Gottes verschiedene Zusagen, Erlösung zu schaffen und das Leben zurückzubringen, gelten als unverbrüchlich, selbst wenn *alles* gegen ihre Erfüllbarkeit zu sprechen scheint. Gott wird zur Einlösung seiner Verheißungen erforderlichenfalls eine andersartige Welt erschaffen oder dem Abraham aus Steinen Kinder erwecken![31] Das *Wort Gottes* hält sich durch. Es behält und erweist seine Wahrheit in Ewigkeit (*manet in aeternum*).[32]

Mehr und mehr akzentuiert und präzisiert sich die eschatologische Grundaussage der Bibel dahingehend, *dass Gott die jetzigen Lebensverhältnisse der Menschen noch überbieten wird.* Er wird grundlegend Besseres bereiten. In den letzten drei, vier Jahrhunderten vor Christi Geburt tauchte sogar die (dann im Neuen Testament ebenfalls begegnende) apokalyptische Erwartung einer *neuen Schöpfung* (nach Zerbrechen der ‚alten‘) auf. Dieser große Horizont der biblischen Eschatologie ist das *Reich Gottes*!

Israel und die ganze übrige Welt sind noch nicht dort angekommen, wofür Gott sie bestimmt hat. Gott wird Israel und letztlich die ganze Schöpfung in Verhältnisse bringen, in denen *Tod, Leid und Geschrei nicht mehr sein wer-*

---

30) Helmut Lamparter, Die Hoffnung der Christen. Das biblische Wort vom Ziel aller Dinge, 2. Aufl. Wuppertal-Metzingen 1977, 9.
31) Vgl. Mt 3,9.
32) Vgl. I Petr 1,25.

*den,*³³ in denen auch das *Sündigen unterbleibt* und bereute Sünde vergeben sein wird. Die drei Haupthindernisse eines guten menschlichen Lebens – die sog. *Übel* (Schuld, Leiden und Tod) – werden im ‚Eschaton' beseitigt sein. Das ist es, was auf alle zukommt. So lehrt die zusammengefasste Eschatologie der Bibel.

2.6 Theologische Spannungen innerhalb der biblischen Eschatologie

In der Bibel ringen aber zwei Typen der Transzendenzvorstellung und der eschatologischen Erwartung miteinander. Der eine erwartet rettende Einflussnahmen des Himmels bzw. erlösende Eingriffe Gottes bei schweren irdischen Notlagen: z. B. Krankheiten, Kriegen, Hungersnöten. Er erwartet Lebensrettungen in ausweglöser Lage jedenfalls bei Menschen, die ihrerseits ein Gott gehorsames Leben geführt haben. Das Heilsgut ist diese Rettung. Es handelt sich hier um eine ‚innerzeitliche' und ‚innerweltliche' Eschatologie, die ihre ‚leibhaften' Heilserwartungen auf das Futurum der chronologisch fortschreitenden irdischen Geschichte richtet: Gott führt heraus aus der Not in eine bessere Zukunft.

Der andere Typus erblickt das transzendente Heilsgut in der durch den ‚Bund' eröffneten Möglichkeit der *Gottesgemeinschaft*. Die Meinung ist: Noch mehr als Gesundheit und Leben benötigt der Mensch die Verbindung mit Gott. Besonders eindrucksvoll ist das formuliert im 73. Psalm: Gott, „wenn ich nur dich habe, so frage ich nichts nach Himmel und Erde. Wenn mir gleich Leib und Seele verschmachtet, so bist du doch, Gott, allezeit meines Herzens Trost und mein Teil. ... das ist meine Freude, dass ich mich zu Gott halte und meine Zuversicht setze auf Gott den HERRN"³⁴. Nicht eingreifende Wunder der Gefahrenabwendung erwartet dieser betende Mensch, sondern er sucht sein Heil in der nie endenden Verbindung mit Gott.

Weil es bereits im Alten Testament diesen zweiten Typus der eschatologischen Hoffnung gibt, klagen schon alttestamentliche Propheten gelegentlich (und das hielt sich durch bis zu Jesus im Neuen Testament): „Wenn ihr nicht Wunder seht, so glaubt ihr nicht." „Ihr liebt Gott nicht um seiner selbst willen, sondern um erhoffter Güter willen."³⁵ Wer wirklich *Gott*, dem Ewigen, ergeben ist, reflektiert nicht auf einen aus dieser Beziehung resultierenden Lohn. Er bzw.

---

33) Vgl. Apk 21,4.
34) Ps 73,25.26.28.
35) Vgl. Angelus Silesius, Cherubinischer Wandersmann (1657): „Wer Gott um Gaben bitt't, der ist gar übel dran: Er betet das Geschöpf und nicht den Schöpfer an."

sie findet diesen Lohn *in der Gottesbeziehung als solcher!* Bei dem Lebendigen und Ewigen sein zu dürfen, ist genug. Die Probe hierauf hatte Hiob zu bestehen: *Halten* sein Glaube und seine Freundschaft mit Gott auch dann noch, wenn ihm alle Gaben und Güter dieses Lebens *genommen* werden und ihm *Leib und Seele verschmachten?*

Wie sieht für uns das ‚Heil Gottes' aus, wenn Gott uns, ähnlich wie den Hiob, in *stärkste Kontraste* hineinführt zu allem, was bisher in unserem Leben als wertvoll erschienen ist? Jesus selbst hat diese Kontraste, die aktiv vom herankommenden Reich Gottes her gesetzt werden, in befremdend-erregender Form herausgestellt:[36] Hier das Kreuz, dort scheinbar die Fülle des Lebens. Was hier nichts wert, verachtet, klein, gering oder arm ist, ist dort vermögend, groß und als äußerst wertvoll anerkannt. Wer sein Leben verliert bzw. hingibt, gewinnt es.[37] Um Missverständnissen vorzubeugen, ist darauf hinzuweisen: Es geht hier nicht, im Gegensatz zum ersten Eschatologie-Typus, um eine materiell gänzlich uninteressierte Gottesliebe, wie sie später in der kirchlichen Mystik als *amour desinteressé* zum Ideal erhoben wurde. Sondern das Heil des Reiches Gottes zielt mit seinen Kontrasten zum jetzigen Leben und seinen Wertmaßstäben auf die *Übernahme der Sicht Gottes auf den Wert der Dinge dieses Lebens.* Das hierbei erwartete Heil ist nicht ein spiritualisiertes oder weltfernes Heil, sondern das durch die Gottesliebe und den Gottesgeist zurechtgerückte menschliche Leben.

Weil jedoch der zweite biblische Typus der eschatologischen Heilserwartung die Erlösung auch dann noch zu finden hofft, wenn man des Körpers und alles materiellen Besitzes verlustig geht, weil hier also *selbst dann noch* auf die sich durchhaltende Treue Gottes gesetzt wird, konnte oder musste *an dieser Stelle* die Vorstellung von einer Menschenseele oder menschlichen Identität, die auch durch den Tod bzw. den Verlust des Körpers nicht zerstörbar ist, Eingang in die Bibel finden. *Die Vorstellung von einer den Tod überragenden Menschenseele wurde innerhalb des zweiten biblischen Eschatologie-Typus aufgegriffen, und zwar nicht aus philosophischen oder synkretistischen, sondern aus genuin biblisch-theologischen Gründen.* Es ging darum, klar auszusagen, dass der Tod nicht vom Leben mit und aus Gott scheiden kann. Der Mensch ‚selbst' ist noch vorhanden, wenn sein Körper ‚in die Grube fahren' muss. Dessen war sich freilich die ältere Frömmigkeit Israels nicht so sicher. Wie sollte denn der Mensch

---

36) Vgl. zu den entsprechenden Kontrast-Gleichnissen Jesu das Votum des Theologischen Ausschusses der Union Evangelischer Kirchen in der EKD, UNSERE HOFFNUNG AUF DAS EWIGE LEBEN, Neukirchen-Vluyn 2006, 56 f.
37) Vgl. Mt 10,39; Mk 8,35; Lk 17,33; Joh 12,25 u. ö.

dann noch vorhanden sein können? Die Antwort, die in der Bibel schließlich ab der hellenistischen Zeit gefunden wurde, lautet: Die individuelle Person ist dann noch vorhanden als *Seele*, welche allerdings ganz aus der Treue Gottes zu ihr lebt.

Die österliche Auferweckung Jesu Christi und die christliche Hoffnung, wie Christus ins ‚Auferstehungsleben' hineinzukommen, stehen in *keinem theologischen Gegensatz* zu dem zuletzt über die Seele Gesagten. Das werden wir später noch näher darlegen.[38] Im Folgenden soll erst noch ein Einblick in bedeutende Eschatologie-Konzeptionen aus der *Theologiegeschichte* der christlichen Kirchen gegeben werden. Noch bis ins 19. Jahrhundert hinein haben die wichtigen Eschatologie-Konzeptionen die Vereinbarkeit der über den Tod hinausreichenden seelischen Verbundenheit mit Gott einerseits und der Auferweckung der Toten am Jüngsten Tag andererseits gelehrt und vorausgesetzt. Fünf ausgewählte Entwürfe aus zwei Jahrtausenden sollen einen Einruck davon geben, wie die christliche Hoffnung über den Tod hinaus im Laufe der Christentumsgeschichte gesehen und gelebt werden konnte. Ausgewählt wurden Aufrisse von Origenes, Thomas von Aquino, Luther, Schleiermacher und Bultmann. Wer die heutige Lage der Eschatologie einigermaßen erfassen und vielleicht sogar theologisch mitgestalten will, sollte wenigstens in Grundzügen zur Kenntnis nehmen, welches christliche Erbe hier auf uns gekommen ist. Kirche ist, bezogen auf die Bibel, eine die Zeiten übergreifende ‚Interpretationsgemeinschaft'.

2.7 Einblicke in fünf bedeutsame Eschatologie-Entwürfe der Kirchengeschichte

Obwohl die nachfolgenden fünf Darstellungen den Blick für viele theologische Fragen der Eschatologie schärfen können, weil sie sichtbar machen, an welchen Schwierigkeiten sich das theologische Denken hier abgearbeitet hat und wie es sich dabei selbst entwickelt hat, ist es für das Erfassen des Gedankengangs unseres Buches doch auch möglich, die folgenden, theologiegeschichtlich orientierenden fünf Darstellungen (2.7.1 bis 2.7.5) zu überspringen.

2.7.1 Das Beispiel der Eschatologie des Origenes (185–254 n. Chr.)
Der in Ägypten geborene große christliche Theologe Origenes verfasste in der Kirchengeschichte die erste systematisch-theologische Gesamtdarstellung des christlichen Glaubens (‚Dogmatik') unter der Überschrift *Peri Archon*. Viel-

---

38) S. u., 104–106.

leicht ist der Titel zu übersetzen mit *Von den Anfangsgründen*. Er fragte: Welches Glaubensbedürfnis rechtfertigt denn überhaupt die Herstellung eines solchen Werkes? Seine Antwort: Die neutestamentlichen Apostel hinterließen uns zwar über einige Glaubensgegenstände klare und umfassende Aussagen. Doch in mehreren Bereichen sind ihre Darstellungen unvollständig. Manchmal haben sie auch auf die Begründung einer als Wahrheit vorgetragenen Aussage verzichtet. Die Ausfüllung solcher Lücken sei den heutigen Lehrern der Kirche aufgetragen. Sie bedeute eine Glaubenshilfe.

Warum müssen wir z. B. etwas über die *Engel* wissen? Welche Rolle spielen diese ‚Himmelswesen' in der Heilsgeschichte? Die Apostel haben uns, schreibt Origenes, im Neuen Testament mitgeteilt, *dass* es Engel gibt: „dienstbare Geister", wie der Hebräerbrief sie nennt.[39] *Wann* die Engel aber erschaffen wurden, und welches ihre genaueren Eigenschaften sind, „das hat kein Apostel klar ausgesprochen"[40].

Origenes legt im ersten Buch von *Peri Archon* dar, was man aus der Bibel über die Engel zusammensammeln kann. Sie sind heilig, sie haben *eigene Entscheidungsfähigkeit*, sie sind Vernunftwesen, und zwar sind sie des Näheren *gänzlich geistige individuelle Persönlichkeiten*. Sie sind *unsterblich*. Es gibt verschiedene Engelarten: Cherubim, Seraphim, Völkerengel, Schutzengel und Erzengel (wie Gabriel, Michael, Raphael und Uriel). Unter den Engeln herrscht eine gewisse *Rangordnung* und es existieren auch *Satansengel*, widergöttliche Mächte, mit einem eigenen ‚Fürsten' an ihrer Spitze.[41] Die in der Bibel unbeantwortete Frage steht im Raum: Wann und warum ist das geschehen, dass sich diese Gegenmacht der Satansengel gebildet hat? Eigentlich hätte im alttestamentlichen Buch Genesis zwischen Kapitel 2 und 3 hierüber berichtet werden müssen. Wie kommt die Schlange ins Paradies? Es muss einen vorzeitlichen ‚Engelaufstand' im Himmel und einen ‚Engelfall' gegeben haben! Gerade das belegt, dass die Engel einen freien Willen besitzen und sich in den ihnen von Gott übertragenen Ämtern entweder bewähren oder nicht bewähren. Auch Engel sind *Geschöpfe*. Aber Gott hat sie früh – direkt *nach* dem Licht und *vor* der Hervorrufung der materiellen Welt – erschaffen.[42]

---

39) Hebr 1,14.
40) ORIGENES, Vier Bücher von den Prinzipien. Lateinisch-deutsche Textausgabe, hg., übers., mit krit. u. erläuternden Anmerkungen vers. v. HERWIG GÖRGEMANNS u. HEINRICH KARPP (Texte zur Forschung Bd. 24), Darmstadt 1976, Erstes Buch (Vorrede), 83 ff.
41) Vgl. Mt 25,41; II Kor 12,7; Apk 12,7.
42) Vgl. die Zweite Elegie in: RAINER MARIA RILKE, Duineser Elegien, in der die Engel als „Frühe Geglückte", als „morgenrötliche Grate aller Erschaffung" und als „Gelenke des Lichts" bezeichnet werden.

Im Himmel muss, außer den Engeln und von ihnen klar unterschieden, auch noch das personifizierte göttliche *Wort* da sein: der ewige, ungeschaffene *Logos* Gottes, der in Christus Mensch werden würde. Der Logos ist Gottes getreues Abbild, eine Ur-Setzung Gottes aus sich selbst heraus. Zugleich ist er der Mittler aller weiteren Geschöpfe. Alle Geschöpfe kommen vom Logos her und tragen irgendwie seine Signatur.[43] Sie sind alle vom Logos her getragen, was zunächst an den Engeln als rein ‚logischen Wesen' besonders deutlich wird. Warum aber ist die Teilhabe am göttlichen Logos bei den weiteren Geschöpfen Gottes – Menschen, Tieren und Pflanzen usw. – zunehmend geringer? Origenes meint, das müsse mit dem urzeitlichen Fall der ersten Geschöpfe Gottes, der Engel, die ursprünglich alle reine Geistwesen waren, zusammenhängen. *Fallen* konnten sie, weil sie sich kraft ihres freien Willens von Gott auch abzuwenden vermochten. Dies getan habend, *sanken* sie hinab ins Ungegründete. Ihre logische geistige Schwungkraft erlahmte und ihr Liebesfeuer kühlte ab. Es gibt aber verschiedene ‚Fallgrade'. Einige Engel wurden zu *pneumata*, zu abgekühlten Geistern. Noch tiefer Gesunkene wurden zu *psychai*, zu noch kühleren Seelen.

Was sind nun Seelen? Die Bibel lässt ja diese Frage ziemlich offen. Origenes meint nun: *Seelen stellen geistige Wesen dar, die eine innere Zerrissenheit kennzeichnet.* Letztere rührt daher, dass sie nicht mehr ausschließlich auf Gott hin zentriert sind. Die zu Seelen ‚heruntergekommen' Geistwesen sind auch *zerfließlich*. Diese Geschöpfe stehen in der Gefahr, sich selbst aufzulösen. Um nun die gefallenen und noch weiter fallenden Geister hiervor zu bewahren und um ihnen eine Möglichkeit der Läuterung und der Umkehr zu geben, hat der gütige Gott an einem bestimmten Punkt der katastrophalen Entwicklung des ‚Engelfalls' die *Materie* geschaffen. Diese dient eigentlich der Bewahrung der Seelen vor dem Zerfließen. Die Barriere des Körperlichen stoppt erst einmal das Zerfließen der Seelen und ihren weiteren Fall in die Tiefe.

Die lediglich ‚ein wenig' gefallenen Geistwesen bewohnen die obersten, feinstofflichen Sphären des Kosmos. Sie sind *noch* Engel. Die am tiefsten gefallenen *logiká* sind die Dämonen, die sich auch durch die dichter werdende Materie nicht binden ließen und in völlig lichtlose Tiefen abstürzten. Zwischen Engeln und Dämonen aber steht der Mensch mit seiner Seele. Sowohl die Engel wie die Dämonen ringen um sie. Die einen ziehen sie hinauf, die anderen ziehen sie hinab. – Die menschlichen Seelen sehnen sich nach ihrer Rückführung in die ‚obere Welt'. Sie wollen wieder frei werden von dem materiellen Körper, der sie bewahrt und doch fesselt. Aber Engel und Teufel ringen unentschieden um ihn. Ja, es geht mit dem gesamten Gefüge nur immer noch weiter ‚bergab'. Schließ-

---

43) Vgl. Kol 1,16.

lich wird der freiwillige Abstieg des göttlichen Logos, des Sohnes Gottes, hinunter in die körperliche Welt die Abwärtsbewegung der ganzen Schöpfung stoppen und die Rückführung der Geistwesen zu Gott in Gang bringen. Er wird hinabsteigen bis in die tiefsten Tiefen (vgl. „hinuntergefahren zur Hölle"). Er wird die ganze Schöpfung Gottes erlösen und befreien. Die Endphase der Schöpfung wird wieder ihrer Urphase entsprechen.

Kommentar
Origenes war trotz seiner uns spekulativ anmutenden Gedanken ein *Bibeltheologe*. Er wollte die vielfältigen biblischen Mitteilungen über unheilvolle und über rettende Entwicklungen in Gottes Schöpfung in eine gedanklich konsistente Ordnung bringen. Geradezu genial war sein Verständnis der Materie, die nicht, wie bei vielen anderen damals, als schlecht und gegengöttlich angesehen wurde. Sie galt dem Origenes als ein im Vergleich zum Geist und zur Seele zwar tieferstehendes, aber doch von Gott selbst in guter Absicht geschaffenes Mittel der rechtzeitigen Bindung und Bewahrung der abstürzenden Seelen. Sein ganzes System durchzieht ein *pädagogischer* Gedanke: Die von Gott nachträglich erschaffene materielle Welt weckt in den von der Materie gebremsten und dunkel umschlossenen Seelen die Sehnsucht, wieder zurückzukehren zu Gott und wieder aufzusteigen ins Lichte und Geistige hinein. Aber erst Christus bietet ihnen die Möglichkeit dazu.

Mit seiner Engellehre hat Origenes viele Anregungen für die spätere Lehre der Kirche gegeben. Seiner Auffassung nach sind die Engel unabhängig von einem vergänglichen, einschränkenden Körper. Doch können sie für bestimmte Zwecke einen solchen annehmen. Das hat spezifische Denkmöglichkeiten für das menschliche Leben nach dem Tod eröffnet.

Im Mittelpunkt der Theologie des Origenes steht jedoch Jesus Christus, der ‚Logos' Gottes und Erlöser der gefallenen Welt. Durch seinen Einsatz werden am Ende aller Tage, so meint Origenes, *alle Geschöpfe* erlöst und zu Gott zurückgekehrt sein – auch die Dämonen samt ihrem Fürsten (= *apokatastasis panton*, Wiederherstellung der ursprünglichen Schöpfungsverhältnisse). Wegen dieser Allerlösungslehre hat die Kirche dem großen ägyptischen Theologen einen Ketzerhut aufgesetzt. Doch hörte sie nie auf, ihn als Christen und guten Lehrer zu schätzen.[44]

---

44) Die Unangemessenheit zahlreicher kirchlichen Zurückweisungen der Allerlösungstheologie des Origenes suchte in einer weitgespannten Studie, die mit den meisten eschatologischen Lehrbüchern des 20. Jahrhunderts hart ins Gericht geht, zu erweisen: J. CHRISTINE JANOWSKI, Allerlösung. Annäherungen an eine entdualisierte Eschatologie (Neukirchener Beiträge zur systematischen Theologie Bd. 23/1 und 2), Neukirchen-Vluyn 2000, 103 ff. u. ö.

2.7.2 Das Beispiel der Eschatologie des Thomas (1226/27–1274)

Thomas von Aquino gilt als der *engelgleiche Lehrer* der Kirche (*doctor angelicus*). Seiner Gesamtsicht des christlichen Glaubens wird eine herausragende Bedeutung zuerkannt. Die römisch-katholische Kirche hat im 19. Jahrhundert sogar unwiderruflich festgelegt, alle christliche Theologie, die jemals entwickelt wird, müsse mit der Thomanischen sachlich übereinstimmen.

Wenn heute immer wieder eine ‚Entplatonisierung' des Christentums gefordert wird, so hat Thomas sie vor fast 800 Jahren bereits durchgeführt. Denn er wagte es im Rahmen der theologischen Lehre vom Menschen und innerhalb der Eschatologie, die hier in der Kirche bislang verbotenen einschlägigen Begriffe des Aristoteles denjenigen Platons gegenüberzustellen. Er tat dies, weil sich die biblische Sicht des ewigen Seelenheils und der Auferweckung der Toten seiner Meinung nach nicht einfach in eine platonisch-neuplatonische Begrifflichkeit hineinbinden lässt. Vom biblischen Hintergrund her präzisierte Thomas den *einen* Philosophen mit dem *anderen*. Bislang war Aristoteles von dem ‚was die Kirche liest', ausgeschlossen gewesen, weil seine Philosophie die Unsterblichkeit jeder einzelnen menschlichen Seele leugnet und stattdessen die Ewigkeit der Materie behauptet. Es war ein großes Wagnis, dass Thomas sich diesen ‚verbotenen' Philosophen, dessen Schrifttum als ausgerottet galt, heranholte. Albertus Magnus (um 1200–1280), theologischer Lehrer des Thomas, später *doctor universalis* genannt, war ihm darin vorangegangen. Durch spanische Araber und Juden waren damals lateinische Übersetzungen einiger Aristoteles-Texte wieder in Umlauf gebracht worden. Thomas machte Aristoteles, den er oft kurz *den* Philosophen nannte, zu einer Autorität in der Kirche. Dies bezog sich auf dessen Beschreibung der (menschlichen) Natur und auf dessen Methode, sie zu erkennen. Seiner Zeit voraus, öffnete Thomas die Kirche für eine wissenschaftskonforme Welterschließung. Dies geschah in der Entstehungszeit der europäischen Universitäten und bedeutete den Höhepunkt der mittelalterlichen theologischen Scholastik.

Thomas, ein Schweiger, Beobachter und Zuhörer, registrierte alles Wichtige, was die Bibel, die Kirchenväter und die überlieferten großen antiken Philosophen über Gott, Welt und Mensch gesagt haben. Er wertete sie alle, trotz ihrer unterschiedlichen Meinungen, als Autoritäten, die man keinesfalls einfach zur Seite schieben darf. Auch den Origenes zitierte er. Er zog aber die *Summe* aus allem und zeigte, inwiefern oft das eine ebenso gilt wie das andere.

Was die menschliche Seele anbetrifft, zweifelte Thomas nicht daran, dass sie unsterblich sei und sich beim Todeseintritt vom menschlichen Körper trenne. Aber gleichzeitig unterlag es für Thomas keinem Zweifel, dass ‚der Philosoph'

(Aristoteles) Recht habe, wenn er die Seele als die vom Körperlichen *unabtrennbare individuelle Form* definiert (*anima forma corporis*). Wie könnte man denn die Form von der Materie lösen? Eben gar nicht. Es handelt sich bei ‚Körper und Seele' überhaupt nicht um zwei Teile des Menschen. Der Beitrag des Seelischen liegt vielmehr in der *Verwirklichung* und Ausformung materieller *Möglichkeiten* hier und jetzt. Die Seele konkretisiert diese Möglichkeiten in einer individuellen Erscheinung. Wenn Aristoteles in Bezug auf die Seele Recht haben sollte, hat dann aber nicht Platon zwangsläufig Unrecht? Der Widerspruch ist in der Tat gedanklich schwer aufzulösen. Aber gibt nicht die Bibel einen entscheidenden Hinweis, wie dies geschehen könnte? Wir kommen jetzt direkt zur Thomanischen Eschatologie.

Die ‚letzten Dinge' beginnen für Thomas mit der allgemeinen, leibhaften Auferweckung der Toten am Jüngsten Tag. Wenn wir heute sterben, so wird für uns wegen des dann ausgelöschten Zeitbewusstseins der Tag der allgemeinen Totenauferweckung ‚im Nu' herbeikommen. Kaum dass wir gestorben sind, werden wir auch schon auferweckt. Zwar hatte sich im Tod unsere unsterbliche Seele vom Leib trennen müssen. Aber dies war im wahrsten Sinne des Wortes ein naturwidriger Vorgang, der sozusagen ‚sofort' wieder aufgehoben wird. Denn Leib und Seele gehören, wie Aristoteles gezeigt hat, unbedingt zusammen. Ebendarum lehrt die Kirche ja die Auferweckung des Menschen mit Leib und Seele, um diese unbedingte Zusammengehörigkeit zum Ausdruck zu bringen und den Tod nicht mit einem ‚Werk' triumphieren zu lassen, das als ‚naturwidrig' verstanden werden muss. Fast könnte man es als eine theologische Aufklärung der Philosophie bezeichnen, dass Thomas ihr von der kirchlichen Eschatologie aus einen Weg gewiesen hat, Platon und Aristoteles miteinander zu vermitteln. Dieser Vermittlungsvorschlag hat anschließend noch lange Zeit die wachsten Köpfe beschäftigt. Gelehrte Kommentare prüften zwischen dem 13. und 15. Jahrhundert die These des Thomas nach, dass sich gerade die Seelenlehre des Aristoteles gut ins christliche Menschenverständnis und in die christliche Eschatologie füge. Diese Kommentare halten bezüglich der Lehre von der Seele ein hohes denkerisches Niveau, das später in Vergessenheit geriet und kaum je wieder erreicht worden ist. Großenteils werden diese Werke erst jetzt wissenschaftlich ediert und besprochen.[45]

Thomas selbst war es nicht um eine Rehabilitierung des Aristoteles gegangen, sondern um das Auffinden von Hilfsmitteln zur Klärung einiger offener Fragen innerhalb der kirchlichen Eschatologie. Drei solcher offener Fragen beschäftigten ihn besonders. Die eine bezog sich darauf, inwiefern die (‚kurze')

---

45) Einzelheiten: S. u., 130 f. mit Fußnote 26.

Trennung von Leib und Seele im Tod überhaupt denkbar sei. Die zweite erwog, was denn die Seelen der Gestorbenen ‚vorläufig' bei Gott erleben können, bevor die allgemeine Totenauferweckung erfolgt. Die dritte schließlich bezog sich auf das Problem, ob mit einem sogenannten *Tausendjährigen Reich* vor dem Jüngsten Tag zu rechnen sei.

Bei der *ersten* offenen Frage der Eschatologie räumte Thomas freimütig ein, es sei *nicht* alles geklärt, wenn man annehme, der gestorbene Mensch wache sofort wieder auf, weil er kein Gefühl für die zeitliche Distanz zwischen dem Todeseintritt und dem Jüngsten Tag habe. Die offen gebliebene Frage nach dem ‚Dazwischen' berührt nicht nur ein quantitatives Problem, bei dem zu untersuchen wäre, wie kurz oder wie lang es dauert, sondern auch das qualitative Problem, was da überhaupt geschehen kann. Stellt der Mensch ‚dazwischen' überhaupt etwas dar, was auf ihn als Person hinweist? Mit einem heutigen Bild: Welches ist der Status eines ausgebauten Automotors ohne zugehöriges Auto? Thomas hatte von seinen philosophischen Informationen her die Seele tatsächlich als *motor corporis*[46] verstanden. Sie bringt das Leben in den Körper; sie bedeutet dessen Leben. Mit diesen Fragen ringend, rekurrierte Thomas schließlich auf antike Vorstellungen von den *verschiedenen Schichtungen* in der Seele. Er experimentierte mit der Hypothese, dass die ‚motorhaften' Schichten der Seele mit dem sterbenden Körper in der Tat zugrunde gehen. Allein übrig bleibe dann jene Schicht, die den Pflanzen- und Tierseelen von vornherein abgeht, mit der vielmehr nur die Seele des Menschen ausgestattet ist. Es handelt sich um diejenige *geistige* Seelenschicht, kraft derer *nur* der Mensch z. B. *erkennen* kann, unter welche Begriffe sich die körperlichen Erscheinungen der Wirklichkeit ordnen lassen. Die *Geistseele* des Menschen überrage insofern prinzipiell das Gebiet der körperlichen Erscheinungen. Oder anders: In ihrer geistigen Schicht gehört die Menschenseele dem nicht an, was mit dem Körperlichen zugrunde gehen kann. Allerdings müsse diese den Tod überdauernde Seelenschicht dann, weil als Seele ‚inkomplett', nach dem Todeseintritt irgendwo andocken können, um ihre Existenz zu erhalten. Zudem seien ihre Möglichkeiten in diesem Zustand sehr beschränkt.[47]

---

46) STh I,75,1ad 1.

47) STh I,75,2c: Es bleibt übrig, dass die menschliche Seele als *intellectus vel mens* grundsätzlich unkörperlich ist und eine „subsistierende" Existenz hat („animam humanam ... esse aliquid incorporeum et subsistens"). Im ‚Zwischenzustand' können sich die menschlichen Seelen nicht mehr weiter um das kümmern, was auf der Erde geschieht. Denn die Fähigkeit zur sinnenhaften, mithin körperlichen Wahrnehmung ist von ihnen genommen (STh I, 89, 8c). Als vom Körper getrennte inkomplete Wesenheiten haben diese Menschenseelen der Gestorbenen eine ganz eigene Ausrichtung auf Gott, die nicht mehr, wie zuvor im Leben, z. B. durch Glauben und durch Hoffen charakterisiert ist (vgl. STh I, 89, 1c).

2. Was ist ‚Eschatologie'?

Die *zweite*, besonders klärungsbedürftige theologische Frage des Thomas zielte auf ein inhaltliches Verständnis dessen ab, was sich zwischen Gott und den Seelen der Gestorbenen im ‚Zwischenzustand' denn eigentlich abspielen könne. Die volle ‚Schau Gottes' (*visio Dei beatifica*) kann, davon war Thomas überzeugt, jetzt noch nicht stattfinden. Sie wird erst nach der allgemeinen Auferstehung der Toten am Jüngsten Tag möglich werden. Auch ist kein gestorbener Mensch vor dem allgemeinen Endgericht (*iudicium universale*) schon so weit, sich ganz mit dem ewigen Gott vereinigen zu können. Der soeben gestorbene Mensch ist noch ganz imprägniert vom Guten und Schlechten seines zeitlichen Lebens. Also kann er sich jetzt erst einmal nur der Wirklichkeit Gottes annähern und dabei erfahren, wie Gott ihn individuell sieht (*iudicium individuale seu particulare*). Der gestorbene Mensch befindet sich in einem Zustand *zwischen Zeitlichkeit und Ewigkeit*, den Thomas als *aevum* bezeichnet.[48] Das *aevum* charakterisiert und begrenzt zugleich die der Seele der Gestorbenen *jetzt* mögliche Gottesteilhabe.[49]

Zu den größeren eschatologischen Problemen, für die Thomas ein Lösungsangebot erarbeitet hat, gehört, *drittens*, das immer wieder Unruhe auslösende Thema des *Tausendjährigen Reiches*: Wird vor dem Weltende noch eine letzte Abendröte der Weltgeschichte anbrechen, eine geistliche Zeit, in der die Universalität des christlichen Glaubens allgemein auf Erden sichtbar werden wird? Wird die Kirche *dann* schon überflüssig werden? Wird es sich um ein Zeitalter der Liebe handeln, das die Zeit des Glaubens ablöst? Werden dann alle Christenmenschen ‚geistlichen Standes sein', nicht nur die Priester und die Nonnen und Mönche? Wird ein ‚drittes' Reich des Heiligen Geistes anbrechen? Radikale Franziskanerspirituale hegten damals solche Gedanken, wie ja überhaupt der *Chiliasmus* (von griech. *tausend*) immer wieder *die* Herausforderung christlicher Sondergemeinschaften wurde. Die wichtigsten einschlägigen Anregungen entstammen dem 20. Kapitel des Buchs der Offenbarung am Schluss des Neuen Testaments: Der Teufel wird gegen Ende der Weltgeschichte 1000 Jahre lang an eine große Kette gelegt werden. Schon zu Beginn dieser Jahre wird Christus wie-

---

48) Der Frage, was ‚Ewigkeit Gottes' bedeute, ist die *Quaestio 10* im Ersten Teil der *Summa Theologiae* des THOMAS VON AQUINO gewidmet. Dort wird dann auch als Mittleres zwischen Zeit und Ewigkeit das *aevum* erwähnt. Es hat zwar einen zeitlichen Anfang, aber kein zeitliches Ende mehr (STh I, 10, 5c).

49) Vgl. hierzu (im Geistes des Thomas): Des Menschen „endgültiger Platz kann ... erst bestimmt werden, wenn ... alle Geschichte ausgelitten und ausgetan ist. Die Sammlung des Ganzen ist doch auch ein Akt an ihm selber und ist so erst das endgültige allgemeine Gericht, das den einzelnen hineinrichtet ins Ganze und ihm seinen richtigen Platz zuordnet, den er erst im Ganzen erhält" (BENEDIKT XVI. JOSEPH RATZINGER, Eschatologie. Tod und ewiges Leben, Neuausgabe der 6. Aufl. von 1990, Regensburg 2007, 153).

der erscheinen. Alle christlichen Märtyrer stehen schon jetzt aus ihren Gräbern auf, um während dieses Milleniums mit Christus zusammen die endende Welt zu regieren und zu gestalten. Aber nach Ablauf dieser Zeit wird der Teufel noch einmal für eine kurze Frist losgelassen. Dann wütet er ärger denn je. Erst wenn dieses neuerliche Wüten auf dem Höhepunkt angelangt sein wird, kommt das Weltende. Dann wird der Teufel für immer in den feurigen Pfuhl geworfen. Jetzt ereignen sich auch die allgemeine Totenauferweckung und das Weltgericht.[50] – Im Hintergrund steht die Auffassung der jüdischen Apokalyptik, dass die Weltgeschichte insgesamt 7000 Jahre dauern werde, entsprechend den 6+1 Tagen der Erschaffung der Welt nach Genesis 1. Und Psalm 90,14 zufolge gilt: „Tausend Jahre sind vor dir wie ein Tag." Der *letzte „Tag"* der Weltgeschichte ist also das siebente Millenium. Es wird, dem Sabbat entsprechend, als ein besonderer, goldener Zeitabschnitt gewertet. Zugleich bildet er die *Brücke* hinüber zur ganz neuen Schöpfung, die himmlischen Charakter haben wird.

Um künftig möglichst alle Unruhe auszuschließen, die sich bisher so oft mit der Erwartung des unmittelbar bevorstehenden Anbruchs des Tausendjährigen Reichs verbunden hatte, legte bereits der Kirchenvater *Augustinus* (354–430) fest, dass mit den *letzten* 1000 Jahren nichts anderes gemeint sein könne als die mit der Gründung der christlichen Kirche angebrochene endzeitliche Gnadenepoche. Diese letzte Epoche werde abgeschlossen werden mit der Wiederkunft Christi zum Gericht am Weltende.[51] – Als dann später aber die Existenz der Kirche bereits 1000 Jahre *gewährt* hatte, erwuchs gerade aus Augustins beschwichtigender Deutung des Tausendjährigen Reichs ein neues Problem: Steht *jetzt* der Untergang der Welt unmittelbar bevor? Dunkle Wolken zogen im späten Mittelalter auf, es kam zu angstvollen Bußbewegungen und zu immer neuen Spekulationen über den gegenwärtigen Stand der Heilsgeschichte. Hier griff Thomas ein mit nachhaltigen theologischen Klärungen, die bis heute wirken. Zunächst schloss er es aus, dass nach der Zeit der Kirche (im Zeichen der Herrschaft Jesu Christi) noch ein weiteres, letztes Zeitalter des Heiligen Geistes zu erwarten sei. Die Bibel lehrt uns, dass es nur zwei grundlegende göttliche Bundesschlüsse gibt: den Alten Bund und den Neuen Bund. Über den Neuen Bund hinaus, der sowohl im Zeichen des Heiligen Geistes wie im Zeichen Jesu Christi steht, ist in der Weltgeschichte nichts mehr zu erwarten.[52] Es gibt nichts ‚Per-

---

50) Vgl. Paulus I Kor 15,23 ff.: Die Auferstehung der Toten wird sich in einer bestimmten Ordnung vollziehen: „... als Erstling Christus, danach ... die, die Christus angehören; ... danach das Ende, wenn er das Reich Gott, dem Vater, übergeben wird, nachdem er alle Herrschaft und alle Macht und Gewalt vernichtet hat ... Der letzte Feind, der vernichtet wird, ist der Tod."
51) AUGUSTINUS, De civitate Dei (lib. XX).
52) Vgl. STh 1–2,106,4: Hier setzt sich Thomas zunächst, wie es seine Art ist, auch mit den *Ein-*

fekteres' als ihn. Auch sagt der Hebräerbrief, dass der Eingang in das Heilige durch das Blut Christi definitiv eröffnet worden ist.[53] Es ist also durch Christus objektiv alles getan, um das Heil zugänglich zu machen. Die Ausgießung des Heiligen Geistes bringt zu diesem Heil nichts mehr hinzu, sie ist vielmehr seit Anbeginn der Kirche die ausströmende Kraft des *Christusheils*, die in den kirchlichen Sakramenten mitgeteilt wird. Sollte die Menschheit tatsächlich nicht bloß zwei, sondern drei Epochen durchlaufen, dann allenfalls so: Alter Bund, Neuer Bund – und als dritte Stufe das himmlische Vaterland, das *aevum*, in das die Seelen nach dem Tode bereits einwandern. Hier hat sich Thomas eine weitere Möglichkeit aufgetan, um ein selbständiges Leben der Seelen im ‚Zwischenzustand' zu begründen. Zugleich beugte er aber jeder künftigen Neu-Erörterung des Chiliasmusproblems vor. Er wollte endgültig Ruhe an dieser Front schaffen.

Kommentar
Wir haben zuletzt gesehen, wie stark die Thomanische Eschatologie an Christus orientiert ist. Über die Bedeutung der Sendung Jesu Christi gab es zur Zeit des Thomas jedoch einen tiefgreifenden theologischen Meinungsstreit, der hauptsächlich zwischen den Mönchsorden der Franziskaner und der Dominikaner ausgefochten wurde: Ist Gottes ewiger Sohn, so wurde gefragt, nur zu dem Zweck erschienen, um von der Menschheit jene erbsündliche Verderbnis wieder wegzunehmen, in die sie durch ‚Adams Sündenfall' hineingeraten ist? Ist also der Zweck seiner Sendung die Wiederherstellung des *status quo ante*, in dem der Mensch noch im Paradies leben konnte? Genau so meinte es Thomas, der dem Mönchsorden der Dominikaner angehörte. Der etwas jüngere Franziskaner Duns Scotus (1266–1308) hat ihm theologisch widersprochen: Gottes Sohn, so meinte Duns, wäre auch ohne den Sündenfall ein Mensch geworden. Die Menschwerdung des Gottessohns, Gottes allerherrlichstes Werk, hatte nicht einfach nur das Ziel, etwas (Ungutes) zu beseitigen. Es ist vielmehr in sich selbst neuschöpferisch. Mit der Inkarnation soll der Schöpfung ein *neuer* Glanz verlie-

---

wänden gegen seine Sicht der Dinge gründlich auseinander. Sie lauten: Es scheint aber in der Heiligen Schrift doch so, dass mit einer Überbietung sogar des neutestamentlichen Christusbundes durchaus noch zu rechnen ist. Denn Paulus sagt I Kor 13,9, unser Wissen sei erst Stückwerk, es komme irgendwann noch Vollkommeneres. Außerdem verhieß Christus nach Joh 16,13 das Kommen des Heiligen Geistes, des Parakleten, der in die Erkenntnis *aller* Wahrheit hineinführen werde. Die Kirche aber ist bis heute nicht im Besitz aller Wahrheit. Ergo ist doch noch ein höherer Stand der Dinge zu erwarten. Zu denken sei auch an Mt 24,14: Das Evangelium muss in der ganzen Welt verkündigt werden, erst dann kommt das Endgericht. Nun aber wurde das Evangelium doch schon auf der ganzen Welt verkündigt, und doch ist das Endgericht noch nicht gekommen. Also muss wohl doch noch „ein anderes Evangelium" (*aliud evangelium*), nämlich das des Heiligen Geistes, kommen, bevor dann in 1000 Jahren das Ende aller Dinge wirklich erreicht werden wird.
53) Vgl. Hebr 10,19 f.; 13,12.

hen werden, den sie zuvor noch nie hatte. Solche Gedanken beflügelten damals den Chiliasmus und dessen Vision einer ‚besseren Welt' in deren leuchtender Abschlussphase. Sollte Duns mit seinem Christusverständnis Recht gehabt haben, dann dürfte sich die christliche Heilslehre nicht allein auf die Beseitigung der Macht der Sünde konzentrieren. Sie müsste darüber hinaus in ihrer Eschatologie auch die spirituelle Transformation der Welt im Blick haben und das Ziel einer neuen Gestalt der Schöpfung, in der es nur noch Liebe, keine Notwendigkeit mehr, zu glauben und in die Kirche zu gehen, keine Leiden und keinen Tod mehr gibt. – Thomas hat diesem theologischen Gedankengut gegenüber eine ‚antischwärmerische' Position eingenommen. Ihr gegenüber drängte damals aber die zum sozialpolitischen Radikalismus neigende franziskanische Spiritualität auf befreiende *geschichtliche Fortschritte*. Somit war schon vor 800 Jahren die Eschatologie das Feld, auf dem um die richtige ‚Theologie der Hoffnung' gestritten wurde.[54]

Die theologische Größe des Thomas zeigt sich nicht zuletzt darin, dass er sich um eine diskursive Theologie bemüht hat, die sich den Fragen der menschlichen Vernunft an den Glauben wirklich stellte. Er tat dies mit solcher Umsicht, dass er mit seinem Überdenken des Glaubens gleichzeitig auch die Philosophie in manchen Fragestellungen förderte. Was er darüber hinaus für die ethische Erziehung und Wegweisung leistete, ist ebenfalls kaum überschätzbar. Thomas war alles andere als ein Scholastiker für das enge ‚Reich der Studierstuben'. Seine theologischen Fragestellungen hatten große Relevanz für das allgemeine gesellschaftliche Leben. Im Vergleich zu ihm ist heutige Theologie oft viel weniger fähig, den Bereich der andeutenden Bilder zu verlassen, Nachfragen genau zu beantworten und unsere Welt nach allen Seiten wissenschaftlich, philosophisch und theologisch auszuschreiten, um den Menschen eine zuverlässige Orientierung zu ermöglichen.

Allerdings ist das überragende System des Thomas dann durch die Reformation des 16. Jahrhunderts mit theologischer Kritik bedacht worden, die seine universalistische Zusammenschau von Natur und Gnade betraf. Diese Kritik richtete sich jedoch auch an die einstigen Opponenten des Thomas. Wieder war es die *Eschatologie*, die zu der umfassenden Nachfrage herausforderte, ob man denn in der bisherigen Theologie das *Neue, Systemsprengende* des Reiches Gottes gegenüber unserem rationalen Erfassen und Erfahren der Welt angemessen zur Sprache gebracht habe.

---

54) Vgl. hierzu: WALTER MOSTERT, Menschwerdung. Eine historische und dogmatische Untersuchung über das Motiv der Inkarnation des Gottessohns bei Thomas von Aquin, Tübingen 1978.

2.7.3 Das Beispiel der Eschatologie Luthers (1483–1546)

Martin Luthers Lehre von den letzten Dingen ist uns insofern vertrauter als die des Origenes oder die des Thomas, als sie sich in einer der Bibel näheren Terminologie entfaltet. Es fällt die schlichte sprachliche Bindung an die Art und Weise auf, wie Jesus selbst, laut den neutestamentlichen Evangelien, *kontrastreich* vom Reich Gottes gepredigt hat: Im Reich Gottes ist ‚alles anders', niedrig wird hoch, hoch wird niedrig usw. Bei Gott ist es so, schrieb der Reformator: „Wenn Gott auferweckend wirkt, tut er dies so, dass er zu töten scheint [= dass er das tötet, was wir ihm als Leben entgegenbringen]; wenn Gott gerecht spricht, so setzt er zugleich unter Anklage; wenn er in den Himmel befördert, so tut er dies indem er in die Hölle hinabführt – wie es die Hl. Schrift sagt [I Sam 2,6]: ‚Gott tötet und macht lebendig; er führt hinab in die Hölle und führt wieder aus ihr heraus'."[55] Das Reich Gottes hat, gemessen an unseren üblichen Begriffen, die Signatur des *sub contrario*, d. h. der Verborgenheit des Lebens und des Heils unter ‚Gegensatzgestalten'.

Für Luther war es unumgänglich, von einer Seele des Menschen zu sprechen.[56] Denn *seelisch* steht der Mensch *über den irdischen Gegensätzen, auch wenn die Seele unter ihnen leidet*! Dass es der Seele gut geht, hängt z. B. nicht am materiellen Wohlstand des Menschen, zu dem sie gehört. Ihr Wohlbefinden fällt also nicht unter Bert Brechts Diktum „nur wer im Wohlstand lebt, lebt angenehm". Es erweist sich das Wohlbefinden der Seele nicht einmal daran, ob ein Mensch Brot genug hat und nicht hungert oder ob er in Freiheit lebt und nicht im Gefängnis. Sondern es erweist sich daran, *ob die Seele ‚Gottes Wort' hören darf*. Sie ist rein auf diese ‚Nahrung' bezogen.[57] Unter ‚Seele' ist gewissermaßen das ‚Ohr für Gott' verstanden. Dieses ist aber nicht identisch mit der physischen Hörbereitschaft unserer Gehirnnerven. Vielmehr bringt der den Menschen anredende Gott zugleich bei dieser Person das ‚hörbereite Ohr' hervor, das dann aber so sehr *ihres* ist, dass sich ihre Identität in ihm konzentriert. Dieses ‚Ohr' kann Gott auch über den physischen Tod eines Menschen hinaus schaffen und

---

55) Übersetzung des Verfassers aus der lateinischen Quelle *De servo arbitrio* (1525), WA 18, 633, 9–12.

56) Vgl. herzu besonders: CARL STANGE, Zur Auslegung der Aussagen Luthers über die Unsterblichkeit der Seele (ZSTh III, Heft 4, o. J.).

57) Vgl. MARTIN LUTHER, Von der Freiheit eines Christenmenschen (1520): Wo immer die Seele das göttliche Wort hat, da hat sie „in dem Wort das Genügen, Speise, Freude, Friede, Licht, Gerechtigkeit, Weisheit, Freiheit und alles Gute überschwänglich". Dagegen: Durch physisches Verhungern oder durch physische Freiheitsberaubung des Menschen könne die Seele nicht im Geringsten geschädigt werden! (WA 7, 21,23–22,14) Man sollte sich klarmachen, dass Luther ausgerechnet im Zusammenhang der Erörterung des Themas *Freiheit* sich veranlasst sah, pointiert von der menschlichen Seele zu sprechen. Ist sie der Kern oder der Ermöglichungsgrund menschlicher Freiheit, die sich rein von den physiologischen Gehirnfunktionen des Menschen her nicht plausibel machen lässt?

nutzen, so wie Gott den Menschen schon ‚rufen' konnte, bevor er gezeugt und geboren worden war. Durch des ewigen Gottes Anrede und durch die entsprechende Antwortmöglichkeit des Menschen *wird* der Mensch, der es sonst nicht wäre, *unsterblich*. Mit wem Gott redet, der ist unsterblich.[58] Dieses personhaft-relationale Seelenverständnis Luthers ist für die Theologie der letzten Jahrzehnte wieder sehr attraktiv geworden.

Luther sagt also: Menschen sind (nur) insofern unsterblich, als für sie gilt, dass sie Gott ‚Rede und Antwort' stehen müssen. Der „Ermächtigung und Verpflichtung zur Antwort ... kann sich kein Mensch entziehen. Gottes Anrede gilt durch den Tod hindurch und über ihn hinaus."[59]

Dass es für die Menschen ein Leben *nach* dem Tode gibt, dessen war sich der Wittenberger Reformator, mit der ganzen christlichen Tradition, völlig gewiss. Würden wir nicht auf die Auferstehung der Toten zugehen, so gäbe es für Luther, genauso wie für den Apostel Paulus, keinen Grund, überhaupt ein Christ zu sein. Auch käme man mit *keiner* Glaubensfrage mehr zurecht, hörte man auf, an ein Leben nach dem Tode zu glauben. Wie sollte man denn andernfalls z. B. mit dem Problem klarkommen, ob Gott jedes Geschöpf tatsächlich gerecht und zugleich barmherzig behandele? Wo zeigt sich das in diesem Leben? Wie sollte man, wenn es keine Auflösung der ‚Rätsel' in einem Leben nach dem Tode gäbe, es hinnehmen können, dass Gott manche Menschen erwählt hat, andere anscheinend nicht?[60]

Der Sache nach wertete bereits Luther die menschliche Seele als den – auf Gott bezogenen – *Identitätskern der Person*. Er ist mit Leben aufgeladen durch

---

58) Vgl. LUTHERS Erläuterung zu Gen 26,24 f.: „Da spricht Gott mit den Toten nicht anders als lebten sie. Und dies Wort selbst ist das wirkungsvollste Zeugnis, dass wir nicht sterblich sind, sondern unsterblich auch im Tode (*immortales etiam in morte*). Begründung: Weil Gott mit uns auch auf unsere Weise und mit menschlicher Sprache spricht. Gott weiß, dass dieses Leben ist wie ein Augenblick. Warum sollte er also mit uns sprechen – und zwar so, dass er unsere Sprache benutzt –, wenn wir nicht auf Dauer leben sollten? Andernfalls ließe er ja sein Wort umsonst herausgehen nur wegen eines Augenblicks der Zeit. Aber nicht vergeblich und umsonst spricht er ... [Darum:] ... mit wem Gott spricht, es sei im Zorn oder in der Gnade, derselbe ist gewiss unsterblich. Die Person Gottes, der da redet, und das Wort zeigen an, dass wir solche Geschöpfe sind, mit denen Gott sprechen will bis in Ewigkeit und unsterblicherweise. Einen solchen Gott hat Abraham. Und wer der Verheißung Abrahams anhängt, hat denselben Gott und ist Kind Gottes." (WA 43, 481, 23–35)

59) OSWALD BAYER, Martin Luthers Theologie. Eine Vergegenwärtigung, Tübingen 2003, 299. Vgl. DERS., a. a. O., 298: „Wenn Luther mit dem Neuen Testament bekennt", dass des Menschen „Gottesverhältnis mit dem Tod nicht abbricht, so ist dabei keine Kontinuität mitgedacht, die in einer wie auch immer gearteten menschlichen Disposition begründet wäre. Nicht um eine in der Person des einzelnen – etwa in der Unsterblichkeit seiner Seele – liegende Kontinuität geht es Luther; vielmehr erwartet er die Kontinuität allein vom Handeln und Reden Gottes her. Als von Gott ins Leben Gerufene, sind wir in einer schlechterdings nicht mehr rückgängig zu machenden Weise angeredet ...".

60) Vgl. LUTHERS Darstellung dieses Problems im Rahmen einer „Dreilichterlehre" am Ende seiner Schrift *De servo arbitrio* (1525): WA 18, 785, 20 ff.

die *Gottesbeziehung*. Die Gottesbeziehung bricht im Tod des Menschen keinesfalls ab (obwohl man an einigen Stellen des Alten Testaments *anderes* liest). Der Tod ist in Luthers Verständnis gerade nicht als ‚Eintritt in die Beziehungslosigkeit' zu werten, denn Gottes Wirken an der Person und ihrer noch unfertigen Identität setzt sich fort. Gott redet weiter zur Seele. Christen hoffen, so denkt Luther, beim Todeseintritt von Engeln in *Abrahams Schoß* getragen zu werden.[61] Aber auch dieser einstweilige ‚Bergungsort' meint nichts anderes als das auf die Vollendung des Jüngsten Tages hin bewahrende *Verheißungswort Gottes*.[62]

Diese Auffassungen sind alle eingespannt in den heilsgeschichtlichen Rahmen der Bibel: Im Urbeginn war der Mensch eine nicht dem Tod unterworfene lebendige Einheit von Geist, Seele und Leib. Dann ist die Sünde Adams dazwischengekommen. Sie hat die soeben erwähnte Einheit (jene Übereinstimmung der ganzen Person mit sich selbst) zerspalten. Vollends auseinander bricht sie im Sterben eines Menschen. Aber die Auferweckung Jesu Christi stellt diese Einheit, die *Leben* bedeutet, wieder her.[63] Im Glauben können wir sogar bereits auf diese durch Christus wiederhergestellte Einheit vorgreifen, so dass wir als Christen *eigentlich gar nicht sterben*.[64]

Diese heilsgeschichtliche Konzeption erklärt, warum Luther, mit Anklängen an den Aristotelismus, öfter von der strikten Zusammengehörigkeit von Leib und (Geist-)Seele des Menschen gesprochen hat, andererseits aber, mit Anklängen an den Platonismus, auch von der beim Sterben erfolgenden Trennung der unsterblichen (Geist-)Seele vom Körper.

Luthers Theologie gehört nicht zu denjenigen, die, wie z. B. die Götterlehren der alten Griechen, ausgehend von ‚offenen Fragen' in unserem Weltbegreifen zu Gott hin denken. Sondern sie gehört umgekehrt zu denjenigen, die von Gott ausgehend die Welt begreifen. Für den Reformator ist die Weltwirklichkeit immer schon von Gott umgriffen und begrenzt. Durch diese Theozentrik ist eine *Eschatologie* schon im Ansatz der Theologie Luthers mitgegeben. Es wird davon ausgegangen, dass diese Welt nicht alles ist, was Gott im Sinn hat. Jederzeit könnte Gott neue Welten schaffen! Und er wird es auch noch tun. Denn auf alle Fälle ist unser Leben in der jetzigen Welt nur ein *Vorspiel* für dasjenige in

---

61) Vgl. z. B. WA 2, 695 ff.
62) Vgl. CARL STANGE, Das Ende aller Dinge, Gütersloh 1930, 180: Luther sagt kühn, dass „das Wort Gottes geräumiger und weiter ist als Himmel und Erde". Gottes „Wort ist ein Raum von unendlicher Ausdehnung: daher sind ‚die Wohnungen der Seelen das Wort Gottes oder die Verheißungen, in denen wir entschlafen'".
63) Vgl. WA 42, 63, 8 ff.; 65, 31–36; 79, 23–27.
64) „Ein Christ schmeckt und siehet den Tod nicht, das ist: er fühlet ihn nicht, erschrickt nicht so dafür und gehet sanft und still als entschliefe er und stürbe doch nicht." (WA 17 II, 234, 36 ff.)

einer neuen Schöpfung, in einer anderen Welt.[65] Allerdings ist das jetzige Leben *nicht* gleichgültig für die Form, die das Leben in der künftigen Welt gewinnt. Denn gerade das jetzige Leben der Menschen ist die *materia*, aus der unser Schöpfer die künftige Welt modelliert.[66] Er bürstet es hierfür zwar gegen den Strich. Aber auch so und gerade so gibt es eine materiale Kontinuität zwischen dieser Welt und jener. Nur dass eben die hier ‚verworfenen Steine' dort zu ‚Ecksteinen' werden könnten; oder die hier ‚Kleinen' dort zu ‚Großen'. Das Neue knüpft dennoch an die Struktur an, die das Alte von sich aus mitbringt.[67] Das Eschaton vollzieht sich *als eine Neudefinition der vorhandenen Schöpfung durch Gott* und vor allem als göttlich-neue Wertung von *Personen*. Auf diese Weise kann aber die kommende neue Welt bei Luther in die jetzige Welt hineinragen.

Diese Neudefinition bezieht sich auch auf das uns bereits im Zusammenhang mit der Seele entgegengetretene *Identitätsproblem*. So, wie wir fühlen, dass alle Individuen dieser Welt gewissermaßen *zweimal* da sind – erstens als die ihr Dasein selbst Gestaltenden und Interpretierenden, zweitens aber als die von *anderen* ganz anders Gesehenen und in Gebrauch Genommenen –, und so wie wir beides (das Individualleben *und* die zu spielende ‚Rolle') dennoch als zusammengehörig betrachten, so sieht Gott die Geschöpfe *auf zwei Ebenen zugleich*: Sie leben zum einen ihr Leben im Sinnhorizont der jetzigen Welt (den Luther ‚Gesetz' nennt), aber sie sind mit ihrem Leben zugleich Bausteine, die Gott mit ganz anderer Bedeutung in sein kommendes Reich einfügt. Das entspricht dem Evangelium. Die zwei Bereiche muss man unterscheiden, aber man kann sie nicht trennen. Manche Geschöpfe tragen zum Bau des Gottesreiches paradoxerweise vielleicht nur dadurch bei, dass sie mit ‚schlechtem' Leben die weitere Destruktion der jetzigen Welt der Sünde vorantreiben (und auch so das Kommen des Neuen beschleunigen müssen). Andere indessen dadurch, dass sie unmittelbar zum Aufbau der neuen Welt wirken. Niemand hat das jedoch im eigenen Willen. Auch diejenigen, die so, wie sie jetzt sind, dem Reich Gottes nicht

---

65) „Dieses Leben ist ja wirklich gar nichts anderes als der Vorlauf oder der Beginn eines künftigen Lebens" (eigene Übertragung aus dem Lateinischen ins Deutsche aus: MARTIN LUTHER, De servo arbitrio (1525), WA 18,785, 19.

66) Vgl. MARTIN LUTHER, Disputationsthesen „de homine" (1536), WA 39 I, 177,3 f.: „… der Mensch dieses Lebens ist rein Material Gottes zur Herstellung des Lebens in seiner künftigen Form" (eigene Übertragung aus dem Lateinischen ins Deutsche).

67) Nach MARTIN LUTHER, De servo arbitrio (1525), WA 18, 708 f., gilt: Gott nutzt alle Geschöpfe, alle Dinge so, wie er sie vorfindet (missgestaltet, wohlgestaltet, als taugliche Werkzeuge oder als untaugliche Werkzeuge zum Bau der kommenden Welt usw.): Es liegt an ihnen, wie sie genutzt werden unter dem Ansturm des göttlichen Schaffensgeistes. – Das ist freilich theologisch nur erträglich, wenn auch die ‚Missgestalteten' eine sinnvolle Bestimmung und die Einfügung in den Bau des Gottesreiches finden.

entsprechen, können als Geschöpfe Gottes *gerechtfertigt* werden. Am Ende der Tage wird Gott *in allen Geschöpfen alles sein*.[68] Die Grenzziehung zwischen ‚Erwählten' und ‚Verworfenen' wird von Gott also auch noch aufgehoben werden. Scheinbar zwar stellt göttliches Erwählen und Verwerfen die menschlichen Identitäten (den Personenwert und die Heilsaussichten) *extrem* in Frage. Doch es verhält sich ja anders: Die menschlichen Identitäten werden überhaupt erst am Ende offenbar werden.

Gott, der Herr des Eschatons, stiftet Identitäten freilich nicht so, dass er menschliche Seelen wie ein Psychotherapeut an das Verdrängte, an das abgewehrte Fremdartige und Andere dieser Welt heranführen würde. Sondern so, dass Gott das Ich seiner ‚Klienten' an das Fremde und Andere der künftigen Gottesherrschaft heranführt. So macht er die Seele heil und ganz. Die Identitätsbildung beginnt im Glauben auf Jesus Christus hin. Denn in Jesus Christus hat die Gottesherrschaft mitten in der ‚alten' Welt schon eine Voraus-Darstellung gefunden. Sie zu ergreifen, führt menschliche Seelen in den Frieden mit sich selbst, mit Gott und mit der jetzigen Welt. Im Glauben schon ‚himmlisch' geworden, wird die Seele gerade mit einer neuen Solidarität gegenüber der ‚alten' Welt ausgestattet. Sie wird mehr denn je *der Erde treu*, und eben nicht, wie die christliche Jenseitshoffnung oft kritisiert wird, weltflüchtig. Das ist die tiefe Wahrheit hinter dem Luther passend ‚untergeschobenen' Ausspruch, er würde, wenn er wüsste, dass morgen die Welt unterginge, heute noch ein Apfelbäumchen pflanzen.

Kommentar
Manche Einzelheiten, die ebenfalls noch zu Luthers Eschatologie gehören, wurden hier mit Bedacht übergangen: z. B. die häufigen Bezugnahmen auf den Teufel, auf das im damaligen Papsttum zu Rom sich ereignende Erscheinen des Antichrists und auf das bevorstehende Weltende. Insgesamt wurden hier aber die wichtigsten Linien der Eschatologie Luthers dargelegt. Sie sind auch heute noch diskussionswürdig, zumal sie das menschliche Identitätsproblem in großer Tiefe aufgreifen. Luthers häufiges Zurückkommen auf die *Seele*, die den Tod überragt, ist kein ‚mittelalterlicher Rest' in seiner Lehre. Es ist auch kein ‚philosophischer Rest' in seiner sonst überwiegend biblischen Theologie. Es war vielmehr im Horizont einer Jesus Christus als Zentrum setzenden biblischen Theologie unvermeidlich.

Fragt man heute, ob der Mensch eine Seele *hat* oder aber Seele *ist*, so liegt Luthers Auffassung beim Letzteren! Wie der ‚Leib' des Menschen immer schon

---

68) Vgl. I Kor 15,28.

beseelter Leib ist, so steht auch der Terminus ‚Seele' bei Luther *für den ganzen Menschen* einschließlich seines Leibes.[69] Die Rede von der ‚Seele' bedeutet also eine bestimmte Art, den Menschen zu sehen: nämlich in seiner Identität, die er vor Gott hat. Wenn Luther in Auslegung des Ersten Artikels des Apostolikums den Glauben sprechen lässt, dass unser Schöpfer dem Menschen „Leib und Seele, Vernunft und alle Sinne gegeben hat ...", so sollte dies nicht als eine Aufzählung von Teilen, aus denen der Mensch zusammengesetzt wäre, aufgefasst werden. Seele und Geist sind nicht das Unsichtbare, das Ewige am Menschen, das schroff abgesetzt wäre vom sichtbaren und sterblichen menschlichen Leib und dessen Attributen. Die *Seele* steht vielmehr für das ‚Bild' dessen, was ein Mensch *eschatologisch* ‚werden' soll, damit er Frieden findet.

Der jetzige Mensch *ist* im Unfrieden! ‚Seele' wäre kein so großes Thema, wenn nicht der Mensch als Geschöpf, das ein profiliertes Ich-Bewusstsein ausbilden *muss*, notgedrungen in Konflikte und Widersprüche hineingeriete. In diesen wird die menschliche Seele überhaupt erst explizit thematisch als Instanz, in der die menschliche Person intentional zur Ganzheit *vorwärts* finden möchte.

2.7.4 Das Beispiel der Eschatologie Schleiermachers (1768–1834)
Mit Friedrich Daniel Ernst Schleiermacher beginnt der Neuprotestantismus, der Kant und die ‚Aufklärung', Elemente der Philosophie des Deutschen Idealismus, aber auch des Pietismus (insbesondere die Orientierung an der menschlichen Subjektivität) in sich aufnahm. Die theologische Lehrart wandelte sich zutiefst. Statt nur über das in den autoritativen kirchlichen Quellen Vorgegebene und seine Vereinbarkeit mit dem allgemeinen Wahrheitsbewusstsein nachzudenken, wurde jetzt gefragt, wie sich das in der Kirche autoritativ Vorgegebene im religiösen Selbstbewusstsein und im inneren Erleben frommer menschlicher Subjekten *abbildet*. Maßgeblich wurde, wie es dort ‚im Gemüt einleuchtet'.

Auch die Lehre von den letzten Dingen wurde nun im Spiegel des frommen christlichen Selbstbewusstseins erfasst. In Schleiermachers *Glaubenslehre* von 1830 lesen wir zu Beginn des eschatologischen Lehrstücks: Versucht wird die Lösung der beiden Aufgaben, „die Kirche in ihrer Vollendung und den Zustand der Seelen im künftigen Leben darzustellen, ... *in den kirchlichen Lehren von den letzten Dingen*, denen jedoch der gleiche Wert wie den bisher behandelten Lehren nicht kann beigelegt werden"[70]. Manche wollten das dahingehend ver-

---

69) Vgl. WA 24,66 f.: In der Seele sitzt das *Leben*. Darum sagen wir, dass die „sele ... sobald der mensch stirbet vom leibe feret ... Aber Mose und die Schrift heißen das seel: alles was da lebet in den funff synnen ...".

70) FRIEDRICH DANIEL ERNST SCHLEIERMACHER, Der christliche Glaube nach den Grundsätzen der Evangelischen Kirche im Zusammenhange dargestellt (2. Aufl. 1830), neu hg., erl. usw. von MAR-

stehen, Schleiermacher bewerte die Eschatologie als ein weniger wichtiges Randstück am Ende der Dogmatik. Aber das ist es zum wenigsten. Im Vordergrund steht, dass das christlich-fromme Selbstbewusstsein nichts über einen „uns gänzlich unbekannten Zustand" aussagen kann.[71] Es könnte zwar z. B. darüber Auskunft geben, was mit ihm geschieht, wenn das von Christus ausgehende ‚Gnadenbewusstsein' auf sein ‚Sündenbewusstsein' stößt, aber nicht darüber, wie z. B. ein ‚Zwischenzustand' nach dem Tod erlebt wird. Bei solcherlei letzten Dingen müsste sich die Theologie daher ganz an die biblischen Prophezeiungen halten, weshalb Schleiermacher die entsprechenden dogmatischen Lehrstücke auch die *prophetischen* nannte. Aber selbst dieser prophetische Charakter und die hier unhintergehbare Angewiesenheit auf das Schriftzeugnis allein begründen für Schleiermacher immer noch nicht den ‚minderen Wert' dieser Lehrstücke. Sondern dieser rührt seiner Meinung nach daher, dass die zahlreichen Aussagen der prophezeiten biblischen Eschatologie untereinander gar nicht richtig zusammenstimmen![72] Besteht z. B. die Vollendung der Kirche[73] darin, dass zuletzt alle Menschen ihre Knie vor Gott und seinem Sohn beugen, dann scheint dem das apokalyptische Bild vom ewigen Bestraft- und Ausgeschlossenwerden der Verdammten zu widersprechen.[74] Ferner: Werden alle Toten leibhaft auferweckt und dabei mit einem ‚geistlichen Leib' ausgestattet, dann passt dazu kaum, dass viele derer, die hier einen ‚geistlichen Leib' erhielten, mit diesem ‚geistlichen Leib' nach dem Endgericht dann doch für immer in der Hölle landen. Ferner: Sollen die verstorbenen Menschen sofort („heute noch") ins Paradies oder aber anderswohin kommen, dann ist es „schwer, die allgemeine Auferstehung der Toten nicht für etwas Überflüssiges, und die Wiedervereinigung mit dem Leibe nicht für einen Rückschritt zu halten ..."[75] usw.

Im Grunde genommen können die *einzelnen* biblischen Prophezeiungen ‚letzter Dinge' die christliche Hoffnung gar nicht tragen. Nimmt man sie aber zusammen, so lässt sich klar Bestimmtes ebenfalls nicht ausmachen.[76] Eschatologisch wirklich tragfähig ist für Schleiermacher darum nur die Christologie: In Jesus Christus hat ‚göttliche Natur' die ‚menschliche Natur' angenommen. „Das

---

TIN REDEKER, Bd. 2, Berlin 1960, 416 f. – Vgl. hierzu auch: MARTIN WEEBER, Schleiermachers Eschatologie. Eine Untersuchung zum theologischen Spätwerk (BevTh 118), Gütersloh 2000, 154–165.

71) A. a. O., 409.
72) Vgl. besonders a. a. O., 426 ff.
73) SCHLEIERMACHER stellte die eschatologischen Lehrstücke in der *Glaubenslehre* unter die Gesamtüberschrift *Die Vollendung der Kirche* (§§ 157–163).
74) Vgl. Mt 25,46: die ‚Böcke' werden in „ewiger Strafe" von den ‚Schafen' (= den Gerechten) getrennt.
75) A. a. O., 427.
76) A. a. O., 425.

Wort ward Fleisch."[77] Somit hat Gottes Ewigkeit unsere Endlichkeit und unsere Unterworfenheit unter die Sünde und ‚alle Übel' erreicht und auf sich genommen. Wenn das aber so ist, dann bedeutet dies auch die einzige Möglichkeit, wie sich umgekehrt der menschlichen Natur ein Zugang zu Gottes Ewigkeit eröffnet. Die Gemeinschaft der menschlichen Natur mit der göttlichen in Jesus Christus – das ist es, was Christenmenschen als entscheidenden Inhalt ihres Glaubens erfahren, fühlen und verstehen,[78] und da ist die Eschatologie mit einbezogen. Denn im Glauben an die Irreversibilität „der Vereinigung des göttlichen Wesens mit der menschlichen Natur in der Person Christi" ist inhaltlich „das Fortbestehen der menschlichen Persönlichkeit schon mit enthalten".[79]

Von dieser christologischen Grundlegung aus ist der Schleiermacherschen Eschatologie allerdings eine Tendenz zur Formalisierung, zur Entbildlichung und zur Verknappung der Aussage zu eigen. Schleiermacher war ja davon ausgegangen, die untereinander widersprüchlichen biblischen Bilder der christlichen Hoffnung über den Tod hinaus gäben der Eschatologie keine konsistente Grundlage, und sie seien für den Glauben an die gemeinte Sache auch nicht unbedingt notwendig. Sie seien im Gegenteil der Anlass vieler Missverständnisse geworden.

Ein Beispiel: Wie stellen sich denn viele Menschen die *Unsterblichkeit* vor? Die Art, wie das geschieht, sei oft ganz unchristlich und sogar irreligiös, behauptete schon der junge Theologe Schleiermacher in seinen schwungvollen *Reden* (über die Religion) von 1799. Der Unsterblichkeitswunsch auch gerade vieler gebildeter Menschen lasse ihre tatsächliche *Abneigung* gegenüber dem, worauf es religiös ankommt, erkennen. Wirklich religiös wäre der Wunsch, die eigene Persönlichkeit zu übersteigen und zu erweitern zum Unendlichen hin. Jene (fiktiven) ‚Gebildeten' aber „sträuben sich gegen das Unendliche; sie wollen nicht hinaus; sie wollen nichts sein als sie selbst und sind ängstlich besorgt um ihre Individualität". Unter ihnen herrscht die bekannte „Sucht nach der Unsterblichkeit, die keine ist". „Aber das Universum spricht zu ihnen wie geschrieben steht: wer sein Leben verliert um meinetwillen, der wird es erhalten, und wer es erhalten will, der wird es verlieren." Folglich sollte ein guter Seelsorger ihnen zurufen: „Strebt darnach, schon hier euere Individualität zu vernichten, und im Einen und Allen zu leben, strebt danach, mehr zu sein als Ihr selbst, damit ihr wenig verliert, wenn ihr euch verliert." Erst wenn in euch eine heilige Sehnsucht nach

---

77) Dieses Wort Joh 1,14 wählte Schleiermacher zum Motto und grundlegenden Gesichtspunkt seiner Glaubenslehre, der er damit eine gewisse Nähe zur Grundlegung der Theologie schon in der alten Kirchenväterzeit seit Irenäus gab.
78) Vgl. a. a. O., 410.
79) A. a. O., 410 (Leitsatz zu § 158).

dem Zusammenfließen mit dem Universum da ist, „wollen wir weiter reden über die Hoffnungen, die uns der Tod gibt, und über die Unendlichkeit zu der wir uns durch ihn unfehlbar emporschwingen"[80].

Demnach hat auch die in der Kirche gängige und an viele ‚Bilder' geknüpfte Unsterblichkeitshoffnung für Schleiermacher etwas ‚Kleinkariertes' an sich. Der Christ als *bourgeois* wünscht, dass das eigene Ego, an das er sich, so wie es ist, klammert, ins Unendliche hinein verlängert werde, ‚in den Himmel komme'. Demgegenüber gibt es nun in der Tat ein theologisch hochstehendes *Leugnen der Unsterblichkeit des menschlichen Ichs*, das nicht etwa aus atheistisch-materialistischer Ungläubigkeit, sondern aus christlicher Frömmigkeit heraus geschieht. Es gibt andererseits aber einen „Glauben an die persönliche Fortdauer", der echt christlich ist, weil er „das Vorhandensein des Gottesbewusstseins in der menschlichen Seele als den Grund ansieht, weshalb sie nicht könne das allgemeine Los der Vergänglichkeit teilen"[81]. Maßgeblich ist: Schon der Apostel Paulus hat dargelegt, dass menschliches Fleisch und Blut zunächst einmal das Reich Gottes nicht erben können; das Ich muss vielmehr zuvor *radikal verändert* werden.[82] Schleiermacher sagt: Es muss hinaustreten aus seiner individuellen Beschränktheit und *eins werden mit dem Universum*. Nicht dass es dann am Ende gar nichts Individuelles mehr an sich trüge. Vielmehr geht es z. B. um durch Nächstenliebe und Glauben zu erreichende *Erweiterungen des Ichs*. Schon Schleiermacher hatte die Entgrenzung des Ichs im Blick, die heute oft mit dem Begriff der *Selbstwerdung* angesprochen wird. Das ‚Selbst' ist das mit dem Universum bzw. das mit der ganzen Schöpfung vermittelte Ich.

Die für die Teilhabe am ewigen Leben vorauszusetzende Icherweiterung erfahren christlich glaubende Menschen, wenn sie mit Jesus Christus verbunden werden, so dass Er in ihnen und sie in Ihm sind.[83] *In diesem Glauben überschreiten sie als Glieder am Leib Christi, der Kirche also, ihr Ego zu dem hin, was ewigen Bestand hat.* Sie werden von ihrem transzendenten Haupt her neu bestimmt, so dass sie alle untereinander verwandt und ihrem eigenen Ego entzogen werden. In dieser Weise bildet für Schleiermacher die *Kirche in ihrer Vollendung* den Lehrinhalt der christlichen Eschatologie.[84]

Auf dem Boden seiner christologischen Begründung der Eschatologie kommt Schleiermacher zu einer ähnlichen letzten Schlussfolgerung wie einst

---

80) FRIEDRICH DANIEL ERNST SCHLEIERMACHER, Über die Religion. Reden an die Gebildeten unter ihren Verächtern (1799), hg. v. HANS-JOACHIM ROTHERT (PhB 255), Hamburg 1961, 72 f.
81) Vgl. Der christliche Glaube, 412 f. (§ 158).
82) Vgl. I Kor 15,50.
83) Vgl. Gal 2,20.
84) Vgl. SCHLEIERMACHER, Der christliche Glaube, 420.

schon *Origenes*: Der ins Fleisch gekommene Christus ist nicht nur „der Vermittler der Unsterblichkeit ... für diejenigen ..., die hier schon an ihn gläubig werden, sondern für alle ohne Ausnahme"[85]. Zur ‚vollendeten Kirche' werden *alle* gehören! Es sei das Ziel der Menschwerdung Gottes in Christus, dass die Menschheit insgesamt an Gottes Ewigkeit wieder herangeführt werde und dass alle gerettet werden.[86] Es wird die ganze Schöpfung ‚wiederhergestellt' werden. Was aber im menschlichen Bereich ‚wiederhergestellt' werden wird, das sind die durch den Geist Christi aufs Universum hin zu entgrenzenden, vorderhand aber noch ichbezogen in sich verkrümmten menschlichen *Seelen*.[87]

Kommentar

Das eschatologische Hauptziel ist für Schleiermacher die *Entpartikularisierung oder geistige Universalisierung der individuellen menschlichen Seelen*. Es geht um deren Befreiung aus der egozentrischen Rückbiegung auf sich selbst. Sie sollen mit Gott und dem ganzen Universum vermittelt werden. Wer ‚Religion' *hat*, d. h. in wem mit der Hilfe des Christusgeistes das Gottesbewusstsein kräftig ist, befindet sich schon jetzt auf dem Weg zur Verewigung. Aber auch für alle anderen erwartet Schleiermacher, dass die mit der Menschwerdung des Gottessohns erschienene Erlösung deren Seelen zu Gott zurückführen wird. Das muss auch nach ihrem Tod noch möglich sein.

Kirche und Kultur haben, Schleiermacher zufolge, dasselbe Ziel. Beide sind auf das Reich Gottes ausgerichtet. Was in der Kirche Licht und Leben ist, das regt sich auch als ‚entpartikularisierendes Geistesleben' in der Kultur. Schleiermacher sieht die Kulturentwicklung daher als Optimist; er fühlt sich als christlicher Theologe auch dort zu Hause, wo eine anregende Geistigkeit und echte Geselligkeit (wie damals in einigen Berliner ‚Salons') anzutreffen sind.

Das theologische Verhältnis des ‚Neuprotestanten' Schleiermacher zu den Reformatoren ist schwierig zu bestimmen.[88] Dass aber der Berliner Theologe

---

85) A. a. O., 415.
86) Vgl. II Petr 3,9.
87) A. a. O., 439: Es macht „große Schwierigkeiten", sich „vorzustellen, der ... Erfolg der Erlösung sei ein solcher, dass einige zwar ... der ... Seligkeit teilhaftig würden, andere aber, und zwar nach der gewöhnlichen Vorstellung der größte Teil des menschlichen Geschlechts, in unwiederbringlicher Unseligkeit verlorenginge". Schleiermacher meint, „dass wir eine solche Vorstellung nicht festhalten sollten". Die biblischen Zeugnisse dafür, dass Jesus Christus dies genau so „vorgesehen" habe, seien so eindeutig nicht. „Daher dürfen wir wohl wenigstens gleiches Recht jener milderen Ansicht einräumen, wovon sich in der Schrift doch auch Spuren finden, dass nämlich durch die Kraft der Erlösung dereinst eine allgemeine Wiederherstellung aller menschlichen Seelen erfolgen werde."
88) Vgl. hierzu besonders: GERHARD EBELING, Luther und Schleiermacher. In: DERS., Lutherstudien Bd. III, Tübingen 1985, 405–427.

das schwere Gewicht der Sünde geringer veranschlagt habe als die Reformatoren, ist ihm schon zu Unrecht vorgeworfen worden. Tatsächlich hat auch er Christus als den Erlöser begriffen, der die Seelen aus ihrer Verkrümmung in sich selbst (worin ja die Sünde gerade besteht) befreit. Die theologische Christozentrik verbindet Schleiermacher mit den Reformatoren.[89] Das gilt auch für seine Annäherung an die von der *Inkarnation* geprägte Erlösungstheologie altgriechischer Kirchenväter wie z. B. des Irenäus. Allerdings findet sich bei Schleiermacher nicht die äußerst starke reformatorische Betonung der *Theologie des Kreuzes*. Ferner: Den eschatologischen Chiliasmus haben die Reformatoren verworfen; Schleiermacher aber nähert sich ihm an. Und er will die Philosophie nicht wie die Reformatoren möglichst aus der Theologie heraushalten. Im Übrigen ist es doch ein wenig verdächtig, es weist jedenfalls auf die bei Schleiermacher sehr weit vorangetriebene Formalisierung der Eschatologie hin, dass ausgerechnet David Friedrich Strauss (1808–1870) Schleiermachers Eschatologie mit den Worten zu rühmen wusste: „Das *Schleiermacher'sche* Wort: mitten in der Endlichkeit Eins zu werden mit dem Unendlichen, und ewig zu sein in jedem Augenblick, ist Alles, was die moderne Wissenschaft über Unsterblichkeit zu sagen weiß."[90]

2.7.5 Das Beispiel der Eschatologie Bultmanns (1884–1976)

Rudolf Bultmann wollte den theologischen Gehalt neutestamentlicher eschatologischer Aussagen ablösen von der mythologischen Form, in der sie uns in den Texten begegnen. Denn das antike Weltbild müssen wir nicht mit übernehmen, so seine Argumentation, wenn wir den eschatologischen Aussagen der Bibel folgen. Wir sollen uns ihrem uns existenziell betreffenden Zeugnis öffnen. Auf die Botschaft (das *Kerygma*) kommt es an. Wir Heutigen denken nun einmal Himmel und Hölle nicht mehr in antiken, kosmographischen Dimensionen. Wir begreifen die Welt nicht *metaphysisch*. Vielmehr begreifen wir sie *geschichtlich*. Wir finden – mit Blick auf Christus durchaus angemessen – das Ewige im Endlichen. Für apokalyptische Dramatik, die den Himmel oder die Hölle hereinbrechen lässt, ist im heutigen Glauben und Denken kein Platz mehr.

---

[89] Zur grundsätzlichen Rechtgläubigkeit der Eschatologie Schleiermachers im Sinne der reformatorischen Theologie hat sich überzeugend geäußert: EILERT HERMS, Schleiermachers Eschatologie nach der zweiten Aufl. der ‚Glaubenslehre'. In: ThZ 46, 1990 (Heft 2), 97–120.

[90] DAVID FRIEDRICH STRAUSS, Die christliche Glaubenslehre in ihrer geschichtlichen Entwicklung und im Kampfe mit der modernen Wissenschaft dargestellt, Bd. II, Tübingen-Stuttgart 1841, 737–739; zitiert wird hier: FRIEDRICH DANIEL ERNST SCHLEIERMACHER, Über die Religion (das Ende der *zweiten* Rede), 74. Es steht dort allerdings exakt dies: „Die Unsterblichkeit darf kein Wunsch sein, wenn sie nicht erst eine Aufgabe gewesen ist, die Ihr gelöst habt [sic!]. Mitten in der Endlichkeit Eins zu werden mit dem Unendlichen und ewig zu sein in einem [nicht: in „jedem"] Augenblick, das ist die Unsterblichkeit der Religion."

In einer heutigen Eschatologie muss man zeigen, wie sich das Endgültige und Göttliche an der Art, wie wir in der Geschichte leben, entscheidet. Die Jesusworte nach dem Johannesevangelium unterstützen dies: „Wer [jetzt] mein Wort hört und glaubt dem, der mich gesandt hat, der hat [jetzt schon] das ewige Leben und kommt nicht in das Gericht, sondern er ist [bereits] vom Tode zum Leben hindurchgedrungen."[91] Gern zitierte Bultmann im eschatologischen Zusammenhang auch das Pauluswort: „Siehe, jetzt ist die Zeit der Gnade, siehe, jetzt ist der Tag des Heils!"[92] Der Marburger Theologe meinte: Schon Johannes und Paulus haben mit der Kritik an der mythologischen Apokalyptik und folglich mit der geschichtlichen Deutung und mit der Entmythologisierung der neutestamentlichen Eschatologie begonnen.[93]

Sogar Christi ‚Wiederkehr zum Weltgericht' ist jetzt schon Wirklichkeit. Denn Christus kommt im Hleiligen Geist in unsere Welt. Die Neuerscheinung Christi (fachsprachlich: *Parusie*) „ist schon gewesen". „Stünde das eigentliche Kommen noch aus, so wäre Jesu faktisches Kommen (im Fleische) missverstanden. Verstanden ist es nur, wo gesehen wird, dass eben dieses Kommen die Wende der Äonen ist. Mag nun noch kommen, was da will, an kosmischen Katastrophen, – das kann nie etwas anderes sein, als was alle Tage in der Welt passiert. Mag nun [sogar] noch etwas kommen, wie eine Auferstehung aus den Gräbern ..., – das kann nichts anderes mehr sein, als wie man jeden Morgen vom Schlaf erwacht. Das Entscheidende *ist* geschehen."[94]

Die Zeitform ‚Futurum' ist der christlichen Eschatologie nicht besonders angemessen. Denn, streng genommen, qualifizieren die letzten Dinge die *Gegenwart* als die Zeit, in der „der Ertrag der Vergangenheit geerntet und der Sinn der Zukunft entschieden wird"[95]. Existenziell sind alle Menschen besorgt, dass sich ihnen *jetzt* die Zukunft nicht verschließt, vielmehr öffnet. Um ein so nach vorn geöffnetes Jetzt geht es im christlichen Glauben. Wer an das *Reich Gottes* glaubt, richtet sich nicht auf eine Größe aus, die irgendwann „einmal kommt im Ablauf der Zeit", sondern auf eine Größe, die „die Gegenwart völlig bestimmt,

---

91) Joh 5,24. Entsprechendend predigte RUDOLF BULTMANN: Diejenigen, die jetzt an Jesus glauben, „sind herausgehoben aus dem Fluss der Zeit in die Ewigkeit" (Marburger Predigten, Tübingen 1956, 96). Vgl. DERS., Kerygma und Mythos I, hg. von H. W. Bartsch, Hamburg-Volksdorf 1948 (4. Aufl. 1960), 39: Glauben heißt, „schon in der Zeit dieser Welt vorausgeeilt zu sein" und „am Ende dieser Welt zu stehen".

92) II Kor 6,2.

93) Vgl. RUDOLF BULTMANN, Geschichte und Eschatologie, Tübingen 1958, 53. – B. meinte auch, ein Charakteristikum der *johanneischen* Eschatologie sei, dass Christi ‚Wieder'-Kommen zum Endgericht (*Parusie*) bei Johannes ersetzt sei durch die Anwesenheit Christi in der Form des Heiligen Geistes. Somit sei Christi ‚Wiederkehr' jetzt schon Wirklichkeit.

94) RUDOLF BULTMANN, Glaube und Verstehen I, Tübingen 1933, 4. Aufl. 1961, 144 f.

95) BULTMANN, Geschichte und Eschatologie, 169 f.

obwohl sie (ihrer Beschaffenheit nach) ganz Zukunft ist". Es geht einzig und allein um die Frage, wie wir uns *jetzt* zu dieser Größe stellen, wie wir uns im Blick auf sie *entscheiden*. Jesus Christus selbst sagte: *Jetzt* ist die Stunde der Gottesherrschaft.[96] „Es versteht sich dann von selbst", dass wir unseren Blick nicht auf jene antik-jüdische „apokalyptische Mythologie" richten dürfen, die ganz auf ein bevorstehendes Weltende ausgerichtet war.[97]

Bultmann wollte mythologische Aussagen des Neuen Testaments nicht eliminieren, sondern existenzbezogen *interpretieren*. So wollte er ‚Entmythologisierung' verstanden wissen. Er war ein klarer Denker und legte Rechenschaft darüber ab, wie er seine Begriffe gebrauchte. *Mythologie* ist für ihn jenes Denken, das übersinnliche Dinge wie etwas empirisch Gegebenes oder Eintretendes darstellt oder hinstellt. „Mythologisch ist die Vorstellungsart, in der das Unweltliche, Göttliche als Weltliches, Menschliches, das Jenseitige als Diesseitiges erscheint."[98] Der Mythos redet somit „vom Unweltlichen weltlich und von den Göttern menschlich"[99]. Mythologische Darstellungen eines Wunders beschreiben dieses wie ein innerhalb des Kausalzusammenhanges in Raum und Zeit erfolgendes Geschehen von außerordentlicher Kraft und eigener Gesetzmäßigkeit. Oft wird im Mythos das in der Welt Übliche einfach quantitativ enorm gesteigert. Der Mythos umschreibt etwa Gottes außerordentliche Macht dadurch, dass er Gott einen *Thron* zuweist im *obersten Stockwerk des Weltgebäudes*, von dem aus alles überblickt, beeinflusst und beherrscht werden kann.

In dieser mythologischen Weise können wir Heutigen aber nicht mehr denken. „Wir haben gelernt, dass es sinnlos ist, [z. B.] von oben und unten im Weltall zu reden. Wir können die Vorstellung vom Kommen Christi auf den Wolken des Himmels ehrlicherweise nicht mehr vollziehen." Auch ein *Ende* der Welt können wir uns nur noch durch innerweltliche Katastrophen, aber nicht mehr durch ein „göttliches Eingreifen" vorstellen.[100] Solange man aber noch steckenbleibt in mythologischen Denkweisen, ist man noch gar nicht bei dem angekommen, was wirklich den Inhalt der christlichen Eschatologie ausmacht!

Diesen wirklichen Inhalt findet Bultmann nahe bei der lutherischen Rechtfertigungslehre. Die Eschatologie reagiere auf das Problem, dass *sündigende* Menschen ihre Freiheit falsch einsetzen und ihre Zukunft verstellen und verfeh-

---

96) Vgl. RUDOLF BULTMANN, Jesus (Siebenstern Taschen-Buch 17), München-Hamburg 1964, 38 f.
97) A. a. O., 41 f.
98) BULTMANN, Kerygma und Mythos I, 22.
99) Ebd.
100) RUDOLF BULTMANN, Die christliche Hoffnung und das Problem der Entmythologisierung (1954). In: DERS., Glaube und Verstehen III, Tübingen 1960, 81–94, hier: 84.

len. Das lässt sie an sich selbst zerbrechen. Aber durch ihren Glauben finden sie bei Gott Rettung.[101] Zutreffend schreibt Walter Schmithals in seiner Darstellung der Theologie Bultmanns: „Eschatologisch existiert der Glaubende, weil er von seiner Sünde, von seiner Vergangenheit" durch Gott befreit wird; d. h. er wird von sich selbst als dem früheren Menschen, „der aus dem ihm Verfügbaren zu leben trachtete", befreit. Somit wird der Glaubende „von dem erlöst ..., was ihm nur den Tod brachte"[102]. Er lebt nun neu aus Gott, d. h. aus dem ‚Unverfügbaren'. Im „Glauben leben heißt, als eine eschatologische Existenz ... jenseits der Welt leben, vom Tod zum Leben gedrungen sein"[103].

Kommentar

Bultmanns Eschatologie ist in der Weise *anthropozentrisch*, dass in ihr das Endgeschick des *Kosmos* überhaupt außer Betracht bleibt. Gleichzeitig wird die Möglichkeit einer menschlichen Daseinskontinuität *über den Tod hinaus* eliminiert. Dementsprechend benötigt Bultmanns in sich geschlossene Eschatologie auch den Begriff der Seele nicht mehr. Es geht einzig um die „Dialektik des christlichen Lebens": „Was der Glaubende ist, das muss er werden ...".[104] Die Glaubenden sind schon dieser Welt entnommen, und doch leben sie noch in dieser Welt.[105] Aber *nicht in einem chronologischen Sinn* sind die Gläubigen jetzt noch von dem getrennt, was sie eigentlich sind. Denn die Spannung zwischen ‚jetzt schon' und ‚noch nicht' wird durch die Dialektik *zweier Lebensqualitäten* gebildet.[106] Das ‚Noch nicht' des Heils ist nicht dadurch gekennzeichnet, dass Teile des Heils erst später kommen würden. Sondern es ist dadurch gekennzeichnet, dass uns *Gott immer unverfügbar* bleibt. Dies bedeutet, dass wir auch im Glauben Gott immer *vor uns* haben. Darin besteht aber gerade unser Heil. *Gott ist immer kommend.* Ein völliges Einswerden mit Gott wird es für uns jetzt nicht und zu keinem späteren Zeitpunkt geben. Selbst ein eschatologisches ‚Schauen' könnte das grundsätzliche ‚Noch nicht' der eschatologischen Existenz nicht aufheben.[107]

Auch angesichts unseres Todes ist Gott der Auf-uns-Zukommende. Dies allein muss man festhalten, und darüber hinaus ist es „grundsätzlich gleichgültig,

---

101) Vgl. a. a. O., 47.
102) WALTER SCHMITHALS, Die Theologie Rudolf Bultmanns, Tübingen 1966 (2. Aufl. 1967), 322.
103) RUDOLF BULTMANN, Jesus Christus und die Mythologie, Stundenbuch 47, Hamburg 1964, 96.
104) BULTMANN, Geschichte und Eschatologie, 55.
105) A. a. O., 56 f.
106) A. a. O., 57 f.
107) SCHMITHALS, Die Theologie Rudolf Bultmanns, 325.

welche mythologischen Vorstellungen man sich von ... der Auferstehung der Toten und dem Gericht Gottes macht"[108]. Dieser in sich geschlossene Gesamtansatz der Eschatologie Bultmanns hat seine großen Stärken. Aber er hat mit seiner Umgehung des Seelenbegriffs und seiner grundsätzlichen Exklusion der Apokalyptik auch seine Grenzen und Schwächen. Bultmanns Theologie ist derzeit etwas in Vergessenheit geraten. Es ist aber notwendig, dass die Auseinandersetzung mit ihr wieder aufgenommen wird. Denn sie hat die gegenwärtige Lage der Eschatologie stark beeinflusst.

---

108) BULTMANN, Glaube und Verstehen III, 164.

Darum hat die Kirche eine so große Gewalt, darum eine so große Freudigkeit im Glauben ...: in Folge des reichen und herrlichen Schatzes der Kräfte der Auferstehung.

Friedrich Christoph Oetinger
(Die Theologie aus der Idee des Lebens abgeleitet, 1765)

Die gegenwärtige theologische Diskussion über die Auferstehungsbotschaft hat nichts Entscheidendes daran geändert, dass das, was als befreiendes und ermächtigendes Geschehen am Anfang der Kirchengeschichte steht, heute vornehmlich Anlass zur Verlegenheit ist und als schwer zu erschwingendes Glaubensgesetz empfunden wird.

Gerhard Ebeling (zusammenfassende These
eines Eschatologie-Seminars 1963, bisher unveröffentlicht)

3.
DIE RELIGIÖSE ABWENDUNG VON DEN KIRCHEN WEGEN DEREN MODERNER UNVERTRAUTHEIT MIT DEN SEELISCHEN BEZÜGEN ZUR TRANSZENDENZ

3.1 Kirchen als Brücken zur Transzendenz 67
3.2 Über Glauben und Seele 68
3.3 Exkurs: Paul Tillich (1886–1965) über seelische Aspekte
   zeitgerechter christlicher Verkündigung 70
3.4 Plädoyer wider die Hierarchisierung der Übel 72
3.5 Eschatologie im Horizont von ‚Reich Gottes' und von ‚Seele' 74

3. Die religiöse Abwendung von den Kirchen

3.1 Kirchen als Brücken zur Transzendenz

Seit 40 Jahren erlebt das westliche Europa eine neuerliche Massenabwendung von den Kirchen. Sie ist noch nicht zum Stillstand gekommen. Es könnte sein, dass sie sich bald als die bislang einschneidendste erweisen wird. Schon jetzt zeichnet sich ab, dass Europa weithin aufgehört hat, noch traditionelle ‚Volkskirchen' aufzuweisen. Es heißt nun auch auf diesem Erdteil: „Dein Nachbar ist in einer anderen Kirche als du – oder in gar keiner." Im 18. Jahrhundert verabschiedeten sich unter dem Eindruck der Aufklärung und der Französischen Revolution viele ‚Gebildete' Europas von den Kirchen und ihren Dogmen. Im 19. Jahrhundert verabschiedeten sich große Teile der Arbeiterschaft, seit den sechziger Jahren des 20. Jahrhunderts ganze Bevölkerungsteile in ökumenischer Breite.

Manchmal hat die Abkehr von Kirche und/oder christlicher Glaubensüberzeugung bei Katholiken und Protestanten *unterschiedliche Gründe*. Bei Ersteren begegnet häufiger das Argument, das katholische ‚Weltbild', das schon Kindern sozusagen eingeflößt wird, sei weithin eine ‚unwissenschaftliche' Zumutung. Erwachsen geworden und zu eigener Vernunft gelangt, fange man damit nichts mehr an. Dieses Gefühl ist unter den Evangelischen weniger verbreitet. Es gibt bei den Gründen für die Abkehr von den Kirchen jedoch auch eine *konfessionell gemeinsame Schnittmenge* – etwa, wenn angegeben wird, während der eigenen Kindheit habe man aus kirchlichen Kreisen tiefgreifende Ängste vor göttlichen Bestrafungen im Diesseits und im Jenseits ‚eingeimpft' bekommen. Es seien Grundlagen für eine religiöse Neurose gelegt worden, deren Therapie mit der Selbstbefreiung vom christlichen Glauben identisch sein müsse.

Der Hauptgrund der heutigen Abkehr von den Kirchen dürfte aber sein, dass diese nicht mehr als sichere Brücken zur Transzendenz erlebt werden. Das lässt die Kirchen und die Zugehörigkeit zu ihnen oft als *überflüssig* erscheinen. Die Austrittsbewegungen des 20. Jahrhunderts sind keineswegs hauptsächlich auf die totalitären ideologischen Verführungen der Massen durch Faschismus und Marxismus-Leninismus zurückzuführen, aber auch nicht auf den spektakulären wirtschaftlichen Wohlstand im gegenwärtigen westlichen Europa. Die Gründe liegen vielmehr überwiegend im *Zustand der Kirchen selbst*. Davon lenken allerdings manche der von den Kirchen in Auftrag gegebenen demoskopischen Untersuchungen zur Religiosität und Kirchenzugehörigkeit der Bevölkerung eher ab. Die Kirchen wollen durch ‚Umfragen' erst einmal die vielfältigen Gründe für diese Abkehr verstehen lernen, um auf vermeintlich veränderte ‚Bedürfnislagen' reagieren zu können. Primär fehlt es den Kirchen aber an der Selbstgewissheit, aus der heraus sie einfach wissen würden, was sie zu tun haben. Eine Wende bringen daher nicht Strukturverbesserungen, die auf solche Umfragen reagieren. Die Erneuerung muss vielmehr bei den wieder besser erfassten und vertretenen Inhalten der Lehre und des Gottesdienstes ansetzen.

Die heute weithin geringe theologische Kompetenz, die Seele des Menschen zu begreifen, räumt die gegenwärtige theologische Fachliteratur offen ein.[109] Auch ein schlechter lehrmäßiger Zustand der heutigen Eschatologie wird zugegeben.[110] Die kaum mehr stattfindende kirchliche Vermittlung einer *über den Tod hinausgehenden Hoffnung* hat dazu geführt, dass sich viele Menschen in Akten der Selbsthilfe der Esoterik und fernöstlichen ‚Religionsstrukturen' zuwenden. *Dort* wird auf jeden Fall von einem Leben nach dem Tod, von der menschlichen Seele und vom ‚Selbst'-Werden des Menschen gesprochen! Und es werden die zugehörigen religiösen Symbole angeboten.

3.2 ÜBER GLAUBEN UND SEELE

Das Diktum, die *moderne Psychologie* habe sich von der Seele verabschiedet, ist nur unter Einschränkungen richtig. *Carl Gustav Jung* hatte den Eindruck, mit seiner Erforschung der Seele und mit seiner Psychotherapie ein Vakuum füllen zu müssen, das die Kirchen (besonders die protestantischen) hinterlassen haben. Ein früherer Bischof der Evangelischen Landeskirche in Baden, *Hans-Wolfgang Heidland*, schrieb: „Die Schwäche unseres Glaubens ist ... zu einem beträchtlichen Teil ... darin begründet, dass wir die Verkündigung nicht in unsere Psyche hineinnehmen." Gott werde heute überall ‚draußen gehalten' – bei der Seele wie im Sozialleben und beim Begreifen der Natur.[111] Pfarrerinnen und Pfarrer suchen heute bei eigenen psychischen Problemen eher nicht in der Kollegenschaft seelsorglichen Rat und Hilfe, sondern bei Psychotherapeuten. Dabei

---

109) S. o. 23, Anm. 12.
110) Am Ende des 20. Jahrhunderts war erneut (oder ist immer noch?) die Lage vorhanden, die Ernst Troeltsch schon 100 Jahre früher notiert hatte: Das „eschatologische Büro der Kirchen" hat mittlerweile fast durchgehend „geschlossen" (zit. nach HANS FRIEDRICH GEISSER, Grundtendenzen der Eschatologie im 20. Jahrhundert. In: KONRAD STOCK (Hg.), Die Zukunft der Erlösung. Zur neueren Diskussion um die Eschatologie, Gütersloh 1994, 13–48, hier: 14. – GERHARD SAUTER hat die theologische Eschatologie der Gegenwart einen Hort von Unklarheiten und ein Sammelbecken von anderweitig unbewältigten Problemen (z. B. ‚natürliche Theologie'!) genannt: Vgl. DERS., Zukunft und Verheißung. Das Problem der Zukunft in der gegenwärtigen theologischen und philosophischen Diskussion, 1965, 79: Das „Eschatologische" ist „zur Inschrift auf einem Massengrab unbewältigter Probleme" geworden. – Vgl. DERS., Einig in der Hoffnung? Überlegungen zum Verhältnis evangelischer und römisch-katholischer Eschatologie heute, MdKi 43 (1992), 27–33. – Vgl. DERS., Einführung in die Eschatologie, Darmstadt 1995, 1: Schon „seit längerem" gibt es „kein Einverständnis über den Begriff ‚Eschatologie'" mehr, „kein klar umrissenes Feld von Fragestellungen".
111) MARIE LOUISE VON FRANZ/ULRICH MANN/HANS-WOLFGANG HEIDLAND, C. G. Jung und die Theologen. Selbsterfahrung und Gotteserfahrung bei C. G. Jung (Projekte 49), Stuttgart 1971, 47.

wird die von C. G. Jung begründete Richtung oft gewünscht. Die Seelsorgeausbildung für kirchliche Amtsträgerinnen und Amtsträger verläuft heute so, dass überwiegend psychotherapeutisches Wissen weitergegeben wird. Die Professorenschaft, die *Praktische* Theologie zu lehren hat, ist sich darin einig, dass ein diesbezüglicher ‚Nachholbedarf' in der Kirche bestanden habe und auch heute solche Ausbildungseinheiten für angehende Seelsorgerinnen und Seelsorger vorzusehen seien. Merkwürdigerweise fehlt aber eine Beunruhigung darüber, dass kirchliche Seelsorge nun kaum mehr als ein Ruf in den Glauben vollzogen wird (bzw. dass dieser Ruf in den Glauben offenbar nicht mehr als unmittelbar heilungsrelevant empfunden wird). Was die Begegnung mit Christus für die ‚bekümmerte Seele' bedeutet, ist kaum ein Thema, das in heutigen theologischen Fakultäten bearbeitet wird.

Das war in früheren evangelischen Glaubenslehren und Entwürfen einer ‚Praktischen Theologie' anders. Da wurde z. B. ausgeführt, für sein ‚Ego' dürfe der christliche Mensch nicht naiv vom Glauben her eine Verlängerung über den Tod hinaus erwarten. Das ‚Ego' müsse sich, bevor es für den Himmel reif wird, selbst überschreiten und erweitern (Schleiermacher). Aber das Ich-Bewusstsein muss nicht nur, wie es als Hochziel der Psychotherapie angestrebt werden könnte, das von ihm verdrängte *Fremde* (und damit große Teile der Mitwelt) in sein erweiterungsbedürftiges ‚Ego' aufnehmen. Nicht im Zuge solcher ‚Ganzwerdung' sind die Heilung und der Friede der Seelen erreichbar – und zwar schon deshalb nicht, weil unsere eigenen wie unsere therapeutischen Kräfte, das ganzheitliche Selbst des Menschen entwickeln zu können, äußerst begrenzt sind. Christliche Theologie muss vielmehr auch die vom Reich Gottes her auf uns zukommende *Gabe* des seelischen Heils aufgreifen. Im Wortkontakt unter den Gläubigen muss den Menschen jenes Andere *zugesprochen* werden, auf das ihr ‚Ego' bewusst-unbewusst wartet, weil es in ihm Frieden, Versöhnung und ganzheitliche Heilung findet (Thurneysen). Die frühere Theologie hat den ‚Klienten' dieses Heil freilich nicht ‚an den Kopf geworfen', sondern sie auf den ‚Kreuzweg' geführt, auf welchem sich ihnen das *contrarium* zu ihrer jetzigen Befindlichkeit eröffnet (Luther). Frühere Theologie hat oft auch aktiv an den philosophischen und wissenschaftlichen Problemen ihrer Zeit mitgearbeitet. In der Lehre von der Seele hat sie z. B. damit begonnen, Möglichkeiten der Überbrückung des fundamentalen Widerspruchs zwischen platonischem und aristotelischem Seelenverstehen zu sondieren. Aus dem Geist biblischen Denkens heraus konnte sie viel beachtete Vorschläge hierfür unterbreiten und sich so eine das Menschenleben orientierende Autorität erwerben (Thomas von Aquino).[112]

---

112) Die diesbezügliche bewunderungswürdige Denkleistung des Thomas von Aquino muss auch

Vieles also wusste die Theologie der Tradition darüber, wie die Menschenseelen beschaffen sind und wie sie ‚mit Gott und der Welt' zusammenhängen. Dafür, dass dieses theologische Kapital nicht vollends zerbröselt, müssen wir sorgen.

3.3 EXKURS: PAUL TILLICH (1886–1965) ÜBER SEELISCHE ASPEKTE ZEITGERECHTER CHRISTLICHER VERKÜNDIGUNG

In *The courage to be* (1952) gab Tillich zu bedenken, dass die *Erlösung* in den einzelnen Epochen der Christentumsgeschichte unterschiedlich aufgefasst worden ist. Es führe zu einem geistigen Niedergang der Kirche und des Glaubens, wenn die Theologie es *nicht* leiste, aus dem Bannkreis *früherer* Auslegungen der Erlösung herauszutreten. Denn die christliche Heilsbotschaft müsse auf die *jeweils vorherrschenden seelischen Grundängste* der Menschen antworten.

In der Antike bzw. zur Zeit der Alten Kirche sei es die menschliche Grundangst gewesen, *sterben zu müssen*. Auf sie war durch die österliche Erlösungsbotschaft der Kirche zu antworten. Im Mittelalter dagegen habe sich ein anderer Typus der Angst in die vorderste Linie geschoben, nämlich die *Schuldangst* und die Angst vor ewiger Strafe und Unseligkeit wegen persönlicher Sünden. Hatte die ‚Heilspredigt' der Alten Kirche ihren Fokus bei der Verkündigung der *Totenauferweckung*, so verschob sich der Schwerpunkt im Mittelalter auf die Verkündigung der Begnadigung oder *Rechtfertigung des Sünders*. Martin Luther habe theologisch besonders vollmächtig auf diese veränderte Lage reagiert. Wenn die Kirche *auch heute noch* die Verkündigung des Heils ganz auf die ‚Rechtfertigung des Sünders' konzentriere, verkenne sie, dass die Zeit längst weitergegangen sei und das Christentum heute auf einen neuen Typus menschheitlicher Grundangst zu antworten habe. Die Versündigungsängste sind, meinte Tillich, heute zurückgetreten hinter der *Angst vor der Sinnlosigkeit, der geistigen Leere des Lebens*. Auf diese Grundangst, die sich nicht nur eines *gnädigen* Gottes ungewiss wurde, sondern fundamentaler schon darüber, *ob Gott überhaupt existiert*, müsse die Kirche heute antworten können. Das tut und kann sie aber, Tillich zufolge, nicht, solange sie noch immer fixiert ist auf die Predigt von der Rechtfertigung des Sünders allein aus Gnade. Denn dann verkennt oder übersieht sie, dass der Gottesgedanke überhaupt und mit ihm eine letzte metaphysische Sinn-

---

evangelischerseits anerkannt bleiben: Bereits Thomas hat der westlichen Theologie und Philosophie den das Denken erleichternden Ausweg einer dualistischen Welt- und Menschenerklärung versperrt. Er gestand der erlösungshungrigen Seele *keine* Freiheit vom Körperlichen zu. Noch heute bietet sein theologisch-philosophischer Ansatz Ausgangspunkte für gehaltvolle Diskussionen etwa mit der Gehirnforschung.

stiftung im Bewusstsein vieler heutiger Menschen bereits fraglich geworden sind.

Diese Gedanken Tillichs fanden neben Widerspruch[113] auch viel Zustimmung[114], zumal Tillich es verstand, seine Theorie von den bisherigen *drei Hauptepochen der Angst* mit dem *Gedanken einer kulturellen Reifung der Menschheit* zu verknüpfen. Tillich ließ durchscheinen, dass auch in der seelischen Reifungsentwicklung eines Menschen, wie wir es von *Sigmund Freud* lernten, die Ängste sich wandeln. Zuerst sind sie bezogen auf das „Es", dann auf das „Über-Ich", schließlich auf das „Ich". Die Grundangst der Spätantike bezog sich auf das naturhafte Leben überhaupt – auf die Angst, dieses Leben zu verlieren. Die mittelalterliche Grundangst in der Relation zum Über-Ich bezog sich auf das sich vor Gott schuldig fühlende Gewissen. Die neuzeitliche Grundangst bezieht sich auf den Untergang des Ichs in der Erfahrung der Leere und Sinnlosigkeit des Lebens. Eine christliche Heilspredigt, die das Leben *heute* vollmächtig berührt, muss daher der *Ichstärkung* dienen.[115]

Die von Tillich dargelegte Analogie zwischen den drei Hauptepochen der Angst in der bisherigen Christentumsgeschichte und den drei Phasen der phylound ontogenetischen Reifungsentwicklung des Menschen wirkt allerdings *sehr konstruiert*. Es schimmert noch die idealistische Vorstellung von der dialektisch verlaufenden Geistesentwicklung und von der dreistufigen Höherentwicklung des europäischen Geistes auf dem Weg von der Antike über das Mittelalter bis zur Neuzeit durch. Doch kann man Tillichs Überlegungen auch so lesen, dass die drei *Grundübel*, unter denen die Menschheit niedergehalten wird – Tod, Schuld und Leiden (einschließlich der psychischen) – durch die christliche Heilspredigt nach und nach angesprochen werden sollten, um die Menschen seelisch zu befreien. Dann wären Tillichs Überlegungen Vorschläge dafür, unter welchem jeweils geschichtsbedingten Aspekt das *Reich Gottes* gepredigt werden sollte.[116] Allerdings muss man berücksichtigen, wie Tillich selbst dies getan hat: von der Überzeugung ausgehend, dass zwar jeweils ein Grundübel und eine Grundangst als *vorherrschend* empfunden werden mögen, dass dabei aber die anderen Übel und Ängste immer noch *kopräsent* sind. Sollten sie aus der Wahrnehmung verdrängt worden sein, müssten sie erst recht angesprochen werden.

---

113) Vgl. die grundsätzlichen Erwägungen von WALTER MOSTERT, Ist die Frage nach der Existenz Gottes wirklich radikaler als die Frage nach dem gnädigen Gott? In: DERS., Glaube und Hermeneutik (hg. von PIERRE BÜHLER und GERHARD EBELING), Tübingen 1998, 101–133.

114) Insbesondere – und ausgerechnet! – auf der Vierten Vollversammlung des Lutherischen Weltbundes in Helsinki (1963). Vgl. dazu den offiziellen Bericht des Lutherischen Weltbundes von 1965 (Dokument 98).

115) Vgl. zum Ganzen: PAUL TILLICH, Der Mut zum Sein, Stuttgart 1953, 33–49.

116) Zur dreifachen Botschaft des Reiches Gottes: S. u., 82 u. ö.

Das nehmen wir zum Anlass, für Tillichs Theorie noch eine ganz bestimmte Wendung vorzuschlagen: Wir meinen, dass immer auch dann eine korrekturpflichtige Schwäche von Theologie und Kirche vorliegt, wenn in einer kirchengeschichtlichen Epoche einseitig nur *eines* der Grundübel samt den damit verbundenen Ängsten im Blick ist. Dann wird nämlich die im Reich Gottes liegende Erlösung verengt. Große Seelenängste bleiben von der christlichen Verkündigung unerreicht. Wenn nur jenes *eine* Angst-Thema, das kulturgeschichtlich gerade im Vordergrund steht, bedient wird, bleibt das kirchlich verkündigte Reich Gottes eine blasse Erscheinung.

Es gibt nicht nur kulturelle Gründe für das Zustandekommen solcher Blässe und Schwächen hinsichtlich der Predigt vom Reich Gottes. Auch die Theologie selbst neigt hier zur Vereinseitigung, weil sie immer wieder der Versuchung unterliegt, die drei menschheitlichen Grundübel zu *hierarchisieren*. Sie versucht dann, *ein* Übel – meistens die ‚Sünde' – besonders herauszustellen in der Annahme, dass mit seiner Besiegung alle anderen Übel schon mit besiegt und beseitigt seien. Dass dies nicht zutrifft und dass das ganze Verfahren theologisch nicht angeht, soll im Folgenden gezeigt werden.

3.4 Plädoyer wider die Hierarchisierung der Übel

Schon immer ist in der Kirche (und oft auch in der Philosophie) versucht worden, die drei Grundübel, die die Menschheit heimsuchen, zu hierarchisieren. Es sollte dasjenige besonders herausgehoben werden, das für die anderen mit verantwortlich sei. So suchte man alle Übel ‚an einem Punkte zu kurieren'.

Die Überlegungen dazu sehen etwa folgendermaßen aus: Man fragt, wie es noch Leibniz in seiner *Theodizee* von 1710 tat,[117] ob nicht die physischen, psychischen und sozialen *Leiden und Krankheiten* letztlich eine Folge des Grundübels der *Schuld und der Unmoral* seien. Wie oft wurde dies schon behauptet! Aber ist es auch wahr? Hat z. B. eine wirklich biblische Theologie das Übel der Sünde allen anderen Übeln voranzustellen? Ist es sogar weltlich plausibel, wenn Friedrich Schiller formuliert:

„*Das eine fühl ich und erkenn ich klar
Das Leben ist der Güter höchstes* nicht
Der Übel größtes aber ist die Schuld."[118]

---

[117] Zu Leibniz' Auffassung vom *malum* 1710 ausführlicher: Christof Gestrich, Die Wiederkehr des Glanzes in der Welt. Die christliche Lehre von der Sünde und ihrer Vergebung in gegenwärtiger Verantwortung, Tübingen 2. Aufl. 1995, 171 f.

Jedenfalls ist nun dagegen ‚aufgeklärten Geistes' zu fragen: Warum sollten Schuld und Unmoral nicht umgekehrt eine Folge unerträglicher und unverschuldeter physischer, psychischer oder sozialer Leiden sein können? Wenn das so ist, dann gibt es sehr wohl ein Übel, das zwar nicht generell, aber im Einzelfall noch vor oder über die Schuld gestellt werden kann.

Eine andere Erwägung, für die oft der Apostel Paulus in Anspruch genommen wird, behauptet: Neben den Schmerzen und Leiden ist *auch und vor allem der Tod* eine Folge der Sünde.[119] Und die Todes*angst* sei eine Angst vor den Straffolgen der Sünde: Es ängstigt der Rückblick auf ein verfehltes Leben und der Vorblick darauf, zur Rechenschaft gezogen zu werden. Christus aber habe für uns den Tod in der Weise überwunden, dass er durch seinen Tod die Macht der Sünde über uns überwunden hat. Unsere Sünden können uns im Glauben vergeben werden, und dies nimmt dann auch dem uns als Lebewesen selbstverständlich bevorstehenden Tod seine Schrecken. Das Sterben reduziert sich, wenn nicht unglückliche Umstände vorliegen, auf einen natürlichen Vorgang. Manche werden es sogar als ein Sterben-Dürfen werten. Wie oft wurde das schon – nicht erst seit Schleiermacher – behauptet! Aber auch hier gilt: Warum sollte nicht umgekehrt *aus der Todesangst* eine sündhafte, egoistische Lebensgier hervorgehen können? Wäre nicht – *wenn man schon hierarchisieren will, was ich aber für falsch halte* – theologisch auch dies zu sagen: Gott hat den Menschen in Christus, dem Auferweckten, vom Tod befreit, damit die Not der Schuld und der sonstigen Leiden von ihm abfällt?

Weil es aber mit solchen Hierarchisierungen der drei Grundübel, die es erlauben würden, die göttliche Erlösung bei *einem* Übel zu fokussieren, überhaupt *nichts* ist, müssen wir theologisch davon ausgehen, dass Gott wirklich an ‚drei Fronten' für die Erlösung der Menschen kämpft. So sieht es das Neue Testament. Jene ‚drei Fronten' werden in Jesu Reich-Gottes-Verkündigung parallel nebeneinander angesprochen: die Sündenvergebung, die Heilung, die Erweckung Toter. Es gibt das Eine und es gibt das Andere: Jesus hat z. B. nicht Sünden vergeben mit der Implikation, dass damit dann auch schon eine physische Krankheit

---

118) FRIEDRICH SCHILLER, Die Braut von Messina (1803), Vierter Aufzug (Schluss-Chor). Ausgewählte Werke Bd. 4, hg. v. K. Buchmann u. H. Missenharter, Stuttgart 1949, 133. Zur theologischen Dimension dieses Schillerworts vgl. NOTGER SLENCZKA, Der Tod Gottes und das Leben des Menschen. Glaubensbekenntnis und Lebensvollzug, Göttingen 2003, 184–197 (über „Schuld und Entschuldigung"): Schillers *edle* Helden halten den Freitod für die unvermeidliche Konsequenz schwerer Schuld. Denn: „Das Wesen der Schuld ist, dass ich sie mir bleibend zurechnen muss ..."; sie ist „Vergangenheit, die nicht vergeht" (a. a. O., 194). Aber diese bittere Konsequenz wird vom Glauben durchbrochen. Denn dieser kann Jesu Christi bitteren Tod sich zurechnen; er kann, den Tod hinter sich habend, leben (a. a. O., 197). Das Übel der Schuld verliert seine hoffnungslos machende Übergewichtigkeit.

119) Vgl. Röm 6,23.

geheilt wäre.[120] Und es war ihm die Vorstellung vom ‚natürlichen' Tod ebenso fremd wie die Meinung, wegen der Sünde habe sich der Mensch das Todesgeschick selbst zuzuschreiben. Vielmehr hat er den Tod des Menschen als ein *eigenes Übel* erkannt und gehasst. Es gehört mit zu dem, wovon Gott uns im Sinne des Vaterunsers erlösen möge. Es wurden von Jesus nicht Kranke geheilt, deren späteres Sterben von ihm dann als natur- oder als sündenbedingt bejaht worden wäre. Vielmehr: Vermutungen Dritter, dass ein Mensch krank geworden sei oder sterben musste, weil er selbst oder andere in herausragender Weise ‚gesündigt' hätten, hat Jesus *ausdrücklich zurückgewiesen*.[121] Dergleichen hatten zwar auch die Freunde Hiobs hinsichtlich der Ursachen von Hiobs tödlichem Elend schon vermutet. Aber es ist eben aus der Perspektive Jesu *nicht richtig*.

3.5 ESCHATOLOGIE IM HORIZONT VON ‚REICH GOTTES' UND VON ‚SEELE'

Das Christentum tritt dann stets in einer geschwächten Form auf, wenn es den Glauben an das Reich Gottes nicht voll entfalten kann. Werden neben der Sündenvergebung nicht auch Zeichen der Krankenheilung und der Bekämpfung der Ursachen von Leiden überhaupt gesetzt, wird die Kirche ihrem Auftrag, das Reich Gottes zu verkündigen, nicht gerecht. Wenn sie gar das Reich Gott *vorbei* an der Hoffnung über den Tod hinaus interpretiert, ist der Kirche das Christentum entschwunden. Es wird daher zu den Impulsen, die wir geben wollen, gehören, dass wir für eine Reich-Gottes-Verkündigung ohne einseitige Auswahl oder Hierarchisierung der Übel eintreten. Vielleicht sollte an die Schärfe des Diktums Bonhoeffers erinnert werden, in der gegenwärtigen Kirche werde Gottes Reich nicht geglaubt.[122] Ein ‚Lehrdefizit' hinsichtlich des die Kirche ‚beunruhigenden' Reiches Gottes liegt in der Tat am Tage.[123]

Es mangelt der heutigen eschatologischen Lehre der Kirchen an einem Zweifachen: an einem zureichenden Erfassen des Reiches Gottes und an einem zureichenden Erfassen der menschlichen Seele auf ihrem Weg zur Identität. Der eine Mangel bedingt den anderen mit. Anderseits könnte sich die eschatolo-

---

120) Vgl. Mk 2,1–12,
121) Vgl. Joh 9,2 f. u. ö.
122) DIETRICH BONHOEFFER, „Dein Reich komme! Das Gebet der Gemeinde um Gottes Reich auf Erden" (1932). In: DBW 12, Gütersloh 1997, 264–278, hier: 267: Es entscheidet sich am Reich-Gottes-Glauben, ob die Kirche in ein „Hinterweltlertum" *oder* in den „Säkularismus" fällt. „Es sind nun aber Hinterweltlertum und Säkularismus nur die beiden Seiten derselben Sache – *nämlich, dass Gottes Reich nicht geglaubt wird.*"
123) Vgl. VOTUM DES THEOLOGISCHEN AUSSCHUSSES DER EVANGELISCHEN KIRCHE DER UNION, Die Bedeutung der Reich-Gottes-Erwartung für das Zeugnis der christlichen Gemeinde, Neukirchen-Vluyn 1986, 16 f.

gische Lehre nicht verbessern, wenn nicht das eine auf das andere bezogen wird. Längst ist in den Kirchen spürbar geworden, dass sich die Seelen der noch kirchentreuen Christen gegen eine monistische Auslegung des Reiches Gottes bloß als ‚Reich der Sündenvergebung' sperren. Die an das Reich Gottes gerichteten Bedürfnisse der Menschenseelen und die vom Reich Gottes den Menschenseelen auf ihrem Weg zum wahren Selbst zufließenden Gaben müssten das Paradigma bilden, innerhalb dessen sich eine künftige Eschatologie entfaltet.

4.
ZUSAMMENFASSUNG DER ERGEBNISSE VON KAPITEL I

4.1 Wir können keinen anthropologischen Dualismus lehren, demzufolge der Mensch aus einem vergänglichen Körper und einer ewigen, unsterblichen Seelensubstanz zusammengesetzt wäre. Die Seele des Menschen lässt sich aber näher bestimmen als die Strebekraft, die einen Menschen zur Übereinstimmung mit sich selbst bzw. zur Identität zu bringen trachtet. In dieser seelischen Intention besteht das Leben der Menschen. Seelisch stehen Menschen vor der Aufgabe, ihre subjektiven und ihre objektiven, ihre individuellen und ihre kollektiven, ihre rationalen und ihre emotionalen Seelendimensionen zum *Einklang* zu bringen. Das spiegelt sich auch in der Kunst, in der Musik und im Tanz wider. Der gesuchte *Einklang* liegt weder in einem frühen Kindheitsparadies noch in der Altersweisheit. Weder Kindheit noch Alter sind biographische Stellen, wo er zu suchen und zu finden wäre. Sie bieten nur gelegentlich ‚Anklänge' an diese harmonische Ganzheit. Sie sind dann deren Gleichnisse. Aber wir müssen über die Schwelle des Todes hinausblicken, wenn wir erwarten, dass Menschenseelen einmal ganz zu sich selbst gekommen sein werden. Und wir müssen weit vor die Zeugung und die Geburt eines Menschen zurückblicken, wenn wir die Stelle suchen, wo sich die Identität eines Menschen anfänglich formiert hat.

4.2 Die evangelische Eschatologie der Gegenwart ist ein mit theologischen Aporien und Defiziten durchsetztes Lehrgebiet. Sie hat die moderne Abkehr von einem gehaltvollen Begriff der menschlichen Seele, die das rein biographische Leben überragt, nicht kompensieren können. Andererseits findet sich in der evangelischen Easchatologie oft ein unzureichendes Verständnis vom Reich Gottes. In den Kirchen wird es meist zu einseitig als ein ‚Reich der vergebenen Schuld' verstanden. Kirchen sehen sich durch ihre Vollmacht zur Sündenvergebung auf dieses Reich hingeordnet. Aber erscheint denn durch ihr ‚Vergebungsangebot' wirklich *alles* als überwunden, was den Menschen von sich selbst, von seinen Mitgeschöpfen und von Gott trennt? Auch die Leiden? Auch die Gewalttätigkeit des Todes?

4.3 Die evangelische Eschatologie benötigt ein neues Paradigma. Es soll geprüft werden, ob ein erneuertes Verständnis von der menschlichen Seele auf ihrem spirituellen Weg zum ‚Selbst' und zum ‚Ganzen' dieses Paradigma werden könnte, obwohl (oder gerade weil) die strukturierende Vorstellung von der unsterblichen Menschenseele im 20. Jahrhundert aus der Eschatologie ausgeschieden wurde. Ein erneuertes Verständnis der menschlichen Seele muss diese *theologisch* mit dem Reich Gottes in Verbindung bringen. Dessen ‚Gehalt' hat mit dem zu tun, wonach menschliche Seelen streben – *wenn* sie denn nach der Identität streben und sich nicht, wie Kierkegaard es für ebenfalls möglich hielt, verzweifelt dagegen wehren, ‚ein Selbst zu werden'. Aber auch in diesem Fall bleibt umgekehrt das Reich Gottes strukturell auf die Menschenseelen ausgerichtet.

II.

Für welche Erlösung steht Jesus Christus?

II. Für welche Erlösung steht Jesus Christus?

Ich weiß, dass mein Erlöser lebt, und als der letzte wird er über dem Staub sich erheben. Und ist meine Haut noch so zerschlagen und mein Fleisch dahingeschwunden, so werde ich doch Gott sehen. Ich selbst werde ihn sehen ... und kein Fremder. Danach sehnt sich mein Herz in meiner Brust.

Hiob 19,25–27

Als aber Johannes im Gefängnis von den Werken Christi hörte, sandte er seine Jünger und ließ ihn fragen: Bist du es, der da kommen soll, oder sollen wir auf einen anderen warten? Jesus antwortete und sprach zu ihnen: Geht hin und sagt dem Johannes wieder, was ihr hört und seht: Blinde sehen und Lahme gehen, Aussätzige werden rein und Taube hören, Tote stehen auf, und Armen wird das Evangelium gepredigt.

Matthäus 11,2–5

1.
DIE ANTWORT AUF DIE GOTTESFRAGE HIOBS DURCH JESUS CHRISTUS

1.1 „Gott hat die Ewigkeit in ihr Herz gelegt" – Bedrängnisse durch Gott gemäß den alttestamentlichen Schriften Kohelet und Hiob 79
1.2 Der ‚lichthelle Gottessohn' Jesus und sein himmlischer Vater 81
1.3 Jesus und der ‚dunkle Gottessohn' Satan 83
1.4 Innere theologische Probleme der eschatologischen Verkündigung Jesu . . 85
1.5 Carl Gustav Jung und seine Behauptung: Wir haben mit dem Christentum noch *keine* zureichende „Antwort auf Hiob" 88

1.1 „Gott hat die Ewigkeit in ihr Herz gelegt" – Bedrängnisse durch Gott gemäss den alttestamentlichen Schriften Kohelet und Hiob

Wie hat sich die christliche Eschatologie in Israels Religionsgeschichte vorbereitet? Warum wurde in der Bibel die Seele des Menschen eschatologisch immer wichtiger? Wir beginnen diese Untersuchung bei der alttestamentlichen Weisheitsliteratur, zunächst bei *Kohelet*, einem skeptischen jüdischen Philosophen im 3. Jahrhundert v. Chr. Er hält noch fest an der Güte Gottes. Auch glaubt er an Gottes Kraft, das Weltall zu ordnen. Das Hauptproblem Kohelets ist aber, dass wir Menschen diese Ordnung nicht verstehen. Wir können nur gerade noch ahnen, dass die grossen, bis ins Sinnwidrige reichenden Kontraste des Lebens wie Aufbauen und Zerstören, Gedeihen und Sterben *je zu ihrer Zeit* das Richtige darstellen. Gott „hat alles schön gemacht zu seiner Zeit". Dazu hat er uns Ewigkeit ins Herz gelegt; „nur dass der Mensch nicht ergründen kann das Werk, das Gott tut, weder Anfang noch Ende"[1].

Der Mensch hat keine eigene Erkenntnis der letzten Dinge. Sein ‚Ewigkeits'-Sinn ist ihm wegen seiner Unklarheit beunruhigend. Er führt zu einem belastenden Erahnen übergreifender Lebens- und Zeitzusammenhänge. Einerseits scheint der Mensch für die Ewigkeit bestimmt, doch andererseits muss auch er in die „Grube" hinunter „wie das Vieh". „Es fährt alles an *einen* Ort."[2] So bleibt dem Menschen nichts anderes übrig, als sein Glück auf Erden beim Schopf zu packen, solange das möglich ist. Er soll beispielsweise mit Freuden essen und trinken, wenn ihm solches geschenkt ist.[3]

Jedoch: 200 bis 300 Jahre später, in Jesu *Gleichnis vom reichen Kornbauern*, scheint diese weisheitliche Lebenseinstellung nicht mehr das Richtige zu treffen. Sprach doch jener Bauer zu sich selbst angesichts seiner glücklicherweise übervollen Erntescheuern: „Liebe Seele, du hast einen grossen Vorrat für viele Jahre; habe nun Ruhe, iss, trink und habe guten Mut!" „Aber Gott sprach zu ihm: Du Narr! Diese Nacht wird man deine Seele von dir fordern …".[4] Natürlich war jener Bauer viel einfältiger als Kohelet. Denn er fühlte sich mit seinem Reichtum langfristig sicher. Im Sinne Kohelets hätte er besser zu seiner Seele gesprochen: *Lasset uns essen und trinken, denn morgen sind wir tot!* Aber Jesus findet weder das eine noch das andere gut. Es wäre besser, predigte er, reich zu

---

1) Koh 3,11.
2) Koh 3,18.20; vgl. Ps 49,21.
3) Vgl. Koh 3,13.
4) Lk 12,19 f.

sein bei Gott als sein Herz an irdische Dinge zu hängen.[5] Die religionsgeschichtliche Situation hat sich bei Jesus verändert.

Die religiöse Problematik des Skeptikers Kohelet finden wir in verschärfter Form in dem etwas älteren *Hiobbuch*. Dort geht es ebenfalls darum, dass der Mensch Gott in seiner Größe nicht verstehen kann. Der einzelne Mensch kann unverschuldet und ohne erkennbaren Grund unter die Räder kommen. Selbst die Gerechtesten, die bei Tag und bei Nacht den Geboten Gottes nachsinnen und sie treu einhalten, kann es treffen. Nicht Segen ernten sie dann für ihre Lebenstreue gegenüber Gott, sondern vielleicht sogar extreme Leiden und vorzeitigen Tod. Im Falle Hiobs, des Gerechten, hat Gott bekanntlich mit Satan, seinem ‚dunklen Sohn', darum gewettet, ob Hiob, wenn jegliches Gut und die Gesundheit von ihm genommen werden, trotzdem noch an Gott festhalten werde. Der Satan sagte voraus, Hiob werde sich dann von Gott abwenden. Doch Gott hat, wie es bei seiner Fähigkeit, alles vorherzuwissen, auch sein muss, die Wette gewonnen. Doch um welchen Preis? Welcher Schatten ist nun auf die Liebe, Barmherzigkeit und Gerechtigkeit Gottes gefallen?! Es ist jetzt offenkundig geworden, dass sich ein Leben in Gerechtigkeit nicht in zuverlässiger Weise auszahlt. Ein Gottloser könnte bis zu seinem letzten Atemzug weit mehr Glück erleben als mancher Gerechte, der im Unterschied zu ihm viele Entsagungen auf sich nimmt und am Ende vielleicht sogar noch schwer leiden muss. Nach ausführlicher Klage hierüber gegen Gott, die von Gott mit Demonstrationen seiner unendlichen Macht beantwortet wird, schweigt Hiob schließlich:

> *Siehe, ich bin zu gering, was könnte ich dir erwidern?*
> *Ich lege die Hand auf meinen Mund.*
> *Einmal habe ich geredet, und ich wiederhole es nicht,*
> *zweimal, und ich tue es nicht wieder.*[6]

Eine wirkliche Klärung der Frage Hiobs nach Gottes Gerechtigkeit, Treue und Güte bieten die noch späteren Texte des Alten Testaments nicht mehr. In ihnen wird vielmehr darüber nachgedacht, ob nicht ein göttliches Universal-Gericht am Ende aller Tage nachträglich die Gerechtigkeit, die unter lebenden Menschen so oft auf der Strecke geblieben ist, wiederherstellen werde; ob nicht überhaupt in Zukunft ein neuer Himmel und eine andere Erde[7] (oder eine ‚neue Schöpfung'[8] oder ein ‚neuer Bund') solche Verhältnisse, wie sie Hiob zugemutet

---

5) Vgl. Lk 12,21.
6) Hiob 40,4 f. (Zürcher Bibel).
7) Jes 65,17; 66,22.
8) Vgl. zu diesem Begriff: ULRICH MELL, „Neue Schöpfung" als theologische Grundfigur pauli-

waren, ausschließen werden; ob nicht Gott sehr bald einen ‚alles wendenden' Messias senden werde, der Israel mit seinem Gott versöhnt und erlebtes Unglück vergessen macht; und ob nicht diejenigen Israeliten, die unter einem elenden Schicksal bereits in die Grube fahren mussten, von Gott wieder vom Tod auferweckt werden zu ewiger Freude, falls sie diese verdienen. Doch das blieben Meinungen, die nicht von allen Israeliten geteilt wurden. Wir haben hierüber keine sichere Erkenntnis, sagte Kohelet.

Israel sollte und wollte seinen Gott *über alles lieben*.[9] Doch wie schwer war das geworden, nachdem Hiobs tiefe Wunden aufgerissen und entsprechende Schatten auf Gott gefallen waren. Übrig blieb nur folgende religiöse Anweisung: *Der Mensch muss, was auch immer ihm von Gott auferlegt werden mag, die Gebote erfüllen und in Gottesfurcht verharren.* Selbst wenn er den Nutzen dessen nicht begreift, muss er im Gehorsam gegen Gott bleiben. Er wird bestraft, wenn er Gott ungehorsam wird. Am besten und sichersten wäre es, *präzise* die göttlichen Gebote zu erfüllen. Diesen Weg des Präzisismus wählte die religiöse Gruppe der Pharisäer. Es kursierte der Satz, dass der Messias erst kommen könne, wenn einmal ganz Israel wenigstens einen Tag lang alle Gottes Gebote genau halte. Aber würde der Messias dann je kommen können?

1.2 Der ‚lichthelle Gottessohn' Jesus und sein himmlischer Vater

Abgesehen davon, dass es Jesus tief geschmerzt haben muss, zu sehen, wie beschädigt Israels religiöse Ausrichtung auf Gott mittlerweile geworden war (mehr Unterwerfung als Liebe), wäre es nie zu einem Christentum und zu einer christ-

---

nischer Anthropologie, in: EILERT HERMS (Hg.), Menschenbild und Menschenwürde, Gütersloh 2001, 345–364, 348 f.: „Seinen Ursprung nimmt der Ausdruck ‚neue Schöpfung' in hellenistischer Zeit. Israel steht damals vor der Aufgabe, die unerträglich gewordene Differenz zu verarbeiten, die zwischen dem prophetisch angekündigten Heil und der deprimierenden Erfahrung einer in politischer wie religiöser Not existierenden Jerusalemer Religionsgemeinde liegt." Es wird ein „die bestehende Schöpfung überholendes Gotteshandeln" erwartet, „das sämtliche irdischen Hindernisse für eine vollzählige Rückkehr [Israels aus den Exils- und Auswanderungsgebieten] beseitigt und ganz Israel im verheißenen Land von Hunger, Krankheit und Gefangenschaft erlöstes Leben genießen lässt" (vgl. Jes 40,3–5.10 f.; 41, 17 f.20; 42,16 f.; 43,1–3.5–7.16–21; 44,3 f.26–28; 48,20 f.; 49,8–13; 51,11; 55,12 f. u. ö.). „In dieser Anfechtungszeit entscheidet jüdische Schriftgelehrsamkeit, dass die in Prophetenbüchern niedergelegte heilvolle Zukunft sich für Israel in einer Wende am Ende der Welt ereignen wird." Gott wird auf diese Weise seiner Zusage treu bleiben, dass er „auf die Schöpfung des Anfangs eine vollkommene Schöpfung folgen lässt" (= „neue Schöpfung", Jub 4,26). – Später, nach der Auferstehung Jesu Christi, wird der Apostel Paulus auf diesen Begriff wieder zurückkommen (Gal 6,15; II Kor 5,17). Aber er wird sagen, dass mit der Auferweckung Jesu Christi vom Tode das Ende der alten Welt nun eingetreten und die neue Schöpfung bereits heraufgezogen sei.

9) Vgl. Dtn 6,5.

lichen Kirche gekommen, hätte nicht Jesu ganze Sendung die religiös überfällig gewordene *Antwort auf Hiob* bedeutet.

Auch das Christentum, fundiert durch die Christuspredigt der Zwölf Apostel, steht für diese Antwort auf Hiob. Sie bedeutet zunächst *neues Gotteslicht* für Israel. Doch sie übersteigt Israels Religion gleichzeitig, spricht sie doch die *conditio humana* (die Existenzbedigungen, denen menschliches Leben immer und überall unterliegt) überhaupt an, speziell die menschlichen Nöte aufgrund der Situierung ‚zwischen Tier und Engel'. Zwischen diesen beiden Extremen hin und her gerissen, gerät der Mensch in den Mahlstrom seiner *drei Groß-Übel*: *extreme Leiden* (auch geistige und soziale), *Sterben/Tod* und *Sünde/Schuld*. Diese drei lassen sich unter dem Begriff des Bösen zusammenfassen. Die Verkündigung Jesu und die Verkündigung der Kirche stellen Gott in das sonnenhelle Licht, unser Erlöser von diesem dreifachen Übel, dem Bösen, zu sein.

Jesus war beseelt von einem tiefen Erbarmen gegenüber dem aussichts- und hoffnungslos im dreifachen Übel gefangenen armen Menschen. Er wusste sich gesandt, Gottes *verlorene Schafe* (Israels) zu sammeln und wieder zurück zuführen.[10] Er hatte Vollmacht, ‚Armen' (im umfassenden Sinne) das sie erlösende Evangelium zu bringen. Er sagte ihnen, dass Gott sie nicht fallen lässt, selbst wenn sie im Glauben und in der Moral versagt haben.[11] Denn der himmlische Vater weiß: Je mehr in den Menschen ein individuelles Selbstbewusstsein erwacht, je weiter sie sich zivilisatorisch von den biologischen Gegebenheiten des Lebens von ‚Säugetieren' entfernen, desto tiefer verstricken sie sich in die Gewalt der drei Grundübel.[12] Selbst die Wohltat des Gesetzes, mit der Gott Israel durch Mose beschenkt hat, kann die Gewalt dieser Übel über den Menschen nicht umfassend eindämmen. – Dieser Problemkreis kam exemplarisch bei Hiob heraus. Auch wenn Jesus niemals explizit darauf hinwies, dass er sich in einem Dialog mit Hiob befinde, bedeutete doch sein ganzes Verhalten den entscheidenden Schritt hinaus aus der eingetretenen Verdüsterung der Frömmigkeit Israels in der Zeit des römischen Hellenismus. Mit der Verkündigung des anbrechenden Gottesreiches reagierte Jesus auf das religiös tief verunsichernde Geschehen zwischen Gott und Hiob, von dem die jüngst zurückliegende religionsgeschichtliche Epoche Israels bewusst oder unbewusst geprägt war.

Jesu Auftreten in Palästina in einer Ära des sich zersplitternden jüdischen Glaubens (Zeloten, Pharisäer, Sadduzäer, Essener oder Qumraniten, Auslands-

---

10) Vgl. Mt 15,24 u. ö.

11) Später hat der Apostel Paulus dies umgesetzt in seiner fundamentalchristlichen Lehre von der göttlichen ‚Rechtfertigung des Sünders'.

12) Vgl. die verschlüsselten kulturphilosophischen Darlegungen hierzu im biblischen Buch *Genesis* (Gen 3–11).

1. Die Antwort auf die Gottesfrage Hiobs durch Jesus Christus

und Inlandsjudentum usw.) hatte eine prophetische Grundausrichtung, die dem damals am meisten anerkannten Propheten Jesaja nahestand. Anders als dieser sah Jesus jedoch sich und die Juden nicht mehr in der Rolle des *Gottesknechts*, sondern in der Rolle des *Sohnes Gottes*. Dieses Selbstverständnis konnte zwar auch früher schon an einigen Stellen der Psalmen (vielleicht beeinflusst durch ägyptisch-pharaonische Sohn-Gottes-Vorstellungen) auftauchen. Doch Jesus verband es mit der prophetischen Weissagung einer bevorstehenden neuen Bundesstiftung durch Gott.[13] Der ‚neue Bund', der sich großenteils mit dem Reich Gottes überschneidet, schließt Gott und ganz Israel (samt dessen schwächsten Leuten) familiär zusammen. Gott lässt Israel an aller seiner Macht teilhaben. Ganz Israel eröffnet sich die ‚mündige Hausgenossenschaft'. Hiob sah sich noch als Knecht Gottes. Jesus aber sah die Israeliten als ‚erbberechtigte Gotteskinder'.

Der konflikträchtigste Punkt im Verhältnis zur zeitgenössischen jüdischen Theologenschaft betraf Jesu Art, *die Sünder anzunehmen*. Sie ist als religions- und moralzerstörend, außerdem als anmaßend zensiert worden. Nicht nur dass Jesus damit etwas tat, was jüdischer Auffassung nach nur Gott zukommt, wurde als skandalös empfunden, sondern auch dass Jesus zu verstehen gab, er werte die nicht gesetzeskonformen Handlungen der Sünder als einen Ausfluss ihrer übergroßen Belastetheit durch von außen her auf sie gefallene Übel. Ihnen sei darum zu verzeihen und sogar Gottes besondere Liebe zuzusprechen. Gottes Kinder dürfen keinen Grund mehr haben, sich von Gott abzuwenden oder ihn anzuklagen. Sie sollen Gott (wieder) als die Quelle alles Guten erfahren.

1.3 Jesus und der ‚dunkle Gottessohn' Satan

In Jesu Biographie spielt Satan, der im Alten Testament nur selten genannt wird, eine häufig erwähnte, wichtige Rolle. Im Hiobbuch wurde primär Satan angelastet, dass manchmal auch unschuldige Menschen verfolgt und mit schweren Leiden überzogen werden. Jesus bewertet Satan als ‚falschen Sohn Gottes' und als Feind der Menschen.

Bei Jesu ‚Berufsantritt' kommt es zu einer Art Duell zwischen ihm und Satan. Im Ergebnis dieses von Jesus gewonnenen Kampfes wird Satan in eine noch

---

13) Jer 31,31–34: „Siehe, es kommt die Zeit, spricht der Herr, da will ich mit dem Hause Israel und mit dem Hause Juda einen neuen Bund schließen, nicht wie der Bund gewesen ist, den ich mit ihren Vätern schloss …, den sie nicht gehalten haben …, sondern …: Ich will mein Gesetz in ihr Herz geben und in ihren Sinn schreiben, und sie sollen mein Volk sein und ich will ihr Gott sein. Und es wird keiner den andern … lehren und sagen: ‚Erkenne den Herrn', sondern sie sollen mich alle erkennen, beide, Klein und Groß, spricht der Herr; denn ich will ihnen ihre Missetat vergeben und ihrer Sünde nimmermehr gedenken". – Vgl. Hes 11,19 und Joel 3,1ff.

nie da gewesene Distanz zu Gott-Vater gebracht. Bei jenem Ringen, das unter die Überschrift *die Versuchung Jesu* gestellt worden ist, geht es letztlich um das richtige Verständnis des himmlischen Vaters. Satan sagt zu Jesus in der Wüste: „Bist du Gottes Sohn, so sprich, dass diese Steine Brot werden."[14] Satan meint, wer als Gottessohn an Gottes Allmacht partizipiert, müsste das doch können, und er würde mit solcher Kunst den Menschen von großem Nutzen sein. Auch würde diese Fertigkeit unter den Armen für Gott werben – und solches hatte Jesus doch im Sinn! Jesus aber antwortet dem Satan: Bist *du* Gottes Sohn, so müsstest du doch wissen: Es steht geschrieben, „dass der Mensch nicht lebt vom Brot allein, sondern von allem, was aus dem Mund Gottes geht".[15] Und so geht es dann bei den nächsten beiden Versuchungen weiter. Immer klarer gelingt es Jesus, das Gottesbild Satans zu falsifizieren (und sich gleichzeitig selbst als bevollmächtigter Gottessohn zu bewähren). Satan erweist sich als ein Abtrünniger und als ein Verdreher. Zurück bleibt Jesus als der Sohn, der mit dem himmlischen Vater zusammenstimmt und für ihn stehen kann.

Die große Erschütterung und die religionsgeschichtliche Zäsur, die von Jesu *bestandener Versuchung* ausgelöst wurden, finden wir im Neuen Testament auch als *Sturz Satans aus dem Himmel* beschrieben: 72 von Jesus ausgesandte Missionare kamen voller Freude zurück und sprachen:

> *Herr, auch die bösen Geister sind uns untertan in deinem Namen. Er aber sprach zu ihnen: Ich sah den Satan vom Himmel fallen wie einen Blitz. Seht, ich habe euch Macht gegeben, zu treten auf Schlangen und Skorpione, und Macht über alle Gewalt des Feindes, und nichts wird euch schaden. Doch darüber freut euch nicht, dass euch die Geister untertan sind. Freut euch aber, dass eure Namen im Himmel geschrieben sind. Zu der Stunde freute sich Jesus im heiligen Geist und sprach: Ich preise dich Vater, Herr des Himmels und der Erde, weil du dies den Weisen und Klugen verborgen hast und hast es den Unmündigen offenbart. Ja, Vater, so hat es dir wohlgefallen. Alles ist mir übergeben von meinem Vater. Und niemand weiß, wer der Sohn ist, als nur der Vater, noch, wer der Vater ist, als nur der Sohn und wem es der Sohn offenbaren will.*[16]

Sind diese 2000 Jahre alten mythologischen Vorstellungen und Bilderreden für uns noch relevant? Geht das alles wirklich auf den ‚historischen Jesus' zurück?

---

14) Mt 4,3.
15) Dtn 8,3.
16) Lk 10,17–22. – Vgl. Mt 11,25–27.

Mindestens steht fest, dass aus Jesu Wirken der Kampf mit Satan und seinen Dämonen-Untertanen nicht fortzudenken ist. Und damit steht Jesus auch in einer nicht zu übersehenden Verbindung zu der von Hiob hinterlassenen theologischen Problematik. Jesus hat das Gottesverständnis auf eine neue Stufe gehoben. *Der Schatten einer moralischen Anklage, unter die Gott wegen des Umgangs mit Hiob geraten zu sein scheint, ist durch Jesus wieder abgezogen worden. Denn Jesu himmlischer Vater gewährt den Menschen die Teilhabe am Reich Gottes, in welchem alle das Humane im Kern bedrohenden Übel mit einem eigenen Einsatz Gottes beseitigt werden.* Auf diesem Hintergrund steht Gott, der etwas von seinem eigenen Wesen hingibt für die notleidenden Menschen, nun so sehr im Licht, dass er nur noch gepriesen und dankbar ‚wiedergeliebt' werden kann.

Jesu Verhältnis zum himmlischen Vater kommt besonders in dem von ihm formulierten *Vaterunsergebet* zum Ausdruck. Dort wirkt noch die Versuchungserfahrung Jesu im Duell mit dem als Gottes *alter Ego* auftretenden Satan nach. Darum bittet Jesus den himmlischen Vater der Sache nach: Erweise du, Vater, dich jedenfalls nicht als Satans *alter Ego*, das uns Menschen in Versuchung (zum Bösen) führt, sondern als der, der du tatsächlich auch bist: der Vater des Lichts, der die Menschen vom ‚Übel' erlöst.[17] Vom ‚Übel' erlösen heißt im griechischen Urtext bei Matthäus: erlösen vom ‚Schandbaren' oder vom ‚Schändlichen'.[18] Offen bleibt hierbei, ob damit das Böse überhaupt oder sogar der Satan gemeint ist. Jedenfalls bittet Jesus Gott zuversichtlich um die Erlösung von dem, was die Menschen zuschanden werden lässt. In diesem Gebet Jesu ist Gott eindeutig der Gott des *Reiches*, der *Kraft* und der *Herrlichkeit*. Dies anzusagen, ist Jesu Auftrag und Vollmacht (nachdem Satan „aus dem Himmel gefallen" ist).

1.4 Innere theologische Probleme der eschatologischen Verkündigung Jesu

Wie können wir Jesu lichthelle ‚Gottesansage' nachvollziehen, wo wir doch *immer noch* so viel Schreckliches und das Antlitz des Menschen Beleidigendes in der Weltgeschichte wahrnehmen und erleiden? Überall wird weiterhin nicht nur gestorben wie eh und je, sondern ebenso gesündigt und gelitten wie eh und je. Hatte Jesu Eintreten für den lichthellen Gott und lieben Vater, für Gottes Reich und für einen neuen Bund nicht vielleicht doch phantastische Züge? Ist auch das Christentum nichts anderes als die Ausuferung einer Urtäuschung?

---

17) Vgl. Mt 6,18.
18) Mt 6,13: *apo tou ponärou*.

Solche Fragen bilden den Kern des erbitterten historischen Nebeneinanders und Gegeneinanders von Judentum und Christentum. Sind wir heute – im Judentum wie im Christentum – über diese Erbitterung hinaus? Können religiöse Juden es nun anerkennen, dass auch Jesus ein Jude ohne Falsch, einer der ganz Großen Israels war? Können Christen Israel wahrnehmen als den Baumstamm, an dem das Christentum ein ‚abhängiger' Zweig ist?[19] Beides ist sehr zu wünschen. Einmal, weil alle Welt aufatmen wird, wenn die katastrophale Erbitterung, von der hier gesprochen werden musste, endlich besiegt sein wird. Zum anderen, weil es dann leichter sein wird, Jesu Eintreten fürs Gottesreich *auch* auf dem Hintergrund des Alten Testaments als ‚Gott wahrhaft entsprechend' und als zugleich ‚unserer menschlichen Wirklichkeit gerecht werdend' zu sehen und anzuerkennen.

Dies aber ist zu klären: Hat Jesus etwa mit seiner Vergegenwärtigung des Gottesreichs, worin die drei großen Menschheitsübel nicht mehr virulent sind,[20] eine dualistische Religionsrichtung nach Israel gebracht? Hat er statt der bestehenden Schöpfung Gottes eine *andere* Schöpfung hergerufen, in der es z. B. keinen Tod mehr geben müsste? Die Antwort ist: Nein! Denn hätte Jesu Reich-Gottes-Predigt das getan, so hätte Jesus den Schöpfer desavouiert. Das geschah nicht. Man achte darauf, wie Jesu Reich-Gottes-Gleichnisse gerade nicht eine andere Physis der Welt, vielmehr Bilder aus der *bestehenden Natur* in den Raum stellen, um den Charakter des Reiches Gottes aufzuzeigen.

Was sein wird, können wir lernen an dem, was ist (und nur noch nicht recht wahrgenommen wird). Das ist vielleicht der wichtigste Grundsatz der jesuanischen Eschatologie! Jesus rief in seinen Himmelreichsgleichnissen in die Erde fallende und sich dort erstaunlich vermehrende Getreidesamen auf und Vögel, die vom Laubwerk und den Früchten der Bäume profitieren, um die gänzlich neue Qualität aufzuzeigen, die mit dem Reich Gottes in unser Leben einzieht. Jesus hat nicht, um die ‚neue Schöpfung' anzuzeigen, die Lösung gesucht, die sich die religiösen Gnostiker der frühchristlichen Zeit allein vorstellen konnten – nämlich zu enthüllen, die bestehende Schöpfung sei gar nicht Gottes Werk, sondern die Hervorbringung eines Feindes Gottes. Jesus wollte vielmehr, dass auch der durch drei Grundübel oder Großübel verwundete Mensch die

---

19) Vgl. Röm 11,17 ff.
20) Das *Reich Gottes*, für das Jesus wirkte, bedeutet eine neue Welt ohne Übel! Leid, Geschrei, Ungerechtigkeit, Schuld, Sterben und Tod gehören dorthin nicht mehr. Das ist in der alttestamentlichen Prophetie bereits vorformuliert worden. Entsprechend antwortet Jesus auf die Anfrage Johannes des Täufers aus dem Gefängnis heraus, ob Jesus der im Alten Testament verheißene Messias sei: „Geht hin und sagt dem Johannes wieder, was ihr hört und seht: Blinde sehen und Lahme gehen, Aussätzige werden rein und Taube hören, Tote stehen auf, und Armen wird das Evangelium gepredigt" (Mt 11,3–5).

1. Die Antwort auf die Gottesfrage Hiobs durch Jesus Christus

Wunder der Schöpfung *nicht* hinter sich lassen soll. Was wir Gott Gutes zutrauen können, sehen wir nicht etwa dann, wenn wir unseren Blick vom Gotteswerk der Schöpfung abwenden. Die Erlösung hat vielmehr den Charakter eines tieferen Entdeckens und weiteren Ausschöpfens seiner Möglichkeiten. – Das setzt bis heute aller christlichen Eschatologie einen Rahmen, jenseits dessen sie nur verkehrt werden kann.[21]

Aber zielt nicht mindestens die christliche Hoffnung auf eine leibliche Auferstehung der Toten eben doch auf etwas Naturwidriges? Das wäre der Fall, wenn wir uns dabei eine neue ewigkeitsfähige Materie und Person vorzustellen hätten, in der wir *leibhaft erkennbar* die Jetzigen geblieben wären, aber keinen Blutkreislauf und keinen Darm usw. mehr hätten. Solche Vorstellungen sind aber nur absurd. Vermeidbar sind sie, wenn wir unsere sich durchhaltende Identität nicht von identisch bleibenden biologischen Körperfunktionen und -formen abhängig machen. Dann aber müssen wir die Identitätsfrage dem *seelischen Leben* des Menschen zuschlagen, das ja ebenfalls zum Natürlichen der bestehenden Schöpfung gehört. Das bedeutet jedoch nicht, körperlos zu denken, sondern sich für eine künftige Verbundenheit der Seele mit einer in dieser Schöpfung möglichen neuen Gestalt offenzuhalten.

Es ist stets die besonders große Herausforderung der christlichen Theologie gewesen, an deren Bewältigung auch das rechte Verhältnis zu Israel als religiöser Vorgegebenheit hängt, aufzeigen zu können, wie sich Gottes ‚neue Schöpfung' zur bestehenden Schöpfung Gottes verhält. Was ist ein ‚neuer Leib'? Was soll ein Christenmensch im Umgang mit der ‚Welt', wie sie jetzt ist, *verachten*, und was soll er dabei gerade *nicht verachten*, sondern als Gottes Werk würdigen? Wo liegt die Kontinuität zwischen alt und neu? Lässt sich die Hoffnung auf ‚ewiges Leben' mit der Hoffnung auf grundlegende Verbesserungen des menschlichen Lebens jetzt und hier verbinden? Das sind alte Großfragen der Theologie, die uns von Jesus selbst aufgegeben, aber im Umriss auch schon beantwortet worden sind.

Die größte Schwierigkeit besteht darin, das Wunschdenken hinter sich zu lassen. Es ist ja ein Menschheitstraum, von allen Übeln befreit zu werden. Wenn die christliche Eschatologie einfach nur diesem Traum folgte und seine sichere

---

21) Entscheidend ist, dass Jesus und Paulus die „neue Schöpfung" gegenüber der spätalttestamentlichen Erwartung neu interpretiert haben: Sie ist jetzt ‚mitten in dieser Schöpfung' schon da. Für Paulus ist das erwartete Ende der alten Welt mit dem Jesu Tod und der Auferweckung Jesu schon geschehen. Das „Neuschöpfungsheil" ist „für Israel wie für die übrige Welt letztgültig eingelöst". „Durch das Evangelium von der Auferweckung Christi von den Toten ist der Tod der alten Welt beschlossen, um zugleich aus Liebe eine neue Wirklichkeit entstehen zu lassen. Die bestehende Welt wird im Evangelium also durch Liebe bewegt und verändert." (ULRICH MELL, a. a. O. [s. Anm. 8], 349.362 f.)

Erfüllung verspräche, stünde sie trotz allem, was Jesus Christus zur Befreiung von den Übeln im Reich Gottes gesagt hat, einer religiösen Illusion doch sehr nahe. Eine ganz andere Frage ist es aber, ob der Mensch seine noch nicht gewonnene Identität wirklich aus Gottes Hand annehmen möchte. Ob er bereit ist, *sich von Gott sagen zu lassen, wer er ist*. Dies wird des Menschen *natürlicher* Wunsch nicht sein. Aber nur die Annahme der Personen-Definition, die uns Gott gibt, entspricht der christlichen Eschatologie.

Wenn wir über den Tod hinaus erhalten werden, so erfüllt dies nicht menschliche Träume und Wünsche, sondern den Willen Gottes, an den einzelnen Menschen über den Tod hinaus festzuhalten und sie dabei seine Liebe spüren zu lassen. Es geht bei der christlichen Hoffnung nicht um eine Unsterblichkeit, die schon in unsere Seele hineinprogrammiert wäre, sondern um eine Einkehr Gottes ins Sterbliche mit dem Ziel, die Menschen teilhaben zu lassen an Gottes ewiger Seligkeit. Mit der Errettung der Menschen aus dem Tod ehrt Gott sich selbst. Dies ist ein Gesichtspunkt, den besonders der Reformator Jean Calvin mit großer Klarheit herausgearbeitet hat. Ans ewige Leben ist daher in Demut und nicht hochgemut mit einer ‚couragierten Hoffnung über den Tod hinaus' zu glauben. Die Ziele, die mit ihm erreicht werden, sind diejenigen Gottes. Sie laufen darauf hinaus, dass wir in das ‚Bild' Jesu Christi hinein gestaltet werden.[22]

1.5 Carl Gustav Jung und seine Behauptung: Wir haben mit dem Christentum noch *keine* zureichende „Antwort auf Hiob"

In C. G. Jungs (1875–1961) Tiefenpsychologie spielen die Hiobsproblematik und die Frage, wie ‚lichthell' der christliche Gott wirklich sei, eine große Rolle. Mit eingeflossen in seine langjährigen Auseinandersetzungen mit der Hiobsproblematik[23] sind die schlechten Erfahrungen, die C. G. Jung, Sohn eines reformierten Pfarrers, in seiner Jugend und später als Therapeut mit dem Christentum (von dem er dennoch nie loskam) gemacht hat.

Die Grundlagen seiner Tiefenpsychologie sind folgende: Im Unterschied zu Freud sucht Jung nicht in bestimmten psychischen Schädigungen während der frühkindlichen Entwicklung die wichtigsten Ursachen von Neurosen und Psychosen, sondern in Hemmnissen der menschlichen Reifung in späteren Lebens-

---

22) Vgl. II Kor 3,18: „... wir werden verklärt in sein Bild von einer Herrlichkeit zur andern von dem Herrn, der der Geist ist". – Vgl. Röm 8,29: „... dass sie gleich sein sollten dem Bild seines Sohnes, damit dieser der Erstgeborene sei unter vielen Brüdern". – Vgl. I Joh 3,2: „... wir sind schon Gottes Kinder; es ist aber noch nicht offenbar geworden, was wir sein werden. Wir wissen aber: wenn es offenbar wird, werden wir ihm gleich sein; denn wir werden ihn sehen, wie er ist".

23) 1952 veröffentlichte C. G. Jung schließlich seine persönliche „Antwort auf Hiob".

abschnitten. Das menschliche Leben unterliegt dem Zwang, die beiden Lebensphasen des physischen Aufbaus bis hin zur Lebensmitte und des physischen Abbaus jenseits der Lebensmitte seelisch zu verarbeiten. Jenseits der Lebensmitte sollten die biologischen Verluste kompensiert werden durch ‚geistige Gewinne' für die Persönlichkeit. Dabei ergeben sich auch religiöse Fragen. Die zweite Lebensphase bedeutet nicht einfach eine ‚Abwärtsbewegung', sie gleicht vielmehr einem Gang hinauf auf den ‚Kreuzesberg'. Wie bei einem Kalvarienhügel sind Stationen zu durchlaufen, und es kann geschehen, dass der Mensch an einigen von ihnen unter der Last seines Lebens (‚seines Kreuzes') stürzt, den weiteren Aufstieg verweigert oder gar den Berg wieder hinunterläuft (‚regrediert'). Dann ist er nicht mehr im Gleichmaß mit seiner eigenen Lebensentwicklung. Er erkrankt seelisch, denn er hat die Botschaften, Bilder und Symbole aus seinem eigenen Tiefinneren nicht anzunehmen vermocht. Sie alle forderten ihn auf, *weiterzugehen*. Eine Psychotherapie muss ihm das nun bewusst machen.

Der biographische Lebensweg führt jeden Menschen immer mehr zum geistigen Zentrum seiner Seele hin, dem sog. *Selbst*. Das Selbst ist vom bewussten Ich zu unterscheiden. Es umfasst die bewussten *und* die unbewussten Anteile der Person.[24] Der Weg zu sich selbst ist der Weg zur *Identität*, wie Jung sagen konnte. Das Selbst ist nach Jung dem biblischen Reich Gottes vergleichbar.

Die Faszination des Jungschen Ansatzes hängt damit zusammen, dass er die Inhalte der biblischen Offenbarung mit Äquivalenten konfrontiert, die *erfahrbar* aus jeder menschlichen Seele heraus aufsteigen können. Der in der Transzendenz festgemachten ‚Höhenpsychologie' der biblischen Offenbarung wird somit von Jung eine ‚Tiefenpsychologie' mit Manifestationen aus der menschlichen Seele gegenübergestellt. Das wurde oft als reizvoll und als zeitgemäß empfunden. Man könne in den menschlichen Seelen z. B. das ganze ‚Christus-

---

24) C. G. Jung, Aion. Beiträge zur Symbolik des Selbst (1950). In: GW 9/II, Olten-Freiburg i. Br. 1976, 12–14: Mit dem *Selbst* „ist eine Größe gemeint, die nicht an Stelle derjenigen tritt, die bisher mit dem Begriff des Ich bezeichnet wurde, sondern vielmehr als Obergriff [auch] dieses umfasst. Unter ‚Ich' ist jener komplexe Faktor, auf den sich alle Bewusstseinsinhalte beziehen, zu verstehen." Das Ich *beruht* zwar auf dem gesamten Feld der Seele – dem bewussten und dem unbewussten –, aber es *besteht* nicht aus ihm, denn es ist „unbekümmert um die relative Unbekanntheit und Unbewusstheit seiner Grundlagen"; es ist „ein Bewusstseinsfaktor par excellence". „Das Gesamtphänomen der Persönlichkeit fällt offensichtlich nicht mit dem Ich, das heißt mit der bewussten Persönlichkeit zusammen, sondern bildet eine Größe, die vom Ich unterschieden werden muss." „Ich habe daher vorgeschlagen, die vorhandene, jedoch nicht völlig erfassbare Gesamtpersönlichkeit als *Selbst* zu bezeichnen. Das Ich ist definitionsgemäß dem Selbst untergeordnet und verhält sich zu ihm wie ein Teil zum Ganzen." Seine *Freiheit* reicht nur so weit wie sein Bewusstseinsfeld – und stößt sich dann an ihr entgegenstehenden Nezessitäten. – Die von Jung, wie er sagt, für die Tiefenpsychologie in Vorschlag gebrachte Unterscheidung von Ich und Selbst ist als solche allerdings nicht neu. Sie findet sich immer wieder auch in der philosophischen Anthropologie vom frühen 19. Jahrhundert an.

drama' wiederfinden: Christi vom Engel vorangekündigte Geburt und anschließende Lebensgefahr, Christi Leiden, Verlassenheit und Tod, Christi Verhältnis zu seinem göttlichen Vater und zu seiner Mutter Maria, Christi Verhältnis zum Satan, Christi Verkündigung des Reiches Gottes. Was allerdings in der biblischen Welt von *außen kommt* und auf *Glauben* abzielt, wird in Jungs Theorie zum Gegenstand einer Erfahrung seelischer Tiefen in der eigenen Person. Was dabei zur Erscheinung gelangt, sind kollektiv vorkommende seelische Archetypen, zu denen selbst die Größe ‚Gott' hinzugehören kann.

Jung behauptete, das Christentum sei schon *von Jesus an* eine (zu kritisierende) dualistische Religion gewesen und habe „Gottes im Satan personifizierten Wesensanteil" von Gott abgespalten, wobei s. E. der „persische Gegensatz Ormuzd – Ahriman" zugrunde gelegen haben dürfte. Die „Welt des Sohnes" sei die „Welt des moralischen Zwiespaltes"[25]. Der Satan wurde „in den Zustand ewiger Verbannung verwiesen".[26] Obwohl Jung – nachweislich[27] – bekannt war, dass z. B. Luther durch seine Denkfigur vom *deus absconditus* eine solche Abspaltung des Dunklen von Gott gerade *nicht* vollzog, hielt er – vielleicht auch aufgrund von Informationen aus an diesem Punkt unzulänglichen zeitgenössischen Theologien – an der Auffassung fest, dass das ganze Christentum jenen Dualismus verkörpere.

Eigentümlicherweise aber kam Jung selbst einem dualistischen Gnostizismus nahe. Dass Gott alles gut geschaffen habe und dass Gott selbst durch und durch gut sei, was beides aus den christlichen Katechismen zu lernen wäre, bezweifelte Jung. Denn dann trüge ja der Mensch allein die ganze Verantwortung für das Böse in der Welt. Das aber wäre Jung zufolge eine zu große Bürde für den Menschen, eine Überforderung des Einzelnen gewesen. Jung sah in ‚Gott' nur eine Chiffre für die *Urmacht der Natur*, die dem Ich-Bewusstsein des Menschen allezeit gefährlich ist. Das kleine Lichtlein des ‚Ich' kann geistig und moralisch überflutet werden von den dunklen und kollektiven Naturmächten. Diese klagen im Unbewussten der menschlichen Seele ihre Mitzugehörigkeit zur Person ein. Jeder Mensch muss lernen, in einem *Individuationsprozess* ein angemessenes Verhältnis hierzu zu gewinnen. Das will Jung durch seine Reprise der biblischen Hiobsproblematik aufzeigen.

Der alttestamentliche Dulder *Hiob* erlebte Gott, wie es auch Jung tat, als diese ungezügelte Natur-Urmacht. Zwar gab es damals eine aus dem Bund zwischen Gott und Israel resultierende *Rechtsordnung*, an die Hiob sich gehalten hat. Den ihn als Person zerstörenden Ansturm der göttlichen Urgewalt beant-

---

25) Vgl. C. G. JUNG, GW 11, Olten 2. Aufl. 1973, 191f.
26) A. a. O., 506.
27) A. a. O., 191.

wortete Hiob nun jedoch so, dass er Gott vorzuwerfen wagte, Gott habe sein eigenes Recht gebeugt.[28] Darauf erhielt Hiob von diesem aber keine befriedigende Antwort. Hiob hatte „zu seinem Schrecken gesehen, dass Jahwe nicht nur kein Mensch, sondern in gewissem Sinne weniger als ein Mensch ist"; Gott führte sich wie ein stolzes Krokodil auf.[29]

Jung meinte auch, Jahwe habe die moralische Überlegenheit des kleinen Einzelgeschöpfes Hiob gespürt. Dies habe Jahwe in Selbstvernichtungsängste hineingetrieben, die es ihm nahelegten, an sich zu arbeiten. „Das Scheitern des Versuches, Hiob zu verderben, hat Jahwe gewandelt."[30] Er beriet sich mit den geistigen Mächten, die zu ihm gehören, insbesondere mit der Weisheit (dem Geist) und dem Wort (dem Sohn). Das Resultat war, dass Gott beschloss, seine ungezügelte Doppelnatur abzulegen und selbst ein Mensch zu werden.[31] Nun kommt auch der Archetypus der „Jungfrau" (Maria) ins Spiel. „Eine große Wendung steht bevor: *Gott will sich im Mysterium der himmlischen Hochzeit erneuern ...*"[32]. Maria wird hierfür als eine von der Erbsünde der Menschheit freie Frau ausgewählt. Das sind Sicherungsmaßnahmen: Gott soll ganz im Guten und geistig Lichten geboren werden.

Der Sohn der Maria, der Gott-Mensch *Jesus Christus*, ist durch große Menschenliebe charakterisiert. Diese wird nur etwas eingeschränkt durch die „prädestinatianischen Neigungen" des Nazareners, um deretwillen er Nichtjuden von seinen Wohltaten ausschließt.[33] Auch finden sich bei ihm „eine gewisse Zornmütigkeit" und „ein Mangel an Selbstreflexion", der an Jahwe erinnert. „Nirgends finden sich Anhaltspunkte dafür, dass Christus sich je über sich selbst gewundert hätte. Er scheint nicht mit sich selbst konfrontiert zu sein. Von dieser Regel gibt es nur *eine* bedeutende Ausnahme, nämlich den verzweiflungsvollen Aufschrei am Kreuz: ‚Mein Gott, mein Gott, warum hast du mich verlassen?' Hier erreicht sein menschliches Wesen Göttlichkeit, nämlich in dem Augenblick, wo der Gott den sterblichen Menschen erlebt und das erfährt, was er seinen treuen Knecht Hiob hat erdulden lassen. Hier wird die Antwort auf Hiob gegeben ..."[34].

Bemerkenswerterweise sagt Jung nicht: Auf Golgatha hat Gott den von ihm als Sohn anerkannten besten Menschen grausam leiden lassen, sondern: Hier hat das von Gott uns Menschen auferlegte Geschick Gott selbst ereilt. Das sei die

---

28) A. a. O., 395; vgl. Hiob 19,6.
29) A. a. O., 411 f.; vgl. Hiob 41,25.
30) A. a. O., 420. Hier übersieht Jung, dass Jahwe seine Wette gewinnen, aber nicht Hiob vernichten will.
31) A. a. O., 426.
32) A. a. O., 426.
33) A. a. O., 437.
34) A. a. O., 438.

von Jahwe selbst gewählte Wiedergutmachung Unrechts, das Hiob angetan worden war. Gleichzeitig wertet Jung diese Gottestat auch als ein religionsgeschichtliches Ereignis zugunsten der geistigen und moralischen Höherentwicklung des Menschen.[35] „Denn zweifellos wird der Mensch in seiner Bedeutung gemehrt, wenn sogar Gott selber Mensch wird."[36]

Allerdings ist damit, Jung zufolge, die Angelegenheit ‚Hiob' immer noch nicht ausgestanden. Der Satan ist nun zwar von Gott abgetrennt und aus dem Himmel geworfen. Doch jetzt tobt er umso mehr auf Erden.[37] Die zur moralischen Eigenverantwortlichkeit aufgestiegenen Menschen sind ihm ausgeliefert. Die menschlichen Seelen fallen auseinander und offenbaren ihrerseits eine *Doppelnatur*. Einerseits wirkt der lichthelle Gottessohn Christus auf sie, andererseits der dunkle Gottessohn Satan. Schuld an der so zustande kommenden „Beunruhigung des Unbewussten"[38] ist aber wiederum nur Jahwe. Jedenfalls ist in Jungs Augen *Jahwe* die maßgebliche Ursache auch dieser neuen menschlichen Leiden in christlicher Zeit. Der einem Vulkan gleichende Gott Hiobs und Jesu Christi ist, wie Jung sagt, immer noch nicht zur Ruhe gekommen. Das sei auch gar nicht möglich, solange der dunkle Sohn, Satan, aus Gottes Innerem ausgestoßen ist. Es stehe daher bevor, dass Gott sich auch in ihm noch inkarnieren und somit die Menschwerdung des Bösen betreiben müsse. Das göttliche Werdedrama, „dessen tragischen Chor die Menschheit bildet"[39], sei also noch unabgeschlossen. Die Menschen können mit der bisher im Christentum erteilten Antwort auf Hiob noch nicht zufrieden sein. Das kirchliche Christentum ist nicht, wie es selbst meint, am Ziel der göttlichen Offenbarungen und heilsgeschichtlichen Bewegungen angelangt. Die Kirche, meint Jung, täuscht sich über sich selbst – und enttäuscht daher viele Menschen.

Immer wieder stößt Jung sich an der christlich-kirchlichen Auffassung, Gott sei vollkommene Güte, Gott sei Liebe. Diese Lehre sei eine Katastrophe, treibe sie doch gerade Christen immer neu in die seelische Zerrissenheit, die von der Theologie als Sünde bezeichnet wird. Das kirchliche ‚Therapieangebot' jedoch, sprich: das Angebot der Sündenvergebung, ist auf dem Hintergrund der Lehre vom lieben und guten Gott von vornherein zur Wirkungslosigkeit verurteilt. Es hat nicht die Kraft, die Menschen im Kampf gegen das Böse zu stärken.

---

35) Jung meint allerdings, dass diese nur ein von Gott unbeabsichtigtes Nebenresultat darstelle (a. a. O., 450).
36) A. a. O., 440.
37) Vgl. hierzu: RENÉ GIRARD, Ich sah den Satan vom Himmel fallen wie einen Blitz. Eine kritische Apologie des Christentums (franz. 1999), deutsch: München-Wien 2002, 231.
38) C. G. JUNG, a. a. O., 450.
39) A. a. O., 459.

1. Die Antwort auf die Gottesfrage Hiobs durch Jesus Christus

Kommentar

Dass C. G. Jung die psychodramatischen Aspekte des biblischen Glaubens ins Zentrum seiner Beobachtungen gerückt hat, ist ein kulturphilosophischer Vorgang, von dem auch die Theologie profitieren kann. Das ist inzwischen von vielen anerkannt worden. Beispielsweise hat sich die neuere Liturgiewissenschaft hiervon befruchten lassen. Durchleuchtet man jedoch die theologischen Gedankengänge Jungs, so wird ihre Systematik und Konsistenz nicht klar. Bekämpft Jung einen weltanschaulichen Dualismus? Oder ist ein solcher Dualismus Bestandteil seiner eigenen Theorie? Ständig wechselt er die semantischen Ebenen: Urteilt er über Gott? Spricht er lediglich über seelische Gottesbilder, die als solche nicht zu ‚werten' sind? Dient ihm die Bibel als eine Vorlage, um den inneren Kosmos des seelischen Erlebens zu studieren? Oder kritisiert er das in der Bibel Dargelegte? Oder kritisiert er ‚nur' die Kirche (die freilich an der Auswahl der im Bibelkanon stehenden Texte nicht ganz ‚unschuldig' ist)? Meint er, dass die Kirche den Menschen die von ihnen unmöglich zu erfüllende Aufgabe aufbürdet, Gott mit sich selbst zu versöhnen? Will Jung demgegenüber sagen, dass es eigentlich umgekehrt Gott obliegt, die armen Menschen in ihrer seelischen Zerrissenheit zu versöhnen? *Tut* das aber der Gott des christlichen Glaubens etwa nicht? Oder anders gefragt: Hält Jung Gott, der an uns etwas tut, überhaupt für eine uns gegenüberstehende Realität? Das alles wird im Gespräch mit ihm nicht systematisch klar. Jung hat hilfreiche psychotherapeutische Impulse gegeben, aber er kann nicht beanspruchen, das Wesen und die Probleme des christlichen Glaubens erfasst zu haben. Seine eigene Vision vom Fortgang der ‚Christentumsgeschichte' ging darauf, *dass eines Tages das Gottesproblem – die Not mit Gott – erledigt sein wird*, weil Gott dann vollends *ganz* Mensch geworden sei.[40]

Jung hat Patienten erlebt, die ihm signalisierten, dass *Gott* (oder, wenn es dies gäbe, ein ‚Äquivalent' zu Gott) ihre Seele bedränge. Aber warum sagt Jung diesen Patienten nicht, dass sie durch sich selbst bedrängt werden und dass dies bei der ‚Gattung Mensch' auch entwicklungsbiologische Ursachen hat? So muss wohl der Theologe den Naturwissenschaftler daran erinnern: Als sich beim Menschen im Verlauf der biologischen Artenentwicklung eine zunehmende Intelligenz einstellte, baute sich gleichzeitig ein immer umfangreicher werdendes Ich-Bewusstsein auf. Dieses begann dann in der Psyche des Menschen eine scheinbar autonome Insel zu werden. Sie musste mehr und mehr in Konflikte mit den übrigen seelischen Gegebenheiten geraten.[41] Diese Zusammenhänge

---

40) Vgl. a. a. O., 490.
41) S. dazu auch u., 97.

sind in der von Sigmund Freud entwickelten Theorie von der menschlichen Psyche viel klarer und angemessener erfasst als bei C. G. Jung, der ‚Naturmacht' meint, aber ‚Gott' sagt (und umgekehrt). Freud hat dargelegt: Subjektives Ich-Bewusstsein und Unbewusstes entfalten im Menschen, zumal bei zunehmender Zivilisation, gegeneinander eine je eigene ‚Egozentrik'. Dies führt generell zu menschlichem *Unbehagen* und zu seelischen Konflikten, die als solche mit dem Christentum *nicht* in eine spezielle Verbindung zu bringen sind. In Jungs Theorie gibt es – vermutlich gegen ihre eigene Intention – Elemente, die davon ablenken, dass der von Neurosen und Psychosen betroffene Mensch *im seelischen Konflikt mit sich selbst* liegt. Jungs Neigung zur mythologisch-theologischen Darstellung kann dies verdunkeln.[42]

Es kann Jung nicht abgenommen werden, dass er mit seiner Theorie die in der Christentumsgeschichte versäumte *Antwort auf Hiob* nachgeholt hätte. Es ist aber notwendig, dass die christliche Theologie künftig mehr als bisher über die Beziehungen des Evangeliums Jesu Christi zur menschlichen Seele Auskunft gibt.

---

42) Es gibt doch zu denken, dass in der durch C. G. Jung selbst begründeten tiefenpsychologischen Schule inzwischen die Tendenz aufgekommen ist, mit Jung konsequenterweise über Jung hinauszugehen und die Rede von *Gott* und von der *Transzendenz* überhaupt zu unterlassen. Diese Rede sei ein unwissenschaftlicher dualistischer Archaismus, der sich bei Jung noch erhalten habe und für seine Theorie von den seelischen Kräften gar nicht notwendig sei. Vgl. WILLY OBRIST, Tiefenpsychologie und Theologie. In: Anal Psychol 34 (2003), 95 – 111, hier: 110: „Man sollte sich ruhig eingestehen, dass Jung, obwohl er durch seine Entdeckungen die archaische Weltsicht de facto überwunden hat, im tiefsten Grund seiner Seele Archaiker geblieben ist. Ich würde deshalb vorschlagen, beim heutigen Stand des Wissens über die Mutation des Bewusstseins – im Sinne begrifflicher Sauberkeit wie auch geistlicher Redlichkeit – den Ausdruck ‚Gottesbild' im tiefenpsychologischen Sprachgebrauch zu vermeiden und statt dessen von *Selbstsymbol* zu reden."

Das ganze Dasein ängstigt mich, von der kleinsten Fliege bis zu den Geheimnissen der Inkarnation; durch und durch ist es mir unerklärlich, am meisten ich selbst; das ganze Dasein ist mir verpestet, am meisten ich selbst. Groß ist mein Leid, grenzenlos, niemand kennt es, außer Gott im Himmel, und er will mich nicht trösten; niemand kann mich trösten; niemand kann mich trösten außer Gott im Himmel, und er will sich nicht erbarmen.

Sören Kierkegaard
(Die Tagebücher, Eintragung 12. Mai 1839)

Ich lebe, doch nun nicht ich, sondern [der auferstandene] Christus lebt in mir. – Wenn jemand in Christus sich befindet, dann ist bei diesem Menschen bereits die neue Schöpfung da.

Apostel Paulus
(Galater 2,20a; 2. Korinter 5,17 – Übersetzung Ch. G.)

2.
DER AUFERSTANDENE CHRISTUS UND WIR – IM ‚ZEITALTER DER WISSENSCHAFT'

2.1 Der geistgewirkte Christus ‚in uns', der Glaube, die Kirche und das Gottesreich 96
2.2 Über die Dynamik der Seele: das bewusste Ich, das Unbewusste und das ‚Selbst' (= der Geist) 97
2.3 Die kulturphilosophische Zusammenführung religiöser und wissenschaftlicher Aspekte des seelischen Lebens bei Sören Kierkegaard 99
2.4 Christus und die Seele 102
2.5 ‚Ewigkeitswert' der menschlichen Seele versus Hoffnung auf die Auferweckung der Toten? 104

2.1 Der geistgewirkte Christus ‚in uns', der Glaube, die Kirche und das Gottesreich

Mit der Kreuzigung, Auferweckung und Übertragung des Heiligen Geistes an die Jünger schloss, nach dem Johannesevangelium, die irdische Sendung Jesu ab. Jesus formte sich nun in ein Bild, das in den Seelen der Menschen schon bereitlag: das Bild des Mittlers zwischen Gott und Mensch. Christus wurde in diesem Bild von vielen verinnerlicht, und bei wem dies geschah, der oder die wurde zu einem *Repräsentanten Christi*. Durch solche Menschen wirkt Christus jetzt weiter auf der Erde in der Kraft des Heiligen Geistes, der von ihm nicht zu trennen ist. Durch das Wirken des Heiligen Geistes erbaut sich ‚Christi Leib' in mystischer Weise. Horizontal durch die Erdregionen und vertikal durch die Zeit werden Menschen Christusglieder und bilden gemeinsam den Leib Christi. Dieser mystische Leib Christi ist die *Kirche*.

Was im Alten Testament seit Jesaja festes menschliches Vertrauen auf Gott (‚Glauben'[43]) heißt, das wurde nun *Glaube an Gott auf Jesus Christus hin*. Glauben bedeutet in der Kirche, Christus zu ‚begehen' als Brücke zu Gott. Genau genommen ist Christus die Brücke in den *Neuen Bund* mit Gott hinein. „Wir wissen", schreibt der Apostel Paulus, „dass der Mensch nicht durch Handlungen der Gesetzeserfüllung ‚gerecht' wird, sondern allein durch den ‚Glauben Jesu Christi'"[44]. Diese spezifische Genitivkonstruktion bedeutet: (Man wird gerecht) „durch den an Jesus Christus gebundenen Glauben". Nur der Heilige Geist kann Menschen zu diesem Glauben bewegen.

In der Kirche kann nichts noch Höheres stattfinden als *Glauben*. Die Kirche ist nicht das Reich Gottes, in dem die pure Liebe herrscht. In der Kirche sind die drei Grundübel Leiden, Schuld und Tod immer noch nicht ‚abgeschafft'. Wo aber ist dann das Reich Gottes geblieben? Antwort: Es wird jetzt vom Glauben repräsentiert. Eine Verbindung mit ihm ist möglich über den geistgewirkten, Jesus Christus ergreifenden und verinnerlichenden Glauben. Wo Christus ist, da ist auch das Reich Gottes.

Es ist aber ein Fehler, wenn immer wieder behauptet wird, die Kirche habe das Reich Gottes in stark verminderter Form abgelöst. In Wirklichkeit erhält die Kirche ihre geistliche Kraft von ihm. Es ist in der Kirche nicht einfach nicht da, weil wir kein von Übeln freies Leben erfahren. Es ist nicht einfach nicht da, weil wir jetzt bestenfalls glauben können. Es ist vielmehr im Glauben verborgen da.

---

[43] Vgl. Jes 7,9.
[44] Gal 2,16 (Übersetzung Ch. G.).

Damit ist nicht gesagt, das Reich Gottes habe in der Kirche einen Rückzug in die ‚Innerlichkeit' angetreten. Auch verstehen wir den Glauben nicht als ein ‚verdünntes' oder ‚spiritualisiertes' Reich Gottes. Immerhin müssen sich Glaubende für sich selbst keine Sorgen mehr machen wegen der lebenszerstörenden Gewalt der drei Grundübel. In ihrer Christusverbundenheit gehen sie davon aus: „Wo mein Haupt durch ist gangen, da nimmt es mich auch mit."[45] Seelische Realitäten sind keine Schemen, die sich innerhalb einer *civitas Platonica* bewegen, sondern sie sind Realitäten, die unsere Körper und die materiellen Zusammenhänge auf der Erde *bewegen*.

2.2 ÜBER DIE DYNAMIK DER SEELE: DAS BEWUSSTE ICH, DAS UNBEWUSSTE UND DAS ‚SELBST' (= DER GEIST)

Die gläubige Verinnerlichung Christi hat seelische Auswirkungen. Diese wiederum haben lebenspraktische Auswirkungen. Der ‚Christus in mir' wirkt sich aus auf die seelische Bemühung, ein ‚Selbst' zu werden, zur Übereinstimmung mit sich selbst zu gelangen. – Unsere Probleme mit der ‚Selbstwerdung' liegen zunächst in Folgendem: Die beiden Pole oder Dimensionen in der menschlichen Seele, das bewusste Ich und das Unbewusste, kapseln sich voneinander ab oder sperren sich gegeneinander. Sie liefern sich, wie wir aus der modernen Psychologie wissen, auch Machtkämpfe. Das bewusste Ich versteht bereits *sich* als ‚Geist'. Die andere Seite seiner Seele aber rechnet es zum ‚Fleisch'. Beide Seiten versuchen, die jeweils andere zu beherrschen.

Bekanntlich ist im Laufe der Evolution der menschlichen Art das subjektive Ich-Bewusstsein immer potenter geworden. Ebendies wurde zur Bedingung der Möglichkeit innerseelischer Konflikte beim Menschen. Es gibt so etwas wie eine List des Unbewussten, sich dem Beherrschtwerden durch das subjektive Ich-Bewusstsein zu entziehen: Das Unbewusste stellt so triebstarke Anforderungen an die Lebensführung der bewussten Person, dass diese, um sich die Kapitulation hiervor nicht eingestehen zu müssen, ihr *den Trieben nachgebendes Verhalten* oft als rational gewollt und als angeblich frei gewählt *hinstellt*.[46] Das ist bereits eine Niederlage. Doch verfügt, wie von Sigmund Freud vielfach beschrieben, auch das bewusste Ich der Person über ‚Techniken', um dem Unbewussten seelisches Gelände zu entreißen.

Immer sind wir Menschen bestrebt, die subjektiv-ichhaften, bewussten Per-

---

45) PAUL GERHARDT in dem Choral „Auf, auf mein Herz mit Freuden ...".
46) So schon IMMANUEL KANT (Die Religion innerhalb der Grenzen der bloßen Vernunft, 1793) beim Versuch, philosophisch zu reformulieren, was die Theologie ‚Erbsünde' nennt.

sonanteile und die weiteren objektiven, jedoch unbewussten seelischen Kräfte der menschlichen Person zur *Harmonie des Widerstrebenden* (Heraklit) zu bringen. Hierin besteht die Bemühung menschlicher Personen, ein Selbst zu werden. Kulturphilosophisch ist es seit dem Ende des 18. Jahrhunderts immer klarer formuliert worden, dass die Seele des Menschen nicht einfach im subjektiv-selbstbewussten menschlichen *Ich* liegt, sondern auch das Unbewusste mit seinen kollektiven und objektiven Gehalten umfasst. Somit ist sie in sich selbst ‚widergespannt' und hat die Intention, diese Spannung kreativ aufzulösen. Diese Intention bestimmt die Dynamik der menschlichen Seele.

Dass die Dynamik der Seele über das bewusste Ego bzw. über das subjektive Ich-Bewusstsein noch hinausgeht, das ist auch theologisch interessant. Diese Dynamik hat ja den religiösen Aspekt, dass etwas miteinander zu *versöhnen* ist, was in destruktiver Weise auseinanderzufallen droht. Da hat sich etwas *vereinzelt*. Da hat sich etwas an sich selbst *überhoben*. Da hat sich etwas *unterdrücken lassen* (müssen). Es soll aber mit dem *Ganzen* wieder versöhnt werden. Es ließe sich daher fragen: Ist nicht die nach dem ‚Ganzwerden' strebende Seele, völlig unabhängig von spezifischen biblischen Vorstellungen hierzu, eine in der Nähe des Göttlichen stehende Größe? Könnte man die menschliche Seele als eine ‚natürliche Verbündete Gottes' bezeichnen? Oder ist umgekehrt Gott, mit Platon, das, „was der Seele am nächsten steht"[47]?

Doch gerade an dieser Stelle, wo die Dynamik der menschlichen Seele religiöse Aspekte aufzuweisen scheint, ist auch erneut über die naturwissenschaftliche Dimension der menschlichen Seelendynamik nachzudenken. Über das allmähliche Werden der inneren Konfliktträchtigkeit der menschlichen Seele im Zuge der Evolution der Spezies ‚Mensch' ist schon gesprochen worden. Es ist uns wichtig, dass unsere Wahrnehmung der Seelendynamik den Kontakt zur naturwissenschaftlichen Erkenntnis hält. Es ist überhaupt nicht einzusehen, dass dort, wo wir ‚religiöse Aspekte' wahrnehmen, der Kontakt mit der naturwissenschaftlichen Sicht abgebrochen wird. Der verbreiteten Meinung, die von *Charles Darwin* angeregte Evolutionsforschung, der wir so viel neue Welterkenntnis verdanken, erledige den Bedarf für Gott (und erledige damit auch die Religion und die Theologie), könnte bei einer Konzentration auf die Probleme der menschlichen Seele die entgegengesetzte Meinung gegenübergestellt werden: Auf dem Hintergrund der biologischen Evolution der Spezies Mensch wurde der Bedarf nach einem göttlichen Helfer immer größer! Die Rolle dieses göttlichen Helfers wäre dann aber nicht die, uns die Anfänge der Welt und die inneren Gesetzmäßigkeiten der Weltentstehung zu ‚offenbaren'. Durch eine solche ‚Gotteshypo-

---

47) Nomoi, 726a.

these' soll die naturwissenschaftliche Untersuchung dieser Zusammenhänge nicht erspart oder umgangen werden. Vielmehr: Was der Mensch an Gott ‚hat', das zeigt sich einzig und allein an der Frage, wo wir Kräfte finden, um mit den evolutionsbedingten Widersprüchen in der menschlichen Seele nicht nur leben zu können, sondern auch ihre schöpferische Versöhnung, also die Selbstwerdung, zu erleben.

2.3 Die kulturphilosophische Zusammenführung religiöser und wissenschaftlicher Aspekte des seelischen Lebens bei Sören Kierkegaard

Der dänische Theologe Sören Kierkegaard (1813–1855), der fundamentale philosophische Beiträge zum Verständnis der menschlichen Angst und der Grenzen der menschlichen Freiheit geleistet hat, untersuchte auch das menschliche seelische Streben, ein *Selbst* zu werden. Er leistete dabei philosophische und psychologische Pionierarbeit. Andererseits hatte er keine Schwierigkeiten, hier Fragen der theologischen Anthropologie mit einzubeziehen.

Wer heute ‚Seele' als einen im allgemeinen Kulturgespräch ernst zu nehmenden Begriff wieder zur Geltung bringen will, muss die Ghettos aufsprengen, in die das Wort ‚Seele' in der Zeit nach Kierkegaard verbannt worden ist. Das Beispiel Kierkegaards selbst dürfte unüberholt sein.

Auf dem Hintergrund der Tatsache, dass während Kierkegaards Universitätsstudienzeit noch die Philosophie des Deutschen Idealismus (Fichte, Hegel, Schelling) vorherrschte, ist es bemerkenswert, dass Kierkegaard Zweifel an der scheinbar sonnenklaren anthropologischen Gegebenheit, jeder Mensch wolle ein ‚Selbst' werden, anmeldete. Es gibt auch Menschen, so beobachtete er, die nicht dazu neigen, eine ‚Persönlichkeit' oder ein ‚Selbst' werden zu wollen. Jedenfalls sind sie sich eines solchen inneren Dranges nicht bewusst. Sollten sie ihn dennoch verspüren, so wehren sie sich sogar ‚verzweifelt' gegen ihn. Sie wollen sich nicht in psychische Unkosten stürzen, sondern unauffällig bleiben und sich dem anpassen, was *man* tut, was die Masse als gelungenes Leben gelten lässt. Sie hören nicht oder sie überhören jene göttliche Stimme in ihrem Gewissen, die sie wie den jungen Samuel im Tempel irgendwann direkt bei ihrem Namen aufruft.[48] Ein solcher Aufruf *vereinzelt* den Menschen nämlich. Er muss sich von nun an selbst suchen und finden – und vor allem verantworten.[49]

---

48) Vgl. I Sam 3.
49) Sören Kierkegaard, Die Krankheit zum Tode (1849), GW 24. und 25. Abt. übers. v. E. Hirsch. Düsseldorf 1957, 8.23.29.

Die Versuchung, sich hiervon existenziell zu entlasten durch Anpassung an das ‚man', ist in uns allen. Aber sie impliziert eine seelische Gefährdung. Kein Mensch kann seiner eigenen Identitätsfrage (‚ich soll mit mir selbst übereinstimmen') einfach ausweichen. Der verzweifelte Versuch, *kein* ‚Selbst' werden zu müssen, *endet* in der Verzweiflung. Freilich gilt dasselbe auch von dem von Kierkegaard als nicht weniger verzweiflungsvoll apostrophierten Imperativ der Philosophie des Deutschen Idealismus, eine ‚Persönlichkeit' zu werden und sich zu einem ‚Selbst' zu *machen*. Dieser verzweifelte Versuch endet ebenfalls in der Verzweiflung, denn niemand kommt mit dieser Aufgabe zurande.[50]

Der verzweifelte Versuch, sich zu einem Selbst zu machen, verläuft so: Das subjektive menschliche Ich-Bewusstsein versetzt sich in eine Position, in der es über die übrigen – also die unbewussten – Anteile in der eigenen Seele *verfügen* zu können sucht. Aber die unbewussten Bereiche der eigenen Seele, in der andere Kräfte als die des selbstbewussten Ichs ‚Sitz und Stimme' haben – nämlich die Familie, die Gattung, die Gesellschaft, die mit uns verbundenen sonstigen Naturwesen –, wehren sich dagegen. Während das bewusste Ich sich einbildet, über diesen Bereich verfügen zu können, macht dieser Bereich das bewusste und sich frei wähnende Ich zu seinem Sklaven. Dies schließlich bemerkend, *verzweifelt* das bewusste Ich an seinem Vorhaben, sich selbst zu verwirklichen und sich in der eigenen Person durchzusetzen.

Weder vom Subjektiven noch vom Kollektiven aus kann die Alleinherrschaft über die Person errungen werden. Den entsprechenden Eroberungsbemühungen folgen Niederlagen und psychische Erschöpfungszustände oder sogar Zusammenbrüche, die heute als Neurosen und als Psychosen entweder aus dem depressiven oder aus dem schizoiden Formenkreis klinisch identifiziert werden.[51] Kierkegaard sagt: So oder so führt uns die *conditio humana* am Ende in die Verzweiflung. Wir sind unserem eigenen seelischen Streben nach dem Selbst nicht gewachsen. Es äußert sich in ihm keineswegs eine dem Göttlichen verwandte Kraft im menschlichen Wesen. Zwar liegt es in der genannten ausweglosen Situation auf der Hand, dass der Mensch einen *Geist* bräuchte, der eine *Mediation* innerhalb der menschlichen Seele zustande brächte und ein *Selbst* setzte,

---

50) Die philosophiegeschichtliche Bedeutung Kierkegaards zeigt sich z. B. daran, dass die Existenzphilosophie des 20. Jahrhunderts häufig Kierkegaards Diagnose der ‚verzweifelten Lage' des Menschen und der ‚Sinnlosigkeit' des Versuchs, die eigene Identität vernünftig aufzubauen, aufgriff als Ausgangspunkt weiterer Überlegungen zur Existenzfrage.

51) Kierkegaards wichtigen Beitrag zu einem anthropologischen Grundverständnis der seelischen Erkrankungen würdigt: ERNEST BECKER, Dynamik des Todes. Die Überwindung der Todesfurcht – Ursprung der Kultur, Olten-Freiburg i. Br. 1976, 112–146 (besonders 122 ff.: Kierkegaard als Theoretiker der Psychosen). Im amerikanischen Original erschien dieses Buch 1973 in New York unter dem Titel „The Denial of Death".

das beide Dimensionen der menschlichen Seele übergreift.[52] Aber was wird gewonnen, wenn sich das bewusste Ich selbst zu diesem Geist hin erziehen oder bilden will? Oder wenn der Mensch sich einem Erdgeist, einem Gesellschaftsgeist, einem Familiengeist usw. unterwirft? Das sichere Endergebnis ist ja in beiden Fällen die Verzweiflung.

> *Seiner selbst ledig werden kann der Geist nicht, d. h. seine Befangenheit kann nicht verschwinden ... Ins Vegetative versinken kann der Mensch auch nicht, d. h. ganz Tier sein ... Die Angst fliehen kann er nicht.*[53]

Es müsste daher ein von außen kommender, machtvoller, aber der einzelnen, individuellen Person dennoch vertrauter und gewogener *heiliger Geist* sein, der jene Mediation zwischen den beiden im Konflikt liegenden seelischen Dimensionen zu leisten in der Lage wäre. Mit dieser Folgerung kommt für Kierkegaard die Theologie ins Spiel. Mit Blick auf die aus der Dynamik menschlicher Seelen unhintergehbar resultierende Auswegslosigkeit der Identitätsproblematik legt es für sich Kierkegaard nahe zu sagen: *An Gott vorbei* hat der Mensch nur die Wahl, auf die eine oder auf die andere Art zu verzweifeln. Wo aber das gläubige Sich-Eingründen einer menschlichen Person in Gott vom Hleiligen Geist Gottes her ermöglicht wird, kann der Mensch *als Einzelner* seelisch bestehen. Die seelische Aufgabe, er selbst oder sie selbst zu werden, stürzt ihn nicht mehr in Verzweiflung. Der menschlichen Seele wird das zuteil, worauf ihr Streben sich ausrichtet: Identität. Aber das ist nun eine von Gott her eröffnete Identität. Erreicht wird sie über den *Glauben*,[54] dessen fundamentale Bedeutung für das seelische Leben von Kierkegaard sichtbar und verständlich gemacht worden ist.

Dieser Denkansatz ist ein theologischer. Viele werden ihm nicht folgen wollen. Doch das bedeutet nicht, dass sie damit auch das Problem los wären, wie mit der Unlösbarkeit der menschlichen, seelisch-geistigen Identitätsproblematik umgegangen werden kann.

---

52) Denn der Mensch ist „eine Synthesis von Endlichkeit und Unendlichkeit, von Zeitlichem und Ewigem, von Freiheit und Notwendigkeit". Er bräuchte ein vermittelndes ‚höheres Drittes'. Der Mensch ist zwar ‚Geist'. Und Geist wiederum ist das ‚Selbst'. Und im ‚Selbst' drückt sich ein ‚Verhältnis' aus, „das sich zu sich selbst verhält". Aber wie kann dem *endlichen* Menschen die geistige Balance seiner selbst gelingen? Vgl. KIERKEGAARD, Die Krankheit zum Tode (a. a. O., 8).

53) SÖREN KIERKEGAARD, Der Begriff Angst, 1844 (Deutsche Werkausgabe in 2 Bdn., übers. u. hg. von EMANUEL HIRSCH und HAJO GERDES, Düsseldorf-Köln 1971, 222.

54) KIERKEGAARD, Die Krankheit zum Tode, a. a. O., 134: Der Zustand des menschlichen Selbst, „in dem schlechterdings keine Verzweiflung ist", sieht so aus: „... indem es sich zu sich selbst verhält, und indem es es selbst sein will, gründet sich das Selbst durchsichtig in der Macht, welche es gesetzt hat. Eine Formel, die wiederum ... die Definition ist für Glaube".

2.4 Christus und die Seele

„Es ist die Beziehung vom Selbst und Ich, die sich in der Relation Christus – Mensch widerspiegelt."[55] Der im Glauben verinnerlichte Christus gewinnt psychodynamische Relevanz. Die seelische Intention zum Selbst hin führt an gefährliche Klippen heran. Insbesondere taucht die Gefahr auf, dass das bewusste menschliche *Ich* das Wunschbild, welches es von *sich* hat, *verwechselt* mit dem eigenen wahren *Selbst*. Es will ‚ichhaft' sich selbst verbreiten und verlängern und zum Schluss ‚alles in allem' werden: Die so angestrebte Ich-Totalisierung und -verewigung muss aber scheitern. Auch wenn man sie noch so sehr religiös einpackt, wird sie nicht gelingen. Am Ende würde die berechtigte Kritik auf die entsprechende Religiosität fallen, dass sie neurotisch mache. Aber es gibt eben, was man im Christentum schon lange weiß und heute wieder ernst nehmen sollte, sowohl *vera religio* wie *falsa religio*. Erstere bringt heilende, Letztere zerstörende Kräfte in die menschliche Psyche.

Der *Christus in uns*, durch den der christliche Glaube seine Besonderheit hat, schafft für die Seele folgende neue Lage: Das von einer Person zwar schon gesuchte, aber ihr immer unerreichbar gebliebene individuelle Selbst, die eigene Identität also, ist plötzlich *von sich aus* in der Seele dieser Person schon erschienen. Es ist von außen hereingetreten und entwickelt nun einen präzisen Bezug zu der in der *conditio humana* verankerten menschlichen Selbstwerdungsproblematik. Der *Christus in uns* wirkt seelisch wie *ein geschenkter Vorgriff auf das noch nicht erschienene eigene Selbst der jeweiligen Person*. Die seelische Not, ein Selbst werden zu müssen, es aber nicht zu können, wird dadurch vollständig ausgeräumt. Die *Parusie* (Ankunft) Christi in der Seele ist von keiner Religionskritik als ein Wunschdenken des Ich-Bewusstseins zu entwerten, und zwar darum nicht, weil der *Christus in uns* immer zugleich alle anderen Geschöpfe vertritt, die in der kollektiven Seelendimension mit repräsentiert sind. Er ist von seiner gottmenschlichen Art her ein vollkommener Mediator. Obwohl ihm auch die anderen Geschöpfe Gottes am Herzen liegen, die in den jeweiligen Seelen ‚mitleben', wendet er sich doch zugleich in ungeteilter Liebe dem unglücklichen Ich zu, das in verfehlter Weise die Identität der eigenen Person diktieren bzw. allein bestimmen wollte. In seiner völligen Selbstlosigkeit nimmt der *Christus in uns* weder dem bewussten noch dem kollektiven Ich etwas weg, wenn er sie beide zusammenführt und vorderhand als deren übergreifendes Selbst fungiert.

---

55) C. G. Jung, Antwort auf Hiob (GW 11, Olten 2. Aufl. 1973), 474.

2. Der auferstandene Christus und wir

Der Christus ergreifende und somit gläubige Mensch gibt nicht etwa die Regierung über sein eigenes Leben an Christus ab, wie das oft missverstanden wird. Die neutestamentliche Rede von Christus als dem ‚Herrn' ist so gerade *nicht* zu verstehen. Das Ich-Bewusstsein der menschlichen Person, die menschliche Person als handelndes Subjekt, ist dann nicht ersetzt worden, wenn der *Christus in uns* sich als Vorgriff auf das Selbst einstellt. Er steht an der Stelle des Selbst, aber nicht an der Stelle von Ich. Er verunmöglicht es dem Ich nur, sich weiterhin seinerseits an die Stelle des Selbst zu drängen, was ohnehin ein verhängnisvoller, die Person zerstörender Missgriff wäre. Er *ermöglicht* es dem bewussten Ich und seiner Vernunft aber gerade, die für es angemessenen Leistungen – und dazu gehört die verantwortliche Selbstbestimmung – wirklich zu erbringen. Die Vernunft wird entlastet von Versuchungen, Leistungen zu erbringen, die ihre Grenzen von vornherein überschreiten würden. Der *Christus in uns* tritt nicht mit der Absicht an die Stelle des in der Person noch nicht erschienenen eigenen Selbst, um dieser Person die eigene Selbstwerdung zu ersparen, sondern um ihr diese zu ermöglichen.

Das Zur-Seele-Kommen Christi drückt aus, dass Gott, der Schöpfer, dem allein schon durch seine natürliche Veranlagung in größte und ernsthafteste Existenzschwierigkeiten gebrachten einzelnen Menschen nachgeht und ihn aus den Übeln herausholt, in die er sich verstrickt. Es geht nicht um Schuld. Es geht um Hilfe für das menschliche Geschöpf als solches, das seine eigene naturale *conditio* ohne Gott nicht bestehen kann. Es wird ihm ein himmlischer Schlüssel zur Lösung der Selbstwerdungsfrage gereicht. Der einzelne Mensch, der sich irgendwann in einer gegenüber dem Ganzen der Schöpfung hoffnungslos vereinzelten Lage wiederfindet und dann Anlass hat, an seinem Lebensrecht zu verzweifeln, wird durch den in seiner Seele angekommenen Christus *gerechtfertigt*. Durch den christlichen Glauben wird der Mensch als Individuum und als Subjekt, wie vor allem Kierkegaard beobachtet hat, in einer religionsgeschichtlich einmaligen Weise gestärkt.[56]

Wolfhart Pannenberg formulierte sogar, die Herausstellung der „ewige[n] Bedeutung des Individuums" sei „einer der wichtigsten Beiträge des Christentums zur Erfahrung der Struktur menschlicher Existenz". Legitimiert und ursprünglich ermöglicht sei dieser Beitrag durch Jesu Repräsentation „der versöhnenden Liebe Gottes, der sich um jeden einzelnen Menschen kümmert wie ein Kleinviehhalter, der dem einen Schaf, das er verlor, nachgeht, bis er es findet …".

---

56) S. auch: CHRISTOF GESTRICH, Vere Homo – Systematische Leitgedanken zum Verhältnis von Anthropologie und Christologie. In: ELKE AXMACHER/KLAUS SCHWARZWÄLLER (Hg.), Belehrter Glaube, FS für J. Wirsching, Frankfurt am Main 1994, 67–86, hier: 77 f.

„Das Bild des Gottes, der mit ewiger Liebe jeden einzelnen Menschen sucht, der verlorengeng, verlieh dem menschlichen Individuum einen ewigen Wert und eine Würde, die bis dahin ohne Beispiel war." Pannenberg fügte noch hinzu: „Eine wichtige Voraussetzung" dafür, dass der ewige Wert des Einzelnen durch Jesus ans öffentliche Licht gebracht werden konnte, „war der Glaube an eine Zukunft des Individuums über seinen Tod hinaus, wie er im nachexilischen Judentum entwickelt worden war". Die damals an Hiob und an anderen aufgebrochene Frage nach der „Offenbarung der göttlichen Gerechtigkeit im Leben jedes einzelnen Individuums" hat entscheidend zum Werden „jüdischen Glaubens an eine Auferstehung von den Toten" beigetragen! Mit „dem Aufkommen der Auferstehungshoffnung wurde das individuelle Leben zu einem eigenen Sinnzentrum, was es so vorhin nicht gewesen war"[57].

2.5 ‚EWIGKEITSWERT' DER MENSCHLICHEN SEELE VERSUS HOFFNUNG AUF DIE AUFERWECKUNG DER TOTEN?

Zuletzt ist eine für unseren Zusammenhang besonders wichtige Frage aufgetreten: Wie verhält sich die biblische Auferstehungshoffnung (‚Gott wird uns alle einzeln auferwecken aus dem Tod') zu der durch den *Christus in uns* und durch den christlichen Rechtfertigungsglauben zum Ausdruck kommenden „ewigen Bedeutung des Individuums"? Steht etwa der hier in den Blick gekommene Ewigkeitswert jeder einzelnen Menschenseele auf Jesus Christus hin in einem Widerspruch zum Glauben an die Auferweckung der Toten am Jüngsten Tag?

Diese Frage ist nicht so einfach zu beantworten, wie es uns jene bekannte Grenzunterscheidung „wir lehren nicht die ‚unsterbliche Seele', sondern die leibliche Auferweckung der Toten am Jüngsten Tag" glauben machen wollte. Denn beides ist miteinander verschränkt. Mit dem *Christus in uns* ist in der Tat Ewigkeit in den ‚inneren Menschen' eingezogen. Aber es ist *Christi* ‚ewiges Leben', das *unseres* erst noch werden soll. Wir hatten das im Vorangegangenen in die Formel gefasst, dass im Rahmen des christlichen Glaubens die Person des auferstandenen Jesus Christus sich der Seele eines glaubenden Menschen darreicht als Vorgriff auf dessen noch nicht erschienenes eigenes Selbst. Das war so verstanden, dass diese Prolepsis die eigene Selbstwerdung des Menschen nicht ersparen würde, sondern gerade ermöglichen sollte. Nicht reine Passivität oder

---

[57] WOLFHART PANNENBERG, Die Bestimmung des Menschen (Kleine Vandenhoeck-Reihe 1443), Göttingen 1978, 8–10. – Wird sich aber, so wäre zu fragen, diese hohe Sicht des individuellen menschlichen Lebens auch dann noch halten, wenn die Auferstehungshoffnung selbst der kirchlichen Christen gar nicht mehr bedeutend wäre, sondern mehr und mehr zusammenbräche?

2. Der auferstandene Christus und wir

‚Empfangen' stehen im Vordergrund, sondern die Ermächtigung zu eigenem Gehen und Gestalten.

So sind wir mit ihm [Christus] begraben durch die Taufe in den Tod, damit, wie Christus auferweckt ist von den Toten ..., auch wir in einem neuen Leben wandeln. Denn wenn wir mit ihm verbunden und ihm gleich geworden sind in seinem Tod, so werden wir ihm auch in der Auferstehung gleich sein.[58]

Zuletzt wählt Paulus hier die Zeitform des *Futurum*. Wir haben noch einen Weg vor uns. Jesus Christus ist schon auferstanden. Wir aber, in deren Seelen Christus jetzt wohnt, müssen sogar erst noch sterben. Es steht uns noch bevor, so ließe sich zugespitzt formuieren, *körperlich* zu sterben und *seelisch* aufzuerstehen.

Die Figur ‚seelische Auferstehung' ist in einigen Spitzenromanen der russischen Literatur des 19. Jahrhunderts besonders verständlich dargestellt. Der sich selbst entfremdete, in tiefe Schuld gefallene Raskolnikov wird in Dostojewskijs Roman durch die Liebe und Treue Sonjas, die Raskolnikov in die Verbannung gefolgt ist, seelisch weit vorangebracht, ja verwandelt. So ist der ‚Verbrecher' am Ende seelisch gereifter, als dies den meisten anderen Menschen im Leben möglich wird. Er erlebte, schreibt Dostojewskij, eine *Auferstehung*. – In einem Roman von Lew Tolstoi verführt der junge Großgrundbesitzer Nechljudov die Tochter einer Viehmagd, Katjuscha, die er anschließend verlässt. Sie wird Prostituierte und gerät dann in immer noch tieferes Elend: Anklage wegen Mordes, Gefängnis, Verbannung. *Vor* allen diesen Ereignissen waren Nechljudov und Katjuscha gleichzeitig in einem Ostergottesdienst gewesen. Dessen Bildwelt und Botschaft waren tief in Nechljudovs Seele gefallen. Sie ließen ihn nicht los, sie ließen ihn nach und nach seine gesicherte Existenz aufgeben und sein Leben mit dem Schicksal Katjuschas in ihrer Nähe ‚gleichgestalten' , ohne sie jemals noch heiraten zu können. Tolstoi, der auch selbst immer wieder Anläufe dazu nahm, ‚für seine Seele zu leben', überschrieb diesen Weg der Umkehr und des persönlichen Einholens des Osterereignisses mit dem Wort ‚Auferstehung'.

Was im Christentum Auferstehung der Toten heißt, ist ohne derartige seelische Entwicklungen überhaupt nicht denkbar. Die Seele muss dabei sein und einen Weg gehen. Allerdings ist der ganze Weg von Christus schon ausgelotet. Wer ihn als glaubender Mensch geht, sieht darum im Leiden und Sterben hinaus über Leiden und Sterben. Hinter dem Todesdunkel ist noch ein *Futurum*.

---

58) Röm 6,4 f.

II. Für welche Erlösung steht Jesus Christus?

Abschließend sei der verwegene Versuch unternommen, diese Darlegungen in einer *dem Christus in uns* zugeschriebenen ‚Kurzpredigt' an die Seele zusammenzufassen:

> *Was ich, Christus, dir, der Seele, biete, ist: ein an Haupt und Gliedern erneuertes menschliches Geschöpf zu werden: frei für die Liebe (auch für die Selbstliebe!), ausgestattet mit einem neuen, selbstgewissen und heilsgewissen Geist. Ich bleibe bei dir im Leben und im Sterben und führe dich dorthin, wo ich als Lebendiger und Unvergänglicher jetzt schon bin und in Ewigkeit mit dir sein werde.*

Tod, Teufel, Sünd und Hölle
sind ganz und gar geschwächt;
bei Gott hat seine Stelle
das menschliche Geschlecht

J. S. Bach
(Weihnachtsoratorium, Schlusschoral, 1734/35, Text v. Georg Werner)

Sein Reich ist nicht von dieser Welt,
kein groß Gepräng ihm hier gefällt;
was schlicht und niedrig geht herein,
soll ihm das Allerliebste sein.   *Halleluja.*

Hier ist noch nicht ganz kundgemacht,
was er aus seinem Grab gebracht,
der große Schatz, die reiche Beut,
drauf sich ein Christ so herzlich freut.   *Halleluja.*

Der Jüngste Tag wird's zeigen an,
was er für Taten hat getan,
wie er der Schlangen Kopf zerknickt,
die Höll zerstört, den Tod erdrückt.   *Halleluja.*

Johann Heermann
(Osterchoral „Frühmorgens, da die Sonn aufgeht", 1630, EG 111, Strophen 7–9)

3.
WIE GOTT DIE WELT ERLÖST: DIE BOTSCHAFT DER HAUPTFESTE DES CHRISTLICHEN KIRCHENJAHRS

3.1 Der nahezu identische theologische Gehalt der kirchlichen Hochfeste . 108
3.2 Die Seele am Sonntag – die geistliche Bedeutung der kirchlichen Feste 108
3.3 Christusmystik und gottesdienstliche Liturgie 109
3.4 Zur Rehabilitation des ‚religiösen Individualismus' und der ‚religiösen Innerlichkeit' im Licht der Bach-Kantaten 111
3.5 Theologische Probleme der Christvesper am Heiligen Abend 112

3.1 Der nahezu identische theologische Gehalt der kirchlichen Hochfeste

Man sollte meinen, christliche Feste wie z. B. Weihnachten, Karfreitag und Ostern hätten jedes eine stark unterschiedlich akzentuierte Liturgie und theologische Botschaft. Was könnte gegensätzlicher sein als Karfreitag und Ostern, oder als Ostern und Weihnachten? Am Karfreitag scheint es um Christi Tragen der menschheitlichen Sünde zu gehen; an Ostern um den Sieg über den Tod: die Wiedergeburt des Lebens; an Weihnachten um Liebe und um Frieden als göttliches Geschenk. Doch im Spiegel der christlichen Glaubenslehre und der gottesdienstlichen Gesänge haben alle diese Feste einen nahezu identischen Inhalt. Es geht jedes Mal um die *ganze Heilsgeschichte* Gottes mit der Welt, um den dramatischen Einsatz Jesu Christi zur Rettung der Menschheit und der Schöpfung. Man wähle Weihnachtschoräle, man wähle Karfreitagschoräle, man wählen Osterchoräle – man wird in vielen Strophen auf fast identische narrative Zusammenfassungen des Heils stoßen: Als die Zeit dafür reif geworden war, unternahm es Jesus Christus, Gottes Sohn, die Herrschaft des Satans in der Welt zu brechen und die Menschheit von den letztlich dem Satan zuzuschreibenden drei großen Übeln – Sünde, Tod und Leiden – zu befreien. Hier kommt größte göttliche Liebe Gottes zu den Menschen zum Zuge. Der ‚Zorn' des göttlichen Vaters bleibt weit ‚dahinten'. In einem Weihnachtslied von Paul Gerhardt ruft das Kind aus der Krippe „mich und dich" zu sich und „spricht mit süßen Lippen": „was euch quält, was euch fehlt, ich bring alles wieder"[59]. Die Tür zum Paradies wird wieder aufgeschlossen.

3.2 Die Seele am Sonntag – die geistliche Bedeutung der kirchlichen Feste

Feste – auch die außerchristlichen – sind Gelegenheiten, aus der gewöhnlichen Zeit auszusteigen. Es kommt Überzeitliches ins Spiel. Leib und Seele der teilnehmenden Menschen möchten sich vom unverdorbenen Ursprung her erneuern. In diesem Sinne heißt es, dass der Mensch nicht altere, solange er ein Fest begeht. Er muss es allerdings richtig mitfeiern, er muss an seiner heilsgeschichtlichen Erzählung partizipieren.

Wie aber lässt sich die in den großen Festen erfahrene Botschaft *alles ist gut* in den Alltag mitnehmen? Der Alltag kann die Botschaft des Festes Lügen strafen. Andererseits wird die Kraft der Festbotschaft gerade in den Niederungen

---

[59] EG 36,5.

des Alltags benötigt. Wie aber kann das Fest dann noch etwas bedeuten und bewirken, wenn der Alltag wieder eingezogen ist? Man pflegt zu sagen, dass man von einem gelungenen Fest noch lange zehre. Das aber ist nur möglich, wenn jene Heilszeit, mit der das Fest die gewöhnliche Zeit unterbrochen hat, im Innern des Menschen gespeichert werden kann. Das Innere des Menschen könnte man vielleicht als ‚Gemüt' bezeichnen. Die christliche Tradition spricht aber auch von der *Seele* als dem Aufnahmeorgan des ‚Überzeitlichen' und ‚Heilsgeschichtlichen', das im Fest angeklungen ist. Die Seele bekommt da etwas mit, was den Menschen so bewegt, dass er sich freut und singt. Mit seiner Seele drückt der Mensch sein Verlangen nach einem ‚Mehr, als gewöhnlicherweise da ist' aus. Seine Seele drängt ihn, die Zeit zu übersteigen. Vor allem aber kann die Seele speichern und später wieder in die Zeit einfließen lassen, was im Fest heilvoll erlebt worden ist. *‚Seele' ist dasjenige in mir, was mich zum Gewinn meiner Identität antreibt. Sie wird erbaut durch die in der festlichen Übersteigung der Zeit möglichen Vorgriffe auf diese Identität.* In diesem Sinne sind Feste ‚Seelennahrung'. Christliche Fest- und Feiertage sind keine bloße Zutat zu den religiösen Gehalten, die das Neue Testament lehrt. Im gefeierten christlichen Fest kann diese Lehre von der Seele am besten aufgenommen werden.

3.3 Christusmystik und gottesdienstliche Liturgie

Dass die Seele auf ihre weitere Reise durchs Leben ‚mitnehmen' kann, wovon sie im *christlichen Fest* selbst ‚mitgenommen' wurde, das steht und fällt aber mit ihrer christusmystischen Ergriffenheit. Es ist nicht Sache der Seele, dogmatische Erörterungen anzustellen. Sie verinnerlicht vielmehr das jeweilige christliche Fest durch eine Intuition Christi. Sie ist bestrebt, sich mit ihm auszutauschen, bei ihm Not abzuladen, von ihm Hoffnung und Liebeskräfte zu gewinnen.

Die dazugehörenden Gefühle wurden in der neueren Geschichte, zumal im Barock, in einer heute manchmal maniriert wirkenden Sprache geschildert. Im 19. Jahrhundert haben Choräle wie *Stille Nacht, Heilige Nacht* diese Tendenz fortgesetzt. Im evangelisch-theologischen Urteil des 20. Jahrhunderts wurde darin nicht selten ‚religiöser Kitsch' erblickt. Die Kritik lautete, in derartigen Liedern werde nichts mehr von den heilsgeschichtlichen Angelpunkten des christlichen Glaubens mitgeteilt. Dementsprechend rekurrierte man wieder bewusst auf die recht trockene Sprache der reformationszeitlichen Choräle, in denen oft holzschnittartig ein Grundriss der ganzen Heilsgeschichte dargelegt worden war. Doch ist zu dieser um die Mitte des 20. Jahrhunderts erfolgten theologischen Ablehnung der auf Christi schöne Gestalt blickenden ‚Gefühlslieder' und zu der damaligen Rückkehr zu dogmatisch ‚substantielleren Chorälen' aus dem reformatorischen Lehrschatz – im Rückblick – noch eine kritische Anmerkung zu machen. Nicht bedacht wurde damals, dass die Gehalte des christlichen Festes seelisch umgesetzt werden durch die Verinnerlichung der Person Christi. Emotion und Ästhetik gehören dazu. Es war ein Missverständnis, zu meinen, der nur noch ‚gefühlte' Christus sei das Resultat einer subjektivistischen Dogmatik-Reduktion. In Wirklichkeit geht es dabei um *seelische Übersetzungen* der christlichen Glaubensinhalte.

Im letzten Drittel des 20. Jahrhundert wurden die evangelischen Gottesdienstpredigten weithin *politischer* als zuvor. Das war auch notwendig, um ein einseitig ins Private gehendes evangelisches Wirklichkeitsverständnis aufzubrechen. An den hohen Feiertagen im Kirchenjahr, an Weihnachten und Ostern etwa, wenn die Gottesdienste gut besucht waren, wurde besonders oft zur politischen Lage gepredigt.

Die heutige kritische Anmerkung dazu muss aber lauten: Seither ist oft das Genus der *liturgischen Predigt* zu kurz gekommen. Gerade an den hohen Kirchenfesten wäre dieses Genus, das schon von Papst Leo d. Gr. (440–461) empfohlen worden ist, sehr angemessen. Es fasst die zentralen biblischen Festerzählungen gleichsam in Gold. Es macht sie zeitlos, stellt ihr Überzeitliches heraus. Die liturgische Festpredigt ruft „zu größerer Einheit zwischen Christus ... und den Gläubigen" auf. Geburt, Passion und Auferweckung Christi sollen *nachvollzogen* werden, ohne dass es freilich zu Grenzüberschreitungen durch Vermischung der Subjekte kommen darf.[60]

Liturgie ist eine theologische Kunst, deren Vernachlässigung im Bereich der evangelischen Kirche genau so weit reicht, wie auch das Verständnis der menschlichen Seele und ihrer Grenzen vernachlässigt worden ist. Defizitär blieb bei alledem das spirituelle Erfassen des *Christus in uns*. Manche Weihnachtspredigt aus den zurückliegenden Jahrzehnten wäre wirkungsvoller gewesen, wenn statt der Anprangerung kapitalistischer Exzesse in den Kaufhäusern *meditativ* etwa vom alten Hieronymus in der Klause und seiner einsamen weihnachtlichen Zwiesprache mit dem Christkind gepredigt worden wäre: Der Kirchenvater fragte das Christkind, nach Bethlehem hinüberdenkend, was er ihm denn zur Geburt schenken könne; er müsse ihm unbedingt ‚etwas Persönliches' schenken. Das Kind darauf: „Lieber Hieronymus, wenn das so ist, dann will ich dir sagen, was du mir geben sollst: Gib mir deine Sünden, dein böses Gewissen und deine Verlorenheit." – Da fängt der alte Mann an bitterlich zu weinen. Schluchzend stammelt er: „So nimm denn hin, was mein ist; gib mir, was dein ist!" – Dass eine

---

60) Vgl. dazu: VLASTIMIL KROCIL, Papst Leo der Große und seine liturgischen Predigten. In: Homiletisch-Liturgisches Korrespondenzblatt NF, 26. Jg., 2008/09, Nr. 96, 21–29, hier: 21–23.

liturgische Predigt, wie in diesem Fall, Szenen aus einer altertümlichen und abseitigen Welt vergoldet und überzeitlich macht, bedeutet keineswegs, dass sie keinen Kontakt zur gegenwärtigen politischen Situation haben könnte. Sie kann sogar kontrapunktisch überaus wirkungsvoll auf sie bezogen werden.[61] Ebendies ist hierbei die homiletische Kunst.

3.4 Zur Rehabilitation des ‚religiösen Individualismus' und der ‚religiösen Innerlichkeit' im Licht der Bach-Kantaten

In einem gewissen Sinn ist ‚religiöser Individualismus' (und ‚Subjektivismus'!) im Christentum theologisch notwendig. Denn das neutestamentliche Evangelium rechtfertigt den *einzelnen* Menschen, der den anderen in seinen Beziehungen zu ihnen *nicht* gerecht wird. Die Asymmetrie, die er hierbei erzeugt, stellt ihn als Mensch überhaupt in Frage. Aber gerade gegen diese Infragestellung werden der Einzelne und sein Lebensrecht vom Evangelium verteidigt.[62] Allerdings muss dann von hier aus der Bogen zur Gemeinschaft hin noch einmal neu geschlagen werden. – Was die ‚religiöse Innerlichkeit' anlangt, so ist sie als Erscheinungsform des christlichen Glaubens mit Weltflüchtigkeit und mangelnder gesellschaftlicher Verantwortung *nicht* gleichzusetzen. Sie wird als seelische *Verinnerlichung Christi* eher die Form einer ‚aktiven Mystik' erfüllen. Aber diese Differenzierungen sind der evangelischen Theologie ziemlich aus dem Blick geraten, seitdem sie über die Struktur und über die Bedürfnisse der menschlichen Seele kaum mehr nachdenkt.

Wer heute eine der musikalischen Schöpfungen *Johann Sebastian Bachs* zu den großen kirchlichen Festen wie z. B. das Weihnachtsoratorium oder die Matthäuspassion hört, erlebt dort ein mindestens weithin auf die Zwiesprache der individuellen Menschenseele mit Gott konzentriertes Christentum. Der in den Bach-Kantaten vorgetragene christliche Frömmigkeitsstil fällt also unter den Verdacht des ‚religiösen Individualismus' und des ‚Rückzugs in die private Inner-

---

61) Als Papst Leo d. Gr. im 5. Jahrhundert dazu aufforderte, die liturgische Predigt zu pflegen, musste gleichzeitig Rom gegen den Einfall der Hunnen und Vandalen verteidigt werden.

62) Im christlichen Verständnis der Erlösung hat somit dies das ‚Übergewicht', dass Gott dem menschlichen Ich zur Hilfe kommt, das am Zusammen-Bestehen-Können mit der übrigen Welt, das für Pflanzen und Tiere in der Regel fraglos gegeben wäre, *seelisch scheitert*. Dieses *fundamentum Christianum* strahlt bis in das Menschenbild neuzeitlichen philosophischen Wissens hinein: „Dass der sich selbst bestimmende Mensch mit seinem eigenen Willen dennoch in die Welt passt, wird gerade dem Wissenden das größte Wunder bleiben. Deshalb ergeben sich die stärksten Gründe für den Glauben aus dem bis an seine Grenzen getriebenen Wissen." So der Philosoph Volker Gerhardt, Die Vernunft des Glaubens. Zur Atheismusdebatte, in: Notger Slenczka (Hg.), Die Vernunft der Religion (Beiheft 2008 zur BThZ, 25. Jg.), Berlin 2008, 26–34, hier: 27.

lichkeit'. Dennoch werden diese Werke, fast gegenläufig zur theologischen Meinungsbildung, rund um den Globus mit Ergriffenheit gehört. An ihre seelische Wirkung kommen gesprochene Predigten selten heran. Es ist aber vielleicht gerade die ‚altkirchliche Predigt' dieser Musik, die auch viele von denen noch erreicht, die sich aus dem Gemeindeleben der Kirchen schon verabschiedet haben.

In der 4. Kantate des Weihnachtsoratoriums gibt es ein Beispiel für ein ‚reines Innerlichkeitschristentum': eine überaus kunstfertige, mit langem Atem in Frage und Antwort hin- und hergehende *Doppelarie*, gesungen von der Seele und ihrem Echo (*Soprano, Echo [Soprano]*). Es werden hier, wie es auch sein muss, zwei seelische Dimensionen im Menschen angenommen. Die eine ‚Seele' fragt im Blick auf ihre große *Furcht vor dem Tode* und dem *jenseitigen Gericht*:

> *Flößt mein Heiland, flößt dein Namen auch den allerkleinsten Samen jenes strengen Schreckens ein? Nein, du sagst ja selber nein.* – Nein!

Die Antwort wird nicht von einer männlichen Christusstimme gegeben, sondern – in Christi Auftrag – von der anderen Dimension der eigenen Seele.

> *Sollt ich nun das Sterben scheuen? Nein, dein süßes Wort ist da! Oder sollt ich mich erfreuen? Ja, du Heiland sprichst selbst ja.* – Ja!

Diese zarte Arie ist einer der Höhepunkte im Weihnachtsoratorium. Sie zeigt mit ihrer Kunst die Zusammengehörigkeit von Weihnachten, Karfreitag und Ostern. Es geht weit über gewisse Schwerpunktsetzungen der Barockzeit hinaus, dass hier das Evangelium von der Menschwerdung des Sohnes Gottes auf die menschliche *Todesfurcht* bezogen wird. Seine lebensspendende Macht wird hier völlig überzeugend auf diesen Punkt konzentriert.

3.5 Theologische Probleme der Christvesper am Heiligen Abend

Pfarrerinnen und Pfarrer finden es oft problematisch, dass Mitchristen, die nur einmal im Jahr – am Heiligen Abend – einen Gottesdienst besuchen, dann immer nur eine *Christvesper* mit jährlich fast identischer Liederauswahl, kurzer Predigtansprache und ausführlichen Lesungen aus Lukas 2 erleben. Könnte man nicht wenigstes stärker variieren? Hiergegen erhebt sich allerdings der Widerstand vieler Gottesdienstbesucher. Sie sagen: „Wir wollen jedes Jahr das erleben, woran wir gewöhnt sind!" Was sich aus theologischer Sicht wie eine religiöse Regression ins Frühere der Kindheit und des Mittelalters ausnimmt, hat für viele einen durchaus in die Gegenwart passenden Wert. Pfarrerinnen und Pfarrer sollten es sich auch nicht einfallen lassen, in den Predigten am Heiligen Abend das moderne Weihnachtsgefühl („Fest der Familie", „Fest der humanen Nächstenliebe") zu bedienen. Am besten orientieren sie sich am gemeinsamen dogmatischen Gehalt der christlichen Hochfeste. Obwohl man leicht einen andern Eindruck haben könnte, kommen doch die meisten Menschen offenbar um dieses dogmatischen Gehaltes willen in den Gottesdienst am Heiligen Abend. Es soll in den Predigten deutlich werden, wer der Gott Jesu Christi in Wahrheit ist und wer um Christi willen wir Menschen in Wahrheit sind. Die alten Choräle tun das auch. Dabei ist nicht ihre sprachliche Altertümlichkeit ihr Vorzug. Das Geheimnis ihrer Wirkung ist, dass sie die Antwort auf Hiob geben: Die uns heimsuchenden Übel sind entmachtet, das Verhältnis zu Gott ist aufs Schönste erneuert.

Was kann euch tun die Sünd und Tod? Ihr habt mit euch den wahren Gott; lasst zürnen Teufel und die Höll, Gott's Sohn ist worden eu'r Gesell. – Zuletzt müsst ihr doch haben recht, ihr seid nun worden Gott's Geschlecht. Des danket Gott in Ewigkeit, geduldig, fröhlich allezeit.[63]

Der Objektivismus dieser verkündigenden Sprache steht keineswegs in einem Gegensatz zum neuzeitlichen religiösen Subjektivismus. Denn dieser kann überhaupt nur sein, was er ist, wenn er das dogmatische Gesamtgewissen der Kirche hinter sich weiß.

Wenn in den traditionellen weihnachtlichen Lied- und Verkündigungstexten besonders oft von *Engeln*, vom *Teufel* und von der *Hölle* die Rede ist, so wäre es voreilig, dies einfach auf das Konto ihrer antiken oder mittelalterlichen Sprache zu verbuchen. Wohl ist diese Rede mythologisch. Aber das hat wenig oder nichts mit einem veralteten Weltbild zu tun. Es kann noch heute hiervon als von *seelischen Realitäten* die Rede sein. Würden diese vom Gottesdienst und seiner Liturgie ausgeschlossen, erwiese man der Verkündigung des Evangeliums in der Gegenwart einen schlechten Dienst.

Trotzdem muss in den Traditionsbestand der gottesdienstlichen Formulierungen des christlichen Erlösungsgeschehens auch *theologisch eingegriffen* werden. Es empfiehlt sich heute nicht mehr, ständig Christi Sieg über die Sünde obenan zu stellen, wenn es darum geht, den dogmatischen Gehalt der christlichen Hochfeste zusammenzufassen. Zu den traditionellen Texten zu Advent, Weihnachten, Passion und Ostern geschieht dies aber. Sie betrachten die durch Christus ermöglichte Sündenvergebung als den Schlüssel zur umfassenden Erlösung auch von Tod und Leiden. Aber eine die Übel derart hierarchisierende

---

63) Aus MARTIN LUTHERS Weihnachtslied „Vom Himmel kam der Engel Schar" (EG 25).

Argumentation[64] wird heutiger Predigt zu Recht kaum mehr abgenommen. Sie ist auch theologisch falsch und seelsorglich hoch bedenklich.

Jesus selbst war davon ausgegangen, dass die Menschen an den drei großen Übeln, von denen sie heimgesucht werden, letztlich nicht selbst ‚schuld' sind. Sie sind sogar an ihrer Schuld letztlich nicht selbst ‚schuld', so sehr ihnen die Verantwortung für ihr Leben überlassen bleiben muss. Es darf also auch nicht darum gehen, ihnen diese Verantwortung durch eine als christliche Erlösung stilisierte wunderbare ‚Gnaden-Amnestie' abzunehmen. Und erst recht darf es nicht darum gehen, aus der gnädigen Sündenvergebung dann gleich noch die Beseitigung des Todes und der Leiden herzuleiten. Wenn Menschen sich in heutigen Gottesdiensten mit solchen Unstimmigkeiten konfrontiert sehen, bleiben sie künftig besser weg.

Sündenvergebung muss etwas anderes bedeuten als die Aufhebung der Eigenverantwortung für (falsche) persönliche Entscheidungen. Erst recht muss Sündenvergebung etwas anderes bedeuten als den Schlüssel zur Beseitigung etwa der Krankheiten. Traditionelle Zusammenfassungen der Erlösungsbotschaft der christlichen Hochfeste können aber oft diesen falschen Eindruck erwecken. Insofern muss in ihre Sprache theologisch eingegriffen werden. Es müssen beispielsweise in Karfreitagspredigten neue Akzentsetzungen verantwortet werden, denen zufolge das Christusopfer auch auf die Not und das große Übel der physischen, psychischen und sozialen Leiden und Schmerzen in unserer heutigen Lebenswelt bezogen wird. In dieser Weise kann die ‚homiletische Priorität' der Sündenvergebung[65] heilsam durchbrochen werden. Das Reich Gottes wird so angemessener verkündigt.

4.
ZUSAMMENFASSUNG DER ERGEBNISSE VON KAPITEL II

4.1 Wir versuchten das theologische Profil der Sendung Jesu und des von ihm herangebrachten Reiches Gottes als eine *Antwort auf Hiob* zu verstehen. Jesus steht in ‚alttestamentlicher Kontinuität' mit Bezügen zu Jesaja, zu Daniel und anderen. Aber er antwortet auf religiöse und theologische Aporien Israels in der

---

64) Vgl. o., 72–74.

65) Etwa auch noch in der moralisierenden Tonlage, dass Christus für unsere, für meine Schuld stellvertretend leidet, wobei doch gilt: „Ich hab es selbst verschuldet, was du getragen hast", *ich* habe den „Zorn verdienet", *ich* müsste eigentlich „büßen" (vgl. EG 84, Strophen 3 und 4).

hellenistisch-römischen Zeit. Das Neue Testament ist daher eine ‚weitere Stufe' in Israels Religionsgeschichte. Vorbereitet durch gewisse alttestamentliche Prophezeiungen, aber auch vorbereitet durch das Hiob-Problem, ging Jesus davon aus, dass die im umfassenden Sinne ‚Armen' Israels keine Chancen der Rettung, auch keine Chancen, sich ihren Glauben und ihre Menschlichkeit zu erhalten, haben, wenn nicht Gott selbst etwas *über Mose hinausgehendes Neues* schafft. Die ‚Armen' sind für ihre Abwendung von Gott (oder wegen ihrer Nicht-Hinwendung zu Gott) und für ihre Sündigkeit nicht zu bestrafen. Gott kennt ihre verzweifelte Lage und sieht sich selbst veranlasst, den offenbar unter allen seinen Geschöpfen am meisten leidenden menschlichen Geschöpfen zur Hilfe zu kommen und sie damit zurückzugewinnen. Durch diese göttliche Bezugnahme auf die *conditio humana* wird das in Israels Hiob-Problematik hineinfallende neue Gotteslicht auch eine Angelegenheit von weltgeschichtlicher religiöser Bedeutung. Der Rahmen der innerisraelischen Fragestellungen wird überschritten zu dem hin, was dann ‚Christentum' heißen wird.

4.2 Die in den neutestamentlichen Evangelien berichtete *Auseinandersetzung Jesu mit Satan* ist für das Neue, das mit Jesus erschienen ist, sehr wichtig. Jesus ist ‚Sohn Gottes', aber dasselbe gilt, nach dem Hiob-Buch, auch für Satan. Die neutestamentlichen Evangelien überliefern bis ins Vaterunsergebet hineinhende Spuren eines ‚Söhnekampfes' um das Recht, den Vater zu vertreten. Es wird berichtet, Jesus habe diesen Kampf gewonnen, der Satan sei ‚aus dem Himmel' gefallen. Damit war der Weg für ein lichtes Verständnis Gottes frei. Das Reich Gottes wurde erreichbar. Allerdings nicht so erreichbar, dass nun sofort alle Übel aus der menschlichen Lebenswirklichkeit herausgeschnitten würden. Das ‚Jetzt schon' und das ‚Noch nicht' laufen auf eine Repräsentation des Reiches Gottes im Glauben und in der nach ihrer Identität strebenden Seele hinaus.

Dabei ist Folgendes besonders wichtig: Der Sieg über den Tod liegt nicht in der göttlichen Herstellung einer qualitativ völlig andersartigen Schöpfung mit geistlichen, unsterblichen Kopien der jetzigen physischen Menschenkörper. Vielmehr kann die Kontinuität mit dem bisherigen Menschen nur durch einen *Gestaltwandel* erzielt werden. Dieser aber wird in der Seele vorbereitet. Denn ‚Identität' ist ein Sein im Werden und als solches eine seelische Angelegenheit. Andererseits gehört aber auch die Seele zum Natürlichen der jetzigen Schöpfung. Ihr Weg zu sich selbst und zur Ganzheit spielt sich innerhalb der Gestaltungsmöglichkeiten der bestehenden materiellen Schöpfung ab. Doch es wird für sie Gestaltungsmöglichkeiten geben, die wir noch nicht kennen – zumal diese nicht an menschlichen Wünschen hängen, etwa als ‚Ich' den eigenen Tod zu überleben, sondern an Gottes Gestaltungszielen mit uns und der Welt.

4.3 Auch Carl Gustav Jung hat sich mir der Auseinandersetzung Jesu mit Satan beschäftigt. Er meinte ebenfalls, dass es hierbei um die ‚Antwort auf Hiob' gehe. Doch seiner Ansicht nach ist sie im Christentum nicht erteilt, sondern verfehlt worden. Denn das Böse ist keineswegs aus der heutigen Welt verschwunden. Das Christentum erwecke aber die Illusion, es sei von Gott besiegt. Damit falle die Verantwortung für seine faktische Fortexistenz nun voll auf den Menschen. Wieder wird der Mensch vom Göttlichen her so ‚überbürdet', wie dies einst schon mit Hiob geschehen war. Seelisch hilflos ist der Mensch nun dieser ihn ohne Hoffnung zurücklassenden ‚Anschwärzung' ausgesetzt. Die *conditio humana* wird sich, so behauptete Jung, erst dann verbessern, wenn es in der kollektiv-seelischen ‚Großwetterlage' nach der Menschwerdung (Bewusstwerdung) des göttlich ‚Lichten' auch noch zu einer Menschwerdung und Bewusstwerdung des göttlich ‚Dunklen' kommt. In diese weltgeschichtliche Phase treten wir, Jung zufolge, gegenwärtig ein (‚Wassermann'-Zeitalter).

Die Tiefenpsychologie eröffnete Möglichkeiten, sich mit den Dunkelheiten der kollektiven Schichten in der Menschenseele auseinanderzusetzen. Am Ende dieses Prozesses wird der Mensch, so meinte Jung, das Gottesproblem losgeworden sein. Jungs Theorie lässt, theologisch geurteilt, den Gottesbegriff scheitern. Aber Jungs mit Animositäten durchsetzte und nur halbwegs an empirischen Befunden festgemachte Gottestheorie enthält ‚Inkonsistenzen', die inzwischen auch in seiner therapeutischen Schule bemerkt worden sind: Es wäre besser, der Gottesbegriff würde aus dem Gesamtkonzept der Tiefenpsychologie Jungs überhaupt entfernt. Nach wie vor ist die Antwort auf Hiob in Jesu Reich-Gottes-Verkündigung zu suchen.

Andererseits hat Jungs Beleuchtung der seelischen Bedeutung des Glaubens auch der Theologie neue Einsichten eröffnet. Vor allem ist Jungs Korrelation zwischen dem ‚Christus in uns' und dem seelisch-geistigen ‚Selbst' des Menschen theologisch nachvollziehbar. Aber theologisch ist diese Korrelation anders zu werten, als dies bei Jung geschieht. Jung sieht das Göttliche als Belastung, nicht als Hilfe. Bei Jung ist es nicht vorgesehen, dass eine gnädige äußere göttliche Macht dem Menschen etwas schenkt, was sich heilsam auf seine Seele (und damit auf die ‚Selbstwerdungsbemühung') auswirkt. Gerade darum geht es aber im Christentum.

4.4 Das Reich Gottes ist jetzt mitten unter uns (vgl. Lk 17,21) da: als Glaube, der Christus ergreift. Das hob beispielsweise auch schon Rudolf Bultmann hervor. Aber er hatte die seelische Bedeutung des ‚Christus in uns' nicht im Blick. Der vom Tod auferstandene ‚Christus in uns', in dessen Ergreifen der christliche Glaube seine Besonderheit hat, schafft für die Seele folgende neue Lage: Das von einer Person vielleicht schon gesuchte, aber ihr immer unerreichbar gebliebene individuelle Selbst, die eigene Identität, ist nun als Vorgriff auf das eigene Selbst in der Seele schon erschienen. Das seine Identität anstrebende bewusste menschliche Ich muss daher sein Selbst nicht mehr länger als ein noch Unbekanntes suchen, es vor allem nicht mehr länger an der falschen Stelle, auf falsche Weise und mit einem falschen Inhalt suchen. Das menschliche Ich (Ego) wird davon befreit, sich mit dem eigenen Selbst zu verwechseln. Der eigene Weg zum persönlichen Selbst muss dann aber noch gegangen werden. Dieser Weg wird über den Tod hinausführen.

Unsere Darlegung der Korrespondenzen zwischen dem auferstandenen Christus und der Seele enthält die theologische Grundlegung der vorliegenden Abhandlung.

4.5 In einem letzten Abschnitt wird der Ertrag rückgekoppelt mit den theologischen Inhalten der Hochfeste des christlichen Kirchenjahres. Es wird gezeigt, dass Karfreitag, Ostern und Weihnachten im Spiegel der Gottesdienstliturgien und der Kirchenlieder alle den gleichen theologischen Gehalt haben. Jedes Mal wird der gesamte Gang der ‚Heilsgeschichte' aus christlicher Sicht dargelegt. Gleichzeitig aber ist es entscheidend, dass wir es mit einem *Fest* zu tun haben. In Festen strebt der Mensch ‚Zeitunterbrechung' an, den punktuellen Übertritt ins ‚Überzeitliche' bzw. in den heilen Ursprung der Dinge. Das Unbewusste spielt eine Rolle und künstlerische Umsetzungen spielen eine Rolle. Wir stellten hermeneutische Überlegungen dazu an, wie es hier z. B. mit den Übergängen von der ‚heilsgeschichtlichen Belehrung' zur ‚Christusmystik' bestellt ist, welche Bedeutung ästhetische Elemente (in positivem Sinn auch z. B. „holder Knabe im lockigen Haar") haben und welche Bedeutung dem Genus der liturgischen Predigt an den Hochfesten zukommt. Es konnte gezeigt werden, dass gerade ‚religiöse Innerlichkeit' und ‚religiöser Subjektivismus', die theologisch oft kritisiert werden, den Bezug zur ‚objektiven Heilsgeschichte' und zum ‚Glauben der Gesamtkirche' benötigen und voraussetzen.

Im kirchlichen Fest und in seinen ‚objektiven Gehalten' geht die ‚Kategorie des Einzelnen' nicht unter. Sie wird sogar ‚freigesetzt'. Was alle betrifft, wird als ein zur einzelnen Seele kommendes Heil aufgefasst. Sehr deutlich zeigt sich das beispielsweise in Bachs Kantaten zu den Kirchenjahresfesten, die von vielen als die immer noch ‚beste Predigt' gehört werden. Die Darstellung der Verbindung der einzelnen Seele mit Christus steht nicht gegen eine sozialethische und politische Bedeutung des christlichen Glaubens. Insgesamt geht es bei den hohen Festen des Kirchenjahrs um Anzeigen der Gegenwart des Reiches Gottes. Die traditionellen Choräle und Liturgien zeigen diese Gegenwart meistens isoliert am

Beispiel der jetzt möglich gewordenen Sündenvergebung auf. Das hat seine Gründe. Aber heutige Homiletik sollte das Reich Gottes auch – und sogar eher – von der Aufhebung des Todes und der Leiden her beleuchten. Sie muss vor allem falsche Argumentationsketten (wie: „Mit deiner Schuld ist auch schon der Tod und das Übel der Leiden und Schmerzen besiegt") vermeiden, obwohl sich diese Ketten nicht gerade selten in unseren Traditionen finden (etwa: „Wenn du nun die Vergebung hast – was kann dir dann all' das andere noch schaden?").

III.

Kann die Seele evident beschrieben werden?

III. Kann die Seele evident beschrieben werden?

Man muss *die Lehre von der Seele unter die ersten [Wissensgebiete] setzen. Auch scheint die Kenntnis von ihr für die Wahrheit insgesamt Großes beizutragen ...; denn sie ist wie ein Prinzip [oder Erstgrund] für die Lebewesen.* Es gehört aber *in jeder Beziehung ... zu den schwersten Aufgaben, etwas Verlässliches über sie herauszubringen,* also *zu unterscheiden, in welche von den Gattungen sie gehört und was sie ist – ob sie ein Dieses und eine Substanz ist oder eine Qualität oder eine Quantität oder eine andere der unterschiedenen Kategorien, ferner ob sie zu dem gehört, was dem Vermögen nach* [de potential] *existiert, oder eher eine Wirklichkeit ist,* also in actu existiert. *Dies macht nämlich keinen geringen Unterschied. Zu prüfen ist auch, ob sie teilbar oder unteilbar ist, und ob jede Seele gleichartig oder nicht gleichartig ist. Im letzteren Fall ist schließlich zu prüfen, ob die eine Seele sich von der anderen, der Art oder der Gattung nach unterscheidet.*

Aristoteles
(De Anima, 402 a 1; 402 a 7; 402 a 23; 402 b 1)

Unter der menschlichen Seele wird in den Überlieferungen bald soviel wie Ich *(Person), bald soviel wie* Leben, *bald soviel wie* Hort der Wahrheitserkenntnis, *bald soviel wie* Sitz der Gefühle *(Gemüt) und bald soviel wie* Gehör für Gott *verstanden.*

Christof Gestrich (Die Seele des Menschen
als Gegenstand der christlichen Pflege und philosophischen Diskussion, 2007)

1.
KEIN SEMANTISCHES CHAOS TROTZ UNTERSCHIEDLICHER DEUTUNGEN DER SEELE

1.1 Methodische Hinführung 121
1.2 Ergebnisse einer wissenschaftlichen Nachprüfung: Das Verständnis der Seele in der altgriechischen Philosophie ist kein ganz anderes als das der Bibel 124
1.3 Konsistentes Reden von der Seele: der Identitätsbegriff als Integral ... 139
1.4 Das Verhältnis von Seele und Geist 145
1.5 Probleme einer Dialektik des Geistes und die christliche Eschatologie . 150
1.6 Die Not mit dem Tod und das Reich Gottes 154

1. Kein semantisches Chaos trotz unterschiedlicher Deutungen der Seele

1.1 Methodische Hinführung

Man konstatiert mit Recht, dass die Seele für einen sie naturwissenschaftlich untersuchenden, objektivierenden Zugriff nicht verfügbar ist.[1] Wir haben als beseelte menschliche Personen nicht diese Distanz ihr gegenüber, d. h. nicht diesen Abstand von uns selbst, der uns eine solche objektive Erkenntnis der Seele ermöglichen würde. Aber gerade wenn wir wenigstens dies mit großer Übereinstimmung unter den über die Seele Nachdenkenden sagen können, wissen wir von der Seele schon viel. Immerhin will man seit Urzeiten von der Seele sprechen – und nicht etwa schweigen. Wie man andererseits auch vom Geist, vom Leib, von der Person, vom Ich, vom Selbst des Menschen sprechen möchte – und ein Recht dazu hat. Auch bei allen diesen Größen ist eine naturwissenschaftlich objektivierende Darstellung nicht möglich.

Rudolf Bultmann formulierte zugespitzt: Der Mensch *hat* nicht einen Leib, sondern er *ist* Leib.[2] Doch genauso gut kann ich sagen: Der Mensch *hat* nicht eine Seele, sondern er *ist* Seele.[3] Auch dies ist eine eindeutig richtige Aussage. Die Rede vom Leib ist nicht etwa klarer als die Rede von der Seele. In *naturwissenschaftlicher* Klarheit aber hätte ich vom *Körper* und von der *Psyche* des Menschen sprechen müssen. Hinsichtlich von Leib und Seele gibt es dann auch noch einen beide verbindenden Sprachgebrauch, der in der Tradition besonders häufig gewählt worden ist: „Das Leibliche ist ... weithin *Gestalt* der Seele"[4].

Was die Seele selbst anbetrifft, so wollen viele heute von ihrer Existenz und ihren Wirkungen ‚nur bildlich‘ oder ‚symbolisch‘ sprechen, nicht aber auf eine distinkte Weise. Wer das will, muss sich aber fragen lassen, ob der Rekurs auf den Symbolcharakter unserer Bilder von der Seele etwa die Aufforderung zur Vagheit oder die Erlaubnis zu einem unpräzisen Reden von der Seele impliziert. Auch wenn ein naturwissenschaftlich objektivierendes Erfassen der menschlichen Seele nicht in Frage kommt, bleibt nicht bloß das nur andeutende oder

---

1) Vgl. die Äußerung eines Pfarrers: „Man unterliegt, wenn man die Seele zum ‚Gegenstand‘ einer Betrachtung oder Untersuchung machen will, so empfinde ich es, einem ‚idiosynkratischen Irrtum‘, ähnlich wie ein Hund, der – meinend, es sei etwas Fremdes, Getrenntes – seinen Schwanz zu fangen sucht ...".
2) RUDOLF BULTMANN, Theologie des Neuen Testaments, Tübingen 1948, 191: „der Mensch hat nicht ein *soma*, sondern er ist *soma*".
3 MICHAEL KLESSMANN, Seelsorge – Begleitung, Begründung, Begegnung, Lebensdeutung im Horizont des christlichen Glaubens. Ein Lehrbuch, Neukirchen-Vluyn 2008, 29: „Der Mensch im hebräischen Verständnis ist durch und durch *näphäsch* [Seele], er hat keine *näphäsch*, wie es die Griechen formulieren würden."
4) PAUL ALTHAUS, Die christliche Wahrheit, 6. Aufl. Gütersloh 1962, 362.

gar verschwommene Reden übrig. Sondern übrig bleibt die Beschreibung nicht objektivierbarer Realität in untereinander widerspruchsfreien Begriffen. Dann kann man auch hier von Wissenschaft reden. Die Wissenschaftlichkeit bezieht sich hier darauf, dass die Logik stimmt. Symbole beispielsweise sind einer Symbollogik fähig – bis hin zur mathematischen Präzision.

Es ist auch nichts davon zu halten, wenn jemand beansprucht, zwar klar vom *Geist* oder vom *Selbst* des Menschen reden zu können, aber meint, dasselbe sei von der *Seele* nicht möglich. Die Vielgestaltigkeit des Redens von der Seele sollte als Aufforderung empfunden werden, um (mehr) Klarheit bemüht zu sein. Wer von der Seele spricht, sollte dies in einem logischen Abgleich mit den ihrem Status nach ähnlichen anthropologischen Nachbarbegriffen (wie z. B. Geist, Selbst, Ich, Person, Subjektivität, Gemüt usw.) tun. Das bedeutet auch, dass herausgearbeitet wird, welche anthropologische Wirklichkeit spezifisch den Begriff der Seele erfordert und ohne ihn nicht zureichend benannt würde.

Wir halten ‚Seele' nicht für einen vorwissenschaftlichen Begriff, d. h. wir meinen nicht, ‚Seele' sei ein überholtes Wort für einen Sachverhalt, der heute mit anderen Wörtern gemäß wissenschaftlicher Erkenntnis besser beschrieben und auf den Begriff gebracht werden könnte. *‚Seele' war, ist und bleibt ein Grundwort der menschheitlichen Beschreibung individuellen Lebens.* Beim *menschlichen* individuellen Leben selbst berührt dieses Grundwort auch das, was uns dazu bringt, für den Menschen Personalität und Würde zu beanspruchen. Auch heute wäre es frevelhaft, einem Menschen die Seele abzusprechen.

Denkende Menschen der Gegenwart haben noch ziemlich genaue Vorstellungen von der Realität der menschlichen Seele, und diese Vorstellungen sind untereinander ähnlich. Aus einer Befragung im Jahr 2008 wähle ich als Beispiel die Äußerung eines Schulleiters:

> *Dies ist meine eigene Vorstellung von ‚Seele': Der innerste Kern des Individuums, nicht lokalisierbar, weder isoliert von dem, was wir als ‚Geist', als ‚Psyche', als ‚Gesinnung' oder als ‚Persönlichkeit' bezeichnen, noch mit diesen identisch; ziemlich nah vielleicht dem, was wir als ‚Gemüt' bezeichnen; obendrein nicht isoliert vom Körperlichen, insofern der Mensch ein Ganzes ist und sein nichtkörperlicher Anteil sich im Körperlichen spiegelt und umgekehrt! Daher korrespondiert ‚Seele' auch stark mit ‚Ausstrahlung', ‚Aura' eines Menschen. Aus diesem Identifikationsversuch geht hervor, dass die Seele nicht unsterblich (im Sinne unserer Zeitkategorie) sein muss, dass mit jedem Individuum eine neue Seele geboren werden kann, dass sie sich in dem Kontext, in den sie eingebunden ist, entwickeln kann, dass sie reifen oder auch schrumpfen kann (ohne dass irgendwer legitimiert wäre, das für andere zu beurteilen!).*[5]

1. Kein semantisches Chaos trotz unterschiedlicher Deutungen der Seele

Schon kleinere Kinder assoziieren beim Nennen des Wortes ‚Seele', dass damit ‚mein Leben' oder einfach ‚Ich' gemeint sei. Die spontanen Äußerungen, die wir von Jung und Alt kennen, haben meistens auch einen prominenten Sitz in der Geschichte des westlichen und des östlichen Denkens. In einer Hinsicht sind sie sehr bestimmt, in anderer Hinsicht jedoch eher unbestimmt, weil sie mit ‚Geist', ‚Psyche' usw. noch abgeglichen werden müssten. Solche begriffsklärende Arbeit muss gängigen kulturwissenschaftlichen Standards entsprechen, um die Ergebnisse diskutierbar, kritisierbar, vergleichbar und ergänzbar zu machen.

An dem Traum von einer künftigen ‚nachcartesischen' Vereinigung naturwissenschaftlicher *und* kulturwissenschaftlicher Beschreibungen des Menschlichen beteiligen wir uns nicht. Wir sehen keinen Weg, der es vermeidbar machte, den Menschen in dieser doppelten Weise zu beschreiben. Wir bezweifeln, dass vielleicht ein vertieftes künftiges Verständnis der Materie jenseits naturwissenschaftlicher ‚Subjekt-Objekt-Spaltung' (und darum ‚oberhalb' von Naturwissenschaft und Kultur- oder Geisteswissenschaft) zu einer Lösung des uralten Körper-Seele-Problems hinführen könnte. „Zu weit ist der Weg von den protomentalen Eigenschaften zur Einheit des menschlichen Bewusstseins und der ganzen Fülle menschlicher Rationalität." Darum haben heutige Naturwissenschaftler oft noch die Vermutung, „dass die Lösung des Leib-Seele-Problems dem Menschen für immer verborgen" bleiben könnte.[6]

Dafür spricht auch, dass die individuelle Seele eines lebendigen Körpers offenbar weder in seinen Genen vollumfänglich angelegt ist noch im Gehirn vollumfänglich vorhanden ist als eingraviertes Resultat von Lebenserfahrungen. Man kann die individuelle Seele nicht wissenschaftlich ‚entschlüsseln'. Wir werden auch künftig nicht mit wissenschaftlicher Sicherheit konstatieren können, wen wir *seelisch* vor uns haben, wie die individuelle Seele unseres Gegenübers beschaffen ist. Das geht schon gar nicht, wenn wir in einer *Beziehung* zu ihm stehen. Generell gilt: Was ein Mensch *seelisch* ist, das ist nicht allein in seiner individuellen Person ‚verortet' oder ‚abgespeichert', sondern das ‚residiert' auch in anderen Personen und wird zum Teil sogar bei diesen ‚weiterentwickelt'. Und dies, obwohl es hierbei um nichts anderes als um die einmalige seelische Persönlichkeit *eines* individuellen Menschen geht. Diese ist eben auch durch ‚ekstatische Bezüge' konstituiert. Ihre ‚Identität' ist nicht einfach aus ihr selbst heraus rekonstruierbar. Das ist der Punkt.

Was die *Theologie* anbetrifft, so sollte sie nicht den Ehrgeiz entwickeln, in ihrer Kosmologie und Anthropologie einen eigenen ‚christlichen' Seelenbegriff

---

5) Meinung von Herrn Hartmut Heck (Dunum), die ich mit seiner Zustimmung hier zitiere.
6) GODEHARD BRÜNTRUP, Das Leib-Seele-Problem. Eine Einführung, 2. Aufl. Stuttgart 2001, 149.

zu entfalten. Das wäre auch nicht hilfreich. Nachvollziehbare theologische Aussagen zur Seele müssen in den kulturellen Kontexten verankert und philosophisch erörterungsfähig bleiben. Andernfalls könnten auch keine religiösen Hoffnungen von ihnen ausstrahlen. Das schließt freilich nicht aus, dass die Theologie über einen Bezug der Seelen zu Gott nachdenkt. Das kann sie umso eher tun, wenn sie sich über das Grundsätzliche dessen, was ‚Seele' bedeutet, über ihre eigenen Grenzen hinaus verständigen kann. Dann können möglicherweise sogar, wie im europäischen Spätmittelalter geschehen, von der theologischen Reflexion Anregungen für die Beantwortung bestimmter philosophischer Fragen des Seelenverständnisses ausgehen.

1.2 ERGEBNISSE EINER WISSENSCHAFTLICHEN NACHPRÜFUNG: DAS VERSTÄNDNIS DER SEELE IN DER ALTGRIECHISCHEN PHILOSOPHIE IST KEIN GANZ ANDERES ALS DAS DER BIBEL

1.2.1 Seele bei den Vorsokratikern, bei Platon (427–347) und bei Aristoteles (384–322) – ein Überblick

Die Annäherungen der altgriechischen Philosophie an ein Verständnis der menschlichen Seele sind weltgeschichtlich bedeutsam geworden, und sie sind noch immer lehrreich.[7]

Zuerst hatten *vorsokratische* Philosophen es als denkerische Herausforderung registriert, dass wir mit nicht wenigen Phänomenen konfrontiert werden, über die unsere Sinneswahrnehmungen uns *täuschende Eindrücke* vermitteln. Dies mag damit zusammenhängen, dass Menschen schlechter sehen, hören und Geruchsempfindungen verarbeiten als viele Tiere. Andererseits kann der Verstand des Menschen, das wurde beobachtet, täuschende Sinneseindrücke oft hinterfragen und zurechtrücken. *Warum kann er das?* Hierzu wurde die Hypothese entwickelt, es müsse in der Menschenseele noch ein zweites Fenster geben, um das Seiende zu erfassen. Die Menschenseele ist zunächst an ihrem ersten Fenster beschäftigt mit Wollen, Fühlen, Wahrnehmen, Denken, Erinnern usw. Aber es kommt noch etwas hinzu, das die Seele immer wieder befähigt, auch die

---

[7] Eine – allerdings nur bis Platon reichende – ausführliche Darstellung und Untersuchung der altgriechischen Anfänge des Seelenverständnisses bietet die (katholisch-theologische) Habilitationsschrift von HEINO SONNEMANS, Seele – Unsterblichkeit – Auferstehung. Zur griechischen und christlichen Anthropologie und Eschatologie, Freiburg i. Br. 1984. Sonnemans will falsche Urteile über den griechischen ‚Leib-Seele-Dualismus' ausräumen. Platons Philosophie, auf die diese Urteile meistens bezogen werden, habe keine prinzipielle Abwertung des Stofflichen oder des Körperlichen gekannt, andererseits aber auch keine Auszeichnung der ‚besonderen' menschlichen Seele als einer ‚göttlichen Substanz'. Die Seele des Menschen sei, Platon zufolge, nicht übernatürlich, sondern sie *partizipiere* nur kraft ihrer Teilhabe an den Ideen am Übernatürlichen.

1. Kein semantisches Chaos trotz unterschiedlicher Deutungen der Seele

wahren Verhältnisse zu erkennen und sich nach dieser Erkenntnis im Leben zu richten. Dieses Hinzukommende ist eine in die einzelne Menschenseele hineingesetzte *Übereinstimmung mit der ‚Weltseele'*.

Halten wir fest: Das konkrete Problem der Zuverlässigkeit der menschlichen Wirklichkeitswahrnehmung war es, für das man damals eine philosophische Lösung suchte. *Hierbei* war man auf das näher zu untersuchende Phänomen der menschlichen Seele gestoßen. – Der Status der Hypothese von der Korrelation zwischen Weltseele und menschlicher Individualseele war ein religiöser; aber er näherte sich zugleich auch schon den Bedingungen einer transzendentalphilosophischen Erkenntnistheorie an. Erwin Rohde (1845–1898) hat darauf hingewiesen, dass sich Religion und Wissenschaft in Griechenland, seit im 6./5. Jahrhundert v. Chr. die *Philosophie* aufgekommen war, nie grundsätzlich geschieden haben. Alte mythische Denkfiguren wurden überarbeitet oder man stellte neue philosophisch-wissenschaftliche Denkfiguren direkt neben sie. Letzteres war bei der Seelentheorie der Fall.[8]

Heraklit meinte, dass der *Kosmos* letztlich aus Feuer bestehe – und ebenso die Seele des Menschen. Andere vorsokratische Philosophen betrachteten bekanntlich aber die Luft, den Wind oder das Wasser als das Grundelement der Welt (als diese noch ‚unbegrenzt' war und in einem unterschiedslosen und ungeformten Urstoff ‚weste'). Entsprechend verstanden sie auch die Beschaffenheit der Seele als ‚windhauchartig' oder als ‚wässrig'.[9] *Die Seele kann die Wahrheit erkennen, solange sie sich nicht als Ganze oder in ihren Teilvermögen (Wollen, Denken, Fühlen, Erkennen usw.) verunreinigt mit dem der Urstofflichkeit der Welt entgegengesetzten Element* – also etwa mit dem Trockenen, wenn sie selbst von Haus aus feucht ist, oder mit dem Wasser, wenn sie selbst von Haus aus Feuer ist. Sich solchermaßen selbst mit ihrem Tod oder mit inneren Konflikten infizierend, kann die Seele *krank werden, sich täuschen* oder *sündigen*! Vom Axiom her war jedoch in der vorsokratischen Seelenphilosophie auch die religiös-ethische und nicht zuletzt die medizinische Möglichkeit einer inneren Reinigung des Menschen mit bedacht worden: Der Mensch muss dann mit dem richtigen Element behandelt werden.

---

8) Vgl. ERWIN ROHDE, Psyche. Seelencult und Unsterblichkeitsglaube der Griechen, Bd. II, 9. u. 10. Aufl. Tübingen 1925, 138.

9) Vgl. JOHANNES BILSTEIN/MATTHIAS WINZEN, Seele – (Re-)Konstruktionen des Innerlichen. In: DIES. (Hg.), Seele. Konstruktionen des Innerlichen in der Kunst (2004), Nürnberg 2. Aufl. 2005, 9: „Auch das deutsche Wort ‚Seele' hängt (genauso wie das englische *soul*) „etymologisch mit ‚See' zusammen und leitet sich von der altgermanischen Vorstellung her, die Seelen der Ungeborenen und der Toten wohnten im grenzenlosen Wasser. Kaum dingfester umschreiben die antiken griechischen, lateinischen oder indischen Ausdrücke das Seelische. *Pneuma, animus, anima, spiritus* oder *atman* sind allesamt dem Wortfeld ‚Wind, Wehen, Hauch, Atmen' verbunden."

III. Kann die Seele evident beschrieben werden?

In Platons Dialog *Menon* weist aber Sokrates am Schluss darauf hin, dass der Mensch sich nicht selbst ‚gut' machen könne. Nicht einmal die ‚Tugendhaftigkeit', kraft derer ein Mensch sich selbst im Zaum hält und innere Konflikte zwischen den einzelnen seelischen Kräften und Strebungen vermeidet, kann der Mensch von sich aus hervorbringen. Tugend ist göttliche Schickung, sie ist eigentlich Gnade, sie ist nicht lehrbar, sagt Sokrates hier.[10] Ohne eine vom Himmel mitgebrachte Kenntnis des Guten ließen sich Konflikte zwischen Begehren, Denken und Erkennen usw. nicht lösen! – Platon selbst erwog in manchen Dialogen daher eine vorgeburtliche Präexistenz der menschlichen Seelen im Himmelreich. Von dort nehmen die Seelen ihr Wissen um das Wahre und Gute ins irdische Leben mit. Nach dieser ‚oberen Heimat' sehnen sich die Seelen der Menschen auch allezeit zurück. Würden sie dies bewusster tun, sähe der Mensch seinem eigenen Sterben nicht nur gelassen, sondern wie einem Befreiungsfest entgegen. Der Tod leitet die Rückkehr der Seele in die obere Heimat ein.

Im Dialog *Politeia* vertritt Platon die Meinung: Nicht nur mit dem Kosmos (zu dem auch das himmlische Ideenreich hinzugehört, da die Welt insgesamt als göttlich gedacht wurde), sondern auch mit der Polis, also mit der Stadt bzw. dem Staat, sei die Seele des Menschen wesensverwandt. Die Seele entspreche dem politischen Gemeinwesen mit seinen drei unterschiedlichen Ständen. Es gibt in der (menschlichen) Seele eine Abteilung, in der das vernünftig Leitende zu Hause ist; eine zweite Abteilung, die den Sitz der Begierden oder des individuellen Lust- und Vorteilsstrebens darstellt; schließlich eine dritte Abteilung, in der das ‚Muthafte' wohnt. Dem ersten, obersten Seelenteil entspricht in der Polis die leitende Oberschicht bzw. die Regierung (die nach Platons damaliger Meinung am besten durch Philosophen ausgeübt würde). Dem mittleren Seelenteil entspricht alles, was in der Bevölkerung mit Gütern und Waren umgeht, Haushälter und Kaufleute, der *homo oeconomicus*. Der dritte Seelenteil entspricht dem tapferen Soldatenstand im Staate. Ethisch ausgebildet werden müsse in der Seele aber (durch entsprechende Erziehung?) noch ein Viertes, nämlich die *Tugend der Gerechtigkeit*. Sie ist insofern vielleicht auch eine göttliche Urstiftung, als zu bedenken ist, dass Staaten von vornherein auf ihr aufgebaut sein müssen. Ähnliches mag für die Seele gelten. Jedenfalls muss Gerechtigkeit das Verhältnis der drei Teile oder Stände oder Seelenkräfte untereinander ausgleichend moderieren, d. h. sie muss über einem *jedem das Seine* zuteilenden Verhältnis wachen.[11]

Der Dialog *Phaidon* interpretiert das Vermögen der Tugend und der Wahrheitserkenntnis als ‚Wiedererinnerung' (*anamnesis*) der in ein sterbliches Kör-

---

[10] Menon, 98a–100a.
[11] Politeia, Schluss von Kap. IV, 434a–445a.

perleben gebannten, ihrer Wesensart und Beheimatung nach jedoch unsterblichen, dem Himmel zugehörigen Seele.[12] Um die Unsterblichkeit der Seele zu *beweisen*, heißt es: So wie der Schnee nur mit dem Kalten (und nicht mit dem Warmen) zusammen existent sein kann, so ist die Seele nur mit dem Leben, aber niemals mit dem Tod zusammenzubringen (nie mit ihm zusammen existent).[13]

Insgesamt ist Platons Seelenlehre aber nicht auf das Klischee festzulegen, sie trenne im Anschluss an Pythagoras *dualistisch* den minderwertigen, sterblichen Körper von der unsterblichen Seele. Platons Seelenlehre ist vielschichtig und sie war auch Entwicklungen unterworfen, was hier aber nicht im Einzelnen zu zeigen ist. Kein anderes Lehrgebäude hat das allgemeine philosophische Verständnis der Seele stärker inspiriert als dasjenige Platons.

Aristoteles steht mit seinen ebenfalls hochbedeutenden und wegweisenden Erwägungen zur Seele auch dort in der Tradition seines Lehrers Platon, wo er sich gegen sie wendet. Er hat noch einmal die ganze bisherige griechische Geschichte des Nachdenkens über die Seele mit ihren inneren Windungen und gegensätzlichen Äußerungen in Betracht gezogen. Bohrend fragt er, welche Probleme die bisherigen unterschiedlichen Antworten aufwerfen. Die Beschäftigung mit dem Früheren steht bei ihm also nicht isoliert da, sondern er wollte die Aporien aufzeigen, die neues Nachdenken und weitergehendes Forschen provoziert. Freilich, wie es oft ist, das Auffinden der Aporie war dann auch fast schon die Antwort.[14]

Es muss wohl (verloren gegangene) Schriften des Aristoteles mit Äußerungen über die Seele gegeben haben, die mit dem Seelenverständnis Platons weithin konform gehen. In der uns erhalten gebliebenen Spätschrift *De Anima* freilich scheint der Widerspruch zu Platon – fast – durchgängig. Hier gibt Aristoteles die Vorstellung von der Seele als einer besonderen, unkörperlichen, vom Körper abtrennbaren Substanz auf. Die Seele sei vielmehr die *Form des Körpers*. Sie sei somit kein für sich bestehendes ‚Dieses'. ‚Form' ist hier ein sehr komplexer Begriff, bei dem man nicht an das Bild einer Karosserie denken sollte. Bei Aristoteles ist die Form mit dem Inhalt verschmolzen. Sie ist das an ihm, was ihm Wirklichkeit, individuelle Anwesenheit und lebendige Entwicklung verleiht; oder was ausdrückt, dass ein Stoff (eine Materie, ein Körper) individuelles Dasein und eine individuelle Entwicklung *hat*. Durch die Seele ist etwas als etwas *da* in lebendiger Entwicklung. In dieser ihrer Leistung ist sie *unersetzbar*.

---

12) Phaidon, 72e–77b.
13) Phaidon, 103d–c.
14) Vgl. ARISTOTELES, Nikomachische Ethik, 1146b 7). – Ferner: HEINRICH CASSIRER, Aristoteles' Schrift „Von der Seele" und ihre Stellung innerhalb der aristotelischen Philosophie (1932), Darmstadt 1968, 1.

III. Kann die Seele evident beschrieben werden?

Konnte Platon noch die vom Körper grundsätzlich unabhängig gedachte Seele in einer eigenen Welt ‚verorten' und dem Körper ‚gegenüberstellen', so hat Aristoteles die Ideenwelt in die materielle Welt der Körperformen hineingezogen. Hier sehen wir nun auch, worin Aristoteles die ‚Aporie' der bisherigen griechischen Lehrentwicklung über die Seele entdeckt hat: in deren innerer Nötigung zur *Aufspaltung der Wirklichkeit*. Diese problematische Nötigung suchte er zu überwinden. Damit scheint er einem ‚naturwissenschaftlichen' Verständnis der Seele die Tür geöffnet zu haben. Aber mit einem solchen Urteil muss man vorsichtig sein – und ist es oft zu wenig gewesen. Denn Aristoteles hat ja vor allem, wie sein hoch aufgeladener Formbegriff zeigt, den sokratisch-platonischen Reflexionsprozess über die Seele noch weiter vorangetrieben. Er hat aber nicht die Beschäftigung mit der Seele auf eine Überprüfungen ihrer physischen Funktions- und Erscheinungsweisen reduziert.

Für Aristoteles war zuletzt die für Platon – und später für die christliche Kirche – so wichtige Vorstellung, im Tod des Menschen *trenne* sich die (unsterbliche) Seele vom Körper, *unnachvollziehbar* geworden. Andererseits brachte auch Aristoteles die Seele mit *Leben* in Verbindung.[15] Auch er konnte nicht von der Hand weisen, dass mit dem eingetretenen Tod eines Individuums das Leben von ihm gewichen ist. Hier liegt eine Grenze des aristotelischen Denkmodells: Eine brennende Kerze ist *eins* mit ihrer Form. Wenn sie verbrannt ist, so ist alles dahin. Aber es bleibt doch Wachs zurück. Ist das nun etwa ‚Ungeformtes'? Dergleichen dürfte es nach der Theorie des Aristoteles gar nicht geben (und gibt es auch nicht). Aristoteles wollte aber von einem solchen ‚Fortbestehen' der geformten Kerze über ihren ‚Tod' hinaus nicht ausgehen. Er sagte, so weit dürfe man das Bild nicht ausdehnen.[16] Hier liegt also eine Grenze des aristotelischen Denkmodells. Wenn die Wachskerze heruntergebrannt ist, wird nicht mehr weiter gefragt nach einer ‚Seele' auch im ‚abgetropften Wachs'. Im Denkmodell des Aristoteles ist mit dem Tod die gemeinsame Sache von Körper und Seele (Form) eben zu Ende. Nur das Abstraktum ‚passive, formbare Materie' ist ewig.

Wir halten fest: ‚Seele' ist für Aristoteles die *bildende Form* (griech. *eidos*) eines Stoffs (griech. *hyle*), dem der Möglichkeit nach Leben zukommt.[17] ‚Seele' ist zuständig dafür, dass aus einem *potentiell* leben oder existieren Könnenden das konkrete, das als ein bestimmtes ‚Dieses' Lebende oder Existierende

---

15) ARISTOTELES, De Anima, 413a 20: „Wir sagen also und machen damit den Anfang der Untersuchung, dass das Beseelte von dem Unbeseelten durch Lebendig-Sein unterschieden ist."
16) De Anima, 412b 6 f.
17) De Anima, 412a 21.

wird. ‚Seele' macht ‚aktuell' (= wirklich, konkret, gegenwärtig). Sie ist des ‚Stoffes' ‚erste Aktualität' (lat. *actus primus*, griech. *prote entelecheia*).[18] Der seinem ontologischen Status nach eine *materia formata* darstellende *Mensch* ist *nicht* aus ‚zwei Teilen' gebildet, die zusammengefügt worden wären und die auch getrennt voneinander existieren könnten. Vielmehr organisiert die Seele den Übergang von der Potentialität in die Aktualität.

Aristoteles zufolge ist die menschliche Seele dann noch näher bestimmt durch das vierfache Vermögen „Ernährung, Wahrnehmung, Denken, Bewegung"[19]. Bei der ‚Wahrnehmung' gibt es beim *Menschen* die Besonderheit, dass seine Seele sogar in potenzierter Weise auch zum *Wahrnehmen des Wahrnehmens* befähigt ist – ein Ausdruck von *Selbstbewusstsein*.[20] Pflanzen und Tiere haben dagegen eine etwas einfachere Seele. Mit der ihm vorgegebenen Tradition unterscheidet Aristoteles zwischen der vegetativen Pflanzenseele, der (u. a. mehr Beweglichkeit ermöglichenden) Tierseele und schließlich der *Geistseele des Menschen* (wobei an die intellektuellen Fähigkeiten zur ‚Begriffsbildung' und zur ‚Wahrheitserkenntnis' zu denken ist). Scharfsinnig stellt Aristoteles fest, dass in des Menschen Seele zwar die vegetativen und die animalischen Seelenkräfte noch mit enthalten sind, dort aber nicht genau dieselben Wirkungen entfalten wie bei Pflanze und Tier. Denn die menschliche *anima intellectualis* gibt diesen Seelenkräften ein neues Vorzeichen. Aus ‚Trieben' werden z. B. ‚beherrschbare Triebe'. Oder ein anderes Beispiel: Das Tier sieht, wie der Mensch, die einzelnen Dinge, aber es weiß nicht, dass es sich hierbei um einzelne Dinge handelt. Denn ihm fehlt das Vermögen der menschlichen *anima intellectualis*, *Allgemeinbegriffe* zu bilden.[21] Das Einzelne ist nur das Einzelne (und Individuelle) vom Allgemeinen her. Damit es allerdings das konkrete individuelle Einzelne sein kann, das es ja ist, muss auch das Allgemeine irgendwie in ihm stecken. Seitdem Aristoteles seine eigene Akademie gegründet hatte, wollte er dieses Allgemeine nicht mehr von den Einzeldingen trennen, um die Welt nicht zu verdoppeln.

Und doch musste Aristoteles, wiederum in einer Art des ‚Theoriebruchs', zugestehen, dass es wenigstens *ein* Vermögen der menschlichen Seele geben könnte, das vom individuellen Menschenkörper auch abgelöst werden oder als von ihm abgelöst gedacht werden könnte, nämlich das *schöpferische Vermögen*

---

18) De Anima, 412a 29; 412b 5 f. –Hierzu jetzt vor allem: EDMUND RUNGGALDIER, The Aristotelian Alternative to Functionalism and Dualism. In: BRUNO NIEDERBACHER/EDMUND RUNGGALDIER (Hg.), Die menschliche Seele. Brauchen wir den Dualismus? Heusenstamm 2006, 221–248, hier 228 ff.
19) De Anima, 413b 11.
20) De Anima, 417a 2. Vgl. 429a 29: Die menschliche Seele vermag „sich selbst zu denken".
21) De Anima, 417b 16: „Die Ursache der wirklichen Wahrnehmung von den Einzeldingen ist das Wissen von den allgemeinen Dingen" in der menschlichen Seele.

des Menschen, das den Einzelnen vielleicht mit der ganzen Menschheit zusammenschließt. Im Dritten Buch von *De Anima* nannte Aristoteles diese vom Körper vielleicht trennbare Seelenkraft *intellectus agens* (griech. *nous poietikos*). Er ist das ‚Seelenvermögen', das als ‚schaffender Intellekt' neu etwas hinzubringt,[22] *was vom individuellen Körper nicht vorgegeben ist*.[23] Wurzelt er vielleicht im Ewigen, im nicht der Zeit (und deren Auseinanderlegen der Einzeldinge) Unterworfenen?[24]

1.2.2 Abendländisches Echo auf das Erbe der altgriechischen Seelenlehre
Die Ausarbeitungen des Aristoteles zur Seelenfrage wurden während des ersten Jahrtausends der Christentumsgeschichte dezidiert nicht zur Kenntnis genommen.[25] Dass sie, anders als der Neuplatonismus, nicht die kirchlichen Vorstellungen von einer den sterblichen Leib überdauernden unsterblichen Seele philosophisch untermauerten, führte zu ihrem kirchengeschichtlichen Ausschluss. Es gereicht der Kirche aber zur Ehre, dass sie im Hochmittelalter noch die intellektuelle Kraft gewonnen hat, sich auch den Herausforderungen der aristotelischen Seelenlehre zu stellen (Albertus Magnus, Thomas von Aquino und andere). Dieser Schritt stärkte die kirchliche Eschatologie entschieden. Er brachte damals biblische Theologie, Philosophie und Wissenschaften in ein erstaunliches Verhältnis der wechselseitigen Ergänzung, was später als die christliche Kultursynthese des Abendlands bezeichnet wurde. Ihr Wert lag darin, dass sie den Menschen Geborgenheit in einem einheitlichen Reich des Glaubens, Denkens und Wissens bot. Anderthalb Jahrtausende nach Aristoteles führten im hochmittelalterlichen Europa herausragende Universitätsgelehrte in subtilen Abhandlungen die Ansätze von ‚De Anima' mit logischen und theologischen Rückfragen weiter.[26] Es gelang, die Theorie des Aristoteles an einigen Stellen sogar mit platonisch-

---

22) Vgl. L. A. KOSMANN, What does the Maker Mind Make? In: M. NUSSBAUM / OKSENBERG RORTY (Hg.), Essays on Aristotle's De anima, Oxford 1995, 343–358.

23) Vgl zum ‚aktiven Geist' des Aristoteles auch: UWE VOIGT, Wozu brauchte Aristoteles den Dualismus? Oder: Warum sich der aktive Geist nicht naturalisieren lässt. In: BRUNO NIEDERBACHER / EDMUND RUNGGALDIER (Hg.), Die menschliche Seele. Brauchen wir den Dualismus? Heusenstamm 2006, 117–152, hier: 138 ff.: Der passive Geist wird *verändert* durch das, was er erfasst, der aktive Geist (*intellectus agens*) jedoch nicht. Das ist zunächst seine Besonderheit (221–248).

24) De Anima, 430a 10–25. Vgl. besonders: 430a 17.

25) Eine Ausnahme davon bildet der Rekurs auf die aristotelische Kategorienlehre im Rahmen der christlichen Trinitätslehre.

26) Zu denken ist etwa an DIETRICH VON FREIBERG OP (etwa um 1250–1310), Tractatus de intellectu et intelligibili (Abhandlung über den Intellekt und den Erkenntnisinhalt, die sich in ‚platonischem Geist' d.h. auf den *intellectus agens* des Aristoteles bezieht); JOHANNES BURIDAN (um 1300–1358), Quaestiones de anima (der in Paris lehrende Logiker verfasste Kommentare zu allen Hauptwerken des Aristoteles. Seine These, dass der menschliche Wille oberhalb von Determinismus und Indeterminismus stehe, provozierte das bekannte Spottbild von Buridans Esel, der sich zwischen zwei

neuplatonischen Perspektiven auf die Seele zu vermitteln.[27] Diese hochstehende ‚europäische Seelenlehre' wurde noch bis ins 18. Jahrhundert hinein weiterentwickelt. Dann aber brach die zentrale geistige Orientierung an dieser Thematik plötzlich ab, weil die naturwissenschaftliche Untersuchung und Erkenntnis des Lebens immer ausschließlicher interessierte. Die Subtilität, Komprehension und Weite der früheren Seelenbeschreibungen ist seither noch nicht wieder erreicht worden.

1.2.3 Systematische Befragung der verschiedenen altgriechischen Zugänge zum Verständnis der Seele

Trotz des zugleich philosophiegeschichtlich wie auch systematisch orientierten Beitrags des Aristoteles scheint es doch so zu sein, dass in der griechischen Tradition zwar vielerlei tief bedacht worden, aber kein einheitliches Bild von der Seele entstanden ist. Auf der einen Seite wurde die Seele wie ein ‚übernatürliches Organ' verstanden, mit dessen Hilfe der Mensch ein wenig ‚hinter den Schleier' der Dinge und der oft täuschenden Sinneseindrücke blicken kann ins Reich der wahren Sachverhalte und ewigen Ordnungen hinein. Das ist der – religiös fundierte – *erkenntnistheoretische* Aspekt des Ganzen. Auf der anderen Seite sind *Erlösungshoffnungen* bezüglich einer Heimkehr der unsterblichen Seele ins Himmelreich sichtbar geworden. Die Seele verbindet den Menschen, so wurde angenommen, mit dem Ursprung aller Dinge. Die Seele vermag aus der ‚End-

---

Heuhaufen nicht entscheiden kann und verhungert); SIGER VON BRABANT (ca. 1240–1284), Quaestiones in tertium De anima (diese Untersuchung bezieht sich auf die Seelen-Schrift des Aristoteles, Teil III). Siger, der gleichzeitig mit Thomas von Aquino an der Pariser Universität lehrte, vertrat eine dem ‚Platonismus' ungünstige wissenschaftstheoretische Aristoteles-Orthodoxie, die im späten 13. Jahrhundert die Pariser philosophische Fakultät spaltete. Gegen Siger versuchte THOMAS (in seiner Schrift „De Unitate Intellectus" von 1270) die *Einheit* des individuellen *und* des überindividuellen Intellekts aufzuweisen. Im Hintergrund dieser und anderer Streitigkeiten stand die Auffassung des Vermittlers der aristotelischen Philosophie ins damalige Wissenschaftsgespräch hinein, Averroes (Ibn Rushd 1126–1198), dass *Unsterblichkeit* nur einem überindividuellen Intellekt (griech. *nous*) zukomme. Diese Meinung hatte immer wieder ihre Anhänger; sie wurde schließlich 1513 in der Bulle des Papstes LEO X *Apostolici Regiminis* und dem 5. Laterankonzil zurückgewiesen. Durch beide wurde die Lehre von der Unsterblichkeit der menschlichen *Einzelseele* als philosophische Wahrheit eingeschärft. Verworfen wurde nun kirchenoffiziell, dass die Seele des Menschen „sterblich sei oder [als unsterbliche Seele] eine einzige in allen Menschen" (DH 1440). Dieser Konzilsvorgang fand übrigens Martin Luthers ironisches Ergötzen (vgl. CARL STANGE, Zur Auslegung der Aussagen Luthers über die Unsterblichkeit der Seele. In: Zeitschrift für syst. Theol. III, Heft 4 [o.J.], 735–784). – Zum Ganzen vgl. z. B.: R. BOSLEY / M. TWEEDALE, (Hg.), Aristotle and His Medieval Interpreters. Canadian Journal of Philosophy, Suppl. 17, 1991. – Ich bedanke mich an dieser Stelle bei meinen Kollegen Christoph Markschies, Dominik Perler und Stephan Schaede, an deren philosophischem Seminar in der Berliner Humboldt-Universität über die Seelen-Lehre des Aristoteles und deren mittelalterliche Rezeption ich im Sommersemster 2006 mit großem Gewinn teilnahm.

27) Auch bei Platon finden sich Gedanken zur Seele, die der reifen aristotelischen Fragestellung entgegenkommen.

lichkeit' in die ‚Ewigkeit' bzw. in ihren Ursprung im ‚Grenzenlosen', ‚Unendlichen' hinüberzuwechseln. Auch wenn Aristoteles hier nicht mehr einen Dualismus von Körper und Seele angenommen hat, werden doch auch bei ihm *das schöpferische Vermögen des Menschen und ferner die Erkenntnis der wahren Sachverhalte* (der Dinge, wie sie wirklich sind), an die menschliche Seele und ihren besonderen Zugang zum Ganzen und Allgemeinen gebunden. Dasselbe gilt in ethischer Perspektive auch für die *Wahrnehmung des Guten und des Gerechten*. Es gibt also auf dem Weg des Seelenverständnisses von den Vorsokratikern bis zu Aristoteles viel Gemeinsames. Aber die Möglichkeit einer inneren systematischen Koordination der Befunde bleibt doch fraglich. Darum sind mit Aristoteles die Untersuchungen der Seele noch nicht an ein Ende gekommen. Die letzten Messen für die Seele waren und sind bis heute nicht gesungen. Aber wir notieren erst einmal die altgriechischen Befunde in einem knapppen Überblick:

Ein erstes Gemeinsames der altgriechischen Seelenlehre ist: (A) *Die Seele ist das, was dem Menschen die Erkenntnis des Wahren und Guten ermöglicht.*

Aber nach einer zweiten gemeinsamen altgriechischen Definition ist Seele einfach ein anderes Wort für ‚Leben': (B) *Die Seele ist die Lebenskraft eines Individuums.*

Nach einer dritten altgriechischen Definition ist, mit Platons *Politeia*, davon auszugehen: Seele bedeutet so viel wie ‚Persönlichkeit': (C) *Die Seele hat mehrere Teile, Schichten oder ‚Stände' in sich selbst, die ‚konfliktreich zusammenwirken' und durch Gerechtigkeit harmonisiert werden müssen.* In diesem altgriechischen Verständnis kommt ‚Seele' auch dem heutigen Begriff des ‚Selbst' nahe.

Im Hintergrund der philosophischen Klassik bei Platon und Aristoteles stehen dann auch noch sehr alte Vorstellungen von der Seele, wie sie sich etwa bei Homer finden.[28] Das Verständnis der Seele geht bei Homer, sofern sie als *thymos* bezeichnet wird, in die Richtung (D) *‚Sitz der Gefühle und Strebungen'*; ‚Gemüt'.

Andererseits ist bei Homer eine interessante Vorform der modernen Psychologie des Unbewussten zu finden: Die Seele ist (sofern *psyche* genannt): (E) *der ‚Schatten' eines Menschen, der sich auch von ihm trennen kann z. B. im Traum, aber vor allem im Tod.*[29]

---

28) S. hierzu: HANS-PETER HASENFRATZ, Die Seele. Einführung in ein religiöses Grundphänomen, Zürich 1986, 60–62.

29) Stirbt der Körper (*soma*), so bleibt doch diese Schattenseele noch übrig. Sie überdauert den Tod und geht in den Hades. Sie ist wie ein zweites, verborgenes Ich des Menschen, das er immer *auch* war und das noch sein ganzes Wesen festhält.

1. Kein semantisches Chaos trotz unterschiedlicher Deutungen der Seele

Ein uraltes Seelenverständnis findet sich auch noch bei Sokrates. Hier ist die Seele die das Leben leitende innere Stimme, der man vertraut: (F) das *daimonion* als das *auf den rechten Weg schickende individuelle menschliche Gewissen*.[30]

Schließlich ist noch hinzuweisen auf die Seelentheorie der altgriechischen philosophischen Materialisten und Atomisten. Hier sind die Gehirnfunktionen im Blick. Zusammengebracht wird die Seele (G) *mit dem körperlichen Sitz der Verarbeitung der Sinneseindrücke.*

Wir haben es also mit etwa *sieben* unterschiedlichen altgriechischen Seelenbegriffen zu tun. Der teilweise ,übergreifende' des Aristoteles kommt dann als achter noch hinzu. Vieles von dem, was heute unter Seele verstanden werden kann, ist in dem hier Aufgeführten bereits vorgebildet. Allerdings ist die Vielfalt verwirrend. Ist sie nicht ein einziger Hinweis darauf, dass ein klares, ein übereinstimmendes Reden von der menschlichen Seele *unmöglich* scheint? Wurde hier nicht der Begriff der Seele zur Beantwortung verschiedenartigster Fragestellungen[31] herangezogen? Gilt nicht für das hoch reflektierende altgriechischen Denken, was dann wohl erst recht im Befund der Bibel festzustellen sein wird (und auch heute noch der Fall zu sein scheint): Mit dem Begriff der Seele können wir „keine bestimmte Vorstellung verbinden"[32]? Er ist darum aus der Philosophien und aus der Wissenschaft zurückzuziehen? Wir wollen das Gewicht dieser Frage nicht mindern, wenn wir uns jetzt auch den biblischen Verständnisweisen von der Seele zuwenden.

1.2.4 Das biblische Reden von der Seele
Wir beginnen beim Neuen Testament und betrachten erst dann alttestamentliche Wurzeln. Vorweg sei gesagt: Der semantische Befund beim biblischen Verständnis von Körper und Seele ist, trotz des anderen ,Sprachgeistes', insgesamt *ähnlich* wie in der altgriechischen Philosophie. Das mag manche in Erstaunen versetzen. Auch der Mehrfachsinn von Seele – z. B. einerseits als ,Leben', andererseits als ,Ich' (oder ,Selbst') usw. – findet sich in der Bibel genauso wie im griechischen Denken.

Ein charakteristisches Wort Jesu (es begegnet in ähnlicher Redaktion sechs Mal in den Evangelien) lautet: „wer seine *psyche* erhalten will, der wird sie ver-

---

[30] Streng genommen, ist das *daimonion* nur ein Teil des Gewissens. Es hat nämlich mit dem schlechten Gewissen nichts zu tun. Es kommt in seiner Bedeutung dem sehr nahe, was später in der katholischen Kirche *synteresis* genannt wurde.
[31] Z. B.: Was ist wahre Erkenntnis? Was ist Leben? Was ist eine Person?
[32] SILVIA SCHROER / THOMAS STAUBLI, Die Körpersymbolik der Bibel (1998), 2., überarb. Aufl. Darmstadt 2005, 45.

lieren; wer sie aber verliert um meinetwillen, der wird sie finden" (Mt 16,25).[33] Der Sinn des Satzes lässt zu dem Schluss kommen, dass *psyche* hier mit *Leben* übersetzt werden muss. – Mt 16,26 findet sich das Jesuswort: „Was hülfe es dem Menschen, wenn er die ganze Welt gewönne und nähme doch Schaden an seiner *psyche*. Oder was kann der Mensch geben, dass er seine *psyche* auslöse?" Hier übersetzen nun die meisten *psyche* mit *Seele*, obwohl auch die Übersetzung mit Leben möglich wäre. Ein drittes bei Matthäus überliefertes Jesuswort (Mt 10,28; vgl. Lk 12,4 f.) fordert die Jünger bei ihrer ersten Aussendung auf: „Und fürchtet euch nicht vor denen, die den Leib töten, doch die *psyche* nicht töten können; fürchtet euch aber viel mehr vor dem, der Leib und *psyche* verderben kann in der Hölle (*geenna*[34])." Hier ist es zwingend, *psyche* mit *Seele* (= Kern der Person, Ich, Selbst) zu übersetzen. Auch schimmert in der ersten Hälfte des Verses ein gewisser Dualismus von Leib und Seele durch, der aber in der zweiten Hälfte wieder zurückgenommen wird. Jesus will freilich auch in der ersten Hälfte den Jüngern „nicht die metaphysische Lehre" nahebringen, „dass die Seele ihrem Wesen nach unsterblich sei; sondern er will ihnen einprägen: Die Seele kann und soll Trägerin eines Lebens werden, das ihr kein Feind rauben kann, des ewigen Lebens. Die falsche Furcht vor menschlichen Feinden aber sollen die Jünger vertreiben durch die rechte, höhere Furcht": diejenige vor Gott.[35] Gott allein ist der, der auch die Seele (die ganze Person, nicht nur den Körper) „dem ewigen Verderben anheimgeben kann"[36].

Die Seele ist in den neutestamentlichen Evangelien, wie vielfach auch in der griechischen Philosophie, zunächst die Trägerin des natürlichen Lebens. Aber sie ist, wie es im griechischen Denken ebenfalls vorkommt, auch Trägerin der natürlichen Gefühle (s. Jesu Wort Mt 26,38: „meine *psyche* ist betrübt bis an den Tod") und der Sitz der Willensregungen (vgl. Mk 12,30.33: „Gott lieben aus ganzer *psyche*"). Ja, die Seele ist das ‚Du' (bzw. das ‚Ich'), wenn ein ‚Ich' sich selbst mit ‚Du' anredet – sie ist also das Selbstbewusstsein der Person: Der „rei-

---

33) Vgl. ähnlich Mt 10,39: „Wer sein Leben findet, der wird's verlieren; und wer sein Leben verliert um meinetwillen, der wird's finden." – Joh 12,25: „Wer sein Leben lieb hat, der wird's verlieren; und wer sein Leben auf dieser Welt hasst, der wird's erhalten zum ewigen Leben." Hier ist angedeutet, dass es in der Christusnachfolge immerhin um ein Leben *über den Tod hinaus* geht!
34) Vgl. Mt 5,22; 18,9: „*geenna* des Feuers". Die neutestamentliche Unterwelt ist nicht mehr der altgriechische Hades, der Schattenort der Langeweile und der Trauer! Hier brennt nun der Mensch mit Leib und Seele! Die neutestamentliche Hölle ist bereits Strafort, an dem Qualen erlitten werden. Aber das ist hauptsächlich eine Frage des Zeitenwandels. Im Alten Testament gibt es noch eine Unterwelt (hebr. *scheol*), die dem griechischen Hades ziemlich genau entspricht. Vgl. Hiob 10,21: Das Totenreich ist ein „Land der Finsternis und des Dunkels".
35) MARTIN LUTHER in der Auslegung der Zehn Gebote im Kleinen Katechismus.
36) So treffend: MAX REISCHLE, Jesu Worte von der ewigen Bestimmung der Menschenseele in religionsgeschichtlicher Beleuchtung. Eine Skizze. Halle (Saale) 1902, 6.

che Kornbauer" im Gleichnis Jesu spricht zu seiner eigenen *psyche*, hiermit auch einen Willen und eine Begierde ausdrückend: „[Liebe] Seele ..., nun iss und trink" (Lk 12,19)!

Es fällt auf, mit welcher Selbstverständlichkeit Jesus von der *psyche* in den genannten Bedeutungen gesprochen hat. Er meinte nicht, das Wesen von *psyche* zuvor erklären zu müssen. Er ging also davon aus, dass *alle Menschen* psyche *immer schon so verstehen.*

Im Alten Testament ist der sprachliche Befund bezüglich ‚Seele' (hebr. *näphäsch*: ein immerhin 755 Mal begegnendes Wort!) ganz ähnlich. Auch dort kann z. B. ‚alle Seelen' einfach ‚alle Personen' einer bestimmten Gemeinschaft meinen (vgl. Gen 46,15). Sodann bedeutet *näphäsch* sehr oft – ebenso wie auch der Geist (*ruach*) – die *Lebenskraft* oder einfach das *Leben* (vgl. I Kön 17,21: „Lass die *näphäsch* wieder zu diesem [gestorbenen] Kind zurückkommen!"). Hier ist die Seele als ‚Leben' kontrastiert mit dem Tod. Was *näphäsch* wirklich ist, wird auch immer wieder am leiblichen Durst und Hunger des Menschen verdeutlicht und an der Kehle, die das lebensspendende Element – auch die Luft – in sich aufnimmt.[37] Als Sitz der Seele (des Lebens) kommen z. B. das Blut und die Nieren in Frage (vgl. Hiob 19,27; Ps 16,7; Ps 73,21; Ps 139,13). – *Näphäsch* meint auch die Empfindungsfähigkeit, die Gefühle der Lebewesen (vgl. Ps 84,3: „Meine Seele lechzt, ja sehnt sich nach Jahwes Vorhöfen, mein Herz und mein Fleisch jubeln dem lebendigen Gott zu!")

Oft stehen beide, *näphäsch* und *ruach* (Geist), in der Symbolwelt von ‚Wind', ‚Atem' oder ‚Hauch' (Lev 17,11; Dtn 12,23), wie das ja auch in der lateinischen Sprache und ihren Derivaten der Fall ist (vgl. *anima, animus*). Zur *lebendigen Seele* wird der Mensch durch den eingehauchten Odem Gottes: „Gott [Jawhe] gestaltete den Menschen aus Staub vom Ackerboden und blies in seine Nase Lebensodem; so wurde der Mensch eine lebendige *näphäsch* (Gen 2,7; vgl. Ps 104,29). Immer wieder überschneiden sich beim *biologischen Leben* die Bedeutungen von ‚Seele' und ‚Geist', während sie andernorts, auch im Alten Testament, klar unterschieden werden. Die *Einsicht* (= Wahrheitserkenntnis) wird im Alten Testament z. B. klar dem Geist (*ruach*) und nicht der Seele (*näphäsch*) zugeschrieben (vgl. z. B. Jes 29, 24; 19,3).

---

37) Vgl. HANS WALTER WOLFF, Anthropologie des Alten Testaments (1973), 4. Aufl. München 1984, 26 ff.

1.2.5 Auswertung des Befunds: altgriechische und biblische Verständnisweisen der Seele

Das anthropologische Vokabular der altgriechischen Philosophie und dasjenige der Bibel weisen untereinander bezüglich der Seele viel mehr Ähnlichkeiten als Differenzen auf. Auch ist der innerbiblische Sprachgebrauch im Alten und im Neuen Testament kohärent.

Freilich fehlt in der ganzen Bibel der altgriechische philosophische Wille zur Klärung der erkenntnistheoretischen Fähigkeiten der Seele im Blick auf die richtige Wirklichkeitserkenntnis. Stattdessen wird die ‚Wahrheit' (‚Einsicht') im Ergriffenwerden des Menschen durch Gottes Heiligen Geist gesucht. Diese geistgewirkte Wahrheitseinsicht soll das menschliche Leben bestimmen. Soweit sie das nicht tut, erscheint der ganze Mensch – Körper, Seele und Geist – als *Fleisch* im negativen Sinn. Man bedenke aber, dass auch in der griechischen Philosophie die ‚Gottgewirktheit' der Wahrheitserkenntnis und die Todgeweihtheit des von ihr nicht beherrschten Leiblichen im Blick war.

Während die Griechen die Seele mit dem Weltgrund, der zugleich göttlich ist, verbinden, *unterscheidet* die Bibel Gott und Welt. Das hat zur Folge, dass die größere Allgemeinheit, in der die Seele aufgehen und auch ‚ihre Begriffe' gewinnen kann, nach der Bibel nicht die Welt in ihrem ‚Urelement' (*archä*), sondern nur Gott sein kann. Diese spezifische Gottesorientierung des biblischen Denkens wiederum könnte vielleicht die Gefahr einer größeren Weltfremdheit der biblisch orientierten Seele mit sich bringen (= in der Welt ist ihre Heimat nicht). Man spricht ja von der ‚griechischen Diesseitsfreude'. Aber in Wahrheit ist es eher das griechische Denken, das dort, wo es zum Dualismus neigt, in der Gefahr einer gnostischen Weltfremdheit steht. Für den biblischen Frommen hängt dieses ganze Problem daran, ob er die Welt fest in des Schöpfers Hand sehen kann (dann gibt es auch keine Weltfremdheit) oder ob er das im Fall einer ‚Anfechtung' nicht mehr kann.

Dem altgriechischen Denken wird es meistens zugeschrieben, dass in Europa und im ganzen ‚Westen' der individuelle Mensch, die *Einzelpersönlichkeit mit ihren seelischen Möglichkeiten und Bedürfnissen,* einen so hohen Stellenwert hat. Aber hebt nicht das in der Bibel ins Auge gefasste persönliche seelische Gottesverhältnis die menschliche Individualität und Einzigartigkeit *noch stärker heraus*, als es im griechischen Denken geschieht?[38]

---

[38] ADOLF VON HARNACK (Das Wesen des Christentums [1900], jetzt neu hg. u. komm. v. TRUTZ RENDTORFF, Gütersloh 1999, 87.95–101) dürfte Recht haben, wenn er Jesu Predigt vom *Reich Gottes,* die zur *unmittelbaren Gotteskindschaft* einlädt, als Ausdruck einer besonders großen Wertschätzung der einzelnen Menschenseele auffasste (Stichwörter: „Gott der Vater und der unendliche Wert der Menschenseele"; „Ehrfurcht vor dem Menschlichen"). Harnack wies ausdrücklich darauf hin, dass in

1. Kein semantisches Chaos trotz unterschiedlicher Deutungen der Seele

Es ist jedenfalls gerade von hier aus die große Affinität zu erklären, die das Christentum zu Teilen der altgriechischen Philosophie und Seelenlehre immer verspürt hat. Sie ist in der Sache begründet, und zwar gerade auch in der biblischen Sache. Die gemeinsame Herausstellung des menschlichen Individuums, seiner geistigen Kräfte und des ‚unendlichen Wertes' seiner Seele (Adolf v. Harnack), ist freilich auch ambivalent. Wir sehen das heute am Beispiel der vom Menschen ausgehenden Naturzerstörungen. Für die im Hintergrund stehenden problematischen geistig-seelischen Eigenschaften des Menschen schieben sich gegenwärtig Philosophie und Theologie wechselseitig die Verantwortung zu. Auf Seiten der Theologie wird dann gern gesagt, die Kultur- und Umweltkatastrophen, in die wir hineingeschlittert sind, seien eine Folge der umfassenden Einwirkung des griechischen Denkens auf unsere Philosophie und auch aufs Christentum. In diesem Zusammenhang wird dann der Einfluss ‚Platons' und seiner Seelenlehre auf die christliche Glaubensauffassung als *große ‚Gefahrenquelle'* identifiziert. Aber das Recht dazu ist geringer als man meint. Man ‚verdankt' es *nicht* schlichtweg der platonisch geprägten griechischen Philosophie, dass sich das menschliche ‚Subjekt' als Individuum immer mehr, wie dann bei René Descartes (1596–1650) vollends sichtbar geworden, abspaltet von der Mitwelt, die es als eine tiefer stehende ‚Objektwelt' wertet. Dass dies schlicht ein Erbe des Platonismus wäre, ist doch sehr fraglich. Es könnte dies – und sicherlich eher – durchaus das Erbe eines missverstandenen biblischen Glaubens darstellen! Dafür gibt es folgenden wissenschaftlichen Hinweis: Die altgriechische Philosophie war auch in der ‚Platonschule' gar nicht so sehr an der *individuellen* Unsterblichkeit des Menschen oder an der *Einzigartigkeit des menschlichen Subjektes* interessiert. Sie sah die menschliche Seele das ihr zukommende Ewige gerade aus einem *Allgemeingrund der Welt* schöpfen. Was die Seele *transindividuell* erlebt, macht sie ewig. Daher sollte biblisches Denken heute jedenfalls nicht in folgender Weise Pluspunkte für sich verbuchen wollen: „Unser westlich-abendländisches Menschenbild krankt an der verheerenden Spaltung von Leib und Seele, die durch die griechischen Philosophen grundgelegt wurde. Und es ist wohl kein Zufall, dass Ideen von Seelenwanderung und Reinkarnation auch heute wieder Hochkonjunktur haben. Der griechischen Seele bleibt, etwas salopp formuliert, gar nichts anderes übrig, als zu wandern, während die hebräische *näphäsch* ihrer Natur nach gar nicht wiedergeboren werden kann, da sie mit dem

---

diesem Fall ein Unterschied zum Seelenverständnis etwa des Platon vorliege. Bei Platon sei es eher die Ehrfurcht vor dem Geistigen und bei den Griechen insgesamt eher eine Ehrfurcht vor dem Lebendigen, was in ihrer Lehre von der Seele zum Ausdruck komme (vgl. a. a. O., 99). Bei Jesus aber gehe es um jeden Menschen, und zwar um den „unendlichen Wert jeder einzelnen Menschenseele" (100).

Tod erlischt. Das ist der Grund, warum die jüdische wie die christliche Tradition bis vor wenigen Jahren gegen Reinkarnations- und Seelenwanderungslehren weitgehend immun geblieben sind und warum der christliche Auferstehungsglaube die Auferstehung des Fleisches, nicht nur der Seele des Menschen so betont hat." „Vielleicht kann uns das israelitische, ganzheitlichere Menschenbild, das die Spaltung in Seele und Leib nicht kannte, dabei helfen, die Folgen der griechischen Dichotomien zu überwinden."39 – Solche Argumentation ist schief und nicht genügend geschichtlich fundiert. Ihr Bild von der Seele muss korrigiert werden.

Verstand, Gefühl und Selbstbewusstsein werden sowohl in der Bibel wie in der altgriechischen Philosophie häufig auf die menschliche Seele bezogen. Im biblischen Seelenverständnis gibt es Affinitäten sowohl zu Platon als auch zu Aristoteles. Das ist in der katholischen Geschichte des Seelenverständnisses auch zum Tragen gekommen. Die Verbindungslinien zwischen menschlicher Seele und ‚ewigem Leben' sind nicht einfach nachbiblisch und griechisch oktroyiert. Sie ergeben sich organisch aus der Problemgeschichte des Gottesverhältnisses Israels in spätalttestamentlicher Zeit.[40]

Was die unterschiedlichen großen Kulturen anbetrifft, so gibt das, was wir hier nur *pars pro toto* aufzeigen konnten, zu der Vermutung Anlass, dass sich die Vorstellungen von der Seele überall ähneln. Freilich, die größte Aufgabe haben wir noch vor uns: nämlich zu prüfen, wie unter Zugrundelegung des *Identitätsbegriffs* die doch sehr disparaten traditionellen Einzelaussagen über die Seele, die aus sehr unterschiedlichen Fragestellungen stammen, zu einem anthropologisch überzeugenden, konsistenten Seelenbegriff zusammengeführt werden können.

---

39) SILVIA SCHROER/ THOMAS STAUBLI, Die Körpersymbolik der Bibel (1998), 2., überarb. Aufl. Darmstadt 2005, 53

40) Nach Ps 49,16 wird Gott „meine Seele [*näphäsch*] erlösen, loskaufen aus des Todes Gewalt", und nach Ps 16,10 (im Neuen Testament wiederholt Apg 2,27) wird Gott „meine Seele nicht bei den Toten lassen". Dies belegt, dass es nicht so einfach angeht, den alttestamentlichen Vorstellungen überwiegend ein mit dem Sterben *endendes Leben*, den neutestamentlichen aber überwiegend ein das Sterben wiederum aufhebendes *ewiges Leben* zu attestieren. Da beide Testamente den Gottesbezug der Lebenden und den Bund mit Gott voraussetzen, ist der Befund differenzierter zu sehen. Der theologische Unterschied zwischen den beiden Testamenten ist in diesem Zusammenhang letztlich geringer, als häufig angenommen wird. Dies gilt auch dann, wenn berücksichtigt wird, dass *explizit* vom ‚ewigen Leben' im Alten Testament erst spät, nämlich bei Daniel und (in Anklängen) in später hinzugekommenen Jesaja-Texten die Rede ist; vgl. Dan 12,2: Die Gerechten werden aus dem Staub erwachen „zum ewigem Leben"; andere werden erwachen „zu ewigem Abscheu" (vgl. Jes 66,24). – Eine sinngemäße Parallele bietet Jes 53,11 f.: „Weil seine Seele sich abgemüht hat, wird er [der „sein Leben in den Tod gegeben hat"] das Licht schauen und die Fülle haben"; und so wird er noch „den Vielen Gerechtigkeit schaffen, denn er trägt ihre Sünden". Vgl. Jes 26,19: „Aber deine Toten werden leben, deine Leichname werden auferstehen."

1.3 Konsistentes Reden von der Seele: der Identitätsbegriff als Integral

Seit Anfang des 19. Jahrhunderts bietet sich der Begriff der *Identität* an, um die von der Tradition zwar auffallend konstant, aber nicht zusammenhängend genug angesprochenen Besonderheiten der menschlichen Seele in einen widerspruchsfreien, einheitlichen Zusammenhang zu bringen. Für die Darstellung seines Systems gebrauchte der Philosoph Friedrich Wilhelm Joseph Schelling (1775–1854) im Jahre 1801 den Begriff ‚Identitätsphilosophie'. Er wollte eine neue Denkform anstoßen, die Geist und Stoff als verschiedene Dimensionen nur *einer* Wirklichkeit auffasst. Der Identitätsbegriff hat dann noch eine eigene Karriere angetreten. In seiner heutigen Entwicklung scheint er in der Lage zu sein, die verschiedenen traditionellen Zuschreibungen an die menschliche Seele logisch so zu ordnen, dass sie wirklich zusammengehören, also ein gerade in dieser Form notweniges Ganzes bilden. Gelingt diese Zusammenordnung, dann kann auch gesagt werden: Dies und nichts anderes ist *Seele*.

Von Haus aus steht der Identitätsbegriff für die Vereinbarkeit individuell-subjektiver und allgemein-objektiver Wirklichkeit. Bei Schelling werden auch subjektives Wollen einerseits und objektives Müssen andererseits auf einer höheren Stufe der *Freiheit* zusammengefasst.

Spätestens seit Kierkegaard (1813–1855) kann das *seelische Resultat* einer solchen Zusammenfassung der beiden Dimensionen des Wirklichen als das *Selbst* bezeichnet werden. Sowohl die Entwicklung einer Person wie auch die Entwicklung der Welt wurde in der Philosophie des deutschen Idealismus als *Selbstwerdungsprozess* verstanden. Unabhängig von den einzelnen Theoriebildungen hierzu im deutschen Idealismus lässt sich feststellen:

1.3.1 These

Wenn der Mensch – seelisch – einen *Weg* geht, und wenn er dabei ein höchstes *geistiges Ziel* (das Selbst) vor sich hat, dann lassen sich die verschiedenen ‚Phänomene des Seelischen', die wir aus Philosophie- und Religionsgeschichte kennen gelernt haben, als einander bedingend oder voraussetzend zusammenordnen. Auch die *ostasiatischen* Vorstellungen vom seelisch-geistigen *Selbst* (indisch: *atma*) lassen sich einordnen. Sie beziehen sich auf bestimmte Weisen einer Zusammenführung des Subjektiven und des Objektiven, des Individuellen und des Allgemeinen.[41]

---

41) Vgl. HANS-PETER HASENFRATZ, Die Seele, Einführung in ein religiöses Grundphänomen, Zürich 1986, 96 ff.

Wir definierten von Anfang an die menschliche Seele als Strebekraft, die den Menschen als Person und als Individuum zur Übereinstimmung mit sich selbst bringen will. In dem und mit dem, was der Mensch als ‚subjektive' und ‚objektive' Dimension in seinem eigenen Inneren empfindet, erstrebt die Seele Identität. Von diesem Strebeprozess sind auch Gemüt und Gewissen, Fühlen und Wollen, Erkennen und Denken, Handeln und Unterlassen, Tugend und Untugend sowie die Hoffnung und die Angst des Menschen wesentlich bestimmt.[42] Das alles sind nicht etwa disparate Anlagen, Fähigkeiten und Tätigkeiten der Menschenseele, sondern das alles ist im Interesse einer gemeinsamen, übergeordneten Intention[43] *aufeinander bezogen*, nämlich der Selbstwerdung, des Hingelangens zur Übereinstimmung mit sich selbst. Was von dieser *Intention* abweicht, stimmt und macht den Menschen sofort oder in der Folgezeit *unglücklich*.

Wir wiesen bereits darauf hin, dass die seelische Identitätssuche während der biographischen Lebenszeit eines Menschen *nicht* zum Ziel kommt. Dass ein menschliches Individuum seelisch nach seiner Identität strebt, hat eine über seine biographischen Lebensdaten und persönlichen Erlebnisse hinausreichende

---

42) ERIK H. ERIKSON (Identität und Lebenszyklus, Frankfurt am Main [1959], stw 16, 1973 17) hat dem Begriff der Identität in der heutigen Psychologie (und darüber hinaus) Anerkennung verschafft: Durch die verschiedenen Lebenszyklen und -krisen hindurch ringt der im Reifungsprozess befindliche Mensch um seine Identität. Dies heißt aber, dass er seine individuelle Befindlichkeit und seine subjektiven Wünsche mit den Anforderungen des Kollektivs seelisch in Übereinstimmung zu bringen versucht: Das noch kindliche Ich muss lernen, „wesentliche Schritte in Richtung auf eine greifbare kollektive Zukunft zu machen ... und sich zu einem definierten Ich innerhalb einer sozialen Realität" zu entwickeln. – Der Arzt und Psychotherapeut VIKTOR E. FRANKL (1905–1997) (Der Mensch vor der Frage nach dem Sinn [1979], 4. Aufl. München 1985, 248) hat die Sinnfindung – Grundthema des um Identität bemühten menschliche Lebens – mit der *Leidenserfahrung* in Zusammenhang gebracht: „Solange wir leiden, bleiben wir seelisch lebendig." – Soziologisch ist der heutige Identitätsbegriff auch eng mit den Problemen des Begriffs der *Rolle* verbunden (Talcot Parsons [1902–1979] u. a.). – Für die Theorie des sozialen Handelns hat Georg Herbert Mead (1863–1931) (Mind, Self and Society, Chicago postum 1934) den Begriff der Identität (*self*) dahingehend bestimmt, dass das Ich auch den Erwartungen des *generalized other* entspricht. Seelisch ist das Ich bei Mead in *zwei Dimensionen* gegliedert, einmal in die des subjektiven Bewusstseins, Fühlens und Wollens (engl. *I*), zum andern in die des Beeindrucktseins und des Angetriebenseins vom Kollektiven her (engl. *Me*). Schließlich hat auf andere Weise auch der Philosoph EMMANUEL LÉVINAS (1905–1995) Grundlegendes zur Frage der seelischen ‚Besetztheit' des individuellen menschlichen Ichs vom *Anderen, Fremden* her aufgezeigt.

43) Die Seele des Menschen ist *ausgerichtet* und *ausrichtend*, worüber – weitere Forschungen anregend – z. B. FRANZ BRENTANO (1838–1917) (Psychologie vom empirischen Standpunkt, 1874) gearbeitet hat. – „Intentio" war ein wichtiger Begriff schon der mittelalterlichen theologischen und philosophischen Seelenlehre. Er tauchte öfters im Umkreis der Auslegung des Aristotelischen *intellectus agens* auf. Bei ALEXANDER VON HALES OFM (Doctor irrefragabilis – um 1185–1245) wird *intentio* definiert als „Wille, der durch Licht geleitet wird" (*voluntas directa per lumen*) und als „das, wodurch man zum Ziel kommt" (*illud per quod venitur in finem*) (zit. nach P. ENGELHARD, Artikel *Intentio*, in: HWPh Bd. 4, Basel 1976, 466–474, hier: 467). S. zum Ganzen bes.: DOMINIK PERLER, Theorien der Intentionalität im Mittelalter, 2. Aufl., Frankfurt am Main 2004.

Vor- und Nachgeschichte. Denn unser persönliches Zielstreben berührt sich mit dem Zielstreben anderer nicht nur neben uns, sondern auch vor und nach uns. Eine Person kann auch ein ‚Faktor' im Streben anderer, ihr Selbst zu erreichen, darstellen. Hierdurch erreichen ‚subjektive' seelische Faktoren *zugleich* die Eigenschaft von ‚objektiven' Faktoren, die in der Seele anwesend sind. Das philosophische Problem der menschlichen Fähigkeit zur *Intersubjektivität* könnte von hier aus weiter durchdacht werden.

Aber das seelisch ‚Objektive' ist nun allerdings nicht einfach die Anwesenheit und Virulenz einer ‚Weltseele' in der individuellen Menschseele, wie das in der altgriechischen Philosophie teilweise gedacht worden ist. Es ist auch fraglich, ob das der menschlichen Seele zugeschriebene Vermögen, Begriffe zu bilden und die Wahrheit zu ermessen, zurückgeht auf eine seelische Anteilhabe am Weltganzen oder am Welturprinzip oder an den der Welt über- und zugeordneten Ideen. Weder muss die Menschenseele, die das Wahre und das Gute begreifen will, an den Ursprung der Welt zurücklaufen, noch muss sie zum Ziel des Weltprozesses oder der Menschheitsgeschichte vorlaufen. Das kann und muss sie alles nicht. Denn sie kommt möglicherweise auf viel kürzerem und dennoch nicht ‚ungründlicherem' Weg zum Ziel (der Übereinstimmung mit sich selbst).

Wir meinen, das Erreichen des ‚Ganzen', der Identität, hänge daran, ob das seelische Leben des Menschen in einem hierfür ausreichenden Maß durch *Repräsentationen der Liebe* stimuliert ist. Liebe lässt auf dem Weg zum Selbst das Subjektive und das Objektive, das Individuelle und das Kollektive in der Seele bald zurücktreten, bald besonders hervortreten, wie es nötig ist, um haltbare Gleichgewichte zu erzielen und um Erkenntnisprozesse bezüglich der wirklichen und wahren Verhältnisse in Gang zu setzen. *Res tantum cognoscitur quantum diligitur* („In dem Maße wird etwas erkannt, wie es geliebt wird." – Augustinus). Identität hängt an der Liebe. Sie ist ohne sie nicht zu gewinnen. Das, was jeden einzelnen Menschen wahrhaft menschlich macht und zu seiner persönlichen Identität bringt, muss passiv und aktiv *hervorgeliebt* werden. Es ist vorteilhaft, dass diese menschliche Angewiesenheit auf die Liebe sowohl religiös wie auch nicht religiös wahrgenommen werden kann. Es liegt darin ein Ausgangspunkt für das Verständnis der menschlichen Seele, der sowohl glaubend wie auch philosophisch erfasst werden kann.

1.3.2 Gegenprobe

Um das Dargelegte zu befestigen, machen wir noch eine Gegenprobe. Schwer verständlich ist in den traditionellen Beschreibungen der Seele, dass sie einerseits die *Kraft zum Lebendigsein* in Pflanzen, Tieren und Menschen, andererseits aber auch das *Vermögen zur Wahrheitserkenntnis* darstellen soll. Wo ist denn hier der Zusammenhang? Was befähigt unsere Vitalkraft dazu, uns Menschen, über die Vermittlung von Sinneseindrücken noch hinausgehend, zur Erkenntnis des Allgemeinen sowie des Wahren und Guten hinzuleiten?[44] Was befähigt die Seele auch noch, ein ‚innerer Kompass' und ein ‚Motor' zu sein, der eine Existenzausrichtung auf das ‚Selbst' hin bewirkt?

Konzediert ist: Dem Individuellen steht in der Seele *Alterität* gegenüber. Im Falle des Menschen ist dies einerseits Ausdruck der natürlichen ‚Lebensspannung'; andererseits bedeutet es: Das ‚Ich' muss sich mit seinen Wünschen vor seiner eigenen übrigen Seele rechtfertigen. Aber kann es das überhaupt? Dies scheint das Kernproblem des menschlichen Seelenlebens zu sein. Das ‚Ich' provoziert seelischen Unfrieden, und dafür muss es, wie es schon in der altgriechischen Philosophie gedacht worden ist, *büßen*. Oder aber: Es wird seine eigenen Aktivitäten *durch Liebe ausgleichen* und harmonisieren.[45] Letzten Endes ist ja Liebe der Ermöglichungsgrund eines gelingenden menschlichen Lebens. Letzteres muss nicht nur lieben, sondern vor allem auch von Liebe *getragen* sein. Dafür, dass ein Mensch sein Ichbewusstsein entfalten und ihm gemäß in einer relativen Freiheit leben und handeln kann, müssen nicht nur entsprechend leistungsfähige Gehirnzellen vorhanden sein, sondern auch entsprechende soziale Bedingungen.

Das ist der Hintergrund, der es uns verstehen lässt, warum die menschliche Seele nicht einfach nur ‚Vitalkraft' ist, sondern zugleich den Menschen nach dem Wahren, Guten und Schönen (Harmonie!) streben lässt. Gerade daran hängt des *Menschen* Lebensmöglichkeit! Er ist als Individuum überhaupt nur tragbar, wenn er liebend und seine wahre Situation im Gesamtkosmos ‚wahrheitsgemäß' erkennend über sich selbst hinaus ist. Er lebt nicht von vornherein schon in einer seelischen Einheit mit dem Kollektiven der Welt, sondern er muss diese Einheit erst finden, sie in Liebe geschenkt bekommen und sie auch selbst liebend bewirken (d.h. sich verlieren und gerade so finden). So löst sich das Rätsel, von dem wir zunächst ausgegangen waren: Die Brücke von der als ‚Vitalkraft' verstandenen Seele bis hin zu der als ‚Leiterin zum Guten und Schönen' und als ‚Ort der Wahrheitserkenntnis' verstandenen Seele ist geschlagen.

---

44) Gerade bei Aristoteles fällt auf, dass der *Seele* zugleich elementare biologische Funktionen und höchste geistig-kulturelle Funktionen zugeschrieben werden. Vgl. JOSEF QUITTERER, Ist unser Selbst Illusion oder neurobiologische Realität? Ein Beitrag zur Aktualität des Seelenbegriffs. In: PETER NEUNER (Hg.), Naturalisierung des Geistes – Sprachlosigkeit der Theologie? Die Mind-Brain-Debatte und das christliche Menschenbild (QuD 205), Freiburg-Basel-Wien 2003, 79–97: Was Aristoteles sodann als „Vernunftseele" bezeichnet – das Selbst –, ist gerade „nicht nur für die höheren kognitiven Fähigkeiten verantwortlich, sondern ... bestimmt auch die grundlegenden physiologischen Prozesse des menschlichen Organismus." „Das Explanandum der Seele erweitert sich [somit] auf das gesamte Erleben und Verhalten von Organismen."

45) Aristoteles dachte hier an das seelische Streben nach *Freundschaft* (Ethica Nicomachea).

1. Kein semantisches Chaos trotz unterschiedlicher Deutungen der Seele

Die größte Schulfrage des spätmittelalterlichen Denkens (Stichwort: ‚Universalienstreit') war, wie denn der Mensch dazu komme, sich *Begriffe* von der Welt bilden zu können. Woher hat der sterbliche Mensch diesen ‚archimedischen Hebel'? Auch dieses Problem wurde der *Seele* aufgebürdet. Wie kann der Mensch z. B. das Endliche *als Endliches* erkennen? Wie kann es sein, dass er nicht nur die unterschiedlichen Formen der Entitäten unterscheiden kann (wie es Tiere ebenfalls können), sondern dass er zudem weiß, dass die Form die Form ist? Für Theologen war es klar, dass Gott, der Schöpfer, den Geist des Menschen dementsprechend instruiert hat. Philosophische Aristoteliker suchten die Lösung dagegen in der Richtung, dass die individuellen Menschenseelen hierbei *an einer einzigen Seele partizipieren, die allen Menschen gemeinsam zukommt* (die also mit den einzelnen Menschen auch nicht stirbt, jedoch andererseits keine individuelle Unsterblichkeit des Menschen begründet).[46] Gegen diese Problemlösung legte wiederum die katholische Kirche am Anfang des 16. Jahrhunderts auf dem 5. Laterankonzil ein Veto ein. Denn sie wollte verständlicherweise weder wieder zurück zur altgriechischen Hypothese einer ‚Weltseele'; noch wollte sie (in der Richtung der späteren Hypothese Ludwig Feuerbachs) eine Lösung propagieren, derzufolge sich die menschliche Einzelseele am Können und Wollen der Gesamtmenschheit orientiert. Beides würde die christliche Wertschätzung der Einzelseele herabdrücken. Insgesamt handelte es sich um ein zu Beginn des 16. Jahrhunderts notwendiges Fachgespräch über die menschliche Seele. Nur sind die genannten Fragen damals nicht wirklich aufgehellt worden. Es hat also damals schon philosophische Sackgassen gegeben, die dem zeitlich viel späteren Urteil, ‚Seele' lasse sich überhaupt nicht ordentlich denken, letztlich zugrunde liegen.

Der Identitätsbegriff muss und kann sich dadurch bewähren, dass er aus diesen philosophischen Sackgassen herausführt. Er tut dies tatsächlich, weil er weder den spekulativen Rekurs auf die Weltseele noch den spekulativen Vorgriff auf

---

46) Vgl. etwa die entsprechenden Ausarbeitungen bei Petrus Pomponatius (1462–1525) in Erneuerung von Positionen des Averroes. Pomponatius wollte an die Seelenfrage „unter Ausschluss von Offenbarung und Wundern" herangehen. Das bedeutete eine kritische Spitze gegen die Beschlüsse des 5. Laterankonzils! P. votierte mit Aristoteles für die *Sterblichkeit* der menschlichen Seele und die *Ewigkeit der Welt*. Er vermutete an der christlichen Osterbotschaft vorbeischießend, die Theologen hätten ein ewiges Weiterleben der Einzelseelen nur deshalb ins Spiel gebracht, um aus Moralgründen mit ewigen Strafen drohen zu können. Seine eigene These ging indessen dahin, dass sich die *erkennende* Seele zwar real unterscheide von der *vergänglichen* Menschenseele, sie sei aber in *allen Menschen* der Zahl nach nur eine (also eine und dieselbe, während die sonstigen Seelen ‚individuell vervielfältigt' seien): PIETRO POMPONAZZI, Tractatus de immortalitate animae (1516) (= Abhandlung über die Unsterblichkeit der Seele, übers. u. mit einer Einl. hg. v. BURKHARD MOJSICH, lateinisch-deutsch, Hamburg 1999, XVIII). – Bei einer ‚Lösung' wie der des Pomponatius kommt man aber, ihrer eigenen Intention entgegen, aus dem Zirkel einer ‚zweifachen Wahrheit' kaum heraus.

die Menschheitsseele in ihrer weltgeschichtlichen Vollendung nötig hat, um die Teilhabe der Einzelseele an der Wahrheitserkenntnis in Allgemeinbegriffen sowie am ethisch Guten und Schönen erklären zu können. Die Identitätskategorie rückt den Weg der Seele hin zum ‚Selbst' unter die Perspektive der *Liebe*. Ohne Letztere wird keine Identität erreicht. Liebe konstituiert den Weg der Seele zu sich selbst und bringt dabei das Bewusste und das Unbewusste, aber auch das Stoffliche und das Geistige, das Begrenzte und das die Raum- und Zeitschranken Übersteigende, das Notwendige und die Freiheit in einen *einheitlichen Sinnzusammenhang*. Eros und Agape hängen ineinander. Das ‚Geheimnis der Welt', das sich letztlich in der Seele konzentriert, hängt mit sich realisierender Liebe zusammen.

1.3.3 Ausblick: Gottes trinitarische Identität und des Menschen seelische Identität

Der Mensch ist als *imago Dei* ‚Nachbild Gottes'. Er ist in seiner Seele ein *Gleichnis Gottes*. Er bildet aber nicht nur den himmlischen Vater, sondern den dreieinigen Gott (Vater, Sohn und Heiliger Geist) in seiner Seele nach. Aus christlicher Sicht könnte der Mensch ja nicht Gottes Ebenbild sein, wenn er nicht Ebenbild der *Trinität* wäre. Das Verhältnis von Vater, Sohn und Heiliger Geist zeigt die spezifische *Lebendigkeit* Gottes in inneren und in nach außen gerichteten *Beziehungen* an; es zeigt auch an, inwiefern und auf welche Weise Gott *Liebe* ist; es zeigt an, dass Gott sich von sich selbst unterscheidet und gerade so *sich entspricht*;[47] es zeigt an, dass Gott sich in der Weise *offenbart*, dass er sich selbst entspricht; es zeigt an, dass der Mensch *Jesus* (und in Jesus der *Mensch*) gemäß unserer Wahrnehmungsfähigkeit die Einheit und die Unterschiedenheit in Gott bedingt[48]; es zeigt an, dass Gott in einer lebendigen Bewegung *zu sich selbst kommt*, obwohl er auch immer schon bei sich ist und immer schon bei sich war; es zeigt an, dass Gott *endlich und ewig zugleich* ist; es zeigt an, dass Gott ein ‚fühlendes Herz' hat und doch *Geist* ist, und dass er *denkbar* und nicht etwa undenkbar[49] ist. – Wie sollte da nicht eine Entsprechung Gottes

---

47) Vgl. dazu: EBERHARD JÜNGEL, Gottes Sein ist im Werden. Verantwortliche Rede vom Sein Gottes bei Karl Barth. Eine Paraphrase, Tübingen 1965, 35.

48) EBERHARD JÜNGEL, Gott als Geheimnis der Welt. Zur Begründung der Theologie des Gekreuzigten im Streit zwischen Theismus und Atheismus, Tübingen 1977, 500: Gottes Identität hängt an Gottes „Selbstidentifizierung ... mit Jesus", in der es sich auch erweist, dass „Gott darin die Liebe [ist], dass er sich nicht selber lieben will, ohne sein Geschöpf, das ihm gegenüber schlechthin Andere, zu lieben. Das ist das ewige, das göttliche Motiv der Selbstunterscheidung Gottes, ohne die seine Identität mit dem Menschen Jesus nicht denkbar wäre."

49) Zur „Denkbarkeit Gottes" s. JÜNGEL, a. a. O., 138 ff. Ist Gott ‚denkbar', so ist er auf der anderen Seite auch der Inbegriff dessen, was ‚Denken' ist.

zur menschlichen Seele oder eine Entsprechung der menschlichen Seele zu Gott angenommen werden müssen, wie das in klassischer Weise durch Augustinus teils angefragt, teils aufgezeigt worden ist?[50]

Die Seele des Menschen drückt dessen Identität in der Weise aus, dass auch sie festhält, was der einmalige, der individuelle Mensch schon immer war, dass sie aber zugleich offenbart, dass der Mensch erst werden muss, was er ist (oder sollte man, um des Menschen Innovationsfähigkeit anzudeuten, sagen: was er *so* noch nie war?). Auch die Menschenseele enthält in sich Ich und Du: Sie ist ein Gefüge von inneren und nach außen gerichteten Beziehungen. Auch die Menschenseele ist der Spiegel von Lebendigkeit, Liebe und Personalität. Auch die Menschenseele hat einen endlichen und einen ewigen, einen allgemeinen und einen individuellen Aspekt; sie unterscheidet sich von sich selbst und ist doch Einheit; sie geht hinaus ins Fremde und bleibt dabei doch ‚zuhause'. Auch die Menschenseele will zu sich selbst kommen. Auch die Menschenseele ist Gefühl und Denken zugleich; auch sie ist *konsistent denkbar*. – Nur: Dringlich wird jetzt die Beantwortung der Frage, ob sich diese Charakteristika der menschlichen Seele nicht ganz ähnlich auflisten ließen, wenn von den Merkmalen des *Geistes* die Rede wäre. Wie verhält sich die Seele zum Geist?

1.4 Das Verhältnis von Seele und Geist

Bei dieser Fragestellung ist die Fülle der vorhandenen philosophischen und theologischen Erwägungen erdrückend. Es ist ausgeschlossen, hier auch nur die prominentesten im Überblick darzustellen und zu erörtern. Allein schon die Bearbeitung der Frage, ob vom Menschen *dichotomisch* (zu unterscheiden sind Körper und Geistseele) oder aber *trichotomisch* (zu unterscheiden sind Körper, Seele und Geist) zu reden sei, benötigte ein eigenes Buch. Im vorliegenden Zusammenhang ist es aber vielleicht möglich und ausreichend, sich auf eine einzige Frage zu beschränken, nämlich: Was rechtfertigt es überhaupt, außer vom Geist auch noch von der Seele zu sprechen? Ist Seele nicht bestenfalls etwas dem Geist Untergeordnetes? Hat nicht schon Kierkegaard aus guten Gründen das ‚Selbst' des Menschen gerade nicht als Seele, sondern als Geist bestimmt?[51] Ist nicht der

---

50) In *De Trinitate* (VIII–XV) wird von Augustinus die Struktur des menschlichen Geistes/ der menschlichen Seele (*anima*) im Sinne der zur göttlichen Trinität gehörenden Relationen erklärt. Es geht aber nicht einfach um den Nachweis, dass es auch im Menschen, der *imago Dei*, Triaden wie etwa *memoria – intelligentia – voluntas* gibt. Sondern gezeigt wird, dass solche Größen sich gegenseitig bedingen und in einem verstehbaren inneren Zusammenhang agieren. Hierdurch wurde ein konsistentes Seelenverständnis auf die Bahn gebracht. Vgl. hierzu: Alfred Schindler, Wort und Analogie in Augustins Trinitätslehre (HUTh 4), Tübingen 1965, 201–214.

51) Sören Kierkegaard, Die Krankheit zum Tode (1849): die berühmten Anfangssätze in der

Geist des Menschen das ‚Nachbild' der göttlichen Trinität? Ist es darum nicht in der Sache begründet, wenn im 20. Jahrhundert in vielen mit der Anthropologie und mit der Gotteslehre befassten Abhandlungen die integrierende Klammer, die Fühlen, Wollen, Denken, Erinnern usw. umfasst, eben nicht als ‚Seele', sondern als *Geist* bezeichnet worden ist? Ist dies nicht ein ernst zu nehmender Hinweis darauf, dass der Begriff ‚Seele' eben doch obsolet geworden sein könnte?

Bezüglich dieser *einen* Frage wird in der Antwort zu zeigen versucht, warum nicht von einem terminologischen Konkurrenzverhältnis von Geist und Seele auszugehen ist, warum vielmehr Identität einerseits als Geist, andererseits aber auch als Seele bzw. einerseits als Prozess des Geistes, andererseits aber auch als seelischer Prozess gesehen werden muss. Im Ergebnis wird erneut für das Recht und die Notwendigkeit des Redens von der Seele – und zwar nun in klarer Verortung im Verhältnis zum Geist – plädiert. Zunächst müssen wir aber die Größe ‚Geist' einmal für sich nehmen und ihre Kontur noch näher bestimmen.

Im Vorangegangenen war bereits der biblische Sprachgebrauch hinsichtlich ‚Seele' durchgesehen worden. Dabei zeigten sich einige Überschneidungen mit ‚Geist'. Das werden wir nun entsprechend auch umgekehrt bei der Untersuchung des Sprachgebrauchs von ‚Geist' feststellen und erneut fragen, welche Folgerungen wir aus diesen Überschneidungen zu ziehen haben.

Im *Alten Testament* begegnet das maßgebliche hebräische Wort für Geist – *ruach* (femin.): Wind, Hauch, Odem usw.[52] – 378 Mal in mindestens *vier verschiedenen Bedeutungen*:

(A) *ruach* kann die ‚Lebenskraft' in den Geschöpfen bezeichnen, die von Gott gespendet und auch wieder entzogen wird.[53]

(B) *ruach* wird übergreifend für das Ingenium Gottes *und* der Geschöpfe verwendet. Das Wort kann sowohl den göttlichen[54] wie den menschlichen Geist (mit seinen Fertigkeiten und seinen Fehlern)[55] und auch den Geist anderer Lebewesen und sogar der Dinge und Sachverhalte bezeichnen.

Übers. v. EMANUEL HIRSCH: „Der Mensch ist Geist. Was aber ist Geist? Geist ist das Selbst. Was aber ist das Selbst? Das Selbst ist ein Verhältnis, das sich zu sich selbst verhält ...".

52) Auch das *deutsche Wort ‚Geist'* meint von der indogermanischen Wurzel *ghei* her: lebhaft bewegen, wild aufbrausen, ausströmen. ‚Geiser' ist damit verwandt. Auch viele andere Sprachen benützen für ‚Geist' (ähnlich wie für ‚Seele') ein Wort, das ursprünglich Wind, Hauch, Atem oder Sturm bedeutet.

53) Vgl. Num 16,22; Ps 104,29 f. u. ö.

54) Der Geist Gottes äußert sich z. B. in seiner Gerechtigkeit, Barmherzigkeit, Weisheit und Güte; oder in seinem Eifer und Zorn; oder in seinem Lehren, Leiten und Strafen; oder in seiner Veranlassung prophetischer Rede.

55) Z. B. ‚Geist der Weisheit' – aber eben auch: ‚Geist der Bosheit', ‚Geist der Torheit', ‚Geist des Truges'.

(C) *ruach* konsolidiert, baut auf: Wenn Gott seinen Geist über Lebende ausgießt, so werden diese gestärkt, mündiger gemacht[56] und so *gesegnet*.[57]

(D) *ruach* Gottes kann bereits Totes wieder zum Leben erwecken oder noch Lebendes neu gebären.[58]

Im Neuen Testament heißt es entsprechend, Jesus sei durch den Geist Gottes von den Toten auferweckt worden.[59] Wo Gott seinen heiligen Geist austeilt, wird der Schwachheit aufgeholfen; es wird *geeinigt*; es werden Glaube, Liebe und Hoffnung aufgerichtet; es geschehen Zeichen, Wunder und mächtige Taten.[60] Wer diese zurückweist, sündigt gegen Gottes Geist.[61] Die Heilige Taufe gilt als das Bad der geistlichen Wiedergeburt.[62] Letztere ist im Johannesevangelium die Voraussetzung dafür, ins Reich Gottes zu gelangen.[63] Ferner: „Wo der Geist des Herrn ist, da ist Freiheit!"[64] Nach Jesu Abschied von der Erde wird der Heilige Geist – der Paraklet – seine ‚Jünger' trösten, stärken, verteidigen und ‚bei Christus festhalten'.[65]

Wie das Alte, so kann auch das Neue Testament von einem eigenen Geist der Menschen sprechen. Es kann diesen, falls er sündig ist, zum ‚Fleisch'[66] rechnen und dem Heiligen Geist diametral gegenüberstellen. Der Heilige Geist selbst kann im Neuen Testament bald eine Macht (*dynamis*), bald eine besondere Begabung im Dienste des Reiches Gottes (*charisma*), bald eine Person darstellen: z. B. „der Herr ist der Geist"[67].

Diese unvollständige Zusammenstellung reicht aus als Hintergrund, um die Fragestellung „wie verhält sich beim Menschen der Geist zur Seele?" weiter zu bearbeiten. Es hat sich gezeigt, dass tatsächlich auch die Bibel an vielen Stellen, wo sie mit ihren speziellen Wörtern und Begriffen vom ‚Geist' redet, ebenso gut von der ‚Seele' hätte reden können. Denn das zur Sprache gekommene Bedeutungsfeld ist praktisch ein und dasselbe – beispielsweise dort, wo in beiden Fällen von der *Lebenskraft* gesprochen wird. Sowohl für den Geist als auch für die

---

56) Vgl. Joel 3,1 ff.
57) Vgl. Jes 44,3 u. ö.
58) Vgl. Hes 37,5 u. ö.
59) I Tim 3,16.
60) Vgl. Hebr 2,4.
61) Mt 12,31 f. u. ö.
62) Tit 3,5. Der Heilige Geist hat nicht nur eine Affinität zum Naturelement ‚Wind', sondern auch zum Naturelement ‚Wasser'.
63) Joh 3,5.
64) II Kor 3,17.
65) Joh 14,16; 15,26; 16,7.
66) ‚Fleisch' ist im Neuen Testament nicht ‚Sinnlichkeit', sondern Leben außer bzw. vor dem Glauben.
67) II Kor 3,17.

Seele kann zudem der Symbolhintergrund des Windes oder des Wassers namhaft gemacht werden, wie das übrigens auch in anderen Kulturen geschieht.

Doch in anderen Fällen meinen Geist und Seele in der Bibel *nicht* dasselbe. Die Seele hat möglicherweise Konflikte. Aber der Geist *löst* sie. Manchmal allerdings *erzeugt* er sie auch. Die Seele wird durch den Tod betroffen. Der Geist kann Leib und Seele aktiv zu neuem Leben auferwecken. Die Seele ‚überlebt' vielleicht. Aber der Geist macht lebendig. Es gibt daher Stellen im Neuen Testament, an denen der Geist gegenüber den Seelen als bedeutender und wertvoller eingestuft wird. Er steht auf einer höheren Stufe. Er hat eine ganz andere Qualität: Das *Psychische* bleibt mit dem Körperlichen und ‚Durchblicklosen' verbunden, aber das *Pneuma* steht oberhalb.[68]

Es begegnet dann aber auch noch ein *semantisches Überschneidungsfeld*: Gefühle, Willensäußerungen, intellektuelle Tätigkeiten können sowohl der Seele als auch dem Geist ‚zugeschlagen' werden. Dieser Sachverhalt wäre unzureichend erklärt, wenn man ihn als Zufall verstünde. Er erklärt sich vielmehr daraus, dass Gefühle, Willensäußerungen und intellektuelle Tätigkeiten sowohl eine Affinität zur Wirksamkeit des Geistes als auch zur Wirksamkeit der Seele haben. Sie sind nämlich diejenigen Größen, die beim Menschen zweischneidig oder ambivalent sein können. Im Bereich des Seelischen erscheinen sie als problemgeladen, als zwiespältig, im Bereich des Geistigen aber als ‚neu zusammengehalten' und ‚in die richtige Richtung gebracht'. Die Zufalls-Hypothese scheitert somit. Denn es muss ja einen Grund dafür geben, dass wir mit solchen Überschneidungsfeldern konfrontiert werden. Und es muss einen Grund haben, dass die verschiedenen Sprachen und Kulturen tatsächlich zwei unterschiedliche Termini aufbieten, um die genannten emotional-geistigen Größen zu fassen: eben Geist *und* Seele. – Mit diesem Hinweis ist nun auch schon die Richtung aufgezeigt, in der das Verhältnis von Geist und Seele, Seele und Geist, näher bestimmt werden kann: *Dafür bedarf es des Geistes, dass der Mensch sich nicht in seiner eigenen Seele auseinander lebt.* Dass er also nicht „Schaden nimmt an seiner Seele" (Mt 16,26, Mk 8,36).

Das Einigen der Seele ist das Geschäft des Geistes. Allerdings kann der Geist auch als ‚Widersacher der Seele' (Ludwig Klages *et alii*) auftreten. Das ergibt sich, wenn in einer Seele ‚zwei Geister' aufeinanderstoßen. Stößt der Geist

---

68) Vgl. I Kor 2,14; Jak 3,15; Jud 19. – Doch gibt es im Neuen Testament andererseits auch ein Reden von Geist und Seele des Menschen, das beide auf eine Stufe stellt und beide (und sogar den Körper gleich noch mit) gleichermaßen als positiv wertet, jedoch auch mit der Möglichkeit rechnet, dass *alle drei* miteinander ‚sträflich' werden könnten (vgl. I Thess 5,23: Der „Gott des Friedens … bewahre euren Geist samt Seele und Leib unversehrt, untadelig für die Ankunft unseres Herrn Jesus Christus").

in einer Einzelseele auf einen dort bereits wirksamen ‚fremden Geist' – vielleicht auf einen solchen, der seelische Verengungen bewirkt –, so kann er zerstören und Schmerzen bereiten. Aber diese Möglichkeit bleibt dem untergeordnet, dass die Einzelseelen den Geist brauchen, um sich durch Erweiterung, Durchleuchtung und Versöhnung ihrer Ausgangsgegebenheiten zu *einen*.

Da sich die menschliche *Seele* über die ganze Biographie hinweg in zwei teils zusammenwirkenden, teils untereinander in Konflikte geratenden Dimensionen *darstellt* und da der Mensch hierdurch vor die Frage des Identischwerdens mit sich selbst gestellt ist, greift die Seele nach von außen in ihre Lebenssituation hineinwirkenden Hilfen und Kräften. Aber mehr noch wird sie selbst von ihnen *ergriffen*. Diese Hilfen, um sich selbst zu finden, nennt der Mensch ‚Geist'. ‚Geist' ist für ihn *das Belebende*. ‚Seele' aber ist im Unterschied dazu *das bereits in ihm steckende Leben*. Der Geist hilft ihm, im Leben zu erreichen, was ihm seelisch auferlegt ist: die ‚Selbstwerdung'. Die Seele aber hat gegenüber dem Geist eine fundamental eigene Bedeutung.

Der seeleneinende Geist kommt in unterschiedlichen Formen und auf unterschiedlichen Wegen zum Menschen. Die Seelen gewinnen *Gemeinschaft* mit dem Geist – bald über die Kultur, die sich wie eine ganz unentbehrliche ‚zweite Haut' um die *per se* gefährdete individuelle Seele legt, bald über die Religion bzw. den Glauben.[69] Das muss nicht als eine Konkurrenz verstanden werden. Im

---

[69] Es kennzeichnet den Geist, dass er zur individuellen Menschenseele aus einem *allgemeineren* geistigen Reich hinzutritt. Doch es gibt einen großen Unterschied zwischen dem ‚Geist der Kultur' und dem ‚Heiligen Geist der Bibel'. Auf diesen Unterschied hat aufmerksam gemacht insbesondere: MICHAEL WELKER, Gottes Geist. Theologie des Heiligen Geistes, Neukirchen-Vluyn 1992. Von der Bibel gilt: „Der Geist Gottes ist ursprünglich als eine Kraft erfahren worden, die die innere Zerrüttung des Volkes und seine politische Ohnmacht gegenüber Bedrohungen von außen überwindet." Er kann zwar z. B. zur *militärischen Tat* inspirieren, aber – übergeordnet – erscheint er als „Geist der Gerechtigkeit und des Friedens" (a. a. O., 109) Gerettet wird durch das Wirken des Heiligen Geistes eine „Gemeinschaft – die kaum weiß, wie ihr dabei geschieht" (59). Welker profiliert dies nun ausdrücklich gegen das in der modernen (westlichen) Kultur wirksame, ausdifferenzierte Moralsystem. Dieses, meint Welker, ist in keiner Weise ein Ersatz für das Wirken des Heiligen Geistes. Der Heilige Geist fügt sich nicht in unsere Teile-Ganzes-Schemata, d. h. er lässt sich nicht aufrufen als der ‚dialektische Einiger' (49). Er widerstrebt idealistisch-metaphysischen Konstruktionen von einer *Universalgeschichte* und einer vorgegebenen *Sinntotalität*, die sich dann im Einzelfall dechiffrieren ließe (50). Er bricht auch die scheinbar in Stahl gegossenen Gesetzlichkeiten des ‚Sozialmoralismus' und des ‚Fortschrittsdenkens' unserer Tage von innen her auf (52). Welker hat in diesem Buch wertvolle Anstöße auch für ein *innertheologisch* besseres Erfassen der Wirklichkeit des Heiligen Geistes gegeben: Die theologische Sicht des Heiligen Geistes lebte bisher weithin in der ‚konzeptionellen Gefangenschaft', dass dem Heiligen Geist (einseitig) die Zuständigkeit für *die subjektive Aneignung der Versöhnung* zugeschrieben wird. Das gilt bis hin zu Karl Barth: Die ‚objektive', die ‚gesellschaftliche' und ‚kosmische' Bedeutung des Heiligen Geistes wurde marginalisiert (52, Anm. 5). Von der systematischen Grundintention Welkers, bestimmte metaphysisch-idealistische Verständnisweisen des Geistes *kritisch zu sehen*, ist auch unsere eigene hier vorgelegte Abhandlung geprägt.

Falle eines so elementaren und vitalen Bedarfs, wie er beim Menschen seelisch gegeben ist, gilt wohl: ‚doppelt genäht, hält besser'!

Jetzt hat sich bei uns der systematische Gesichtspunkt eingestellt, unter dem Geist und Seele einander zuzuordnen sind. Keine der beiden Größen kann durch die jeweils andere einfach ersetzt werden. Sie benötigen sich gegenseitig. Das ist hier das entscheidende Ergebnis. Weder kann der Terminus ‚Seele' kurzerhand ersetzt werden durch den Terminus ‚Geist' noch dieser durch jenen.

Es kann daher gefragt werden: Ist es sinnvoll, von einer *Geistseele* des Menschen zu sprechen, wie das z. B. die katholische Kirche durchweg tut? Von unserem Ergebnis her ist dieser Sprachgebrauch nicht zwingend, aber möglich. Von der menschlichen ‚Geistseele' würden wir allerdings nicht reden, um einen beim Menschen gegenüber Tieren und Pflanzen erreichten, qualitativ höheren mentalen Status (Selbstbewusstsein, Sprache usw.) anzuzeigen. Das Recht dazu wird ohnehin wissenschaftlich zunehmend bestritten. Sondern es geht einzig und allein um *die kontinuierliche Angewiesenheit der menschlichen Seele auf den Geist.* Zu betonen ist dabei, dass der Geist von außen kommt. Aber er wird erwartet. Die menschliche Seele ist seiner besonders bedürftig: Sie muss sich vom Geist her neu empfangen. In diesem Sinne kann von des Menschen ‚Geistseele' gesprochen werden.

1.5 Probleme einer Dialektik des Geistes und die christliche Eschatologie

Es ist im Vorangegangenen der Grund dafür gelegt worden, dass in distinkter Weise von der Seele als einer vom Geist unterschiedenen, eigenen Größe und Realität (wieder) gesprochen werden kann. Was ‚Seele' ist, kann nicht nur gefühlt, sondern auch gedacht werden.

Wir werden mit der Wirklichkeit unserer Seele konfrontiert, wenn wir uns selbst in folgender Weise ansprechen: „Was ist denn mit dir los?" „Wer bin ich denn?" „Warum hast du das getan?" „Nimm dich doch zusammen!" *Wer* fragt oder ermahnt hier wen? Offenbar *ich – mich.* Doch nur zuweilen reden wir so, nämlich dann, wenn man ein wenig mit sich selbst auseinander ist bzw. sich schämt. Das macht die Seele spürbar. Sie spürt, dass die Identität noch weiter weggerutscht ist. In dieser Situation ist es nicht so, dass unser durch Selbstbewusstsein ausgezeichnetes *Ich-Zentrum* den gesicherten Ort abgäbe, an dem wir sozusagen seelisch zuhause wären und von wo aus wir uns nun erkundigen würden nach dem unterbewussten, lichtlosen Hinterland, das ‚objektiv' auch noch zu uns gehört. Sondern das so redende Ichbewusstsein ist selbst verunsichert. Es ist in solchen Momenten nicht das frei handelnde Subjekt, das sich sei-

1. Kein semantisches Chaos trotz unterschiedlicher Deutungen der Seele

nes eigenen ‚Materials' vergewissern würde. Eher spricht so ein Ich, das auf einer schmalen Turmbrüstung sitzt und wünscht, es befände sich nicht so sehr nahe am Abgrund. Dieses sprechende Ich sucht in Wahrheit also aus seinen eigenen Vorräten neue Kräfte und neue Möglichkeiten zu schöpfen.

Die menschliche Seele ist *eine*, aber sie hat zwei Dimensionen. Der Kürze halber sprachen wir öfters von der subjektiven und von der objektiven Dimension der menschlichen Seele. Aber es gehört noch viel mehr dazu, die beiden Dimensionen zu charakterisieren. Da steht auch ein gefühltes Reich der Freiheit einem Reich der Notwendigkeit gegenüber, und die Konflikte zwischen beiden können unsere Gefühle verwirren. Gefühlte Unendlichkeit stößt auf Endlichkeit. Und da steht auch das einsame Ich auf der einen Seite den kollektiven Anteilen seiner selbst auf der anderen Seite gegenüber.

Wenn wir uns nun selbst in der oben genannten Weise ansprechen, dann wollen wir eine Brücke zwischen diesen beiden ‚Reichen' bzw. Dimensionen schlagen. Wir möchten das Leben hier mit dem Leben dort stärken und sozusagen mit uns selbst zurechtkommen. In der Angst pfeifen wir wie die Urvölker über eine tiefe Schlucht oder Kluft hinweg zu den Nachbarstämmen hinüber.

Doch noch einmal ist zu fragen: Wer ist das Subjekt bzw. der Urheber *dieses* Geschehens? Geht es immer aus vom Ich ‚Nummer eins', das sich seiner selbst bewusst ist? Natürlich könnte es auch vom Ich ‚Nummer zwei', das sich seiner *nicht* bewusst ist, ausgehen. Wenn man für diese innerseelischen Vorgänge ein Denkmodell sucht, dann kommt man leicht auf den Begriff des *dialektisch vorgehenden Geistes* aus der Philosophiegeschichte des beginnenden 19. Jahrhunderts. Dann nämlich hätte man ja das ‚Subjekt', das die Arrangements zwischen Ich ‚Nummer eins' und Ich ‚Nummer zwei' in Gang setzt. Weder die *eine* seelische Ichdimension noch die *andere* seelische Ichdimension wäre dann der Urheber, sondern der Geist. Aber dieser gedankliche Schritt auf den Geistesbegriff zu ist sehr bedenklich. Wagt man ihn, dann hebt sich das ganze innere Seelendrama zwischen Freiheit und Notwendigkeit in die höhere Einheit des ‚Geisteslebens' hinein dialektisch auf. Die menschlichen Seelennöte angesichts der schmerzenden Kluft im eigenen Inneren wären dann Durchgangsstufen des Geistes auf dem Weg zu sich selbst. So gesehen, gibt es die Seele dann nicht wirklich. Man würde alles, was ihr zugeschrieben wird, doch besser ‚Stufen des Geisteslebens' nennen. Der sogenannte *Weg der Seele* führte in eine vom Geist vorgezeichnete Versöhnung, ja, er wäre eigentlich der *Weg des Geistes*.

Diese Art, die Seele vermeintlich zu verstehen, scheint in unserer Zeit weit verbreitet zu sein. In weiten Teilen der Literatur wird von vornherein auf den Begriff des Geistes gesetzt, wo über den Menschen und den ‚Widerspruch' in seinem Innern nachgedacht wird. Das gilt auch für theologische Texte. *Über der*

Faszination durch die Dialektik des Geistes ist der Begriff der Seele verloren gegangen. Ein ungeheurer Verlust an Wirklichkeitserfahrung ist hierüber eingetreten. Weil man zu wissen meint, was der Seele guttut und was sie zur Harmonie bringt, und weil man die ‚übergreifende Lösung' für die zwischen den beiden Polen *individuality* und *generalized other* sich zerklüftende Psyche des Menschen bereits vor sich sieht, locken und drohen nun Psychotechniken, Sozialtechniken, Sozialmoralismus und ‚geisteswissenschaftliche Durchblicke' durch die *conditio humana*. Es spielt nun keine große Rolle mehr, ob die übergreifende, ‚ganzheitliche' Lösung in einem hochgeistigen ‚Selbst' oder in der Einheit der materiellen Welt gesucht wird. Mag der ganze Rahmen auch ein *therapeutischer* sein, die menschliche Seele erstickt in ihm – und sie verschwindet.

Die Begriffe ‚Selbst' und ‚Identität', die in der hier vorliegenden Abhandlung so oft in Anspruch genommen wurden, um das Leben und Streben der menschlichen Seele in ihrer Hinordnung auf den Geist zu charakterisieren, können durchaus – wie wir jetzt gesehen haben – auch im Rahmen einer an der Geistesdialektik orientierten Lehre vom Weg des menschlichen Wesens verwendet werden. Auch der Buddhismus lehrt über Seele und Geist, Selbst und Identität manches, was diese Dialektik widerspiegelt. Die Bausteine sind ja immer wieder dieselben. Aber zu diskutieren ist eben ihre Zu- und Einordnung. Die Gefahr, dass wir die Unterschiede nicht mehr sehen, ist groß.

Die ‚Kluft' in der menschlichen Seele durch eine Vernunftlösung wegschaffen zu wollen, ist *unmenschlich*. Es darf, um der menschlichen Freiheit und Würde willen, keine weitere, höhere Verursacherinstanz der inneren Konflikte des Menschen angenommen werden als der seine seelische Identität suchende Mensch selbst. Er muss auch für sein Böses verantwortlich bleiben dürfen. Dem Menschen kann nicht von seiner ‚zerklüfteten Seele' weggeholfen werden. Vielmehr sollte ihm geholfen werden, mit ihr zu leben. In diesem und nur in diesem Sinne benötigt der Mensch *Geist* und eine vom Geist durchwaltete *Kultur*. Der Mensch benötigt z. B. gelegentliche Erhebungen, die ihn – wie die Ekstasen der Liebe, der Kunst und des Festes es können – die sehnlichst gesuchte Harmonie vorübergehend fühlen lassen. Sie zeigen ihm das Ziel seines seelischen Lebens, ja, seiner ganzen Existenz. Aber diese gnädigen Einblendungen ins menschliche Leben sind nicht auf Dauer zu stellen. Die moderne zivilisatorische Arbeit an Forschritten, die zuletzt die Möglichkeit schüfen, es immer Weihnachten sein zu lassen, töten mit der Seele das Menschliche ab.

Von hier aus zeigt sich die christliche Verkündigung des *Reiches Gottes* noch einmal in ganz neuer Beleuchtung. Das Reich Gottes wird oft als Inbegriff des ‚Geistes auf der Stufe der höchsten Versöhnung' und in diesem Sinn als ein Symbol des ‚Selbst' wahrgenommen. Aber wenn man das tut, muss man zugleich sehen, dass das Reich Gottes keine Chiffre für den durch These und Antithese hindurch zu sich selbst gelangenden menschlichen Geist sein kann. Auch der Heilige Geist kann eine solche Chiffre nicht sein. Das göttliche Reich der Versöhnung ist keine planbare Größe, keine Synthese aus dem, was in den Menschen widereinander strebt. Der Heilige Geist und das von ihm herangebrachte Gottesreich helfen dem Menschen *angesichts* der Kluft in ihm selbst. Dass sie auf Gott *vertrösten*, ist gerade nicht ihr Mangel, wie es eine bestimmte ,Ideologiekritik' behauptet hat, sondern ihre Stärke. Das Menschliche wird durch die christliche Gottesreich-Verkündigung (wenn sie nicht selbst ,ideologisch' wird) *offen* gehalten. Das ist der theologische Sinn des ,Jetzt schon' und des gleichzeitigen ,Noch nicht' in der christlichen Eschatologie. Es zeigt nichts Mangelhaftes an, sondern die beginnende Rettung des Menschlichen.

Die moderne Versuchung, das Nachdenken über die Seele zu vermeiden,[70] ist in unserer Zivilisation weit vorangeschritten. Das zeigt sich beispielsweise daran, wie vom *Körpergefühl* gesprochen zu werden pflegt. Eine sinnvolle und eine nicht sinnvolle Aussage darüber, wie der Mensch seinen Körper empfinden kann, seien wie folgt nebeneinandergestellt: Mit Recht sagen wir z. B. „ich fühle mich in meinem Körper wohl (oder unwohl)". Es ist dagegen nicht sinnvoll, zu sagen „mein Körper fühlt sich wohl (oder unwohl)". Die Intention hierbei ist es zwar, ,ganzheitlich' zu reden. Aber die ,Ganzheitlichkeit' müsste anders zum Ausdruck gebracht werden (nämlich die Seele mit einschließend).

Was hier so oft gedanklich insuffizient formuliert wird, gewinnt seine ernsteste Bedeutung, wenn wir vom *Tod* des Menschen reden und von den Ängsten und Gefühlen, die von ihm erweckt werden. Unser Tod wird als ein Verfallen des Körpers ,erlebt'. Der Körper macht nicht mehr mit. Alle seine Funktionen, die physiologischen und die mentalen, verschlechtern sich und brechen schließlich zusammen. Was im Blick auf das Sterben besonders gefürchtet wird, sind die Schmerzen und die Einbußen, die im Interesse der ,Lebensqualität' möglichst verhindert bzw. möglichst lange hinausgeschoben werden. Aber was die Not des Todes wirklich bedeutet, wird so nicht erfasst. Der Tod wird als eine Katastrophe des *Körpers* missverstanden.

1.6 Die Not mit dem Tod und das Reich Gottes

Das frühere Denken hat sich den Tod oft wie einen *in horizontaler Richtung verlaufenden Schnitt mit der Schere* vorgestellt. Durch diesen Schnitt dachte

---

70) Im Rahmen der Theologie werden hierfür gelegentlich sogar exegetische Gründe vorgeschoben!

man sich das Band ‚durchtrennt', das Körper und Seele bislang verbunden hatte. Nach der Durchtrennung des Bandes stellte man sich den im Stich gelassenen Körper als zur Erde hinunterfahrend, das ihm entwichene Leben – die Seele – aber als in höhere Sphären hinauffahrend vor. Der eine ‚Teil' würde nun zerfallen, der andere jedoch vermutlich nicht. Seitdem jedoch in der Moderne diese alte metaphysische Betrachtung des Menschen stark in den Hintergrund getreten ist, wurde der Tod mehr und mehr als ein inneres Problem des menschlichen Körpers betrachtet. Dessen kurzlebiges Zusammenhalten und die Frage, wie der Verfall aufgehalten werden könne, bestimmten mehr und mehr das Nachdenken über das gute menschliche Leben. Aber es ist eben sehr die Frage, ob die tödliche Bedrohung des menschlichen Lebens überhaupt von dieser Seite her kommt.

Wir bedenken diese Fragen von ihrer anderen Seite her. Zutiefst sehen wir das Leben des Menschen bedroht von einem möglichen *vertikalen Schnitt* durch die Seele selbst, der den Zusammenhang der beiden Dimensionen seiner Seele durchschneidet und somit seine Identität zerstört oder, genauer gesagt, seine weitere Entwicklung auf dem Weg zu sich selbst unmöglich zu machen droht. Dieser Todesschnitt ist die Katastrophe der menschlichen Person. Durch einen derartigen tödlichen Schnitt ‚längs durch seine Seele' könnte der Mensch sogar schon mitten im biologischen Leben untergehen, sterben. *Dieser Todesschnitt* bzw. das, was ihn bewirkt, ist der ‚äußerste Feind' des Menschen[71] und des Menschlichen. Andererseits könnte der Mensch, wenn dieser tödliche Schnitt an der schon vormarkierten Kluft zwischen der subjektiven und der objektiven Dimension seiner Seele *nicht* erfolgen sollte, sogar biologisch sterben – und doch wäre noch Hoffnung!

Der Tod jedenfalls, der den einzelnen Menschen wirklich betrifft, übergeht nicht seine Seele, sondern betrifft *gerade sie*. Ihr Tod ist zu fürchten! Das biologische Sterben ist indessen nicht per se der Tod der Seele. Der Tod eines *Menschen* entscheidet sich am Scheitern seiner Seele auf ihrem Weg zur Identität.

Die Angst des Menschen vor seinem biologischen Lebensende ist trotzdem durchaus verständlich. Dass er dieses Lebensende immer voraussieht, das erfüllt ihn mit *Sorge*.[72] Aber fraglich ist, ob seine persönliche lebenslange Auseinandersetzung mit dieser Sorge den Rahmen abgibt, in welchem der Mensch den Sinn seines Lebens auszuloten hat. Ist es wirklich die kurze Bemessenheit der eigenen Lebenszeit, von der her sich dem Menschen der Daseinssinn eröffnen muss?

---

71) Vgl. I Kor 15,26.
72) Vgl. dazu besonders: MARTIN HEIDEGGER, Sein und Zeit (1927), 9. Aufl. Tübingen 1960, die Paragraphen 40 f. und die Paragraphen 47 ff.

Müsste sich dem Menschen der Daseinssinn nicht viel eher daraus eröffnen, dass er auf seinem Lebensweg die Möglichkeit voraussieht, sich zu finden und sich zu retten in der schließlich erreichten völligen Befreundung und Einheit seiner subjektiv gefühlten Ich-Aspekte einerseits und seiner Ichaspekte, in denen *the generalized other* residiert, anderseits?

Wir entfernen uns nicht von den Kerngedanken der Bibel, wenn wir die Not mit dem Tod in dieser Weise darstellen, dass das wirklich zu Fürchtende das Unmöglichwerden jener Befreundung und Einheit des Menschen mit sich selbst ist. Wir gehen im Gegenteil auf die biblischen Grundaussagen über die Not mit dem Tod entschieden zu. Im Neuen Testament laufen die Grundaussagen darauf hinaus: Statt die ‚ganze Welt' mit ihren noch so weit gefassten materiellen Möglichkeiten, gelte es, das Heil der Seele im Reich Gottes zu gewinnen! Christliche Lehren von den ‚letzten Dingen' sind daran zu messen, wie weit sie wirklich das *Reich Gottes* genannte Heil im Blick haben. Theologisch benötigt wird ein Weg, der das Thema ‚Seele' und das Thema ‚Reich Gottes' zusammenhalten kann.

Bereits gesprochen worden ist in dieser Abhandlung vom *Christus in uns*, der das feindliche Gegeneinander der beiden Dimensionen der menschlichen Seele aufhält und nicht nur ihre friedliche Koexistenz, sondern ihre Befreundung miteinander auf die Bahn bringt. Damit verbunden sind Nächstenliebe, Selbstliebe und Gottesliebe. Die eine Dimension der Seele beginnt, die Lasten der anderen mitzutragen. Es kommt zu Stellvertretungen in der menschlichen Seele. Ihnen entsprechen stellvertretende Lastübernahmen im äußeren, sozialen Leben. Menschen müssen – im Interesse der Menschlichkeit und im Interesse ihrer individuellen Entfaltung – durch viele andere Individuen vertreten werden. Je mehr sie durch andere vertreten werden, desto mehr können sie sich individuell entfalten. Es hat schon Christen gegeben, die sich sogar stellvertretend für bereits gestorbene Nichtchristen taufen ließen, damit auch diese noch ans ‚ewige Leben' herankämen.[73] Das ist ein extremer und uns kaum mehr verständlicher Vorgang. Aber er zeigt, wie sehr es Christenmenschen darum gehen muss, auch die anderen Glieder am Leib Christi mitzunehmen auf dem Weg ins Reich Gottes und ihre Lasten mitzutragen. Zudem lässt jener merkwürdige Vorgang der die Todesgrenze ignorierenden *Vikariatstaufe* ahnen, *wie weit* wir Menschen tatsächlich aufs Vertretenwerden durch andere angewiesen sind und wie weitreichend und kraftvoll Stellvertretung sein kann. Das macht natürlich auch die besondere Fragilität des Menschlichen aus. Aber gerade diese Fragilität beleuchtet wiederum den besonderen Wert des menschlichen Individuums, das so viel Vertretung anderer hinter sich haben muss.

---

73) Vgl. I Kor 15,29. Der Apostel Paulus berichtet dies übrigens nicht mit Kritik.

III. Kann die Seele evident beschrieben werden?

Könnte man vom buddhistisch verstandenen Heilsweg sagen, dass hier jeder Mensch ‚seines eigenen Glückes Schmied' ist, so gehören zum christlich verstandenen Heilsweg offenbar extrem weitgehende Vertretungen durch andere, die aber nicht die Ichkontur eines Individuums allmählich aufheben, sondern sie gerade unterstützen, erhalten und vervollkommnen. Formal ähnlich wie im Buddhismus, aber *ceteris imparibus*, ist im Christentum der Mensch in eine Perspektive hineingestellt, in der *nicht* sein biologischer Tod darüber entscheidet, wie weit seine Ichkontur reicht und wie lange der Mensch überhaupt irgendwo hin reicht. Er reicht ja auch z. B. schon vor seine Zeugung und Geburt zurück. Er ist schon zuvor von Gott und Menschen und der Natur ‚erwartet' und ‚gerufen'. Damit meinen wir: Dafür, dass ein individueller Mensch überhaupt gezeugt und geboren wird, stehen schon im Vorfeld und im Voraus viele und vieles. Dieser Vorlauf gehört mit zu seinem individuellen Person-Leben. Entsprechend hat dieses Person-Leben auch seinen ‚Nachlauf'. Die Identitätsproblematik einer menschlichen Person kommt mit dem biologischen Ableben noch nicht zu ihrem Abschluss, auch nicht zu einem Abbruch. An mir und meinem Leben wird dann noch weiter gearbeitet. Das Erreichen meiner ‚Ich-Identität' ist aber nicht mein Privatziel. Meine Seele ist nicht etwas bloß mir ‚Innerliches'. Sie ist der Inbegriff der Sozialität. Das wahrhaft Soziale besteht aber nicht in einem Auflösen des Ichs in ein allgemeines Wir oder Es hinein. Es besteht vielmehr in der freien Entscheidung des Ichs für das Wir.

Die menschliche Seele ist vom biologischen Tod nicht so betroffen, wie man es meistens meint.[74] Die Seele *überragt* diesen Tod. Sie hat ihr Ziel im ‚Reich Gottes'. Sie ist zwar noch nicht im Ziel. Was sie sucht, die Identität, steht auch beim irdischen Ableben noch aus. *Aber sie hat allen Grund zu hoffen, dass das Gesuchte noch erreicht werden wird.* Entlastet von der ‚ewigen Sorge' in dieser Frage, kann sie furchtlos auf die Ewigkeit zugehen. Der jüngere Karl Barth hat dies auf seine Weise zum Ausdruck gebracht: Ein Christentum, das nicht „diesen

---

74) Unsere Analysen über den Tod decken sich nicht mit denen von MARTIN HEIDEGGER in *Sein und Zeit* (1927). Zwar schreibt H. mit Recht über das Lebensende: „Enden besagt nicht notwendig Sich-Vollenden. Die Frage wird dringlicher, *in welchem Sinne überhaupt der Tod als Enden des Daseins begriffen werden muss*" (a. a. O., 244). Aber H. beantwortet dann diese Frage so, dass der Tod des Menschen bei vorbereitender Sorge um das eigene Dasein, nämlich beim Widerstand gegen dessen Verfall ins das sogenannte ‚man' hinein, eben doch als des Menschen ‚Vollendung' eintrete. Man hat demnach – was ich nicht annehme – beim entschlossenen Durchlaufen seiner irdischen Lebensfrist seine eigene Selbstwerdung selbst in der Hand. Vgl. die von H. selbst kursiv gesetzten Ausführungen: „*Das Vorlaufen enthüllt dem Dasein die Verlorenheit in das Man-selbst und bringt es vor die Möglichkeit ... es selbst zu sein, selbst aber in der leidenschaftlichen, von den Illusionen des Man gelösten, faktischen, ihrer selbst gewissen und sich ängstenden F r e i h e i t z u m T o d e*" (a. a. O., 266). – Christliche Theologie wird sich gegen diese Philosophie des Todes nur verwahren können!

Sinn des Reiches *Gottes,* d. h. der *Aufhebung des Todes* hat, ein solches Christentum ist Unsinn"[75].

Der biologische Tod ist für den Menschen allerdings eine *Schwelle.* Wohin führt diese? Aus der Zeit in die Ewigkeit?

---

75) KARL BARTH, Die Auferstehung der Toten. Eine akademische Vorlesung über I Kor 15, München 1924, 100.

III. Kann die Seele evident beschrieben werden?

Das Verhältnis von Zeit und Ewigkeit ist das Schlüsselproblem der Eschatologie, und die Auswirkungen seiner Auflösung erstrecken sich auf alle Teilbereiche der christlichen Lehre.

Wolfhart Pannenberg
(Systematische Theologie, Bd. 3, 1993)

Der Augenblick ist jenes Zweideutige, in dem Zeit und Ewigkeit einander berühren, und hiermit ist der Begriff der Zeitlichkeit gesetzt, in der die Zeit beständig in die Ewigkeit abreißt und die Ewigkeit beständig die Zeit durchdringt.

Sören Kierkegaard
(Der Begriff Angst, Kap. 3, 1844)

2.
Zeit und Ewigkeit

2.1 Was bedeutet ‚des Menschen Zeit'? 159
2.2 Dankbarkeit für die Zeit – und die endende Frist 164
2.3 Der Mensch vor der Ewigkeit 165

2. Zeit und Ewigkeit

2.1 Was bedeutet ‚des Menschen Zeit'?

„Christus Jesus" hat „dem Tod die Macht genommen" und „das Leben und ein unvergängliches Wesen ans Licht gebracht"[76]: Was heißt hier ‚unvergänglich'? In welcher Weise bleibt das Menschenleben dennoch in die Zeit eingebettet? – Beim Begriff der Zeit geraten wir in den Bereich des Denkens hinein, in dem die vielleicht größten philosophischen Leistungen des 20. Jahrhunderts liegen, an denen wiederum die Physik besonders großen Anteil hat. Es sind nur wenige Theologinnen und Theologen, welche die hier erreichte revolutionsartige Vertiefung des Verstehens der ‚Zeit' und die Bedeutung dieser Vertiefung für die theologische Eschatologie (und Schöpfungslehre) voll ermessen und nachvollziehen können. Aber natürlich gibt es sie,[77] auch wenn man in vielen theologischen Dogmatiken des 20. Jahrhunderts entsprechende Defizite feststellen muss.

In diesem komplizierten Problemfeld muss man genau wissen, wonach man überhaupt fragt. Das Studium vieler Bücher zur Zeittheorie führt nicht von selbst schon zu verbesserter theologischer Erkenntnis. Das Erkenntnisinteresse christlicher Eschatologie an den Fragen von Zeit und Ewigkeit ist zunächst dies, *herauszubekommen, ob noch ‚Zeit' für uns Menschen da sein könnte, nachdem unsere biologische Lebenszeit abgelaufen ist*. Sollte das so sein, fragen wir weiter nach der Qualität dieser uns neu zukommenden Zeit. Ist sie messbar wie die ‚physikalische Zeit'? Folgt sie mithin den Gesetzen der Bewegung von Körpern im Raum mit ihrer bestimmten Geschwindigkeit und Richtung? Oder handelt es sich um eine demgegenüber qualitativ völlig veränderte Zeit, die selbst nicht bewegt ist und in der sich auch nichts mehr bewegt? Wenn es eine solche qualitativ ganz andere Zeit überhaupt geben sollte, nennt man sie meistens Ewigkeit. Meint Ewigkeit aber wohl ‚Unvergänglichkeit', ‚Unendlichkeit' oder ‚stehende Zeit' – eine Zeit des menschlichen Schauens in ewiger Gegenwart, im mystischen *nunc stans*?[78] Diese Fragen wollen wir jetzt aufgreifen.

Dass im 20. Jahrhundert in vertiefter Weise über die Zeit nachgedacht wurde (z. B. in Bezug auf das *vierdimensionale* ‚Raum-Zeit-Kontinuum' und

---

76) II Tim 1,10.
77) Eine inspirierende Dissertation zu diesen Fragen verdanken wir der jetzigen Bischöfin von Lund: Antje Jackelén, Zeit und Ewigkeit. Die Frage der Zeit in Kirche, Naturwissenschaft und Theologie, Neukirchen-Vluyn 2002. – Vgl. ferner die gediegene Tübinger systematisch-theologische Dissertation von Dirk Evers, Raum – Materie – Zeit. Schöpfungstheologie im Dialog mit naturwissenschaftlicher Kosmologie, Tübingen 2000.
78) Vgl. Jackelén, a. a. O., 78: „Mit Ewigkeit ist sowohl unendliche Zeit als auch Zeitlosigkeit, d. h. etwas, das eine andere Qualität hat als Zeit, gemeint. Traditionell definiert Zeit sich vom Primat der Ewigkeit her. Ewigkeit und Zeit können in dreifacher Weise aufeinander bezogen sein, nämlich als ein Nacheinander, als Interaktion in die eine oder andere Richtung oder als ein Umgriffensein der Zeit durch die Ewigkeit. In neueren Liedern [gemeint sind: kirchliche Choräle] scheint der Schwerpunkt in

auf die Abhängigkeit der gemessenen Zeit vom Koordinatensystem, dem der Beobachter von Zeitvorgängen selbst zugehört), hat über die modernen Kulturen eine *neue Stimmung* verhängt. Diese besteht darin, dass man die Zeit meistens nicht mehr unter der Frage untersucht: Was ist sie? Sondern es wird gespürt, dass man als danach fragender Mensch selbst ganz und gar *zeitlich* ist.[79] Für die theologische Eschatologie ergab sich nun die Frage, ob man das noch ausstehende Heil Gottes *nachzeitlich* oder *überzeitlich* denken dürfe. Gibt es überhaupt ‚Nachzeitlichkeit' oder ‚Überzeitlichkeit'? Müsste nicht sogar das Reich Gottes ganz *zeitlich* verstanden werden? Das würde wohl bedeuten, dass es kein anderes Reich Gottes gäbe als nur das, das sich jetzt im Glauben ‚zeitigt'. Meint dann aber ‚Ewigkeit' nur eine bestimmte Qualität, in der die jetzige Zeit erlebt wird? Ist es falsch, die Zeit als Vorspiel der Ewigkeit zu verstehen?

Was ist Zeit? Bewegt sie uns? Oder erzeugen wir bzw. die Körper *sie* durch unsere Bewegung? Oder gilt beides?[80] Im Sinne der *Newtonschen Physik* stößt man auf das Phänomen der Zeit etwa beim Rollen einer Kugel auf einer Strecke, die von A nach B führt. Durch die zielgerichtete Bewegung lässt die Kugel immer neue Punkte auf dieser Strecke hinter sich. Kenne ich die Geschwindigkeit ihres Rollens, dann kann ich messen, wann sie wo war, jetzt ist und später sein wird. Es gibt also *durch die Bewegung und Ortsveränderung eines Körpers* ein Vorher, ein Jetzt und ein Nachher. – Aber *so* geht der Mensch nicht durchs Leben![81] Man kann nicht sagen, der Mensch generiere im Vorwärtsschreiten seines Lebens die Zeit – oder doch?[82] Am angemessensten wird hinsichtlich der biographischen Zeiterfahrung gesagt: Der Mensch geht durchs Leben – und etwas *geschieht*. Über den Menschen wird auf seinem Weg immer wieder etwas verhängt, was aus einer anderen Richtung kommt. Geschehnisse sind unvorhersehbare Ereignisse, die auf uns zukommen *und die uns bewegen*. In emergenter

---

signifikanter Weise verschoben: Ewigkeit scheint in Diesseitigkeit eingeordnet zu sein und sich vor dem Forum der Zeit verantworten zu müssen."

79) Vgl. EVERS, a. a. O., 362; „In der Tat führt die kosmische Anwendung der allgemeinen Relativitätstheorie … dazu", einzusehen, „dass die Zeit keine abstrakte Größe ist", sondern „die Textur der geschöpflichen Wirklichkeit selbst". – Noch einen Schritt weiter ging KARL BARTH, KD III/2, 629: „Menschlichkeit ist *Zeitlichkeit*. Zeitlichkeit ist, soweit wir sehen und verstehen, *Menschlichkeit*."

80) Eine kluge Meditation über die Frage, ob die Zeit geht oder ob wir gehen, findet sich z. B. bei KARL BARTH, KD III/2, 629.

81) GEORG PICHT, Die Zeit und die Modalitäten. In: H. P. DÜRR (Hg.), Quanten und Felder. Physikalische Betrachtungen zum 70. Geburtstag von Werner Heisenberg, Braunschweig 1971, 67–76: Vergangenheit, Gegenwart und Zukunft müssen philosophisch in Beziehung gesetzt werden zu Notwendigkeit, Wirklichkeit und Möglichkeit.

82) Vgl. AURELIUS AUGUSTINUS, Vom Gottesstaat, Buch 12, Kap. 16: „Es gab eine Zeit … als der Mensch noch nicht war." – Wie ‚dialektisch' diese Frage jedoch ist, erhellt, wenn Augustinus im selben Kapitel dann auch Folgendes ausführt: „Denn wo keine Kreatur ist, durch deren Wandlungen und Bewegungen die Zeiten sich bilden, kann es überhaupt keine Zeiten geben."

2. Zeit und Ewigkeit

Weise tritt *Neues* herein, das nach den Gesetzen des Newtonschen Bewegungs- und Zeitsystems vorerst nicht erklärt werden kann. Denn formallogisch ist hier Folgendes geschehen: Über jenes System, in dem sich die Dinge gemäß den vorhandenen Koordinaten bewegen, schob sich ein neues System, in dem die Messwerte sich nach anderen Koordinaten richten.[83] So entsteht *Geschehnis-Zeit*.[84]

Im Leben gehen wir also nicht Schritt für Schritt *unseren* Weg von A (Geburt) nach B (Tod) in der Auseinandersetzung mit freundlichen und feindlichen Ereignissen (= Erfahrungen). Unser Leben verläuft nicht wie das des Pilgers, der *seine Straße* zieht. Unser Zeitquantum entspricht nicht einfach unserem Wandern von hier nach dort (dem Ziel auf unserer Strecke). Die Schwierigkeit ist, dass sich unser Leben mit demjenigen anderer kreuzt. Wir gehen ein Stück mit Menschen, die selbst gleichzeitig einen anderen Weg – *ihren Weg* – gehen. Sie bringen sozusagen ihre eigene Zeit mit. Vielleicht ist sogar unser Weg und das ganze Leben unserer Person ‚eingebaut' in das Leben anderer (und somit auch deren ‚Teil'). *Das würde die Identitätsfrage, die uns seelisch gestellt ist, allerdings zum Äußersten treiben.* Doch auf dem heutigen Reflexionsniveau ist von der ‚Zeit' auf jeden Fall dies anzunehmen, dass unter ihrer Regie dynamische Systeme (wie wir Menschen eines darstellen) in ihrem zeitlichen Bewegtsein *überformt werden* von anderen dynamischen Systemen.[85] Das geschieht sogar mit ganzen Kulturen, die ‚von uns aus gesehen' in einer früheren Zeit leben. Im *clash* der Kulturen verwirren sich die Zeiten und verunsichern sich die Identitäten.

Aber gerade so geschieht auch *Neues*, und ihm gegenüber bzw. an ihm *entsteht* nun *Altes*. Dieses bleibt insofern erhalten, als es das ‚Einverleibte' des es überformenden Neuen darstellt. Das Alte wird neu repräsentiert.[86] Des Menschen Zeit hat mit *in der Veränderung Bleibendem* und *im Bleibenden sich Verändernden* zu tun.[87] Die große Frage ist nun: Was und wo ist dieses Blei-

---

83) S. zum Verständnis von ‚Emergenz': z. B. Evers, a. a. O., 359 (mit Anm. 207).

84) Evers, a. a. O., 359 f.: „In dem langen Prozess der Ausdifferenzierung von System-Umwelt-Relationen, die im Rahmen der terrestrischen Evolution stattgefunden hat, sind auch wir als bewusste, Zeit erfahrende Wesen entstanden. Insofern alles Geschehen des wirklichen Kosmos ein sich mit der Zeit vollziehender Prozess im Übergang von zukünftigen Möglichkeiten in wirkliche Zustände darstellt, ist auch die *Struktur unseres Bewusstseins* eine temporale, die immer nur im zeitlichen Nacheinander prozessieren und Wahrnehmung strukturieren kann."

85) Vgl. Eberhard Wölfel, Endet die Zeit? Bemerkungen zum Zeitproblem im Aspekt naturwissenschaftlicher Erschließung. In: Konrad Stock (Hg.), Zeit und Schöpfung, Gütersloh 1997, 11–40, hier: 37: „Ein Wechselverhältnis als differentiales Getriebe in Bezug auf die Zeit beschreibt das Überprägtsein einer *ersten* grundlegenden Funktion (t…) durch eine *zweite*, die auf ihrem Boden operiert (t…). Erst beide zusammen setzen uns instand, das Phänomen ‚Zeit' in der Zusammengehörigkeit seiner Komponenten zu verstehen. *In dieser Verkettungsformel haben wir also eine Art Angelpunkt der gesamten Zeitlehre zu sehen*".

86) Wölfel, a. a. O., 37.

87) Vgl. Wölfel, a. a. O., 36, im Abschluss an: F. Cramer, Der Zeitbaum. Grundlegung einer

bende, das nach Hölderlin nur die Dichter stiften können? Formallogisch handelt es sich beim Bleibenden um *Identitätskerne*, die der Fluss der Zeit nicht zunichte macht, auf die vielmehr immer wieder zurückgekommen wird. Als Individuen und als Personen sind aber gerade die Menschen selbst solche Identitätskerne im Fluss des Raum-Zeit-Kontinuums. Sie brauchen und überstehen Veränderungen. Das ist eine anthropologische Fundamentalaussage, die auch für die christliche Eschatologie Bedeutung hat: Das menschliche Selbst wird durchgehalten in den materiellen Veränderungen, sogar wenn es ‚ins Nichts hineingehalten' schiene.

Seit alters gilt die Seele als die Instanz, in der der Mensch seine Vergänglichkeit erfährt und gleichzeitig vor die existenzielle Frage des Bleibenden gestellt wird.[88] Zu erinnern ist hier an die unermessliche Bedeutung, die das 11. Buch der *Confessiones* des Augustinus mit seinen Darlegungen über ‚Zeit' und ‚Seele' in der Geschichte des westlichen Denkens gehabt hat und noch hat.[89] Augustinus zufolge prägen nicht die Sternenbewegungen und nicht der kaiserliche Kalender die Zeit, „sondern die *Seele*" selbst prägt die Zeit. Zeit ist daher „*Eigenzeit*, innenbestimmt, fragil …, nicht *eisern*", nicht „*mechanisch* …, sofern unauffällig-stille Akte wie Besinnen, Sich-ganz-auf-das-Gegenwärtige-Konzentrieren … sie bewirken"[90]. Zeit ist *distentio* (ein schwieriger Begriff; er meint hier: ‚Erstreckung', ‚Gefülltsein' oder auch ‚Zerstreutheit' der Seele – und mit der Seele auch des jeweiligen biographischen Lebens)[91]. Martin Heidegger kommentierte 1930 in einem Vortrag im Kloster Beuron Augustins Reden von der *distentio animae* dahingehend, dass des Menschen „*Erstrecktheit* sich gewöhnlich in *Zerstreuung*" verwandle.[92] Nach Augustinus ist ‚Zeit' etwas, das mit Zer-

---

allgemeinen Zeittheorie, Frankfurt-Leipzig 1993, 73: Alles Geschehen ist „eine Verkettung von Werden und Bestehen", und zwar in der Weise, „dass das Bestehen die grundlegende Realität sichert und das Werden aufgeprägt ist als zeitliche Umformung der Welt".

88) Dieser Zusammenhang ist nach ARISTOTELES zwangsläufig, weil „die Seele in gewisser Weise das Seiende [*ta onta*] ist" (De Anima 431b 21). Die Seele steht für dasjenige, was nicht den Veränderungen unterworfen ist, sondern selbst verändert. Insofern lebt sie nicht in der Zeit, sondern mit der Zeit, sie erzeugt sie geradezu.

89) In höchst instruktiver Weise ist die Auslegungsgeschichte dargestellt bei: KURT FLASCH, Was ist Zeit? Augustinus von Hippo. Das XI. Buch der Confessiones. Historisch-philosophische Studie, Frankfurt am Main 1993. Dem Kommentar Flaschs ist auch Augustins Originaltext des XI. Buches (lat. u. in dt. Übers.) beigegeben.

90) FLASCH, a. a. O., 16.

91) FLASCH übersetzt, a. a. O., 277, Augustins Aussage in Buch XI, c. XXIX.39 *ecce distentio est vita mea* folgendermaßen: „so sieh: Mein Leben ist zerteilendes Ausdehnen". Zerteilt wird dabei die Zeit in Vergangenheit, Gegenwart und Zukunft. Sie entgleitet aber immer – und damit entgleitet auch das eigene Leben –, weil die Vergangenheit nicht mehr und die Zukunft noch nicht ist. Somit lässt sich „von der Zeit nur behaupten, sie sei, weil sie zum Nichtsein übergeht" (so AUGUSTINUS in Buch XI, c. XIV.17).

92) Das Heidegger-Zitat nach FLASCH, a. a. O., 57 f.

fallen zu tun hat – als wäre die Entropie vorgedacht. Kontrapunktisch steht ihr bei Augustinus das Heile und Ganze der göttlichen Ewigkeit gegenüber.

Ist des Menschen Zeitverfallenheit also doch sein Verderben? Sicherlich ist der Mensch als Schnittpunkt vieler unterschiedlicher Lebensinteressen bzw. des Lebenswillens vieler anderer ein zutiefst bedrohtes Wesen. Er muss energisch an sich selbst festhalten, was in der *conservatio sui* (Streben nach Selbsterhaltung), aber auch in der *Erinnerung* geschieht.[93] Außerdem erfährt der Mensch gnädige Bewahrung, etwa wenn speziell ihm als Individuum „ein Tisch bereitet" ist „im Angesicht meiner [seiner] Feinde"[94]. Die ganze Metaphorik der ‚Feinde', die in alttestamentlichen Psalmen so oft der eigenen Person ‚nachstellen', bezieht sich auf die *Frage des eigenen Erhaltenwerdens in der Zeit angesichts sich erhebender Lebensansprüche anderer*. Man unterschätzt diese Metaphorik, wenn man sie als ethisch anfechtbaren Rachewunsch einstuft. Scheint dies denn nicht eine reale Bedrohung zu sein, dass das eigene Ich in plötzlichen Geschehnissen geschluckt werden könnte vom Ich anderer,[95] die im ‚Daseinskampf' an ‚meine Stelle' zu treten suchen? – Erinnerung und Gnade erhalten die individuelle *Identität* aufrecht. Sie wird durch die Zeit in Frage gestellt; aber dass sie neu *gewonnen* werden kann, das ist ebenfalls eine Frage der Zeit und ihrer ‚Geschehnisse'. Bei der *Identität* geht es um das einem Individuum in der Veränderung und Infragestellung *Bleibende*. Es geht um die Frage, wie das Individuum ‚es selbst' bleiben kann in der *Veränderung*. Beides entscheidet sich in der *Seele*.

Welches ist nun der *theologische Ertrag* unserer Analysen von ‚des Menschen Zeit'? Wir haben die Frage der seelischen Identität von einer neuen Seite her beleuchtet. Wir haben mit der Hilfe hoch reflektierter Analysen der sogenannte *Geschehnis-Zeit*, wie sie erst im 20. Jahrhundert möglich geworden sind, den Menschen als Austragungsort sich überlagernder Raum-Zeit-Kontinua wahrgenommen. Auch von dieser Seite her zeigte sich uns die Seele als *Gescheh-*

---

93) MARTIN WALSER, Das Einhorn, 1966, steht unter folgendem Motto: „*Ich bin mein Erinnern. Augustin*", zit. n. FLASCH, a. a. O., 18.

94) Vgl. Ps 23,5.

95) Das können ‚Feinde' sein, aber auch scheinbare ‚Freunde'. Letzteres war beim Ringen Hiobs um seine Identität vor Gott der Fall. Ihre Intervention stellte für Hiob den Gipfel der Lebensgefahr dar. Dem hat Ps 55 folgenden ergreifenden Ausdruck verliehen: Ein bedrängter Mensch klagt in Todesfurcht: „nicht mein Feind schmäht mich, das wollte ich tragen; nicht mein Hasser tut groß wider mich, vor ihm wollte ich mich bergen. Aber nun bis du es, mein Gefährte [der mich umzubringen droht], mein Freund und mein Vertrauter, die wir freundlich miteinander waren, die wir in Gottes Haus gingen inmitten der Menge" (Ps 55,13–15). Nur Gott allein, „der da thront von Urzeit her", kann jetzt dem von seinem Freund-Feind in die letzte Ecke Getriebenen noch helfen (V. 20). Der so bedrängte Mensch flieht zu seinem *Ursprung* in der Hoffnung, sein Leben nicht an den ungerecht handelnden Freund-Feind verlieren zu müssen, und in der Erwartung, Gott werde vielmehr diesem „Blutgierigen und Falschen" die Hälfte seiner Tage nehmen (V. 24).

nis-Ort von Stellvertretungen. Sie trägt Lasten anderer, spielt zum Teil fremde Rollen und erweist sich auch als Ausgangsort für Belastungen anderer. Und doch hat sie Chancen, an sich selbst festzuhalten bzw. nicht zu zerbrechen. Ja, erst durch solche Gefährdungen hindurch wächst und vollendet sich seelische Identität. Die Gottesbeziehung spielt hierbei für die Seele eine fundamentale Rolle.

Wie steht es aber mit dem seelischen Bedarf für *Ewigkeit*? Kann der Mensch nicht einfach dankbar sein für die ihm gegebene *Zeit*? Oder ist es vielleicht die einzige Aufgabe der Ewigkeit, Zeit zu ermöglichen? Nach einer kurzen Reflexion über die Dankbarkeit für die Zeit wenden wir uns diesen Fragen zu.

2.2 Dankbarkeit für die Zeit – und die endende Frist

Dass ein Mensch *dankbar* sein kann, hängt damit zusammen, dass er seelisch dessen innewird, noch *Zeit zu haben*. Nur der Mensch unter allen Geschöpfen hat entweder ‚keine Zeit' oder verfügt über das ‚Geschenk der Zeit'. Wer aber schenkt sie ihm? Sie wird ihm von denen geschenkt, bei denen er seinen eigenen Ursprung vermutet. Die Dankbarkeit richtet sich auf Menschen, dann aber auch auf Gott. Warum wohl auf beide: Mensch und Gott? Weil es nicht selbstverständlich ist, dass Menschen unter Selbstbeschränkung ihres Lebens anderen Zeit und mit der Zeit *Leben* schenken. Das menschliche Individuum fragt: ‚Warum tun sie das ausgerechnet für mich?' Dahinter wird die von weit her kommende Macht der Liebe gespürt: der Ursprung der Erhaltung.[96] In dieser Weise stößt der Mensch auf Gott als seinen *Schöpfer*. In der Schöpfungstheologie geht es vor allem darum, dass der Mensch Dankbarkeit für sein Leben und dessen Spielraum ausdrückt. Schöpfungstheologie expliziert das Bekenntnis „meine Zeit steht in deinen Händen"[97].

Auch Karl Barth zufolge ist es ausschließlich in Gott begründet (und durch Jesus Christus verbürgt), dass der Mensch überhaupt Zeit *haben* kann.[98] Sie ist

---

96) Über die Rückbindung an den Ursprung vgl. Augustinus, Confessiones Buch XI, c.VIII.10.
97) Ps 31,16.
98) Karl Barth meinte (KD III/2, 621): Wäre es anders, so wäre die Zeitlichkeit des Lebens für den Menschen ein *fürchterliches Desaster*. Der Mensch könnte dann nur, mit Hölderlin, das Los der Sterblichen beklagen (*Hyperions Schicksalslied* von Friedrich Hölderlin):
„Doch uns ist gegeben,
Auf keiner Stätte zu ruh'n,
Es schwinden, es fallen
Die leidenden Menschen
Blindlings von einer
Stunde zur andern,
Wie Wasser von Klippe
Zu Klippe geworfen,
Jahrlang ins Ungewisse hinab."

dem menschlichen Individuum von seinem Ursprung her gegeben worden. Zeit ist Gottes Schöpfung.[99]

Wo aber *endet* der Spielraum, wann *endet* die Frist, die einem Menschen vom Ursprung her gegeben ist? Und *wie* enden beide? Enden sie mit dem ‚biologischen Ableben'? Oder ist dieses gerade für Gott *kein* Grenzen ziehendes Datum? Kommt es Gott nicht zu, blühendes Leben *mittendrin* abzubrechen, aber auch völlig verdorrtes, bereits abgestorbenes Leben zu neuem Leben zu erwecken?[100] Wird das Ende für das gestorbene Individuum ein neuer Anfang sein?

2.3 DER MENSCH VOR DER EWIGKEIT

In christlichen Eschatologien wird in vielfältiger Weise erörtert, wie die Zeitlichkeit des Menschen hingeordnet sein könnte auf die Ewigkeit.[101] Doch wird nicht immer ein und derselbe Begriff von der Ewigkeit herangezogen. Offenbar ist ‚Ewigkeit' (hebr. *olam*; griech. *aion*) schon in der Bibel mehrdeutig.[102] Der Systematische Theologe Markus Mühling legte dar, dass beim Ewigkeitsbegriff in der christlichen Dogmatik vor allem drei Großtheorien verfolgt werden (die jeweils ihre Vor- und Nachteile haben): Eine die an Augustinus (gest. 430) anknüpft, eine die an Boethius (gest. 524) anknüpft und eine, die etwa bei dem zeitgenössischen britischen Philosophen Richard Swinburne (geb. 1934) Verwendung findet.[103] Für Augustinus ist die Ewigkeit ein *totum praesens*; es findet in ihr also keine Zeiterstreckung (*distentio*) und -gliederung mehr statt. Für Boethius ist die Ewigkeit „der vollständige und vollendete Besitz unbegrenzbaren Lebens"[104]. Für Swinburne ist Ewigkeit (wie in manchen Aussagen der Bibel) „anfangsloser und endloser Fluss der Zeit".[105] Diese Großtheorien unterscheiden sich u. a. darin, dass sie die Unendlichkeit der Ewigkeit bald mehr vom

---

99) Vgl. KARL BARTH, KD III/2, 667–671.

100) Hes 17,24.

101) Nicht alle bedenken aber die Mahnung KARL BARTHS (KD II/1, 689), dass die Theologie den Begriff der Ewigkeit nicht aus dem Begriff der Zeit heraus konstruieren darf. „Aus der babylonischen Gefangenschaft des abstrakten Gegensatzes zum Zeitbegriff muss der theologische Ewigkeitsbegriff *befreit* werden." – S. hierzu CHRISTIAN LINK, Gott und die Zeit. Theologische Zugänge zum Zeitproblem. In: KONRAD STOCK (Hg.), Zeit und Schöpfung, Gütersloh 1997, 41–66, hier: 61.

102) Das wichtigste Wort für Ewigkeit ist im hebräischen Alten Testament *olam*, im griechischen Neuen Testament *aion*.

103) MARKUS MÜHLING, Grundinformation Eschatologie, Göttingen 2007, 78 ff.

104) BOETHIUS, Trost der Philosophie [Consolatio Philosophiae], lat. u. deutsch, hg. u. übers. v. ERNST GEGENSCHATZ u. OLOF GIGON, eingel. u. erläutert v. OLOF GIGON, Darmstadt 1990, 262 (Cons. V, 6p): „Aeternitas ... est interminabilis vitae tota simul et perfecta possessio". – Theologisch würde dies auf den Besitz *Gottes* hinauslaufen.

105) Vgl. MÜHLING, a. a. O., 92–97. – M. bezieht sich auf: RICHARD SWINBURNE, The Christian God, Oxford 1994.

Raum, bald mehr von der Zeit her denken und dass sie Zeit und Ewigkeit bald ‚ineinanderarbeiten', bald einander entgegensetzen.

Selbst noch das Zeitverständnis Kants und Schleiermachers erscheinen als *Augustinus*-Variationen. Als ihr Vorteil „kann die Wahrung der kategorialen Differenz zwischen Gott und Welt, zwischen Schöpfer und Geschöpf diagnostiziert werden". Nachteilig scheint u. a. zu sein, dass es hier „keine positive Bedeutung der Zeit für die Ewigkeit" geben und also in Ewigkeit nichts Neues geschehen kann.[106] – *Boethius* indessen, hauptsächlich angeregt durch die ‚Enneaden' des Neuplatonikers Plotin, bezieht die Ewigkeit strikt auf die zeitliche Welt. Die Ewigkeit lässt sich vom ganz Anderen der Zeit betreffen und verarbeitet es. Mühling sieht einen der Vorteile dieses Modells darin, dass es „Alterität auch in Ewigkeit" ermögliche. Allerdings bleibe es der Nachteil auch dieses Modells, dass ‚Neuheit' aus der Ewigkeit ausgeschlossen sei.[107] – Für *Swinburne* schließlich ist die Ewigkeitsvorstellung reziprok zu folgendem Zeitbegriff: „Jedes Ereignis ... ereignet sich über eine Zeitperiode und niemals nur zu einem Zeitpunkt"[108]. Die Frage ist nun, wie die Übergänge zwischen diesen Perioden zu denken sind, die ja dann sozusagen außerhalb der Zeit liegen, aber doch irgendwie auch in der Zeit mit ihrem Früher und Später. Wer aber sagt das Neue an? Oder wie bahnt es sich an? Dies klärt sich nun vom Begriff der Ewigkeit her – und zwar so: Gott, der Ewige, ist nur einesteils ‚Herr der Zeit'. Anderenteils ist auch er in sie verstrickt. Gleichzeitig bleibt der Mensch frei zu eigenen Entscheidungen in der Zeit. Mühling sieht z. B. in dieser ‚Überwindung des Determinismus' einen der Vorteile des hier zur Debatte stehenden Modells. Ein Nachteil scheint aber zu sein, dass der kategoriale Unterschied zwischen Zeit und Ewigkeit verloren geht.[109]

Ein in die Ewigkeit gelangender Mensch muss auf jeden Fall mit Gott verbunden werden. Aber gelangt der Mensch etwa *mit der Hilfe des Todes* in die Ewigkeit und zu Gott? Es wäre grotesk, dem Tod *dieses* ‚Vermögen' zuzuschreiben. Diese Kraft hätte dann doch eher der Glaube.

Ein weiterer Aspekt: Ein in die Ewigkeit und zu Gott gelangender Mensch muss auch dann oder auch dort noch *er selbst* bleiben. Aber zutreffender wäre zu formulieren: Er kann nun *er selbst* werden! Denn er kehrt in den Frieden des Reiches Gottes ein. Die ‚Verewigung' des Menschen bedeutet, dass er, er selbst

---

106) MÜHLING, a. a. O., 84.
107) MÜHLING, a. a. O., 84–90. – M. weist hier aber darauf hin, dass es auch verbessernde Überarbeitungen des boethianischen Ansatzes gibt (a. a. O., 87 ff.).
108) SWINBURNE, The Christian God, 72 (zit. n. MÜHLING, a. a. O., 92).
109) Vgl. MÜHLING, a. a. O., 92–96.

geworden, in den Reich-Gottes-Frieden eingetreten ist. Doch wenn ein Mensch stirbt, dann ist dieser Friede – trotz möglicherweise vorangegangener Bestrebungen zu glauben – noch nicht erreicht. Wie oft wird mit ‚unabgewischten Tränen' gestorben! Und ist nicht *immer* die Identität noch *ungeklärt*? Ist nicht gerade *von jetzt ab* von Gott und von der jeweiligen Menschenseele noch Neues gefordert?

An diesem Punkt hat wohl auch Karl Barth noch nicht das Richtige getroffen. Zwar hat er 1940 sehr anregende, weiterführende Ausführungen über „Gottes Ewigkeit und Herrlichkeit" vorgetragen.[110] Weniger zustimmungsfähig scheinen aber seine – tatsächlich auch häufig kritisierten – Aussagen von 1948 im Rahmen der theologischen Anthropologie in der Schöpfungslehre zu sein. Unwiderleglich heißt es dort zunächst: Wir verlängern unser Dasein nicht ins Unendliche, wenn es mit dem Tod endet. Aber auch dann bleibt Gott unser „treues Gegenüber". Somit ist auch der Gestorbene „nicht Nichts". – Doch Barth fährt nun fort: Aber die Gestorbenen sind nur noch „Gewesene" – und als solche „des ewigen Lebens Gottes teilhaftig". Als „Gewesene" erreichen sie in Gott die „Verherrlichung" gerade ihres „diesseitigen, endenden und sterbenden Seins". Letzteres wird nicht „ersetzt" „durch ein folgendes jenseitiges, unendliches, unsterbliches Sein nach dieser Zeit", sondern es wird „mit seinem Anfang und Ende vor den Augen des gnädigen Gottes und so auch vor seinen eigenen und vor aller Anderen Augen ... in seiner verdienten Schande, aber auch in seiner unverdienten Ehre offenbar". *So* wird es „von Gott her und in Gott ewiges Leben sein". Hoffen wir also nicht „auf Erlösung *aus* der Diesseitigkeit", sondern positiv auf die Offenbarung der „in Jesus Christus schon vollendeten Erlösung" gerade unseres „diesseitigen, endlichen und sterblichen Wesens"[111].

Man mag Barths theologisches Interesse, die zeitliche Begrenzung der menschlichen Lebensfrist als etwas *Angemessenes* zu kennzeichnen, teilen. Aber die von Barth offensichtlich für alle Menschen erwartete *göttliche Verklärung* des im Tode abgeschlossenen menschlichen Lebens geht zu schnell. Auch ist das *Sterben* weder von der Sache her noch ‚technisch' die Voraussetzung dieser Verklärung oder Verherrlichung. Barth schloss es allzu eigenmächtig theologisch aus, dass die Toten möglicherweise noch auf etwas warten. Schreien aber nicht die toten Märtyrer der Christenheit, deren Reliquien dem Altar, auf dem die Messe gefeiert wird, einverleibt worden sind, von diesem ihrem Begräbnisplatz aus zu Gott „wie lange noch"?[112] Die Toten kommen auch ‚im Schoße Abra-

---

110) KARL BARTH, KD II/1, 685–764.
111) KARL BARTH, KD III/2, 770 f.
112) Apk 6,9 f.: Als das Lamm „das fünfte Siegel auftat, sah ich unten am Altar die Seelen derer,

hams' noch nicht zur Ruhe. Sie nehmen – seelisch – Anteil an dem immer noch herrschenden Leid und Unfrieden unter den Menschen. Es hängt an der noch ausstehenden göttlichen Beseitigung dieser Zustände auch ihre eigene seelische Vollendung (Identität)!

Wir dürfen es also nicht ausschließen, dass die Toten noch einer ‚Entwicklung' entgegensehen, entgegenwarten – selbst wenn sie bereits, wie die toten Märtyrer im Mess-Altar, mit Christus so eng verbunden sind wie auf jüdischer Seite der tote Lazarus mit Abraham. Wir sind auch nicht berechtigt, das alles so zu systematisieren, dass wir etwa behaupteten: Die Toten haben nun ihre Taten zum Abschluss gebracht, jetzt handelt nur noch Gott an ihnen. Für sie ist jetzt die Zeit einer ‚reinen Passivität' angebrochen.[113] Woher wissen wir das? Woher wissen wir z. B., dass es jetzt keine Läuterungsmöglichkeit mehr für sie gibt; oder dass eine solche nicht nötig sei, weil *jetzt* ohnehin nur die göttliche *Allerbarmung* greife? Oder woher wollen wir wissen, dass die Toten bis zum Jüngsten Gericht schlafen?[114] Wachheit der Toten bildet doch die Voraussetzung dafür, dass ein menschliches Subjekt jemals noch zu sich selbst kommen kann. Es ist in der christlichen Glaubenslehre nicht einmal dies *a limine* auszuschließen, dass *Gott, der Herr über Leben und Tod,* Menschenseelen Gestorbener noch einmal ins irdische Leben zurückleitet, um sie erfahren zu lassen, was sie noch nicht erfuhren, oder damit sie tun können, was sie noch nicht taten.[115]

---

die umgebracht worden waren um des Wortes Gottes und um ihres Zeugnisses willen. Und sie schrien mit lauter Stimme: Herr, du Heiliger und Wahrhaftiger, wie lange richtest du nicht"? Richtig scheint dies Karl Barth gegenüber zu deuten: OSCAR CULLMANN, Unsterblichkeit der Seele oder Auferstehung der Toten? Antwort des Neuen Testaments, Stuttgart 1962, 53 f.: Die „Verwandlung" ins Herrliche „tritt nicht sofort nach jedem individuellen Tod" ein. „Nach dem Neuen Testament sind die Toten noch in der Zeit." Dass sie ‚schlafen' ist eine Metapher. Sie sind übergangsweise geborgen in Christus. Aber sie sind nicht am Ziel. Das ist „der Punkt, wo ich nicht mit K. Barth einig gehe, wenn er dem Apostel Paulus den Gedanken zuschreibt, die Verwandlung des Fleischeslebens trete für jeden im Augenblick seines Todes ein".

113) Ernst Fuchs (1903–1983) beispielsweise hatte in einem Seminar launig bemerkt: „Es könnte ja sein, dass Gott am Ende deines Lebens sagt: Du hast mich ein ganzes Leben lang gelobt. Nun hast du mich genug gelobt. Jetzt darfst du in Ewigkeit schlafen gehen." (Ich verdanke diese Mitteilung Jürgen Hübner, Heidelberg.)

114) So dachte Luther im Gegensatz zu Calvin. Zu CALVINS *meditatio futurae vitae* und über seine frühe Schrift „Psychopannychia" vgl. jetzt die Informationen bei: GEORG PLASGER, Johannes Calvins Theologie – Eine Einführung, Göttingen 2008, 135–142, hier: 140: Die Glaubenden (Erwählten) leben im irdischen Leben und gleichermaßen nach dem Tod „in der Gemeinschaft mit Christus und den Seinen". Es findet mit dem Todeseintritt kein „Seelenschlaf" statt. Der Heilige Geist sorgt auch jetzt für die „Wachheit der Seele".

115) Sehr weit in dieser Richtung ging JÜRGEN MOLTMANN, Gibt es ein Leben nach dem Tod? Wo sind die Toten? (Rede auf dem Kirchentag in Stuttgart am 11. Juni 1999): „Der Gedanke einer ‚Verewigung des gelebten Lebens' erreicht diejenigen doch nicht, die weder leben konnten noch leben durften. Müssen wir also nicht den Gedanken einer weitergehenden Geschichte Gottes mit dem abgebrochenen und zerstörten Leben denken, um in dieser Welt der Zerstörungen das Leben bejahen und es

2. Zeit und Ewigkeit

Die Abgrenzungen der Kirchen von den östlichen Religionen geschehen zum Teil an der falschen Stelle. Warum sollten z. B. Reinkarnationen[116] *grundsätzlich* unmöglich sein? Nicht hier muss das Christentum die dogmatische Tür zuschlagen, sondern es muss sich *für die göttliche Ermöglichung und Rechtfertigung menschlicher Individuen* aussprechen mit christologischer Begründung und somit ‚Gnade' noch einmal ganz anders formulieren und vertreten als dies auch im Buddhismus geschehen kann.[117]

Soll das Sterben des Menschen nicht eine ‚begnadete Stagnation' seiner seelischen Entwicklung bedeuten, soll Gottes ‚Erlösungshandeln' nicht meinen, dass Gott jetzt eben ‚nachlegt', was bei uns individuell gefehlt hat, soll Gottes Gnade nicht wie ein ‚Verhängnis' oder wie ein beschämendes ‚Gerichtsurteil' (das menschliches Versagen zwar haarklein deutlich macht, aber nicht hart bestraft) über die Toten kommen, soll ein gestorbener Mensch nicht von allen eigenen Fragen hinsichtlich der Gerechtigkeit (auch nach der Gerechtigkeit, die der *Schöpfer* ihm hat zuteil oder nicht zuteil werden lassen) abgeschnitten sein, dann müssen und dürfen wir hoffen, dass Gott die seelische Vollendung so werden lässt, *dass die betroffenen menschlichen Subjekte auch wirklich mit dabei sind bei ihrer Vollendung.*

Christliche Theologie verteidigt daher einen *Begriff von Gottes Ewigkeit*, bei dem diese nicht ‚unzeitlich', ‚überzeitlich' oder ‚gegenzeitlich' verstanden wird, sondern dahingehend, dass die göttliche Ewigkeit die Kraft hat, abgebrochene Lebenszeiten und Entwicklungen zur Vollendung zu bringen. Gottes Ewigkeit ist ja in Wahrheit *Herrscherin* über die Zeit (so, wie sie auch deren Schöpferin ist). *Sie ist weder zeitfeindlich noch unfähig, sich auch selbst zeitlich zu artikulieren.*[118] Die Ewigkeit bleibt mit der Zeit verschränkt, und In-

---

trotz aller Grausamkeiten lieben zu können? Ich glaube, dass Gott das Werk, das er mit einem Menschenleben angefangen hat, auch vollenden wird. Wenn Gott Gott ist, kann ihn auch der gewaltsame Tod nicht daran hindern. Darum glaube ich, dass die Geschichte Gottes mit unserem Leben nach unserem Tod weitergehen wird, bis jene Vollendung erreicht ist, *in der eine Seele Ruhe findet* [kursiv durch den Vf.]. Das ist nach der theologischen Tradition noch nicht das ‚Reich Gottes', sondern eine Art ‚Zwischenzustand' zwischen dem gestorbenen Leben hier und dem ewigen Leben dort." Er bedeutet „einen weiten Lebensraum ..., in dem sich das hier abgebrochene und zerstörte Leben frei entfalten kann. Ich stelle ihn mir als eine neue Lebenszeit vor, in der die Geschichte Gottes mit einem Menschen zur Entwicklung und Vollendung kommt ..., so dass die Behinderten und Zerstörten jenes Leben leben können ... zu dem sie geboren wurden und das ihnen genommen wurde."

116) S. dazu u., 218–225.

117) Vgl. hierzu etwa: SHINYA YASUTOMI, Die Begriffe Gnade und Verantwortung im Shin-Buddhismus – eine Studie zum On-Denken; und in einem Marburger Symposium ihm gegenübergestellt: CHRISTOF GESTRICH, Das christliche Verständnis der Gnade. In: HANS-MARTIN BARTH/ERYO MINOURA/MICHAEL PYE (Hg.), Buddhismus und Christentum. Jodo Shinshu und Evangelische Theologie (III. Internationales Rudolf-Otto-Symposium in Marburg), Hamburg 2000, 84–102.

118) Ich folge hier gern KARL BARTH, KD II/1, 688 ff., wo ausgeführt wird, dass gerade der ewige

die-Ewigkeit-Gelangen schneidet nicht ab von jeder weiteren Erfahrungs- und Entwicklungsmöglichkeit. Es wird sie sogar freisetzen. Die gestorbenen Christenmenschen sind nicht in jeder Hinsicht ausgetreten aus der Zeit. Sie bleiben im Schutze Jesu Christi, bei dem sie nun ‚wohnen', noch verbunden mit dem, was auf der Welt weiterhin geschieht[119] bis zur Vollendung, die auch ihre Vollendung sein wird.

Gott ‚Zeit hat' und mit ‚Anfängen', mit ‚Folgen' und ‚Endendem' (also mit zeitlichen Entwicklungen) *sich selbst* darstellen kann, wie dies ja auch im biblischen Denken so oft vorausgesetzt wird.
   119) Vgl. (an den jüngeren Karl Barth anschließend) GREGOR ETZELMÜLLER, Wo sind die Toten? Eine Spurensuche beim jungen Dogmatiker Karl Barth. In: RUTH HESS/MARTIN LEINER (Hg.), Alles in Allem. Eschatologische Anstöße (FS Chr. Janowski), Neukirchen-Vluyn 2005, 55–68, hier: 67 f.: „Die Menschen, die aufgrund von Christi Versöhnungstat ein Leib mit ihm geworden sind, hören auch nach dem Tod nicht auf, Glieder am Leib Christi zu sein … So bleiben die abgeschiedenen Seelen vor der Schattenexistenz im Hades bewahrt, weil sie im Himmel am Leib Christi existieren. Sie sind so – nicht mehr im eigenen Leib existierend – zugleich heilsam den Lebenden, aber auch den anderen Verstorbenen entzogen". – Dem stimme ich völlig zu, insbesondere auch der hier ausgesagten Geschütztheit der Seelen Gestorbener vor Gewaltübergriffen anderer. Etzelmüller führt weiter aus: Der Tod ist tatsächlich die „Trennung der Seele vom Leib", denn er nimmt „dem Menschen seine aktiven Darstellungs- und Gestaltungsmöglichkeiten" weg. Er bedeutet, mit Karl Barths Worten gesagt, die „völlige Entmachtung des Menschen". Zu dieser Feststellung im Anschluss an Barth scheint mir allerdings nicht recht zu passen, wenn nun abschließend von Etzemüller im Anschluss an den Karl Barth der zwanziger Jahre – wie ich finde: wieder richtig – ausgeführt wird: Aber bei den Verstorbenen, die am Leibe Christi wohnen, „intensiviert sich" nun die „Teilnahme am Leben dieses Leibes", also der Kirche. Sie bringen „vielfältig Frucht". „Uns zugute wirken sie am Aufbau des Leibes Christi mit." Ist das Ohnmacht? Ist das völlige Entmachtung? Hier fehlt noch ein letzter Differenzierungsschritt, der gezeigt hätte, wie zwar eine bestimmte Art ‚Handlungsfähigkeit' aufhörte, aber eine andere begonnen hat, nämlich die, die nur noch mit Christus ‚mithandeln' will. Dann wird das schöne Bild erst plastisch: „Der auferstandene Christus kommuniziert mit der Welt nicht nur mittels der Lebenden, sondern ebenso mittels der Verstorbenen."

Ihr lieben Englein steht mir bei,
dass Leib und Seel beinander sei,
dass mir mein Herz nicht breche.

Volkslied

Bin ich am Ende die Erzählung, die mein Leben ist? *Nein! Denn ich bin Peter Strasser, der sich an sein Leben erinnert. Alle die Erlebnisse, die während meines Lebens meine personale Identität ... verdichten, bleiben mir mehr oder minder äußerlich. Das individuelle Bewusstsein der Menschen muss sich darum auf einen Horizont beziehen, den zu erreichen uns unmöglich ist, solange wir am endlichen Leben teilhaben. Wir kommen als endliche Wesen erst nach einer grundlegenden Verwandlung zu unserer Identität. Um die zu werden, die wir sind, bedarf es einer Transformation, die erst im Leben nach dem Tod gewonnen werden kann.*

Der österreichische Philosoph Peter Strasser
(Gibt es ein Leben nach dem Tod? Gehirne, Computer und das wahre Selbst, 2004)

3.
SCHNITTSTELLEN ZU PRAKTISCHER THEOLOGIE UND SEELSORGE

3.1 Die moderne Abkehr von der Vorstellung einer Auferstehung
des ‚Leibes' oder des ‚Fleisches'........................... 172
3.2 Für eine erneuerte theologische Sprache: statt ‚Leib' –
‚Körper' und ‚Gestalt'.................................... 175
3.3 Seelsorge durch Erneuerung des Glaubensverständnisses............ 177
3.4 Ist die menschliche Seele veränderbar? Fragen zwischen
Seelsorge und Psychotherapie............................. 179

3.1 Die moderne Abkehr von der Vorstellung einer Auferstehung des ‚Leibes' oder des ‚Fleisches'

Wir müssen unser theologisches *Denken* (und Reden) bezüglich ‚Auferstehung der Toten' dringend verbessern. Was bedeutet diese ‚Auferstehung' denn? Die meisten Menschen haben sich abgekehrt von den Glaubensgedanken ihrer christlichen Vorfahren, dass ‚dasjenige', was nach dem Sterben im Sarg beerdigt wird, nun im Grabe ruhe oder schlafe bis zum Jüngsten Tag („der Leib in seinem Schlafkämmerlein") – und ‚dann' identisch,[120] aber in einer *unverweslichen Qualität* von Gott wieder auferweckt werde. Diese Sprach- und Denkform, in der das ‚Heil' ausgedrückt wird, ist abständig geworden. Man versteht nicht mehr, warum die alten körperlichen Formen ‚dann' noch wichtig sein sollten. Da helfen biblische Anhaltspunkte und systematische Gesichtspunkte,[121] die man für eine solche Ausdrucksweise geltend machen kann, gar nichts. Der lebendige Glaube selbst hat sich von dieser Denk- und Sprachform inzwischen abgewandt, und der Verstand ohnehin.

Leider ging mit der allgemeinen Bezweiflung der Auferweckung (oder Auferstehung) des *Leibes* (oder des *Fleisches*) auch dies einher, dass in den säkularisierten Gesellschaften an die Stelle der Hoffnung auf das ewige Leben die Überzeugung trat, mit dem biologischen Tod werde überhaupt das definitive Ende der Person gesetzt. Das ist der Hauptschaden. Mit der Ablehnung der abstrusen Vorstellung, die ‚Leiber' würden ‚wiederhergestellt', schwand in unzählig vielen Fällen heute überhaupt die Hoffnung über den Tod hinaus. Darum war die in der zweiten Hälfte des 20. Jahrhunderts theologisch propagierte Alternative – entweder *griechische* Hoffnung, in der eigenen *unsterblichen Seele* weiterzuleben, oder aber *biblische* Hoffung auf Gottes *leibhafte Auferweckung und Neuerschaffung der Toten am Jüngsten Tag* – in dieser Form alles andere als ein theologischer Fortschritt. Die Seelsorge an Sterbenden ist extrem erschwert worden. Übergangen wurde die Möglichkeit, von der den Tod überragenden Menschenseele auch *in anderer Weise* als der des klassischen Substanzendualismus zu sprechen.

Eine eigentümliche theologische Verteidigung der *Auferstehung des Fleisches* präsentierte Karl Rahner SJ (1904–1984). Er konstatierte zunächst, dieses Dogma habe es *immer* schwer gehabt in der so stark vom Platonismus geprägten katholischen Welt. Aber es sei eben trotzdem da – und wichtig. Im Ausgangs-

---

120) ‚Identisch' missverstanden im Sinne von lat. *idem* statt im Sinne von lat. *ipse*.
121) Etwa der Gesichtspunkt, es gehe um Ganzheitlichkeit und um individuelle Unverwechselbarkeit.

punkt seiner Überlegungen verteidigte Rahner allerdings auch die katholische Lehrmeinung, dass ein sofortiges In-den-Himmel-Kommen der Seelen nach dem Tod grundsätzlich möglich sei. Direkt bei Todeseintritt kann die ‚Geistseele' „zur unmittelbaren Gottesgemeinschaft gelangen" (selige Vollendung, ewige Seligkeit). Ein gewisses noch distanziertes Warten unter dem Schutze Christi bis zur Weltvollendung *müsse* nicht sein. „Trotzdem", so fährt Rahner fort, „bleibt der Verstorbene mit der Wirklichkeit, dem Geschick und so der Zeit der Welt ‚verbunden'"[122]. Vermutlich bekümmert ihn die noch ausstehende Verwandlung der *ganzen Welt* im Sinne der göttlichen Neuschöpfung. (Frage: Ist das kein Einwand gegen die behauptete schon erreichbare vollkommene Seligkeit?)

Rahner charakterisiert nun diesen Kummer recht philosophisch näher: Der Kummer der schon seligen ‚Geistseelen' bestehe darin, dass durch das erlösende Christushandeln zwar das Geistseelische in der Welt schon frei und sozusagen mit Gott gemeinschaftsfähig geworden ist, aber noch nicht das breite *Materielle*. Es müsse aber „die Welt als Ganzes" schließlich in „die Auferstehung und in die Verklärung" des Leibes Christi einmünden. Das dauere noch, denn die „totale Lösung, die alles umfasst", ist, weil sie „alles versöhnen muss", „immer die schwierigste". Sie geht zudem „am schwersten in die Enge unseres Geistes" ein, weil es diesen „nach kurzen und übersichtlichen Lösungen verlangt"[123].

Rahners Gedankenführung stuft in einem sublimen philosophischen Idealismus und Dualismus das Materielle dieser Welt als das gegenüber dem Geist doch Problematischere ein (selbst für Gott!), und vor allem als das Rückständigere. Rahner geht aber aus von Gottes Absicht, auch diesen Dualismus noch zu besiegen, was eine noch bevorstehende Durchgeistigung von allem und jedem bedeuten muss. *Zu dieser Auferstehung des Fleisches muss es noch kommen!* Hoffentlich hat Rahner hierbei auch an die noch nicht definitiv ‚abgeschafften' drei großen Grundübel – Tod, Schuld, Leiden – gedacht und an den Kummer wegen der noch nicht hergestellten Gerechtigkeit. Aber insgesamt dürfte auch seine Verteidigung der christlichen Hoffnung auf die ‚Auferstehung des Fleisches' nicht die Kraft haben, die allgemeine Abwendung von diesem Bild aufzuhalten.

Eher ist es heute nachvollziehbar, wenn gesagt wird, dass sich die volle Identität eines Gestorbenen erst dann herausstelle, wenn auch alle anderen, mit denen er ‚verschränkt' war, ebenfalls zu ihrer Identität gefunden haben werden.[124]

---

122) KARL RAHNER, Auferstehung des Fleisches (I) und (II), in: DERS. Sämtliche Werke Bd. 12, Freiburg-Basel-Wien 2005, 511–533, hier: 517.
123) A. a. O., 518–521.
124) So z. B. WOLFHART PANNENBERG, Systematische Theologie Bd. III, Göttingen 1993, 605

Aber ob zu den dann vollendeten Identitäten wirklich noch die alten Körpergestalten passen werden?

Die starke Betonung der leiblichen Auferweckung durch Gott (anstelle einer weiteren Arbeit Gottes an den Seelen), die gerade erst im späteren 20. Jahrhundert in der evangelischen Theologie üblich wurde, hatte nicht die Kraft, den Christen das nahe zu bringen, worauf sie sich in Bezug auf das Eschaton *freuen* können. So wurde es ihnen immer fraglicher. Was soll überhaupt eine Hoffnung noch über den Tod hinaus? Wofür braucht man sie *jetzt*?

Weil offenbar die ganze Hermeneutik nicht mehr stimmt, wurde auch das dogmatisch richtig Gesagte ‚kontraproduktiv'. Man sagt so oft, um zu trösten, unbeschadet der noch ausstehenden leiblichen Auferweckung werde ja erst einmal ‚in Gottes Hand hinein' gestorben. Aber war der gestorbene Mensch nicht schon vorher in Gottes Hand? Immer unbekümmerter werden Bilder nebeneinander gesetzt – unbekümmert auch um den Bruch zwischen den einzelnen Bildern. Getröstet werden soll in den Predigten über den Särgen auch durch den der Rechtfertigungslehre entnommenen (und somit dogmatisch richtigen) Hinweis, der verstorbene Mensch erfahre Gottes volle Gnade, er werde angenommen und ‚herrlich' gemacht, so wie er war. Karl Barth sprach hier sogar prägnant von „unverdienter Ehre". Doch wie soll dies – abgesehen davon, dass es theologisch nicht gut ist, die Kategorie des *Unverdienten* zur Kennzeichnung der göttlichen Gnade heranzuziehen[125] – trösten oder erfreuen können? Wie könnte dies auch nur von Ferne der Dynamik des von Jesus verkündigten, den Hiob *endlich* tröstenden Reiches Gottes gerecht werden? Wird ‚insgeheim' immer noch ‚angepredigt' gegen die Angst vor jenseitiger Strafe wegen begangener Sünden? Wird immer noch vermutet, diese Angst sei es, die dem Menschen den Tod so entsetzlich mache? Wird die Angst vor dem Abbruch des Lebens, ohne dass der Sinn und das Ganze des Humanen voll gelebt worden ist, als das tiefere Thema seelsorglich wahrgenommen? Wird die Freude des *Reiches Gottes* homiletisch erschlossen? Das theologische Paradigma, das hier allein die richtige Ordnung der Dinge wieder herstellen und die Kraft der letzten Dinge wieder spürbar machen kann, verlangt den Zusammenschluss unserer Selbstwerdungsfragen (einschließlich ihrer Gerechtigkeitsimplikationen) mit Jesu Aussagen über das Reich Gottes.

---

und 634, in Übereinstimmung mit Julius Kaftan (Dogmatik [1897], 3. u. 4. Aufl. 1901, 649 f.), der, wie vor ihm schon andere, lehrte, „dass ‚die Vollendung des Einzelnen nur in mit der Vollendung des Ganzen' vorzustellen sei".

125) Gnade ist nicht göttliche Nachsicht mit unseren Schwächen, sondern göttliche Selbstbestimmung zur Liebe und zur – uns aktivierenden – Erhebung des Gott liebenden Partners.

3.2 Für eine erneuerte theologische Sprache: statt ‚Leib' – ‚Körper' und ‚Gestalt'

Sicherlich gut wäre eine weitgehende Ersetzung der theologischen Rede vom *Leib* durch ein Reden vom *Körper*. Es ist offenkundig, dass die Rede vom ‚Leib' in der deutschsprachigen Theologie und Seelsorge in der zweiten Hälfte des 20. Jahrhunderts sogar eine neue Emphase gefunden hat. In einer Zeit, in der es im deutschen Sprachraum bis ins hinterste Dorf klar geworden ist, dass man das altehrwürdige Wort ‚Weib' durch das neuehrwürdige Wort ‚Frau' zu ersetzen hat, begann der kirchlich-theologische Sprachgebrauch, auch noch die letzte Möglichkeit, von ‚Leib' zu sprechen, wo andere längst von ‚Körper' reden, auszuschöpfen. Das Moderne an diesem Vorgang war: Die Vokal ‚Leib' lässt sich, anders als die Vokabel ‚Körper', auch als Chiffre für die ganze menschliche Person gebrauchen. Als die evangelische Theologie damit begann, den Menschen nicht mehr über die Seele zu definieren oder ihn von der Seele her zu verstehen, da griff sie zu diesem ‚ganzheitlichen' Wortsinn von ‚Leib'. Das alles ist theologiegeschichtlich nachvollziehbar. Aber es handelt sich um die verräterische sprachliche Begleiterscheinung eines Irrwegs. Man begann altväterlicher vom Menschen zu reden als die Vorfahren selbst, die meist wirklich nur den Körper meinten, wenn sie vom ‚Leib', von ‚Leibwäsche' oder von ‚Leibchen' redeten. Auch wo man früher von der Trennung von Seele und Leib im Tode sprach, meinte man mit ‚Leib' eindeutig *nur* ‚Körper'. Dass aber im Neuen Testament *soma* tatsächlich immer wieder (aber keineswegs ausschließlich) indexikalisch für die ganze Person stehen kann, wurde nun häufig zum wichtigsten Rechtfertigungsgrund für die neue betonte theologische Rede vom erlösenden göttlichen Handeln am ‚Leib' oder vom göttlichen Auferwecken des Leibes. Aber auch diese biblische Karte sticht in systematischer Reflexion nicht. Denn auch *psyche* und *pneuma* können im Neuen Testament für die ganze Person stehen. Nur – *hier* wollte man diese Bedeutung bewusst nicht mehr abrufen! Es passte nicht in die Landschaft, in der theologisch eine neue ‚Diesseitigkeit' angesagt war und eine neue, eine ‚hebräische Ganzheitlichkeit'[126] gewollt wurde.

Inzwischen ist in der heutigen deutschen Sprache das gegenüber ‚Körper', nur noch selten gebrauchte alte Wort ‚Leib' theologisch zu hoch aufgeladen. Der Unterschied zum ‚Körper', der etwas mehr Biologisches sei, wird betont. Das ist aber ein deutschsprachiger Sonderweg, den schon die europäischen Nachbar-

---

[126] Gewünscht wurde eine neue, eine ‚hebräische Ganzheitlichkeit', die es so freilich im Hebräischen gar nicht gibt, wie es unsere Darlegungen zum Sprachgebrauch von ‚Seele' und ‚Geist' im Alten Testament gezeigt haben.

sprachen meist nicht nachvollziehen können. Im Englischen beispielsweise steht, welche semantischen Wünsche man auch haben mag, nur die eine Vokabel *body* zur Verfügung. Entsprechend wird man in Zukunft auch in der deutschsprachigen Theologie mit dem einen Wort ‚Körper' leben können. Gewiss haben in Deutschland Theologenaugen in den letzten Jahrzehnten, das habe ich selbst gesehen, manches Mal geleuchtet beim Zitieren des aus Schwaben stammenden Diktums „Leiblichkeit ist das Ende aller Wege Gottes". Und die Freude am Körperlichen soll ja auch erhalten bleiben.[127] Auf jeden Fall ist das im hier vorliegenden Entwurf vorgeschlagene Reden von der ‚Seele auf dem Weg zu sich selbst' kein solches, das die Dimension des Körperlichen außen vor ließe.[128] Es gibt nichts ‚Ganzheitlicheres' als den Weg zur Identität. Dieser Weg gestaltet sich auch körperlich und lässt nicht die ‚Seele allein' übrig.

Das Augenmaß dafür, dass es gewisse Textzusammenhänge gibt, in denen es sehr nachteilig wäre, das biblische Wort *soma* mit ‚Körper' zu übersetzen, und wo es sozusagen schade wäre, nicht auf die Vokabel ‚Leib' zurückgreifen zu können, ist bei unserer Argumentation nicht verloren gegangen. Wo etwa Paulus von einem geistlichen oder himmlischen *soma* spricht, wäre es hart, von ‚Körper' zu sprechen. Auch im Englischen klingt es nicht so gut, wenn von *celestial bodies*[129] gesprochen werden muss. Aber statt sich nun in der deutschen Sprache in das semantische ‚Mehr' der Vokabel ‚Leib' zu flüchten, schlagen wir für solche Fälle vor, zu prüfen, ob nicht die Vokabel *Gestalt* für die Übersetzung von *soma* herangezogen werden könnte. Die ‚Gestalt' kann verändert werden. Der ‚Körper' dagegen vergeht, wenn er an seine Grenzen kommt. Lebendiges kann in ‚neuer Gestalt' auftreten. Das Resultat der göttlichen Auferweckung des Menschen ist eine neue, eine geistliche *Gestalt*, eine dem Reich Gottes entsprechende *Gestalt*.

Eine identisch bleibende und vor allem identisch werdende Person kann eine neue Gestalt gewinnen. Sich so auszudrücken, ist viel erschließender, als etwa im Falle bestimmter eschatologischer Bibeltexte von einem ‚himmlischen Leib' zu reden. Der Vorteil liegt darin, dass wir die bei der Selbstwerdung sich ‚durchhaltende Form' der individuellen Person nicht vom ‚mitgebrachten Leib' her denken oder uns vorstellen müssen.[130]

---

127) Vgl. CORNELIA JANSSEN, Anders ist die Schönheit der Körper. Paulus und die Auferstehung in I Kor 15, Gütersloh 2005, 26 ff. Was das Neue Testament anbetrifft, so votiert sie für die Übersetzung von *soma* bei Paulus mit *Körper*. Sie meint, diese Übersetzung sei auch heilsam im Blick auf eine frühere dualistische Körperfeindlichkeit.

128) In unserem Zusammenhang geht es gerade darum, den Seelenbegriff aus einem solchen dualistischen Konzept herauszulösen. Nicht zu sagen, ‚der Mensch hat auch eine Seele', sondern zu sagen, ‚der Mensch ist Seele', wäre schon immer die bessere Möglichkeit gewesen.

129) Übersetzung von I Kor 15,40.

130) Es sei an Aristoteles erinnert: Bei ihm gibt die Seele die Form vor.

Das deutsche Wort *Gestalt* steht nicht nur für lat. *figura*, sondern auch für lat. *forma*.[131] Der Gestaltbegriff ist in der Ästhetik zuhause. Er ist beweglich. Gestalten können von einer Ebene auf eine ganz andere (auch qualitativ ganz andere!) transponiert werden.[132] Der Gestaltbegriff erlaubt es, dass ein identisch Bleibendes sich radikal verändert. Das ist ein großer Vorzug für entsprechende stringente Ausführungen im Bereich der christlichen Eschatologie.

3.3 Seelsorge durch Erneuerung des Glaubensverständnisses

Nie wieder sollte christliche Glaubenslehre, in welcher Form sie auch erteilt wird, in Kindern und Jugendlichen eine zu enge seelisch-geistige Grundlage legen, die später Ängste erzeugt oder den Glauben als ein Märchen erscheinen lässt, das dem Licht der Vernunft nicht standhält. Schon Kindern sollte eine weiträumige Christologie nahegebracht werden, die wie ein lichtes Haus des Richtigen und Hoffnungsvollen erlebt wird. Ein so christologisch gegründeter Glaube lässt keine Neurosen entstehen, er wird im Gegenteil die persönliche Identitätsbildung anregen. Der empirische Befund bei der durchschnittlichen heutigen christlichen Frömmigkeit ist aber leider immer noch ein anderer. Gerade dort, wo die letzten Dinge in Worte gefasst werden, kommt spontan selten die Rede auf Jesus Christus. Beim Sterben tritt oft ‚Gott der Allmächtige' ganz in den Vordergrund – und desgleichen der Zweifel, den man ihm entgegenbringt.

Es ist in dieser Abhandlung bereits auf die große seelische und seelsorgliche Bedeutung des *Christus in uns* hingewiesen worden.[133] Im Kontext des Sterbens wird aber auch der *Christus außer uns* zu einer wichtigen Gestalt. In tröstlicher Weise gewinnt er eine mystische Bedeutung. Soll nämlich seelsorglich darüber Auskunft erteilt werden, wohin der Mensch geht, wenn er ‚geht', wäre die Aufmerksamkeit auf die *Brückenbedeutung* Jesu Christi hinzulenken. Die größte Frage ist ja: *Wo* bleibe ich dann? Und: Was soll ich mir unter einer Geistseele vorstellen, die allein herumirrt? Wo ist die Anbindung? Wo oder in welcher Gestalt kann sich, falls doch nicht alles zu Ende sein sollte, meine Seele wiederfinden? Im Neuen Testament gibt es hierauf eine zu wenig beachtete, aber doch sehr eindeutige Antwort: Wer von nun an stirbt, kann im Leib des auferstandenen Christus *seelisch subsistieren,* solange die Vollendung der Welt noch nicht da ist.[134]

---

131) Vgl. Artikel ‚Gestalt', in: Wörterbuch der philosophischen Begriffe, hg. v. Johannes Hoffmeister (PhB 225, Leipzig 1944), 312.
132) Vgl. W. Metzger, Artikel ‚Gestaltqualität', in: HWPh Bd. 3, Darmstadt 1974, 550 f.
133) S. o., 95 ff.
134) Vgl. Joh 10,28; 12,32; 14,3; 17,24; Phil 2,23; Röm 12,5 ff.; I Kor 12,12 ff.

Manche meinen, unsere ‚unsterbliche Seele' sei selbst die Brücke, um die ‚Zeit' zwischen dem Todeseintritt und der Vollendung aller Dinge zu überstehen. Aber von dieser Sicht der menschlichen Seele als einer unangreifbaren, unveränderlichen, unaufhörlich existenten eigenen Substanz haben wir uns verabschiedet. Dies sollte die moderne Seelsorge einräumen. Der Begriff der Seele hat sich – auch im philosophischen Denken – im Lichte der Identitätskategorie weiterentwickelt. Auf die Frage, ob die Seele eines Menschen wirklich dessen Tod überragen kann und wo sie denn dann bleibe, ist darum nicht mit Bildern zu antworten, auf denen die ‚abgeschienene Seelen' wie selbständige Personen irgendwohin weiterwandern. Es kann vielmehr durchaus der Ort genannt werden, wo sie sich ‚einnisten' und ‚bergen' können: Christus. Er steht für sie. So wie im biographischen Leben durch den Glauben eines Menschen der ‚himmlische Christus' in diesem Menschen ‚wohnen' kann, so kann der gestorbene Mensch nun seinerseits in diesem himmlischen Christus wohnen, d.h. seine Seele kann haften am mystischen Leib Christi, der die Kirche im geistlichen Sinne bildet, die Kirche, der die Lebendigen und die Toten *gleichermaßen* angehören. *Leben* könnten die Seelen der Toten nicht mehr, hätten sie nicht einen *Ort*, der sie jetzt birgt, fügten sie sich nicht ein in ein *anderes Leben*, das sie jetzt immer noch bewegt, blieben sie nicht (oder würden sie nicht neu) Teil einer *Gestaltung*, zu der sie wirklich hinzugehören und in der sie ihre eigene Bewegung zur Identität hin fortsetzen können. Eben in diese *Christusgestalt* hoffen wir hineinzusterben. Sie ist, wie die Kirche überhaupt, noch nicht das Endgültige. Sie ist für die Gestorbenen eine Brücke zur Vollkommenheit.[135]

An dem Wort ‚Christusmystik' liegt nicht viel. Aber wir benötigen eine in diese Richtung gehende theologische Denkweise und vertiefte Sicht der Kirche.[136] Auch brauchen wir entsprechende Zeichen und Zeichenhandlungen in der Kirche.

---

[135] Hier eine Bemerkung zu: ROBERT SPAEMANN, Personen: Versuche über den Unterschied zwischen ‚etwas' und ‚jemand', Stuttgart 1996, 158: Hier ist die Frage aufgeworfen, „wie denn die Identität des Auferstehungsleibes mit dem irdischen Leib anders ... vermittelt" gedacht werden könne als „durch die Kontinuität der Seele". Und theologisch zu antworten ist: Nur die menschliche Seele allein reicht *nicht* aus für diese Kontinuität bzw. für die kontinuierliche Erhaltung der Identität bis zum Jüngsten Tag. Für das Kontinuum muss eine Lebensmacht außerhalb unserer individuellen Seele sorgen, die diese aufnimmt und ‚hinüberträgt'.

[136] Vgl. schon MARTIN LUTHER, Ein Sermon von der Bereitung zum Sterben (1519): Wenn du deinem Lebensende entgegensiehst, „darfst du die Sünde nicht ansehen ... in deinem Gewissen". „Sondern du musst abkehren deine Gedanken und die Sünde nicht anders als in der Gnade Bild ansehen und dies Bild mit aller Kraft in dich hineinbilden und vor Augen haben. Der Gnade Bild ist nichts anderes als Christus am Kreuz und alle seine lieben Heiligen [sic!]." – Übersetzung von KARIN BORNKAMM, in: MARTIN LUTHER. Ausgewählte Schriften, hg. von KARIN BORNKAMM u. GERHARD EBELING, Bd. 2, Frankfurt am Main, 15–34, hier: 22.

Seit alters werden in der Kirche diejenigen als *uns begleitende Seelen* empfunden (und oft auch verehrt), die zu Gestorbenen gehören, die einst auf Christus vertraut und ihm nachfolgend gelebt haben. Man rechnet *deren* Gotteslob und Fürbitte mit ein in den Lebensgeist der gegenwärtigen Kirche. Sie sind in Christus noch aktiv und stehen auf der Seite der heutigen Gläubigen. Sie tragen in ihren Seelen auch das Leben der jetzt lebenden Menschen mit – und ‚mystisch' verhält es sich auch umgekehrt. Die evangelischen Kirchen scheinen eine Verbindung mit *diesem* Sinn des kirchlichen Christusleibes fast schon verloren zu haben. Die entsprechende Theologie ist ihnen fast schon abhanden gekommen – und dann helfen auch wieder eingeführte ‚mystische Riten' nichts.

3.4 Ist die menschliche Seele veränderbar? Fragen zwischen Seelsorge und Psychotherapie

Wie weit können wir die eigene und anderer unsere Seele beeinflussen und gestalten? Wie weit sind wir verantwortlich für ihren Zustand und für ihre Veränderung?

Jedem Menschen ist seine Seele *vorgegeben* wie ein ganzer Bezirk von Möglichkeiten und Anforderungen, Wegen und Grenzen, Organen und Impulsen, Bildern und Zeichen, Aversionen und Intentionen. Dieses Ensemble ist bei jedem Menschen einmalig. Die Frage ist nun aber nicht die, was der Mensch daraus macht. Das Problem ‚Seele' ist viel komplizierter. Wir stehen nämlich vor der Alternative, ob, erstens, jeder Mensch bewusst-unbewusst auf diesen seinen innersten Bezirk ‚Seele' genannt, hin existiert, sich sein Leben lang ins Benehmen mit ihm zu setzen sucht, um sich selbst kennen zu lernen und das eigene Programm und Muster zu erfassen. Oder ob, zweitens, jeder Mensch ganz im Gegenteil gerade dieses nicht tun kann, weil es ihm gar nicht möglich wäre, sich zu seiner eigenen Seele zu verhalten, denn sie agiert *ihn*, und *sie* ist es auch, die sich selbst sucht, wenn der Mensch meint, seine Seele zu suchen. Die Sätze lesen sich so kompliziert, wie die ‚Sache' tatsächlich ist. Es ist unmöglich, die Wirklichkeit und Wirkweise der Seele durchgehend zu ergründen. Niemand hat je ihr Geheimnis enthüllt. Das ist auch tröstlich. Es bedeutet dies nicht, dass alles, was über die Seele gesagt wird, nur willkürliche Vermutungen seien. Aber es bedeutet, dass *Grenzen* da sind, an denen wohlbegründete Aussagen über die menschliche Seele aufhören.

Hart an dieser Grenze stehen wir, wenn wir fragen: Durch wen könnte die Seele verändert werden – wenn sie denn überhaupt veränderbar ist? *Wozu* sollte sie verändert werden? *Wie weit* könnte sie verändert werden, wie weit hält sich das Vorgegebene durch? Solche Fragen, so wichtig sie auch sein mögen, sind uns bereits zu groß. Wir können sie nicht beantworten. Wir können uns nur von der empirischen Seite her an ihre Erörterung heranwagen. Das soll hier in der Weise geschehen, dass wir im Folgenden zwei aus Erfahrung wichtige praktische Zugangsweisen zur Wirklichkeit der Seele nebeneinanderstellen und sie im Licht unserer bisherigen Ergebnisse vergleichen: die psychotherapeutische Zugangsweise und die christlich-seelsorgliche. Wir hoffen, dass wir im Ergebnis eine Aussage über den Sinn dieser doppelten Bemühung um die menschliche Seele, die in der heutigen Gesellschaft betrieben wird, treffen können. Doch vorher sind noch wichtige Hinweise auf die Axiomatik unseres praktischen Umgangs mit dem Seelischen zu geben.

Wir gehen *nicht* davon aus, dass der Bezirk der Seele bei einem neu geborenen Menschen noch leer wäre bzw. dass er erst vom ‚späteren Leben' gefüllt würde. Er birgt u. E. von Anfang an in sich das prägende einmalige Muster: die Signatur des individuellen Wesens. Diese Signatur wird sich *durchhalten*. Sie kann beeinflusst werden, aber sie kann doch nicht wirklich verändert werden. Dies ist das in der Seele liegende Paradox. Die menschliche Seele hat bereits individuelle Prägung, bevor überhaupt eine Biographie entwickelt wird. Sie wird auch im tiefsten Grund geblieben sein, was sie war, wenn ein Mensch mit vielen sein Inneres tief geprägt habenden Erlebnissen stirbt. Dieses Paradox können wir nicht auflösen.[137]

Gewiss: Zu achten hat jeder Mensch auf seine Seele. Die Gefahr, sich selbst zu verfehlen, muss ihm bewusst bleiben. Aber der Mensch kennt sich nicht gut genug. Soll und kann er sich denn immer besser selbst kennen lernen? Nur bis zu einem gewissen Grad ist das möglich und sinnvoll. Die sinnvolle Beachtung des Seelischen gilt weniger dem inhaltlichen ‚Was'. Sie besteht vor allem im ‚Dass' unserer Aufmerksamkeit für uns selbst. Wo sich das Seelische meldet, muss Einsicht aufkommen im Sinne des *tua res agitur* („es geht um dich")! Der Mensch soll, wenn sich die Seele ‚meldet', aus dem Vielfältigen das *ihn* wirklich Betreffende herausfiltern. Gerade dieses Können setzt gelegentlich einen therapeutischen Lernprozess voraus. Aber auch die Seelsorge muss fähig sein, im Menschen den Sinn für sich selbst zu wecken. Was die Eschatologie der Kirche anbetrifft, so ist die theologische Qualität, in der sie vertreten wird, ebenfalls

---

137) Hierzu: PETER STRASSER, Gibt es ein Leben nach dem Tod? Gehirne, Computer und das wahre Selbst, München 2004, 173. Strasser meint, das Finden der Identität sei notwendigerweise identisch mit einem Leben nach dem Tod. In diesem Leben enden wir bestenfalls so, dass wir wissen, was wir erlebt haben, aber uns dadurch auch immer *selbst* noch einmal unterscheiden vom Erlebten. Das sein Leben betrachtende Ich findet sich völlig verschieden von der eigenen Biographie. Es empfindet sie als „äußerlich" bleibend. Und genau in diesem tiefen Empfinden bezieht es sich auf einen Einheitshorizont seiner Person, der im Jenseits seines biographischen Lebens liegen muss. „Um die zu werden, die wir sind, bedarf es einer Transformation", die erst „im Leben nach dem Tod" gewonnen werden kann.

daran zu messen, ob sie vorstößt zum *tua res agitur*. Auch sie hat, wo es um die Hoffnung über den Tod hinaus geht, weniger viele ‚inhaltliche Themen', weniger ein theologisch breitgefächertes ‚Was' auszubreiten, sondern den Menschen bei der eigenen Seele anzusprechen und ihm offenzulegen, wovon er selbst wirklich betroffen ist. Sollte sich die kirchliche Eschatologie erneuern können, dann wird das in diese Richtung gehen.

In seiner Seele ist der Mensch ‚sein Eigener' und zugleich *nicht* ‚sein Eigener'. Dieses Problem muss er verarbeiten. Dialektisch ‚übergreifende' Lösungen des Problems nützen ihm, wie schon Sören Kierkegaard darlegte, existenziell gar nichts. Es gibt hierfür im Leben keine Lösung.[138] Es bleibt vielmehr dabei: Die Seele des Menschen ist dessen ganzes Ich mit seinen Dimensionen, deren eine das subjektive Selbst- und Freiheitsbewusstein und die eigene Vernunft darstellt, deren andere die ‚Mitwelt in mir' repräsentiert. Diese beiden Dimensionen der Seele liegen beim neugeborenen Menschen noch harmonisch ineinander. Aber sobald die ‚Sozialisation' des Menschen beginnt, treten sie auseinander und kehren sich in der Folgezeit auch gegeneinander. Das ist die spezifische seelische Not alles Menschlichen. Hieraus ergibt sich der Grundwunsch, sich selbst wiederzufinden oder in neuer Weise mit sich identisch zu werden.

Wie könnte nun dem Wohlergehen *meiner* Seele von außen her geholfen werden? Sokrates antwortete auf diese Frage (und das führt zur *Psychotherapie*): durch Hilfe zur Selbsthilfe, nämlich durch eine dialogische Gesprächskultur, die beim einzelnen Menschen die Erkenntnis, die in ihm selbst verborgen schon bereit liegt, zu ‚entbinden' hilft. So kann er selbst darauf stoßen, was Tugend ist und wie wichtig es für ihn ist, gemäß dieser Tugend zu leben. So altmodisch sich diese ‚Sokratik' vielleicht anhört, so nahe bewegt sich doch auch heute gute Psychotherapie oft noch bei dieser sokratischen Mäeutik. Muss sie beispielsweise doch immer wieder aufdecken, dass ein Klient bisher etwas als ‚Eigenes' empfand, was in Wirklichkeit ‚Fremdes' darstellt, dem man sich unterwarf. In dieser Weise kann jemand während der Therapie mehr derjenige werden, der er ist: also identischer werden.

Und was soll demgegenüber in der *christlichen Seelsorge* geschehen? In ihr wird es darum gehen, dass der Mensch hört, was er sich *nicht* selbst sagen kann, muss oder soll. Gerade dieses soll er aber als etwas ihn selbst ganz Betreffendes hören können. Seelsorge, die nicht mehr den Zuspruch von außen verwaltet, hat sich überflüssig gemacht. Es bleibt dann die Psychotherapie allein übrig. Aber warum sollte diese nicht allein übrigbleiben? Darum nicht, weil die menschliche

---

138) Der ‚Computermensch' würde eine Scheinlösung darstellen – aber unterhalb bzw. außerhalb des Menschlichen.

Identitätsfrage die Struktur hat, in die Transzendenz hineinzureichen. Die Probleme der Seele offenzuhalten, sie zu sortieren und falsche ‚Gewichtungen' aufzudecken, das kann der Psychotherapie gelingen. Aber fühlen zu lassen, *wofür* diese Probleme offengehalten werden sollen, das könnte die Seelsorge erhellen. Wenn es immer wieder dahingehende Tendenzen innerhalb der christlichen Seelsorge gab, die ‚Ewigkeit' oder das ‚Jenseits' endlich auf sich beruhen zu lassen und sich stattdessen den ‚diesseitigen' Nöten des Menschen zu widmen, so liegt darin aus unserer Sicht ein Selbstmissverständnis der christlichen Seelsorge. Die menschliche Seele *will* mit der Stimme und Botschaft eines ‚höheren Hirten' konfrontiert werden. Sie *will* von demjenigen Hirten hören, der uns dorthin vorausgegangen ist, von wo man nicht wieder zurückkehrt. Sie *will* ihres eigenen Ziels im Reich Gottes versichert werden. Somit kennzeichnet in heutiger Zeit nicht die tunlichste Vermeidung der Transzendenz eine gute kirchliche Seelsorge, sondern im Gegenteil, die Vergegenwärtigung der Transzendenz.

Ausgegangen waren wir hier aber von der Frage nach der Veränderbarkeit und Beeinflussbarkeit der menschlichen Seele. Auf sie soll jetzt zurückgekommen werden. Die Seele könnte z. B. so verändert und beeinflusst werden, dass innere Verwirrungen gelöst oder stürmische Wogen im inneren Getriebe des Bezirks ‚Seele' geglättet werden. Auf diese Weise bringt man keine ganz neuen Elemente in die Seele, was wohl auch gar nicht möglich wäre, sondern man hilft den vorhandenen, miteinander auszukommen. Hier liegt sicherlich auch ein *Überschneidungsfeld von Psychotherapie und Seelsorge*. Die mäeutische, aber auch die Medikamente einsetzende Psychotherapie können solche Effekte erzielen. Andererseits kann auch der gläubige Bezug auf Christus die im Seeleninnern sich ineinander verhakenden und miteinander konkurrierenden Kräfte und Dimensionen *befrieden*, sie miteinander *befreunden* und zu einer gemeinsamen Ausrichtung auf das gemeinsam zu erreichende Selbst bringen. Zwischen Psychotherapie und Seelsorge besteht hier keine Konkurrenz. Wenn die Psychotherapie hier ihr gutes Werk am Menschen tun kann, sollen ihre Möglichkeiten auch eingesetzt werden. Sie sollte aber nicht argwöhnen, dass eine wirklich christologisch orientierte Seelsorge dieses gute Werk wieder verdirbt. Denn diese Seelsorge geht *nicht* in eine ganz andere Richtung, sondern sie verstärkt und erweitert die psychotherapeutische. Die eine Hilfe unterstützt hier die andere.

Es scheint sachgerecht, wenn im Falle der Psychotherapie beansprucht wird, ungünstige psychische Erscheinungen zu behandeln und zu ihrer Korrektur beizutragen, und wenn im Fall der Seelsorge die Seele des Menschen als solche mit ihrer grundsätzlichen Intention Blick ist.

Ausgegangen waren wir auch von der These, unser Wissen von der menschlichen Seele sei sehr begrenzt. Zwei ‚Fragebilder' von der Seele, die jetzt nebeneinandergestellt werden, zeigen uns dies: Gleicht denn nach allem, was wir gesagt haben, die menschliche Seele – dieser ‚Bezirk' mit seinen lebendig bewegten heterogenen Elementen – einem Meer, in dem es immer wieder stürmt? Oder ist sie letzten Endes wie ein ruhiger See? Gerade das wissen wir nicht. Gliche unsere Seele in Wahrheit einem ruhigen See und wäre es daher nur ein philosophisches Denkmodell, wenn vom dynamischen Auseinander und Widereinander der beiden Dimensionen der menschlichen Seele gesprochen wird, dann müssten wir nicht sie, die Seele, zu beeinflussen oder zu heilen oder zu retten suchen, sondern unser Verhältnis zu ihr. Dann wären ‚Unruhe' und ‚Gewoge' Erscheinungen, die über unserem *Verhältnis zur eigenen Seele* aufkommen können. Sie wären die *psychischen Folgen* dessen, dass wir den Kontakt zur eigenen Seele verloren oder gegen sie gesündigt haben. Gliche die menschliche Seele aber dem Meer, dessen Elemente gelegentlich wild bewegt widereinander toben, so könnten wir unsere Seele *gar nicht* beeinflussen. Das ‚wilde Meer' könnte sich nur von selbst wieder beruhigen oder durch eine äußere Macht beruhigt werden. Wir selbst aber verhielten uns niemals zu ihm, sondern wir wären es einfach.

Letztere Theorie leuchtet aber weniger ein. Es ist zu hoffen, dass sie falsch ist. Denn nur dann können wir uns zu unserer eigenen Seele verhalten. Doch dies hat wiederum den Preis, dass wir und unsere Seele zeitlebens getrennt bleiben, obwohl beide eins sein müssten. Zu hoffen ist freilich, dass diese Einheit jenseits unserer Biographie noch ermöglicht und gefunden werden wird.

Wir vermuten abschließend: *Psychische Konflikte* sind keine Konflikte, die unsere Seele hat. Sondern sie sind die Folgen der Art und Weise, wie wir uns auf die eigene Seele beziehen. Sie sind Nöte *in Bezug* auf die eigene Seele, die ihrerseits im Verborgenen bleibt. Folgt man dieser Hypothese, so kann man Psyche und Seele unterscheiden, ohne sie zu trennen. Das hat Vorteile. Die Arbeit der Psychotherapie kann von Seiten der theologischen Dogmatik viel entspannter gesehen werden, als das bisher oft der Fall war. Unterschiede und Gemeinsamkeiten zwischen Seelsorge und Psychotherapie können besser aus der Sache heraus aufgezeigt werden. Vor allem aber: Alle unsere Maßnahmen, unsere Techniken und Therapien, die wir aufbieten, um am Menschen etwas zu verändern, verändern unter dieser Maßgabe *den* Menschen nicht. Die Seele selbst kann nicht manipuliert werden; so wie sie auch nicht durch Erkrankungen – und seien es solche des Gehirns – beschädigt oder zerstört werden kann. In der Tat: Altersdemenz beispielsweise ist ein Verfallen des individuellen Menschen, das dessen Würde nicht beschädigt. Und der Tod ist die Beseitigung einer Grenze in Bezug auf die Selbstverwirklichung der Seele, da die Seele nun die letzten nötigen Schritte tun kann, um den individuellen Menschen mit sich selbst zu vereinigen.

4.
ZUSAMMENFASSUNG DER ERGEBNISSE VON KAPITEL III

4.1 In diesem Kapitel wurden die Aussagen dieses Buches über die Seele begründet und näher ausgeführt. Als Erstes kamen verschiedene Bedeutungen von ‚Seele' zur Sprache. In der altgriechischen Philosophie, aber auch in der Bibel sahen wir mehrere miteinander nicht zusammenhängende Verständnisweisen von ‚Seele' auftreten. Unterschiedliche Fragestellungen, Einflüsse unterschiedlicher Kulturen und philosophiegeschichtlicher Entwicklungen bilden die Hintergründe dieses Befundes. Aristoteles hat für seine Zeit zwar eine diese Hintergründe übergreifende Theorie von der Seele vorgeschlagen. Aber das Erstrebte ist auch ihm nicht ganz gelungen, weil nicht alles bisherige Reden von der Seele mit aufgenommen werden konnte. Manches wurde auch in polarisierender Weise abgewiesen. Dadurch scheint sich der Eindruck, ein zusammenhängendes und begrifflich konsistentes Reden von der Seele sei überhaupt nicht möglich, bereits an den antiken Befunden zu bestätigen. Auch scheint die Gegenüberstellung des biblischen Redens und des altgriechisch-philosophischen Redens von der Seele zusätzlich auf große Differenzen im Verständnis von der Seele hinzuweisen.

4.2 Bei der Untersuchung dieser Fragen konnte zum einen gezeigt werden, dass biblisches und altgriechisches Reden und Denken von der Seele viel mehr Übereinstimmendes aufweisen, als meistens angenommen wird. Sodann wurde die von Aristoteles an bis in die frühe europäische Neuzeit hinein angestrebte Zusammenführung verschiedener Bedeutungen und Verständnisweisen von ‚Seele' als ein noch nicht definitiv gescheiterter, vielmehr aussichtsreicher Weg wieder aufgenommen. Mit Hilfe des von Schelling an in den zurückliegenden beiden Jahrhunderten stark weiterentwickelten Begriffs der *Identität* konnten wir diese Zusammenführung so fortsetzen, dass sich uns ein aus dem bisherigen Nachdenken über ‚Seele' organisch gebildetes Gesamtkonzept ergab. Das scheinbare semantische Chaos ließ sich im Identitätsbegriff ordnen. Die Seele als ‚Leben', als ‚Gefühl', als ‚Ich', als ‚Organ der Wahrheitserkenntnis' usw. – das alles sind notwendige und zusammenhängende Bestimmungen der werdenden menschlichen Identität, die aus einer ersten ererbten Vorgegebenheit heraus noch einmal neu erworben werden muss. ‚Seele' steht dem Begriff ‚Person' nahe, ist aber nicht identisch mit ihm, denn es gibt Seelisches auch im nichtpersönlichen Leben. ‚Seele' steht auch dem Begriff ‚Geist' nahe, ist jedoch nicht identisch mit ihm, was ausführlich begründet wird.

4.3 Ist der Tod eine Katastrophe für den Körper und seine vitalen biologischen Funktionen? Oder ist er eine Katastrophe für die menschliche Seele? Indem wir den zuletzt genannten Ausgangspunkt verfolgten und indem wir die Identitätsfrage als über die biologische und biographische Lebensdauer eines Menschen hinausreichend einstuften, öffnete sich der Weg, um sowohl von einer möglichen Todeskatastrophe schon innerhalb und während eines biologischen und biographischen Lebens zu sprechen als auch von der Lebendigkeit der individuellen Menschenseele auf ihrem Weg zu sich selbst, die *nicht* abgebrochen wird durch das physische Sterben. Im Sterben wird der Mensch durch seine sich selbst suchende Seele über eine Schwelle geführt. Über eine Schwelle – wohin? Dieser Frage, wie die Seele den Tod überragt, widmete sich ein größerer Abschnitt über ‚Zeit und Ewigkeit'. Was ‚Zeit' für den Menschen bedeutet, wurde anhand des der modernen Zeitphilosophie entstammenden Begriffs ‚Geschehniszeit' näher untersucht. In der ‚Geschehniszeit' kreuzen sich mehrere individuelle Lebenszeiten; manches geht auf diesen sich überschneidenden Lebensbahnen im anderen unter; anderes aber *bleibt* und wird neu dargestellt. Keineswegs vergeht *alles* im Fluss der Zeiten. Es bilden sich vielmehr Kerne von Bleibendem. Es entsteht Individuelles, das nicht vernichtet, sondern benötigt wird. Menschliches individuelles Leben *bewirbt* sich sozusagen auf seinem Weg zum Selbst, zur Identität, um diesen Status des Bleibenden. Bedeutet dies dann Ewigkeit? Oder bedeutet Ewigkeit noch etwas anderes? Wie verhält sie sich zu Gott, Gott zu ihr (und zur Zeit)? Auf die theologische und philosophische Diskussion über die vorhandenen Großtheorien eingehend, wurde im Sinne unseres Gesamtansatzes gezeigt: Die christliche Eschatologie soll einen Begriff von Gottes Ewigkeit verteidigen, bei dem ‚Ewigkeit' nicht ‚unzeitlich', nicht ‚überzeitlich' und nicht ‚gegenzeitlich' verstanden wird, sondern als ein Raum mit Kräften, um unvollendetes individuelles Leben zur Vollendung zu bringen. Diesen Raum nennt das Neue Testament Reich Gottes. In ihm kommt der Mensch seelisch zu sich selbst.

4.4 Abschließend wurden verschiedene Schnittpunkte dieser Resultate zur Praktischen Theologie und zur christlichen Seelsorge hin untersucht. Zunächst ging es um die heutige ‚Glaubensmühe' im Blick auf das christliche Bekenntnis zur leiblichen Auferweckung der (toten) Menschen am Jüngsten Tag bzw. im Blick auf die Auferstehung des Fleisches. Sie zeigt, dass wir ein theologisches Konzept brauchen, welches das neue Sein aus der Auferweckung der Toten zur Sprache bringt im Rahmen der von Gott eschatologisch ermöglichten *Ganzwerdung* der im Tode noch unvollendeten Seelen. Wieder wird das in der Eschatologie meistens vernachlässigte *Reich Gottes* zum Schlüsselbegriff. Es geht nicht um den Leib, der wiedererweckt wird, sondern um das Erlangen einer neuen *Gestalt*, die Christus entspricht, um das Erlangen einer Identität, in der die Individuen untereinander versöhnt und in Liebe verbunden sind. In diesem Zusammenhang wird vorgeschlagen, den deutschsprachigen theologischen Sonderweg des Redens vom ‚Leib' (statt vom ‚Körper') künftig – auch in den Bibelübersetzungen – durch ein abwägendes Reden entweder vom Körper oder von der Gestalt zu ersetzen. Als Erlöster wird der Mensch eine neue Gestalt haben, die seine *erreichte Identität* zum Ausdruck bringt.

4.5 Die christliche Seelsorge müsste angesichts der angstvollen Frage: Wo bleibe ich, wenn ich gestorben bin; was wird aus mir?, nicht verlegen schweigen. In der Tat ist die Vorstellung, dass die körperlose Geistseele nach dem Tod einem weiteren jenseitigen Geschick entgegenwandere, kaum nachvollziehbar. Denn eine Seele braucht eine Zugehörigkeit, einen Ort. Sie hat und ist Gestalt. Im Neuen Testament ist nun aber der in den Himmel erhöhte Christus die ‚Gestalt', welche die verstorbenen Christen an sich zieht. Sie bleiben nicht in körperloser Weise seelisch nackt, sondern ‚subsistieren' am Leib Christi. Sie gehören weiterhin zur lebendigen Kirche. Sie sind in Christus vorderhand geborgen bis zum Ende aller Dinge. Dort *wachen* und *streben* sie ihrer eigenen Vollendung entgegen.

Diese Zusammenhänge sollten in den evangelischen Kirchen wieder stärker zum Ausdruck kommen. Zwar bilden nicht die Menschenseelen selbst kraft einer ihnen angeblich inhärenten Unsterblichkeit die ‚Brücke' hin zur Vollendung im Reich Gottes. Aber Christi Leib dient als diese Brücke. Wir kommen zu der Folgerung, dass in diesem Sinne über den sogenannten Zwischenzustand wieder theologisch nachzudenken wäre.

4.6 Seelsorge steht neben Psychotherapie. Was verbindet sie? Was unterscheidet sie? Ein stringentes ‚Modell' von der Seele können beide nicht entwickeln. Sie können z. B. nicht klären, ob die Seele selbst krank werden kann oder ob wir in unserem Verhältnis zu unserer Seele (wenn dieses Verhältnis verfehlt wird) krank werden können. Sie können auch nicht klären, wie weit man eine Seele verändern kann, ja, ob man es überhaupt kann – oder eben nur das Verhältnis zur Seele. Wenn jedoch Psychotherapie versucht, sich verhakende psychische Beziehungen zu entwirren und verschüttete Erkenntnis freizusetzen, und wenn Seelsorge die Seele als Ganzes in den Blick nimmt, ihr Identitätsstreben mit ihren ins Transzendente gehenden Aspekten, dann sind beide nicht Konkurrenten, sondern sie haben eine gemeinsame Richtung, sie arbeiten einander zu.

IV.

AUFERSTEHUNG DER TOTEN UND DAS EWIGE LEBEN?

IV. Auferstehung der Toten und das ewige Leben?

So wenig die Kinder im Mutterleib wissen von ihrer Anfahrt, so wenig wissen wir vom ewigen Leben.

Martin Luther
(WA TR 3, 276, 26 f., Nr. 3339)

Ursprung und Ziel des Menschenlebens weiß nicht die Philosophie, das ist vielmehr der Stoff der Theologie.

Martin Luther, nach der Thesenreihe *De homine*
(WA 39/I, 175, 23 ff., These 1 ff.)

Woher ich komme – von Gott / Wohin ich gehe – zu Gott

Grabstein

... es wäre nichts gewiss, wenn es nicht das wäre, dass es keinen Tod gibt, keinen Untergang für den Geist ...

F. D. E. Schleiermacher
(Brief an Frau H. von Willich vom 25. 3. 1807)

1.
„WENN WIR ES WISSEN MÜSSTEN, WAS UNS NACH DEM TOD ERWARTET, WÜSSTEN WIR ES AUCH." DIE VIELEN ESCHATOLOGISCHEN BILDER UND DIE FRAGE DER HEILSGEWISSHEIT

1.1 Schleiermacher über unsere Bilder vom jenseitigen Leben 189
1.2 Symbolisch-intuitive und diskursive Vergegenwärtigung der letzten Dinge 190
1.3 Wir brauchen Gewissheit! 192
1.4 Wider eine schlechte ‚natürliche Theologie' in der Eschatologie 193
1.5 Grenzen der Strategien wider die Todesangst 195
1.6 Der Realismus der christlichen Eschatologie 197
1.7 Eine kritische Bemerkung zur Eschatologie Dietrich Bonhoeffers 200
1.8 Das große heutige Interesse an Berichten von ‚Nahtoderfahrungen' . . . 203
1.9 Das Kreuz, aber auch die Heilung können nicht ausgelassen werden . 206
1.10 Die Freude der christlichen Hoffnung 207

1. Die eschatologischen Bilder und die Frage der Heilsgewissheit

1.1 Schleiermacher über unsere Bilder vom jenseitigen Leben

Nach dem unerwarteten, frühen Tod ihres Mannes Ehrenfried fragte die mit Schleiermacher befreundete und bei ihm Trost suchende junge Witwe Henriette von Willich[1] den Theologen, ob sie wenigstens gewiss sein dürfe, dass ihr Mann es nun im Himmel gut habe und dort der Freude des Wiedersehens mit ihr entgegenwarte. Schleiermacher antwortete ihr, eines seien die Bilder, die wir uns vom Jenseits machen, ein anderes sei aber die Gewissheit unserer Unsterblichkeit. Du bittest mich, schrieb er ihr, ich solle Dir als Pfarrer und Seelsorger Deine Zweifel in dieser Sache nehmen. Schleiermacher war bereit, dafür einzustehen, dass der Tod uns *geistig* nicht vernichten kann. Aber er übernahm keine Verantwortung für die Substanz und Einklagbarkeit der vielen im Umlauf befindlichen phantasievollen Bilder vom jenseitigen Leben:

Es sind ... die Bilder der schmerzlich gebärenden Phantasie, welche Du befestigt wünschest. Liebe Jette, was kann ich Dir sagen? Gewissheit ist uns über dieses Leben hinaus nicht gegeben, verstehe mich recht, ich meine keine Gewissheit für die Phantasie, die Alles in bestimmten Bildern vor sich sehen will, aber sonst ist es die größte Gewissheit, und es wäre nichts gewiss, wenn es nicht das wäre, dass es keinen Tod gibt, keinen Untergang für den Geist. Das persönliche Leben ist ja aber nicht das Wesen des Geistes, es ist nur eine Erscheinung. Wie sich die wiederholt, das wissen wir nicht, wir können nichts darüber erkennen, sondern nur dichten. Aber lass in Deinem heiligen Schmerz Deine liebende Phantasie dichten nach allen Seiten hin und wehre ihr nicht. Sie ist ja fromm, sie kann ja nichts wünschen, was gegen die ewige Ordnung Gottes wäre, und so wird ja alles wahr sein, was sie dichtet ... Und so kann ich Dich versichern, dass Deine Liebe ewig immer alles haben wird, was sie wünscht. Du kannst doch jetzt nicht wünschen, dass Ehrenfried – o Gott der teure Name ... –, dass er wiederkehrte in dieses Leben zurück, weil es der ewigen Ordnung zuwider wäre, die Jeder mehr liebt, als irgend einen einzelnen Wunsch. Sondern für dieses Leben begehrt Deine Liebe nur, ihn im Herzen zu tragen, unauslöschlich sein Andenken ..., und in Dir ihn wieder zu erwecken und neu zu beleben in Euren süßen Kindern, das genügt Dir. Für die Zukunft weißt Du nun nicht, womit Dir genügen kann ..., weil du die dortige Ordnung nicht kennst. Wenn Du aber darin sein wirst, wirst Du sie kennen und ... [dann das] volle Genüge haben. – Möge Dir vorderhand Deine Phantasie ein Verschmolzensein in das größte All ermöglichen! Denke

---

[1] Schleiermachers spätere Frau.

Dir das Universum „nur nicht tot, sondern … als das höchste Leben. Es ist ja das, wonach wir in diesem Leben alle trachten und es nur nie erreichen, allein in dem Ganzen zu leben und den Schein, als ob wir etwas Besonderes wären …, von uns zu tun. Wenn er nun in Gott lebt, und Du ihn ewig in Gott liebst, wie Du Gott in ihm erkanntest und liebtest, kannst Du Dir denn etwas Herrlicheres und Schöneres denken? Ist es nicht das höchste Ziel der Liebe, wogegen Alles, was nur an dem persönlichen Leben hängt, und nur aus ihm hervorgeht, nichts ist?[2]

Schleiermacher will hinführen auf das, was hinsichtlich unseres Fortbestehens über den Tod hinaus *gewiss* ist. Er respektiert zwar die offenbar unvermeidliche Bebilderung des ewigen Lebens. Aber er kann für die einzelnen Bilder theologisch nicht einstehen und fordert deren Rückbindung an das Fundament des Glaubens. Was wir über das Leben nach dem Tod denken sollen, ergibt sich daraus, wie wir im Glauben den Sinn der Gottesbeziehung wahrnehmen. Schleiermacher erinnert an Folgendes: Alle Gläubigen sehen diesen Sinn darin, dass wir in einen Raum unbegrenzter Liebe hineingezogen werden und selbst liebend ins ‚Ganze der Schöpfung' (Universum) hinein entgrenzt werden. Der einzelne Mensch muss sich auf seinem Lebensweg ins Ganze hinein erweitern, das ist der Ur-Sinn der Liebe, und es ist dies ja auch der Sinn des seelischen Strebens nach der Identität. Feinfühlig, aber mit einem seiner Klientin verborgen bleibenden ‚dogmatischen Eingriff', lenkt Schleiermacher die Phantasie ‚gut gemeinter Bilder' in eine verantwortbare Richtung.

Keineswegs sagt Schleiermacher, was heute oft vorgebracht wird: ‚Da wir es nicht wissen, was nach dem Tode sein wird, müssen wir uns überraschen lassen, was kommt.' Diese Haltung wäre ja der komplette Ausstieg aus der christlichen Hoffnung. Sie signalisierte den völligen Verlust der Heilsgewissheit. Wir wissen in der Tat nicht, *was* kommt, nicht einmal *wie* es kommt. Aber wir sollten wissen, *dass* etwas für uns nachfolgt, und *wofür es gut ist*.

1.2 Symbolisch-intuitive und diskursive Vergegenwärtigung der letzten Dinge

Lässt sich von den letzen Dingen überhaupt anders als in Bildern reden? Und was sind hier ‚bloße' Bilder, was sind ‚unnötige', ‚bedenkliche', ‚verkehrte', ‚unverantwortliche' oder aber ‚notwendige' oder ‚in die richtige Richtung gehende' Bil-

---

2) Brief von D. F. E. Schleiermacher aus Halle an Henriette von Willich, 25. März 1807 (Aus Schleiermachers Leben. In Briefen, Bd. 2, Berlin 1958 [ohne Herausgebernamen erschienen], 85 f.).

1. Die eschatologischen Bilder und die Frage der Heilsgewissheit

der. Das ist ein ernsthaftes theologisches Problem. So viel ist klar: Christliche Bilder vom Eschaton dürfen nicht die Heilsgewissheit des Glaubens angreifen oder aufweichen, sie müssen sich vielmehr in diese einordnen. Sie sollen nicht ‚alles in der Schwebe lassen', sondern in dem Sinn ‚Seelenbilder' sein, dass sie die Vollendung des Menschen im Reich Gottes thematisieren. Sie könnten z. B. das Partikuläre und Elende unserer jetzigen Existenz, ohne ihre Not zu verdrängen, *erheben* und Vorgriffe tun auf die zur Ganzheit und Schönheit gelangte menschliche Identität.[3] Sie können auch die Kirche in ihrer Vollendung ‚imaginieren', wie das die Eschatologie in Schleiermachers *Glaubenslehre* tut. Sie können einem bedenklichen Heilsegoismus vorbeugen und das *Soziale und Barmherzige* vorzeigen, wie es vom Reich Gottes her geboten ist. Die Kirche hat aber keinen Bedarf an Jenseitsbildern, die z. B. Schrecken einflößen in der Absicht, zur rechtzeitigen Bekehrung anzuhalten.

Generell scheint es zwei Modelle des eschatologischen Denkens zu geben: eines, das von biblischen Texten her argumentierend und logisch deduzierend die Auferweckung und das Gerichtetwerden der Toten in der Kontinuität ihrer Person darlegt und erklärt; sowie ein anderes, das (statt von solcher begrifflichen Entfaltung) von den religiös-kulturell vorhandenen Bildern des Himmels, der Hölle und des ewigen Lebens ausgeht.[4] Im ersten Modell wird am Ende zumeist versucht, die kirchliche Lehre auch noch auf die bekannten kulturellen und biblischen Bilder (zum Teil kritisch) zu beziehen. Das zweite Modell verfährt umgekehrt. Welche Linie des eschatologischen Denkens ist nun zu bevorzugen?

Für die *zweite* scheint zu sprechen: Gerade über das, wovon uns die Anschauung aus eigener Erfahrung und also das Wissen und sichere Erkennen fehlt, kann man sich eben nur in *andeutenden Bildern* äußern, die uns irgendwie in der Seele liegen. Diese Bilder lassen *Deutungen* gemäß den jeweiligen theologischen Interessen und persönlichen Verstehensmöglichkeiten zu.

Das aber für die *erste Linie* sprechende Gegenargument wäre: Die eschatologische ‚seelische Bilderwelt', die auch in der Bibel selbst eine große Rolle spielt und von dort her Malereien in den Kirchenräumen hervorrief, hält Szenen fest, die von vielen Menschen als zukünftige Tatsachen missverstanden werden. Die

---

3) Vgl. das bei Goethe und anderswo begegnende Ideal der ‚schönen Seele'.
4) Auf die „Unzulänglichkeit abstrakter Wissenschaftssprache, eschatologische Erfahrungen in Worte zu fassen, apokalyptische Bilder zu deuten, Auferstehung als Prozess zu erfassen und Grenzen der Immanenz zu überschreiten", weist hin: CLAUDIA JANSSEN, Anders ist die Schönheit der Körper. Paulus und die Auferstehung in 1. Kor. 15, Gütersloh 2005, 316. Janssen sagt, in der Eschatologie sei es nicht nur angemessen, sondern notwendig, die theologische Aussage „in einen kreativen Dialog" zu bringen mit der Welt der literarischen, musikalischen und bildhaft darstellenden Kunst, wie dies in der gelebten Spiritualität ja auch längst der Fall ist.

Frömmigkeitsgeschichte hat diese seelischen Bilder *historisiert*. Das gilt etwa für Szenen des Jüngsten Gerichts, Szenen aus dem Inferno (Hölle), Szenen des apokalyptischen Weltendes und der sich beim Schall der Posaune öffnenden Gräber. Das gilt ferner für den Kampf der Teufel und der Engel um die Seelen, die ‚Herabkunft' der himmlischen Stadt Jerusalem mit ihren zwölf Perlentoren und schließlich für den Triumph der zum Himmel erhöhten Kirche. Diese kulturell multigenetischen Bilder lassen sich oft nicht einmal recht untereinander systematisch-theologisch vereinbaren. Sie enthalten Widersprüche zwischen der Gnade Gottes in Christus einerseits und einem Endgericht andererseits, das scharf die Schafe von den Böcken scheidet.[5]

Die Kirche scheint den Anspruch zu erheben, man möge wenigstens allen in der Bibel begegnenden eschatologischen Bildern Glauben schenken. Aber das kann ein denkender Mensch nicht, weil er Widersprüche unter ihnen feststellt und teilweise auch unevangelische Drohungen wahrnimmt. Also stellt der denkende Mensch, der in diesen Bildern keinen festen Grund des Glaubens findet, seine persönliche christliche Hoffnung über den Tod hinaus zurück. In Zukunft wird er sagen: „Das alles kann man doch überhaupt nicht wirklich wissen!"

Folgt daraus nicht ein strikter theologischer Imperativ: Die Bilder sind zu verlassen; der Glaube ist zu ‚entmythologisieren'; die eschatologischen Aussagen der Bibel über die Auferweckung und das Jüngste Gericht sind in einer Sprache zu reformulieren, die sich auf das menschliche Leben jetzt und hier bezieht und den Menschen Hoffnung fürs Diesseits gibt?

Doch diese ‚Alternative' ist noch einmal in Frage zu ziehen. Denn man wird sowohl die Intuition wie die Diskursivität benötigen. Es steht hier nicht (bildhaft denkendes) *Jerusalem* gegen (begrifflich denkendes) *Athen*. Heute scheint sich freilich eher das begriffliche Erschließen der eschatologischen Wahrheit rechtfertigen zu müssen. Aber es kann sich auch rechtfertigen. Wir wollen ja biblische Aussagen in eigenen Glauben überführen. Das geht nur, indem wir *denkend befragen*, was uns in der Bibel ‚vor Augen gestellt' ist. Eine unbefragte ‚Gefühlsaneignung' wäre – bei dazwischenliegenden 2000 Jahren – kein Zeichen besonderer Frömmigkeit.

1.3 Wir brauchen Gewissheit!

Die Frage, wohin wir gehen, darf nicht in der luftigen Art einer ‚Fahrt ins Blaue' offengehalten werden. Das *Reich Gottes* ist für den Glauben viel zu wichtig, als dass es in einer Sequenz offener Bilder vom ‚himmlischen Leben' untergehen

---

[5] Vgl. Mt 25,31–46.

dürfte. Am besten gehen wir in unserer Glaubensorientierung von der *Prägnanz*[6] der neutestamentlichen Reich-Gottes-Gleichnisse aus. Denn in ihnen erhalten wir überführende, insofern auch einleuchtende Antworten auf die Frage, wie Gott zu uns steht, und wie Gott und jetzige Weltordnung zueinander stehen. Oft dienen in Jesu Gleichnissen sogar die Natur und deren Gesetze zum Verständnis des Reichs Gottes.

Glauben *braucht* nicht nur Gewissheit, sondern Glauben *ist* eine Form von Gewissheit. Denn Glauben bedeutet nichts anderes als *sich befestigen im Verlässlichen*.[7] Das sollte immer wieder bedacht werden. – Auch Hoffnung ist nicht so etwas wie eine ‚abgeschwächte Gewissheit' („… hoffen wir es eben einmal …"), sondern sie ist der Arm, mit dem sich der Mensch nach dem *Bleibenden* ausstreckt. Beim Hoffen geht es um die *Fundamente* unserer Existenz.[8] Die wirklichen ‚letzten Dinge' beziehen sich auf diese Fundamente. Sie spiegeln nicht hochfahrende Wünsche des in seine eigene Existenz verliebten Menschen wider, so dass man gegen die christliche Eschatologie einwenden sollte: „So wichtig bin ich nun auch wieder nicht." So wichtig sind wir in der Tat nicht, aus uns selbst heraus betrachtet. Aber *wir haben wichtig zu sein* aus außerhalb unserer Selbsteinschätzung liegenden Gründen. Und in der Tat – *davon* handelt die christliche Eschatologie. Es geht nicht um unsere Wünsche und Illusionen. Im Spiel ist hier ein *anderer Wille, mit dem wir konfrontiert werden*. Dies freilich verunsichert uns. Darum brauchen wir Gewissheit im Sinne einer sich öffnenden Einsicht, dass wir uns auf diesen anderen Willen einlassen sollen und können.

1.4 Wider eine schlechte ‚natürliche Theologie' in der Eschatologie

Die Eschatologie *scheint* nur ein Ort vieler offener Bilder und der Beliebigkeit des Fragens und Wünschens zu sein. Es geht in ihr nicht darum, alle möglichen Fragen zu stellen, sondern die richtigen. Es geht in ihr auch nicht isoliert um das Problem: Was wird nach dem Tod werden? Sondern die zentrale Frage lautet: Was haben wir an Gott? *In der Eschatologie geht es um die dramatische Geschichte, wie Gott das Herz der Menschen gewinnt*. Man meint vielleicht, der Herr des Universums habe das gar nicht nötig. Aber offenbar will er gerade das.

---

[6] ‚Prägnant' bedeutet sowohl ‚genau treffend' wie auch ‚mit einer neuen Bedeutung schwanger gehend' oder ‚einen Lebensüberschuss aus sich heraussetzen könnend'.
[7] Vgl. Jes 7,9.
[8] Vgl. I Kor 13,13: „Nun aber bleiben Glaube, Hoffnung, Liebe …".

IV. Auferstehung der Toten und das ewige Leben?

Wir haben es in der christlichen Eschatologie, die einerseits der Prüfstein der Heilsgewissheit, andererseits aber das unbewachteste Eingangstor menschlicher Illusionen ist, von Anfang an nicht mit dem religiösen Sehnsuchtsblick in den ‚schönen Garten' zu tun. Man blickt hier nicht durch die Mauerritze und wünscht, gleich ‚dort' zu sein, fragt dann aber im nächsten Moment auch schon wieder, ‚ob es denn wahr ist'. Das überaus Bedenkenswerte der christlichen Eschatologie schlägt bei theologischen Fehlern gleich um ins Bedenkliche. Was wir hier gediegen sagen können, hat nichts zu tun mit der Befriedigung einer Neugier, die gern einmal ‚hinter den Vorhang blicken' möchte. Eschatologie ist kein im Grunde unnötiger Luxus.[9]

Mit den ‚letzten Dingen' antwortet Gott nicht auf menschliche Wünsche; vielmehr realisiert er seine Absicht, *mit Hiob in Liebe zusammenzukommen*. Hierbei geschieht Unerwartetes. Es geschieht nicht einmal das, was der arme Hiob einzuklagen versuchte, als er, eine Unstimmigkeit spürend, verzweifelt Gott gegen Gott anrief.[10] Die in Christus geschehende Selbstannäherung Gottes an den in ein dreifaches Übel verstrickten Menschen hat auch Hiob nicht vorausgedacht oder für möglich gehalten. Sie war und ist von niemandem erwartet und gewünscht. Aber sie ist die Grundlage und zugleich der Inhalt der christlichen Eschatologie.

Die menschliche *Illusion* in Bezug auf das eigene *Heil* kommt von ganz anderer Seite: Alle Menschen wiegen sich über kurz oder lang in ihrem Leben in der Illusion, von der Liebe anderer sicher getragen zu sein und daher im Dasein *bleiben* zu können. Man hofft, sich im Fluss der Dinge gerade nur so weit verändern zu müssen, dass man in der eigenen Einmaligkeit erhalten bleibt. Dann wäre man im Fluss der Dinge ja einer jener wertvollen *bleibenden Kerne*, die *nicht* mit der Zeit untergehen, um deren Individualität vielmehr die Welt kreist.[11] Manche Menschen fühlen sich in dieser ihrer Hoffnung mit Hilfe ihrer Religion zusätzlich sicher. Doch es kommt die Stunde, in der diese Illusion, im Heil zu sein, zusammenbricht. Es kommt die Stunde der Erfahrung der völligen Verlassenheit. Sie deckt auf: Gott und die Welt haben die Hand zu *solcher* Hoffnung und zu *solchem* Trost *nicht* gereicht. Es zeigt sich, dass es im fortströmenden Fluss des Lebens kein Mitleid, keine Erhaltung und keine Wiederkehr gibt. Wie durch einen Blitzschlag wird die bisherige vermeintliche Sicherheit vernichtet. Hiob steht für eine solche Erfahrung. Auch Goethes Werther steht für

---

9) HANS KÜNG, Ewiges Leben? München-Zürich 6. Aufl. 1986, 37: „Die Frage eines möglichen Lebens nach dem Tod ist von immenser Bedeutung für das Leben vor dem Tod."
10) Vgl. Hiob 19,25.
11) S. dazu o., 161 f.

eine solche Erfahrung.¹² Man hatte geglaubt, als Mensch in der Geborgenheit göttlicher und menschlicher Liebesumhüllung sicher und beständig leben zu dürfen. Aber nun zeigt es sich: *Die Fundamentalerfahrung, die der Mensch im Leben machen muss, ist die Erfahrung der völligen Einsamkeit und Verlassenheit.* Auch Jesus hat sie teilen müssen („da verließen sie ihn alle ..."¹³) samt der unausweichlichen Folge: Wenn sich einem Menschen alles entzieht, dann ist auch seines eigenen Bleibens nicht mehr länger.

1.5 Grenzen der Strategien wider die Todesangst

Die seelischen Schrecken, die von der absoluten Verlassenheit und Einsamkeit im Weltall ausgehen, sind längst ein wichtiges Thema der *Psychotherapie* geworden. Psychotherapeutischen Rat Suchende haben in der Tiefe ihrer Nöte oft diese elementare Angst vor radikaler Verlassenheit, Sterben und Tod. Sie suchen nach dem ‚Standhaltenden'. Dieses Problem ist heute aus der früheren kirchlich-religiösen Monopolverwaltung herausgenommen. Unterschiedliche Strategien gegen die Todesangst werden angeboten. Sie operieren teilweise mit philosophischen Erwägungen darüber, warum kein Individuum jemals aus der Welt fallen könne. Oder es wird ein altruistisches Leben empfohlen. Auch Goethes Weisheit ist noch gefragt:

Es kann die Spur von meinen Erdentagen
Nicht in Äonen untergehen. –
Im Vorgefühl von solchem hohen Glück
*Genieß ich jetzt den höchsten Augenblick.*¹⁴

Aber das Christentum kann mit *derartigen* Tröstungen eher nicht dienen. Es ist nicht ein weiterer nützlicher Pfeil im Köcher der Verteidiger des Lebens. Es ist,

---

12) Vgl. Johann Wolfgang von Goethe, Die Leiden des jungen Werder (1774) (Goethes Werke HA Bd. 6, 1963, 52 f.). Werders Todesangst wird folgendermaßen artikuliert: „Es hat sich vor meiner Seele wie ein Vorhang weggezogen, und der Schauplatz des unendlichen Lebens verwandelt sich vor mir in den Abgrund des ewig offenen Grabes. Kannst du sagen: *Das ist!* Da alles vorübergeht? Da alles mit der Wetterschnelle vorüberrollt ..., in den Strom fortgerissen, untergetaucht und an Felsen zerschmettert wird? Da ist kein Augenblick, der nicht dich verzehre und die Deinigen um dich her, kein Augenblick, da du nicht ein Zerstörer bist ... Und so taumle ich beängstigt ...: ich sehe nichts als ein ewig verschlingendes, ewig wiederkäuendes Ungeheuer."
13) In seelischer Hinsicht ist bereits dies der – erschütternde – Höhepunkt der Passion Jesu: Mt 26,56; Mk 14,50 – Mt 27,46; Mk 15,34.
14) Johann Wolfgang von Goethe, Faust, Verse 11585–88. Es ist allerdings bezeichnend, dass G. hinsichtlich der Frage, ob man im glücklichen Augenblick wirklich die Ewigkeit findet (und somit in ihm *verweilen* sollte), mit unterschiedlichen Antworten experimentiert hat.

recht verstanden, auch nicht eine aufs bessere Jenseits oder auf sonst etwas vertröstende Religion. Es ist ferner keine Hochphilosophie, die zur Harmonie des Geistes ‚jenseits der Widersprüche' führt. Es reduziert sich schließlich auch nicht auf die praktische Empfehlung, sich hinzugeben, um in gewisser Weise in anderen weiterleben zu können. Zwar wollen auch Christen das Gute, das sie im Leben empfangen haben, weitergeben. Auch sie finden es schön, sich vorzustellen, dass die ‚goldene Kugel' des empfangenen Guten und Schönen weiterrollt. Aber im Blick auf den *Tod* gewinnen sie daraus keinen Trost.[15] Sie können diesen *äußersten Feind* nicht als einen oft verkannten ‚Freund' weichzeichnen.[16] Zwar singen alte und kranke Christenmenschen durchaus gern „Welt ade, ich bin dein müde". Sie wollen gern aus dem ‚Streit dieser Welt' abscheiden und bei Christus sein. Das soll überhaupt nicht übersehen werden. Doch soll dies nicht verwechselt werden mit einer Bejahung des Todes als solchem. Der Tod ist im Reich Gottes nicht bejaht, sondern besiegt. Insofern können und dürfen Christenmenschen das Phänomen ‚Tod' nicht unter irgendeiner Sinngebung akzeptieren. Dabei sind gerade Christenmenschen sich ihrer eigenen Seele nicht in der Weise sicher, dass sie erwarten dürften, diese werde sie bzw. sich dann schon retten. Sogar diese Seele könnte dem ‚ewigen Tod' verfallen. Christenmenschen sehen und fürchten mithin den Tod in *allem*, auch in dem ‚besten Leben'.[17]

---

15) Viele versuchen das freilich: Der nordamerikanische Psychoanalytiker IRVIN D. YALOM, In die Sonne schauen. Wie man die Angst vor dem Tod überwindet, München 2008, verfolgt einen therapeutischen Ansatz, der sich auf die in vielen psychischen Problematiken sich zeigende *Sterblichkeits-Flucht* konzentriert: Man müsse die Sterblichkeit akzeptieren, die Angst vor ihr überwinden und Sinn und Befriedigung daraus ziehen, dass man das eigene Leben bedeutungsvoll *für andere* werden lässt. Man selbst habe Gutes empfangen und solle das gleich einer durchs Leben gehenden Wellenbewegung weitergeben. In dieser Bewegung lebe dann das eigene Selbst weiter (a. a. O., 132 ff.). Yalom hätte sich hier auch an bestimmte *biblische Gedanken* über das Erbringen bleibender Früchte, die nicht von Motten oder von Rost gefressen werden (vgl. Mt 6,19 f.; Lk 12,33), erinnern können, selbst wenn diese *sein* ‚strategisches Konzept' nicht direkt stützen. Aber er misstraut aller Religion als einer häufig zu voreiligen Flucht aus der Realität der Sterblichkeit. Sein philosophischer Hauptgewährsmann ist Epikur.

16) Der Tod ist nicht schöpferisch! Zweischneidig ist daher die ‚tiefsinnige' Aussage: „Erst der Tod schafft dem Leben Gewicht" (CHRISTIAN GRAF VON KROCKOW, Der deutsche Niedergang. Ein Ausblick ins 21. Jahrhundert. Stuttgart 1998, 178). Der Sache nach findet sich diese Aussage auch fast überall in der heutigen evangelischen systematischen Theologie. Vgl. z. B.: Zwar begrenzt der Tod unser Leben hart, aber er ist „zugleich auch dasjenige …, was das Leben überhaupt mit Sinn zu erfüllen erlaubt" (DIETZ LANGE, Glaubenslehre Bd. II, Tübingen 2001, 459). – Müsste die Theologie nicht viel eher, als auf dieser ‚weisheitlichen Schiene' zu fahren, sich mit der Frage beschäftigen, warum Jesus am Grab seines Freundes Lazarus „im Geist ergrimmte" und weinte (Joh 11,33 ff.)? Hat sie nicht zu fragen: Welche *Verdunkelung des Lebenssinns* verursachen menschliche Sterbeschicksale? Wie viel Sinn kommt denn durch den Tod von Kriegsgefallenen und von Verkehrs-, Naturkatastrophen- und Verbrechensopfern ins Leben? Der Tod, der in das menschliche Leben in einem solchen Ausmaß *nicht hineinpasst*, dass er im Reich Gottes *aufgehoben* wird, schneidet den Menschen nicht nur von der in der Tat absurden Möglichkeit des Weiterlebens in einer unendlichen Jahresreihe ab, sondern vom sinnerfüllten Ganzwerden.

17) Vgl. MARTIN LUTHER, Choral „Aus tiefer Not schrei ich zu dir", Strophe 2 (EG 299).

1. Die eschatologischen Bilder und die Frage der Heilsgewissheit

Dies soll man sich vor Augen halten, will man die christliche *Hoffnung* über den Tod hinaus recht verstehen. Sie ist wirklich keine weitere Illusion. Sie ist die *Anti-Illusion*. Da sind keine bleibenden Werte und rettenden Strohhalme, an die der Glaube anknüpfen könnte. An der radikalen Verlassenheit Hiobs, ja, an der Golgatha-Verlassenheit Jesu muss jeder Satz der christlichen Eschatologie Maß nehmen. Keinen Augenblick darf sie ausblenden, dass viele Menschen einen brutalen oder vorzeitigen Lebensabbruch erleiden und dass viele Menschen so ‚Armseliges' in ihrem Leben empfangen haben, dass sie schwerlich in der Lage sind, die ‚goldene Kugel' weiterrollen zu lassen und empfangenes Gutes anderen weiterzugeben.

Wenn eigene Guttaten Hoffnung über den Tod hinaus begründeten, wäre für viele nichts zu hoffen. Sie wären die ‚Spreu' im Wind der Weltgeschichte. Hiob andererseits *hatte* ‚gute Taten' und musste dennoch resümieren:

... ein Baum hat [immerhin] Hoffnung,
auch wenn er abgehauen ist;
er kann wieder ausschlagen,
und seine Schösslinge bleiben nicht aus.
Stirbt aber ein Mann, so ist er dahin;
kommt ein Mensch um – wo ist er?[18]

Hiobs von gutem Handeln gemäß den Geboten geprägte Existenz ist nicht besser im Leben verhaftet als die ‚Spreu' – kein ‚bleibender Weizen'; sein zu erwartendes Ende – nicht anders als das der Tiere. „Mich ekelt mein Leben an."[19] Die Trostversuche der Freunde sind ihm eine einzige seelische Qual.[20]

1.6 Der Realismus der christlichen Eschatologie

Doch gerade auf dem Hintergrund dieser gesamtbiblischen Erschütterung durch die Wucht des Todes, die das Leben vergällt, *unterfasst* jene Hoffnung letzter Dinge, die das Neue Testament in die Welt gebracht hat, die menschliche Not mit dem Tod in größter Tiefe. *Christliche Eschatologie, die bei ihrer Sache ist, versteht sehr wohl die verzweifelte seelische Nacktheit Hiobs.*[21] Die wahre

---

18) Hiob 14,7.10.
19) Hiob 10,1.
20) Hiob 19,2: „Wie lange plagt ihr doch meine Seele und peinigt mich mit Worten?"
21) Johannes Ringleben fragt in einer Meditation zu II Kor 5,1 ff., ob nicht möglicherweise die von Paulus gefürchtete *Nacktheit* gar nicht den Zustand meint, in den der Mensch seelisch gerät, wenn

Situation des Menschen angesichts von Tod, Schuld und Leiden sieht sie bei Hiob bis ins Knochenmark hinein freigelegt. Hätte Hiob *nicht* mit Gott gerechnet, hätte er in seinen schweren Leiden Gott ‚abgesagt', wie es seine Frau von ihm verlangte,[22] so wäre er seiner Lage keineswegs mit größerem Realismus begegnet. Im Gegenteil: Sein Realismus war und blieb gerade deshalb so extrem groß, *weil* er mit Gott rechnete. *Weil* er das tat und sah, dass auch Gott ihm im Sinne seiner Erwartungen nicht ‚gut kam', ist ihm hinsichtlich einer besonderen menschlichen Möglichkeit des Bleibens jede Illusion geschwunden.

Hiob wünschte, dass Gott ihn in Ruhe sterben ließ und endlich nichts mehr von ihm wollte. Seine Leiden aber wurden extrem, als er gewahr wurde, dass er der Hand Gott niemals entrinnen würde. Diese Art der ‚Verewigung' seiner nichtigen Existenz bedeutete ihm die *Hölle*. Aber auch im Christentum haben fromme Menschen es bis an die Schwelle zur Neuzeit noch gewusst: So unvollkommen wie der Mensch ist, muss er gerade die Ewigkeit fürchten![23] Nirgendwo sonst als im Christentum ist der *Zweifel* daran größer, dass der individuelle Mensch, um seiner besonderen Seele willen, eine ewige Bedeutung haben könnte. Die Seelen der Christen sind *arme Seelen*.[24] Den ‚bleibenden Kern' finden sie nicht in sich vor. Zwar ist ‚Seele', in neutestamentlicher Sprache aus-

---

ihm durch den Tod sein Körper genommen wird (und er sich, hüllenlos geworden, nach der Überkleidung mit einem neuen, ewigen ‚Gehäuse' sehnt), sondern vielmehr *das jetzige körperlich-seelische Leben vor dem Tode*, während dessen das Ich des Menschen so sehr ungeschützt und ‚anfällig' ist (und also dessen bedürftig, sich in Christus hinein zu bergen). Auch wenn Paulus das an dieser Stelle so *nicht* sagt, ist es doch eschatologisch sachgemäß, die Kontinuität zwischen der Geborgenheit in Christus schon im Leben und über den Tod hinaus festzuhalten, wie Ringleben es versucht. Der Tod ist dann für das Ich gerade keine Schwelle, bei deren Übertreten alles abreißen würde. „Es gilt ... die Regel: als je näher unserer jetzigen Wirklichkeit das ganz Andere des ewigen Lebens trotz der Diskontinuität des Todes verstanden werden kann, um so konkreter wird seine geheimnisvolle Wunderbarkeit und Neuheit zu fassen sein." (DERS., Gott und das ewige Leben. Zur theologischen Dimension der Eschatologie. In: KONRAD STOCK, [Hg.], Die Zukunft der Erlösung. Zur neueren Diskussion um die Eschatologie, Gütersloh 1994 [49–87], 50–53)

22) Hiob 2,9.

23) In dem Choral „O Ewigkeit, du Donnerwort, du Schwert, das durch die Seele bohrt" von JOHANNES RIST (1607–1667) wird beklagt, dass, während die *Zeit* alle die Wunden heilt, die *Ewigkeit* nichts vergisst und alle unsere Fehler konserviert: „Kein Unglück ist in aller Welt, das endlich mit der Zeit nicht fällt, und ganz wird aufgehoben. Die Ewigkeit nur hat kein Ziel, sie treibet fort und fort ihr Spiel, lässt nimmer ab zu toben; ja wie mein Heiland selber spricht, aus ihr ist kein Erlösung nicht" (vgl. Mk 9,44, wo Jesus sagt, es sei besser, hier verstümmelt leben zu müssen, als mit beiden Händen unversehrt in die Hölle zu kommen – „in das unauslöschliche Feuer"). Der Gedanke an die Ewigkeit erfüllt des Menschen Seele mit großer Traurigkeit. Sie weiß nicht, wo sie sich hinwenden kann. „Mein ganz erschrocknes Herz erbebt, dass mir die Zung am Gaumen klebt" (Formulierung nach Hiob 29,10!).

24) Den Begriff ‚arme Seele' gebrauche ich hier in Anlehnung an die Bergpredigt (selig sind die Armen; Mt 5,2; Lk 6,20). – Eine fragwürdige Rolle spielte der Begriff ‚arme Seele' aber in der mittelalterlichen Frömmigkeit im Kontext der von der Kirche gelehrten Läuterungsmöglichkeiten (Fegfeuer). Vgl. hierzu das instruktive Werk von ARNOLD ANGENENDT, Geschichte der Religiosität im Mittelalter (1997), 4. Aufl. Darmstadt 2009, 708–711.

gedrückt, mit dem wertvollen ‚inneren Menschen' gleichbedeutend. Aber dieser ‚innere Mensch' ist in vieler Hinsicht *leer*. Andere können ihn besetzen, sogar Dämonen. Seelisch findet sich jeder Mensch von Anfang an in der Situation vor, dass offenbar sein innerer Mensch sich selbst enteignet worden ist. *Andere haben ihn als Geisel genommen und bestreiten mit ihm ihr eigenes Leben.*[25] Er muss sich in das Leben anderer ‚verbauen' lassen. In seiner labilen Lage als Mensch ‚zwischen Tier und Engel' wird er ‚besetzt', vielleicht sogar ‚besessen'.

Es ist im Neuen Testament evident – die ‚Magna Charta' ist die *Bergpredigt* –, dass Jesu Predigt vom Reich Gottes sich auf diese Notlage der sich selbst entzogenen ‚armen Seelen' bezieht. Letztere werden gerade in ihrer Selbstentzogenheit bzw. in der ihnen durch Schuld, Leiden und Todesschicksal aufgezwungenen *Leerheit und Armut zu Bausteinen des Reiches Gottes*. Das Reich Gottes kann offenbar nur mit solchen dürftigen (Gottes bedürftigen) ‚Steinen' erbaut werden. Nun sind sich die Armen freilich erneut enteignet. Denn sie werden für den Bau des Reiches Gottes ‚hergenommen'. Dass sie hierfür beschlagnahmt und hier eingefügt werden, das ist ihr ‚neues Sein'.[26] Gottvertrauen gehört dazu, sich hier zu fügen, *Glauben*, wie Jesus ihn erwartete. Der eigene Wunsch der ‚armen Seelen' aber war es primär nicht, *diese* Zukunft zu finden. Ihr *Wünschen* galt doch wohl eher einem nach irdischen Maßstäben reicheren, gesünderen, besseren, längeren und glücklicheren Leben. Sie erhalten aber im Reich Gottes *nicht* diesen von ihnen selbst ausgedachten Trost.

Es geht bei dem von Jesus gepredigten Gottesreich auch nicht um eine ‚Umwertung aller Werte'. Das Christentum schuf keine völlig neuen Werte. Es hat nicht, was bisher Tugend war, zur Untugend erklärt. Es hat auch nicht Untugend als Tugend oder gesundheitliche, moralische und wirtschaftliche Schwäche als Stärke ausgegeben. Der Wert der Rechtschaffenheit, der Treue, der Liebe, des Fleißes, des gesicherten Lebens – das alles können Christen nicht in anderer Weise sehen als alle anderen Menschen. Das Reich Gottes impliziert nicht die Verheißung, bisher Deprivilegierte würden nun in Ewigkeit privilegiert. Darum

---

25) Formulierungen im Anschluss an EMMANUEL LÉVINAS, Die Spur des Anderen. Untersuchungen zur Phänomenologie und zur Sozialphilosophie, übers., hg. u. eingel. v. N. KREWANI, Freiburg-München 1985, 320 f.

26) MARTIN LUTHER: Gerade im Blick auf die ‚neue Schöpfung' ist der Mensch bloßes ‚Material' Gottes. Genauer: Der jetzige Mensch ist das Material, aus dem Gott das Leben in seiner zukünftigen Gestalt herausbildet („... *homo huius vitae est pura materia Dei ad futurae formae suae vitam*", WA 39/1, 177, 3 f.). Schon unser jetziges Tun und Lassen ist, ohne dass wir es wissen, eingefügt in ein ganz anderes *design* des Lebens, in dem es einen ganz anderen Stellenwert hat. Das haben wir hinzunehmen. Aber gerade so arbeitet Gott *auch an uns selbst* und meißelt aus uns jene Gestalt heraus, in der wir Christus – der wahren menschlichen *imago Dei* – gleich sein werden. Somit arbeitet er auch an unserer Vollendung (LUTHER: „... *cum reformata et perfecta fuerit imago Dei* ...", WA 39/1, 177, 9 f.).

bedient die christliche Hoffnungspredigt vom Reich Gottes auch nicht das *Ressentiment* der Armen und Armseligen, wie es Friedrich Nietzsche behauptete. Nicht um andere Werte geht es im Reich Gottes, sondern um ein anderes Sein: *um das von Gott verfügte neue Sein des (zuvor) Nichtigen.* Gott macht etwas Unerwartetes aus diesem scheinbar Wertlosen. Er arbeitet mit Totem und belebt es dadurch. Er entwickelt es zu einer neuen Schöpfung. Er kann hierfür gerade das durch Leiden, durch Schuld, durch Sterbeprozesse verbrauchte Menschenleben brauchen.

Man hat also als Christ oder Christin nicht auf eine wundersame *Wiederherstellung* nach dem Tode im Jenseits zu hoffen, sondern auf einen von Gott verfügten und gestalteten *neuen Anfang*,[27] bei dem das Alte zur Ruhe kommt und der Mensch in Neues eingefügt wird.

1.7 Eine kritische Bemerkung zur Eschatologie Dietrich Bonhoeffers

Zunächst wollen wir uns vorbereiten durch eine Frage: Ist etwa mit Gott selbst, auf Hiob hin, etwas ‚Revolutionäres' geschehen? Hat es Gott hinterher leid getan, was er Hiob antat? Hat er deshalb sein Wesen und sein Verhalten zu den Menschen geändert, ‚zivilisiert'? Zu antworten ist: Wir haben kein Recht dazu, solches anzunehmen. Respektloser und sinnloser könnte man von Gott nicht denken. Jesus hat niemals von einem in sich neu gewordenen Gott gesprochen, der nun auch den Menschen völlig veränderte Aussichten böte. Das Reich Gottes ist keine religiöse Neuheit aus der Zeit zwischen Hiob und Jesus. Die einzige Aussage über Gott, zu der die Theologie in diesen Zusammenhängen ein Recht hat, ist die, dass Gott sich treu bleibt, auch wenn er im Fortgang der Geschichte neu erlebt und anders erkannt wird. Dass Gott als der Schöpfer z. B. aus Verdorrtem wieder Leben hervorrufen kann, hat man in Israel schon vor Hiob gewusst. *Jesus hat Gott so verstanden und so ausgelegt, wie man ihn längst hätte kennen können.*

In dieser Richtung hat sich auch Dietrich Bonhoeffer im Tegeler Gefängnis theologische Gedanken gemacht. Es fiel ihm auf, dass unsere Theologie das (gegenüber dem Alten Testament) ‚Neue' des Christentums ungerechtfertigterweise

---

27) Vgl. Notger Slenczka, Der Tod Gottes und das Leben der Menschen. Glaubensbekenntnis und Lebensvollzug, Göttingen 2003, 202: „Die Auferstehung ist ja kein Ungeschehenmachen des Todes, wie auch Vergebung nicht darin besteht, dass die Sünde ungeschehen gemacht wird ... Die Auferstehung ist neues Leben *durch den Tod hindurch*, neue Gemeinschaft mit den Menschen *durch* die Verlassenheit und Treulosigkeit *hindurch*. Keine einfache Rückkehr in frühere Zustände, sondern ein Neuanfang", den Gott gesetzt hat.

1. Die eschatologischen Bilder und die Frage der Heilsgewissheit

mit der Kennzeichnung „das Christentum ist eine *Erlösungsreligion*" auf den Begriff zu bringen versuche. Bonhoeffer schrieb:

> Der alttestamentliche Glaube ist nicht der einer sogenannten Erlösungsreligion. Im Kontrast dazu wird *doch aber das Christentum immer als Erlösungsreligion bezeichnet. Liegt darin nicht ein kardinaler Fehler, durch den Christus vom Alten Testament getrennt und von den Erlösungsmythen [der hellenistischen Umwelt] her interpretiert wird?* Das Alte Testament erwartet geschichtliche Befreiungstaten Gottes *diesseits der Todesgrenze, während überall sonst [= in den anderen Religionen] die Erlösungsmythen gerade die Überwindung der Todesgrenze zum Ziel haben. Sie suchen ungeschichtlich eine Ewigkeit nach dem Tod.* Aber wie ist es im Christentum? *Viele meinen, im Christentum werde anders gedacht als im Alten Testament, es werde auf ein jenseitiges Leben gehofft. Das Entscheidende sei, dass im Christentum die Auferstehungshoffnung verkündigt würde, und dass also damit eine echte Erlösungsreligion entstanden sei. Das Schwergewicht fällt nun auf das Jenseits der Todesgrenze. Und eben hierin sehe ich den Fehler und die Gefahr. Erlösung heißt nun Erlösung aus Sorgen, Nöten, Ängsten und Sehnsüchten, aus Sünde und Tod in einem besseren Jenseits. Sollte dies aber wirklich das Wesentliche der Christusverkündigung der Evangelien und des Paulus sein? Ich bestreite das. Die christliche Auferstehungshoffnung unterscheidet sich von den mythologischen darin, dass sie den Menschen in ganz neuer und gegenüber dem Alten Testament noch verschärfter Weise an sein Leben auf der Erde verweist. Der Christ hat nicht wie die Gläubigen der Erlösungsmythen aus den irdischen Aufgaben und Schwierigkeiten immer noch eine letzte Ausflucht ins Ewige, sondern er muss das irdische Leben wie Christus [‚mein Gott, warum hast du mich verlassen?'] ganz auskosten, und nur indem er das tut, ist der Gekreuzigte und Auferstandene bei ihm und ist er mit Christus gekreuzigt und auferstanden. Das Diesseits darf nicht vorzeitig aufgehoben werden. Darin bleiben Neues und Altes Testament verbunden. Erlösungsmythen entstehen aus den menschlichen Grenzerfahrungen. Christus aber fasst den Menschen in der Mitte seines Lebens.*[28]

Die christliche Eschatologie, sagt Bonhoeffer, darf nicht als eine Lehre vom ‚Jenseits der Grenzen unseres Daseins' aufgefasst werden. Ihr recht verstandener Inhalt bezieht sich auf die Mitte und auf den Grund unseres jetzigen Lebens. Sie

---

28) DIETRICH BONHOEFFER, Widerstand und Ergebung, Brief an E. Bethge vom 27. 6. 1944, DBW 8, Gütersloh 1998, 498–501.

bietet, sagt Bonhoeffer mit Recht, auch nicht die Hand zu einer Flucht aus den diesseitigen Nöten in ein ‚besseres Jenseits'. Nur bei den Standhaltenden ist Christus, sagt Bonhoeffer.

Aber zu fragen ist nun doch: Ist denn Christus nicht bei den ‚armen Seelen', *damit* sie standhalten? Christus will ihnen ja in der Tat nicht die *Ausflucht* ins Ewige ermöglichen, ihnen aber doch mit ‚Mitteln der Ewigkeit' beim Standhalten in der Zeit behilflich sein[29] – so wie das Reich Gottes nicht in der Fluchtlinie einer fernen Zukunft liegt, sondern bereits als *conditio sine qua non* jetziger christlicher Freiheit und Lebenskraft zu werten ist. *Erlösung*, wie sie durchaus auch im Alten Testament im Zentrum steht, geschieht in der Tat im Diesseits, aber sie wurzelt im ewigen Geist Gottes. Und sie wird auch von uns selbst immer noch weiter für die Zukunft *erwartet*, wie es aus dem Vaterunser-Gebet hervorgeht. Sie erfüllt sich nicht voll und ganz in bestimmten geschichtlichen Ereignissen. Sie transzendiert sie alle. So gesehen ist, wie Bonhoeffer es anstrebte, das Alte und das Neue Testament als Einheit zu sehen.

Nur sollte für die ‚christliche Situation' doch folgende Besonderheit beachtet werden: *Es ist jetzt eine Gabe da.* Christus ist da. In ihm ist Erlösung.[30] Christlich Glaubende sind mit ihm verbunden. „Darum werden wir nicht müde, sondern wenn auch unser äußerer Mensch verfällt, so wird doch der innere von Tag zu Tag erneuert."[31] Durch den Geist Christi im Innern erneuert, leben christlich Glaubende zum ersten Mal nicht mehr fremdbestimmt. Sich selbst weit entzogen und ihrer eigenen Identität niemals sicher, erfahren sie: „Gott sorgt für sie in jedem Augenblick."[32] Auch verstehen sie *in Christus* ihren eigenen Weg von Gott zu Gott als einen *Weg der Hoffnung*. Sie haben die seelische Identifikationsmöglichkeit mit Christus, ohne es ihm aber ‚gleichtun' zu können oder zu müssen.

Von der Geburt, ja, von der Vorankündigung der Geburt Christi durch den Engel an bis zur ‚Verklärung' (Transfiguration) Christi auf dem Berg Tabor und bis zur ‚Himmelfahrt' ist *Christus* für die Menschenseelen *urbildlich*, um mit Schleiermacher zu reden. Das heißt, er bezieht sich auf ihr eigenes Selbst. Die Verkündigung des Engels zeigt: Es wird einer geboren werden, weil er geboren werden *muss*. Er wird nicht einfach das Produkt seiner Eltern sein. Er kommt

---

29) Vgl. die Petrus-Frage Joh 6,68: „Herr, wohin sollen wir gehen? Du hast Worte des ewigen Lebens".
30) Vgl. Röm 3,24; I Kor 1,30; Eph 1,7.
31) II Kor 4,16.
32) STEPHAN SCHAEDE, Bin denn ich es, der lebte und starb? Einige programmatische Analysen zum eschatologischen Problem, die Identität eines Menschen vor und ‚nach' seinem Tod zu denken. In: RUTH HESS / MARTIN LEINER (Hg.), Alles in allem. Eschatologische Anstöße (FS J. Christine Janowski zum 60. Geburtstag), Neukirchen-Vluyn 2005, 266–290, hier: 289.

von weit her. Er ist ein Ich, das längst schon da ist. Und er bringt etwas mit, was viel weiter reichen wird als sein irdisches Leben. Es wird im alles verschlingenden Fluss der Zeiten ein Kern der Liebe und der Menschlichkeit gestiftet, der vom Tod nicht besiegt werden kann. Allerdings nun: *Christi große Verlassenheit am Lebensende*. Auch sie wird, wie dann die Auferweckung, urbildlich erfahren. Gerade beim Kreuz Christi spüren die Seelen, wenn auch der Verstand christlicher Menschen gelegentlich anders urteilt, die reinste Liebe. „Niemand hat größere Liebe als die, dass er sein Leben lässt für seine Freunde."[33] Doch das sind Zusammenhänge, über die Bonhoeffer selbst besser als viele andere Bescheid gewusst hat.

Wenn *Bilder* in der Eschatologie eine ‚nicht wegzudenkende Rolle' spielen, so dürfte es feststehen, dass das *Bild* Christi hier das Bild aller Bilder darstellt. Christus ist das ‚personifizierte Reich Gottes'. Wenn die eschatologischen Bilder daher nicht an ihm Anhalt haben und Maß nehmen, können sie der christlichen Hoffnung nicht dienen. Im besten Fall sind sie überflüssig; im schlimmsten Fall sind sie schädlich.

1.8 DAS GROSSE HEUTIGE INTERESSE AN BERICHTEN VON ‚NAHTODERFAHRUNGEN'

Wer sich schon einmal im ‚Todesrachen' befunden hat, aber noch einmal davonkam, kann nicht selten von dort – unerwarteterweise – erlebten wunderbaren Gefühlen, Einsichten, Bildern und Farben erzählen.[34] Viele berichten auch, ihr Ich-Bewusstsein (ihre Person) habe kurze Zeit *den Körper verlassen* – und dies sei eine gute Erfahrung gewesen. Sie erlebten das wie einen Beweis dafür, dass wir Menschen eine von unserem Körper und seiner Lebenszeit unabhängige Seele haben.[35] Manche Bilder des Himmels, die große Künstler gemalt haben, sind offenbar in diesem Erlebnisbereich verwurzelt. Zu denken ist etwa an das

---

33) Joh 15,13.

34) Ein altes Beispiel dieser Art ist die Erzählung des auf dem (der Verbrennung seiner Leiche dienenden) Scheiterhaufen wieder erwachten, tödlich getroffenen Soldaten bei PLATON im X. Buch der ‚Politeia' (614a ff.). Ähnliches steht auch im ‚Tibetanischen Totenbuch' (‚Bardo Thödol'), das seit dem 8. Jahrhundert n. Chr. niedergeschrieben worden ist.

35) Ob dem wirklich so ist, dass ist eine andere Frage. Es berührt sich dies jedenfalls mit der uralten Vorstellung, die ich-bewusste menschliche Person könne *im Traum* und *in der Ekstase* den Körper zeitweilig verlassen und ihn von außen betrachten (‚Exkursionsseele'). Auch der Apostel Paulus setzt die Möglichkeit, die Seele könne zeitweilig außerhalb des Körpers sein, voraus (vgl. II Kor 12,2). Verbreitet ist die Vorstellung, die Seele habe Flügel und könne sich daher in den ‚Himmel' schwingen (‚Seelenvogel'); ferner die Vorstellung, eine solche ‚Seele außerhalb' könne wieder ‚neu umkleidet' werden, d. h. eine andere (Körper-)Gestalt gewinnen. Dazu: G. VAN DER LEEUW, Phänomenologie der Religion, 2. Aufl. Tübingen 1956, 347 ff. (= § 44: Die unsterbliche Seele).

Bild von einem aufwärts führenden Tunnel, durch den die vom Körper getrennte Seelenperson hindurchgehen muss. Die ziemlich kleine Seelenperson wird von einem Engel geleitet. Am oberen Ende des röhrenartigen Tunnels erstrahlt herrliches Licht.[36]

Solche bilderreichen Erlebnisse werden heute viel diskutiert. Manchen ersetzen sie die Eschatologie der Kirche, zu der sie persönlich keinen oder nur geringen Zugang haben. Manche greifen solche Berichte dankbar auf im Sinne einer Ergänzung ihrer biblisch genährten Hoffnung über den Tod hinaus. Die Ergänzung bezieht sich zum einen auf die erfahrungsgestützte ‚Wahrscheinlichmachung' des *Dass* eines jenseitigen Lebens, zum andern auf die erfahrungsgestützte Vergewisserung des inhaltlich guten, erfreulichen *Was* des jenseitigen Lebens. „Ich wollte eigentlich nicht wieder zurück", „ich werde nie wieder Angst vor dem Tod haben", berichten viele übereinstimmend.[37] Auf diesem Hintergrund wird das menschliche *Weiterleben-Können* nach dem Tod heute wieder ernstlicher erwogen. Ist es ein Mangel, mit einem solchen ‚Weiterleben' *nicht* zu rechnen?

Immer mehr Menschen im ‚säkularisierten Westen' rechnen nun *wieder* mit einem *Nach*tod-Geschick, jedoch nicht unbedingt auf die alte, dogmatisch vorgezeichnete Art. Eine schon ältere Pfarrersfrau berichtete im Jahr 2008:

Als junges Mädchen lebte ich in der Vorstellung, dass die Seele gen Himmel fliegt. Später hat man mir gesagt, dass es in der Bibel anders steht: Der ganze Mensch mit Leib und Seele wird in die Erde gesenkt, quasi wie ein Samenkorn in Erwartung des Jüngsten Tages. Inzwischen habe ich manches gelesen bei Kübler-Ross und anderen über Nahtoderfahrungen und möchte für mich gerne glauben: Der Tod ist eine Brücke oder auch ein Tunnel, der meine Seele ins Licht führt zu Gott. Als ich eine Angehörige beim Sterben begleitete, hatte ich den Eindruck, sie sieht etwas, vielleicht auch nur sehr nebelhaft, in der Spalte zwischen Wand und Kleiderschrank an ihrem Fußende, dem sie unbedingt näherkommen wollte. Sie strengte sich immer wieder an, in die Richtung hochzukommen. Wir wissen natürlich nichts Genaues, was uns Men-

---

36) So photographieähnlich gemalt von Hieronymos Bosch (ca. 1450–1516) in dem Bild „Der Aufstieg der Seelen zum Paradies" (aufgenommen in den Band: KLAUS BERGER/WOLFGANG BEINERT/CHRISTOPH WETZEL/MEDARD KEHL, Bilder des Himmels. Die Geschichte des Jenseits von der Bibel bis zur Gegenwart, Freiburg-Basel-Wien 2006, 167).

37) Ein schwacher Punkt dabei ist allerdings die nicht wirklich gegebene Verallgemeinerungsfähigkeit. Obwohl viele ähnlich Berichte vorliegen, gibt es in der Realität doch auch noch andere Erfahrungen. Manche erleben im Nahtodbereich nichts Besonderes, das sich hinterher berichten ließe. Manche berichten hinterher auch von schrecklichen Träumen und Visionen.

1. Die eschatologischen Bilder und die Frage der Heilsgewissheit

schen erwartet. Aber wenn wir nicht tiefer fallen können als in Gottes Hand, möchte ich glauben, dass meine ureigene Lebenskraft, meine Seele, dort aufgefangen wird, heimkehrt. Aber was wird dann mit der Materie unseres Körpers? Eigentlich wird sie doch wohl zu Erde, zu einer Energie, aus der neues Leben wachsen kann?[38]

Die traditionellen christlichen Glaubensaussagen von der leiblichen Auferweckung der Toten am Jüngsten Tag sind hier deutlich freier gestaltet worden. Die Gesamtauffassung ist wieder eher dualistisch: Es gibt demnach eine persönliche Lebenskraft, unabhängig vom Körper. Biblische und andere Bilder beginnen sich zu mischen – auch im lutherischen Pfarrhaus. Von Kübler-Ross, deren Bücher in evangelischen Pfarrhäusern lange Jahre zu den beliebtesten Geschenken auf dem Weihnachtstisch gehörten, wurde das Bild vom sterbenden Köper als einem *abfallenden Kokon* gebraucht. Bewusstsein und Seele leben dann auf einer anderen Ebene in neuer Gestalt weiter. Todgeweihte Kinder malen z. B. in Kinderkliniken Schmetterlingsbilder, in denen sie auf ihre Weise ausdrücken, dass ihre tödliche Krankheit *nur* den bald abzuwerfenden ‚Kokon' betrifft.

Was würde *Luther* dazu sagen? Auch er meinte ja, unser jetziges Leben sei pures Material (Gottes) zur Gestaltung eines gloriosen künftigen Lebens. Das biographische Leben selbst aber war für ihn kein ‚abfallender Kokon', sondern ein in neuer Bedeutung und Funktion im Reich Gottes ‚wiederverwendeter Bauteil'. Was aber direkt den *Körper* der Gestorbenen anbetrifft, so betrachtete auch Luther ihn zunächst einmal als Abfall, den die Würmer fressen. Die Würmer fressen die ‚Leibeshülle', die mit der eigentlichen Person dann nichts mehr zu tun hat. Sie wird zu Humus. Doch überlagert wird dies bei Luther von einem anderen, zweiten Bild vom in die Erde gesenkten Menschenkörper: dem Bild vom Samenkorn, das allerdings erst, *nachdem* es in die Erde gelegt worden ist, stirbt, aufbricht und Frucht bringt. Dieses zweite Bild meint den lebenden Menschen, der sich hingibt und sein Kreuz trägt.

So ganz einfach ist es also, zumal für ‚theologische Laien', erst einmal nicht, an dieser Stelle einen gravierenden Unterschied zwischen Luthers Eschatologie und der Vorstellung vom Schmetterling, der den Kokon verlässt, auf den Begriff zu bringen. Mit einigem Pragmatismus darf darum gesagt werden: Wenn Nahtoderfahrungen *ermutigen* und auf ein *wichtiges Weiterleben jenseits der Todesgrenze* vorbereiten, ist ihre zunehmende Berücksichtigung überhaupt nicht kritisch zu kommentieren. Hinsichtlich der christlichen Hoffnung sagen sie aber inhaltlich zu wenig, wie jetzt nachfolgend kurz ausgeführt wird.

---

38) Zitiert mit ihrem Einverständnis.

1.9 Das Kreuz, aber auch die Heiligung können nicht ausgelassen werden

Bei Luther stünde zwischen dem Leben vor und dem Leben nach dem Tode das *Kreuz*. Es gibt das Kreuz Christi und, eindeutig unterschieden von ihm, das Kreuz *aller Menschen*. Letzteres bedeutet u. a.: Ich werde mir enteignet, entzogen. Luther sagt dann nicht: ‚Mein Glück, dass ich wenigstens eine Seele habe, die über den Tod hinausreicht.' Er könnte aber etwa sagen: ‚Mein Glück, dass jener Andere, der meine abgewirtschaftete Existenz übernehmen muss, *mein Freund* ist, der für mich eintritt.' Die ‚lutherische Seele' hofft, solange sie das noch kann, dass wir uns von Gott *wiedergeschenkt* werden in einer guten, neuen Gestalt.

Aber ist das jetzt alles nur ein ‚Streit um Worte'? Ist denn die Kluft zwischen dem mehr biblisch-religiösen und dem mehr idealistisch-religiösen Ansatz, die Identität des Menschen über den Tod hinaus auszusagen, so bedeutsam? Ist es so wichtig, dass im einen Fall von *erreichter*, im anderen Fall von *empfangener* Identität gesprochen wird? Liegt wirklich alles daran, dass Gottes Schöpfergeist mit der menschlichen Geistseele, die doch ihrerseits ebenfalls schöpferisch ist, *unvermischt* bleibt?[39] Zählt nicht am Ende nur das übereinstimmende gute Ergebnis?

Die Frage bleibt eben doch, wie der Tod verstanden wird. Der Tod wird im Christentum darum als *größter Feind* verstanden, weil er nicht bloß einen alt oder überfällig gewordenen Körper entsorgt, sondern die Seele des Menschen selbst mit ihren subjektiven und objektiven Aspekten mit aller Wucht betrifft. Er lässt des Menschen Identität und Schönheit nicht endlich ‚hervortreten'. Er zerbricht vielmehr die bisherigen eigenen Bemühungen in dieser Richtung. Er ist bitter. Der Mensch muss seine Identität aus Gott neu empfangen, er muss *wiedergeboren werden aus Gott*. Das könnte allerdings schon im jetzigen Leben, etwa in der Taufe, geschehen. Doch muss der Mensch dann seine Wiedergeburt auch tatsächlich noch seelisch einholen. Bleibt es ihm einerseits nicht erspart, den Untergang des Alten als eine Art *Kreuzeskost* selbst noch zu schmecken, so muss er andererseits auch die *Heiligung* seinst Existenz in der Neubegründung und Wiedergeburt durch Gott selber noch erfahren. Letzteres aber nicht in der ‚gesetzlichen Form', dass der Mensch sich unbedingt jetzt, bevor es zu spät sei,

---

39) In der Religions- und Philosophiegeschichte wird die Erhebung der menschlichen Geistseele zum Göttlichen hin sehr oft dahingehend verstanden, dass nun Gottesgeist und Menschengeist, Gott und Mensch *eins* werden, *verschmelzen*. Auf dem Boden der Bibel kann dies jedoch unter keinen Umständen angenommen werden. Gott und Mensch bleiben zwei voneinander zu unterscheidende Liebende.

selbst noch heiligen müsse. Denn das Nötige verbürgt Gottes Zusage in der Taufe, dass Gottes Arbeit an uns so lange fortdauert, bis die neue Gestalt, zu der uns Gott vom Tode auferweckt, vollendet hervortreten kann.

In der Tat: Es geht mit uns nach dem physischen Tod noch weiter.

1.10 Die Freude der christlichen Hoffnung

Kreuz und Elende, das nimmt ein Ende;
nach Meeresbrausen und Windessausen
leuchtet der Sonnen gewünschtes Gesicht.
Freude die Fülle und selige Stille wird mich erwarten
im himmlischen Garten;
dahin sind meine Gedanken gericht'.[40]

Nach den Hinweisen auf den eschatologischen Realismus des christlichen Glaubens, der die Erfahrungen, Fragen und Einsichten *Hiobs* nicht übergeht, kann nun umso mehr die Freude und Gewissheit der christlichen Hoffnung ins Licht gestellt werden. Ist diese Gewissheit um Christi und des Reiches Gottes willen vorhanden, so schadet es nichts, wenn etwa ein Paul Gerhardt nun doch das im späteren Mittelalter so beliebte *orientalische Bild* vom himmlischen Paradiesgarten benützt, dessen Mauern vor dem Toben und selbst vor dem Geräusch der feindlichen Gewitterstürme schützen. Gras und Blumen sind dort strahlend erleuchtet vom Sonnenlicht.

Die Freude der christlichen Hoffnung selbst ist natürlich nicht auf die Aussicht andauernder Stille in einem vom Sonnenlicht überstrahlten Garten gegründet, sondern auf die Überzeugung, dass Leiden, Sünde und Tod vorübergehen. Weil sie vorübergehen, kommen wir weiter. Nicht wir verlassen sie wie ein Schmetterling, sondern sie verlassen uns. Dass Gott sie von uns abzieht, ist der Menschheit Zukunft. So schwer auch der ganze ‚Streit' des Lebens Tag für Tag auf uns lasten mag: Diejenigen, in denen ‚Christus wohnt', wissen sich *versiegelt* für ein Leben, in dem der Mensch wirklich zu sich selbst, zu Gott, zum Nächsten findet. Dass sie zu dieser Vollendung gelangen, das wird ihnen nicht genommen, wenn ihnen alles genommen wird, sondern *das wird kommen*. Dafür steht der lebendige Christus in ihrer Seele und in der ‚Gemeinschaft der Gläubigen' ein: „*und ich gebe ihnen das ewige Leben, und sie werden nimmermehr umkommen, und niemand wird sie aus meiner Hand reißen.*"[41]

---

40) Paul Gerhardt, 12. Strophe seines Morgenlieds „Die güldne Sonne ..." (EG 449).
41) Joh 10,28.

Die Freude der christlichen Hoffnung beruht nicht darauf, dass der Mensch am Ende etwas ‚geschenkt' bekommt, das er in seinem Leben nicht hatte und das er nun in einer anderen Welt still genießen könnte. Sie stempelt die Menschen nicht zu ‚Himmelslohnempfängern', sondern sie erhebt sie zu Partnern Gottes. Ein christlicher Mensch sein bedeutet, das Bewusstsein in die eigene Biographie aufzunehmen: „Gott berücksichtigt mich; er wird mit mir zusammen sein Reich gründen; er fördert mich so, dass ich sein Partner werden kann, ihn liebe und ihn erkenne, so wie er mich liebt und erkennt. Dem nachzuleben ist der ganze Sinn meines Lebens; ich weiß nun, dass ich überhaupt nicht verloren gehen kann, weil der Ewige selbst mich ruft und sich mit mir verbündet."

Die christliche Hoffnung vertröstet nicht auf später, sondern sie wird bereits jetzt gelebt mit erheblichen ethischen Folgen. Sie begründet eine Würde, einen ‚neuen Stand', der selbst Sklaven jetzt und hier in eine unvergleichliche innere Freiheit hinein erhebt, die nicht ohne Auswirkungen im jetzigen Leben bleibt. Des Christenmenschen Seele wird durch Christus nicht nur *regiert*, sondern auch *emanzipiert*. Ein Leben in selbsttätiger Mündigkeit wird freigesetzt. Denn der unerträgliche Druck der drei großen Übel wird als ein vorübergehender, als ein zum Verschwinden bestimmter Druck erkannt. Der christliche Mensch kann gar nicht anders, als seine ganze Ethik am Reich Gottes auszurichten. Er ist in ‚Machtverhältnissen' beheimatet, die jenseits der üblen Mächte, der Mächte des Bösen, liegen.

Meine Seele erhebt den Herrn,
und mein Geist freut sich Gottes, meines Heilandes;
denn er hat die Niedrigkeit seiner Magd angesehen.
Siehe, von nun an werden mich selig preisen alle Kindeskinder.
Denn er hat große Dinge an mir getan ... [42]

Maria, die ‚einfache junge Frau', hat eine sie selbst überaus wundernde *Stärke* gewonnen und eine nicht wieder endende *Bedeutung*. Ihr Leben wurde eine Aufgabe, eine Berufung. Sie darf Christus ‚beherbergen', der jedoch nicht ihr Eigentum ist, sondern den sie später hergeben muss und der sie dann neu finden wird und sie ihn. Als Mutter wird sie mit *diesem* Kind auch noch ‚Kindeskinder' bekommen, deren Geist bestimmt sein wird von der Kraft des Reiches Gottes. Die Erde wird ein neues Antlitz erhalten. Der Mensch selbst eine neue Gestalt – jenseits der Übel.

---

[42] Beginn des Lobgesangs der Maria: Lk 1,46–49a.

1. Die eschatologischen Bilder und die Frage der Heilsgewissheit

Die Berufung in den Himmel, zu dem hin die Gedanken im Morgenlied Paul Gerhardts gerichtet sind, ist eben zugleich auch eine Berufung in *diese* ‚Kette des Segens' hinein, der die Welt verwandelt. Aber dies zu erreichen, ist nicht als große Last auf die Schultern der einzelnen Christenmenschen gelegt. Ihre Heiligung, ihre Identität und ihre Erlösung finden sie darin, dass sie – ob sie leben oder sterben – mit der Hilfe Christi und des Heiligen Geistes bewegte Glieder dieser ‚Kette des Segens' sind und bleiben.

Der Apostel Paulus schrieb im Brief an die Philipper: *„Ich habe Lust, aus der Welt zu scheiden und bei Christus zu sein". „Denn Christus ist mein Leben, und Sterben ist mein Gewinn."*[43] Bei Christus erfahren wir den wertvollsten Teil unseres Lebens. Sollen wir das wirklich glauben? Darauf will der nachfolgende Abschnitt antworten.

---

43) Phil 1,23a.21.

IV. Auferstehung der Toten und das ewige Leben?

Bei mir werdet ihr Ruhe finden für eure Seelen.

Jesus, Matthäus 11,29b

Schaffet, dass ihr selig werdet, mit Furcht und Zittern.

Paulus, Philipper 2,12b

2.
WARUM SOLLEN WIR IN DEN HIMMEL KOMMEN?

2.1 Die erste Frage: Ich sterbe – wie geschieht mir um Himmels willen? 211
2.2 Die zweite Frage: Wohin nun des Weges? 213
2.3 Die dritte Frage: Warum überhaupt ein ‚Weiterleben‘ jenseits der ‚Schwelle‘? 214
2.4 Unter dem theologischen Vergrößerungsglas: das Reich Gottes 215
2.5 Zur christlichen Bewertung verschiedener Reinkarnationsvorstellungen 218

2.1 Die erste Frage: Ich sterbe –
wie geschieht mir um Himmels willen?

Nach dem Lukasevangelium ist Jesus, das Alte Testament zitierend, mit folgenden Gebetsworten am Kreuz gestorben: „Vater, ich befehle meinen Geist in deine Hände!"[44] Mit Geist (*pneuma*) ist hier die das Leben enthaltende Geistseele gemeint. Es fällt aber auf, dass von diesem *pneuma* hier das *Ich* der redenden Person Jesus noch abgehoben ist. Dieses Ich der redenden Person gibt dem Vater das eigene Leben zurück. Aber wenn dann der Sterbeprozess weiter voranschreitet und abgeschlossen ist, wird auch dieses jetzt noch denk- und handlungsfähige redende Ich nicht mehr da sein. Auch diese Dimension der menschlichen Geistseele wird dann verstummt und vom Tod verschlungen sein. Sie wird zunichte. Der Tod ist bitter. Der sterbende Mensch muss sich selbst ganz und gar *übergeben* im mehrfachen Sinn des Wortes. Er erleidet ein völliges Entleert- und Ausgeliefertwerden. Erst wird ihm die Seele *betrübt gemacht*. Dann, so scheint es, *zerrissen*, denn das bewusste Ich muss seine eigenen Lebenskräfte abgeben. Am Ende des Prozesses geht es dann auch selbst unter.

Kann ein Gestorbener wieder zurückgewonnen werden, kann er noch einmal eine ‚Gegenwart' gewinnen? Man bedenke: Seine oder ihre individuelle Seele war ein Ort, an dem sich viele *von weit her kommende* ‚Lebenslinien' miteinander verknüpft haben. Diese Linien – sie repräsentieren die seelisch konstitutiven Beziehungen, die einen Menschen ‚ausmachen' – sollten zu einer neuen individuellen Identität vereinigt werden. Nun aber ist der Tod ‚dazwischengetreten' in den Prozess der individuellen Vereinigung dieser Linien. Das Ich muss das Rennen aufgeben. Es geht unter. Was in diesem Moment aber *nicht mit untergegangen* ist, das sind diese ‚Lebenslinien' selbst, die zu diesem individuellen Ich hingeführt haben. Deren Intention und Kräfte sind noch da. Übrig bleibt also immerhin, was diesen Menschen konstituiert hat. Der Tod eines Menschen ist eben nicht zugleich die Vernichtung all dieser in ihm vereinigten Linien. Er ist nicht die Vernichtung auch von deren Intention und Kräften. *Sondern der Tod eines Menschen ist ein Ereignis mitten in der fortwährenden Vitalität dieser verwobenen Linien und Intentionen.* Dass dieser Mensch nun sterben musste, bedeutet für dieses einmalige Beziehungsgewebe selbst nicht, dass nun auch *es* seine eigene Notwendigkeit in Frage stellen und zurücknehmen müsste. *Sondern es bedeutet, dass die Seele inzwischen eine neue Gestalt braucht.*

Auf dieses Ereignis wird der Mensch schon lange in seinem Leben vorbereitet. Er wird in der Regel vertraut gemacht mit *Geboten*, die sich zusammenfas-

---

44) Lk 23,46; vgl. Ps 31,6.

sen lassen im Gebot der *hingebenden Nächsten-, Gottes- und Selbstliebe*. In der Regel wird ein Mensch auch angeregt zu *beten*. „Denn ich befehle mich, meinen Leib und Seele und alles in deine Hände", lauten die entscheidend wichtigen Formulierungen in Martin Luthers *Morgen- und Abendsegen*. Der oder die Betende will sich dabei dessen versichern, dass „der böse Feind" (d. h. die den Menschen von Gott und von sich selbst und von den Nächsten wegtreibende Macht der *drei Grundübel*) keine Macht über ihn oder sie ausüben könne. Darüber sollen Gottes heilige Engel wachen. Jeden Morgen und jeden Abend nimmt der so betende Mensch *Abschied von sich selbst*. Er weiß nicht, was werden wird. Er gibt sich jener höheren Macht, die sein Leben gesetzt hat, in der Hoffnung zurück, sich aus ihrer Hand später *erneuert* (in ‚rekreierter Gestalt') *erneut zu empfangen*.

Der möglicherweise religiös schon eingeübte (und wie wichtig ist doch diese Einübung!) Vorgang der Zurückgabe des eigenen individuellen Lebens an den Schöpfer kommt im Sterben zum Abschluss. Nun wird das selbstbewusste Leben nicht mehr nur kurzfristig entzogen, um danach in gestärkter und erfrischter Form von Gott zurückgegeben zu werden. Es wird vielmehr die ganze bisherige Gestalt des ‚Individuums' *aufgelöst*, wobei die Seele zunächst noch der eigentliche Akteur des Ganzen zu sein scheint, dann jedoch selbst mit in den Untergang gezogen wird. Nun liegt es bei Gott, ihr eine neue, eine veränderte ‚zukunftsträchtige' Gestalt zu geben.

Der Übergang ist eine Wegscheide. Danach gibt es kein Zurück mehr zum alten Körper, zur alten Gestalt. Es wäre daher auch nicht *anständig*, Verstorbene in spiritistischer Manier in die frühere Körpergestalt zurückzubannen. Die neue Gestalt ist eine *erweitere Gestalt* ebendieses gestorbenen Menschen, der in ihr nicht identisch *bleibt*, sondern *identischer wird*.

Guten Gewissens darf es einen Christenmenschen mitten im Leben nach dieser seiner eigenen, zukünftigen transfigurierten Gestalt sehnsüchtig verlangen: der Gestalt, von der die Übel ‚abgefallen sind'. Der Übergang dorthin ist allerdings oft wie eine besonders schwere Geburt zu erleiden. Der Mensch ist dabei nicht mehr Herr des Geschehens. Er wünscht zunächst, diesen schweren und total gefährdenden Übergang, der einen so grundlegenden Neubeginn zur Folge haben wird, zu vermeiden. Andererseits weiß er im Rahmen des christlichen Glaubens, dass dieser Übergang überaus wichtig ist.[45] Er ist wichtig für das Reich Gottes, in dem der so transfigurierte individuelle Mensch ein Kernelement ist.

---

45) Vgl. II Kor 4,17: „... unsre Trübsal, die zeitlich und leicht ist, schafft eine ewige und über alle Maßen gewichtige Herrlichkeit". Paulus gebraucht hier eine denkbar höchste Superlativbildung. Er spricht im griechischen Original von einer *hyperbolisch* ins *Hyperbolische* hineingehenden ewigen Gewichtigkeit.

Er ist auch wichtig für den individuellen Menschen selbst und seine Vollendung. Des Menschen Leben endet nicht im ‚Wegzuwerfenden'. Sondern der Mensch stirbt in die wichtigste Aufgabe hinein, die Gottes Geschöpfen zukommt: dem liebenden Schöpfer eine ihn wiederliebende Welt entgegenzubringen. In der biographischen Existenz war der Mensch hauptsächlich der Empfänger göttlicher Liebe, die er kaum verstand. In der nachtodlichen Gestalt kann er ernstlich mit dem Wiederlieben Gottes beginnen.

2.2 Die zweite Frage: Wohin nun des Weges?

Trotz der vielen aufs Jenseits bezogenen Bilder aus der Kirchengeschichte wissen selbst gläubige Christen heute meistens nicht, wohin die Reise geht. Gerade *wegen* der vielen Bilder ist die Verwirrung groß. Fragen wir nämlich: *Wohin des Weges?*, so antworten die einen (vor allem die Kinder): Die Reise geht in den *Himmel*.[46] Die andern: Die Reise geht in das *ewige Leben*. Wieder andere: Die Reise geht jedenfalls in ein *Jenseits*. Wieder andere: Die Reise geht ins *Jüngste Gericht*. Wieder andere: Wir werden in einer anderen Gestalt, in einem ganz anderen Körper *wiedergeboren* werden. Wieder andere: Die Reise geht ins *Reich Gottes*. Daneben wäre es noch möglich – und sogar auch für diese Sicht entscheiden sich heute manche Christen –, dass unsere Reise mit dem Tod definitiv zu Ende ist. Wir gehen dann *nirgendwo* mehr hin.

Wie entscheiden wir uns angesichts dieser Vielfalt möglicher Auskünfte? Wir antworten: Die menschliche Lebensreise hat das *Reich Gottes* als Ziel.[47] Für christlich Glaubende bedeutet diese Orientierung, dass sie – sterbend – noch tiefer ins Reich Gottes und in den es repräsentierenden Christus hineingelangen werden, mit dem sie auch vorher schon verbunden waren. Sie gehen jetzt in den innersten und wichtigsten Raum ‚im Hause des Herrn', ins ‚Allerheiligste des Tempels', worin die Leitung des Ganzen wohnt. Sie werden dort, so glauben sie, noch mehr ins Ganze eingeweiht und klar sehen.[48] Gerade der *Glaube* wird dann nicht mehr benötigt. Was noch zu tun ist, das ist vom jetzigen Ort aus[49] zu

---

46) Jesus selbst sah eine besondere Affinität gerade der Kinder zum ‚Himmelreich' (womit er das Reich Gottes meinte) (Mk 10,14 f.; Lk 18,16 f. u. ö.). Bei den Kindern sind die beiden Dimensionen der menschlichen Seele noch weitgehend harmonisch beieinander. Die ins reifere Leben eingetretenen Menschen müssen da erst wieder hingelangen. Kindern sterben auch leichter als Erwachsene aus dem genannten seelischen Grund.

47) Selbstverständlich muss *hermeneutischer Spielraum* bleiben. Steht das Ziel der Lebensreise als ‚Reich Gottes' eindeutig fest, so kann man sich dafür offenhalten, dass auch andere ‚Benennungen' wie ‚Himmel' oder ‚Ewigkeit' oft *meinen*, was Jesus Christus als ‚Reich Gottes', das ja eine wahrhaft universale Größe ist, bezeichnete.

48) Vgl. I Kor 13,12.

49) Es bildet das Geheimnis der eschatologischen ‚Zeit', dass sie immer zugleich auch ‚Ort' und

sehen. Die gestorbenen und doch lebenden Glieder am vom Tode auferweckten Christusleib werden so der Vollendung entgegengeführt, dass sie – mit Christus gleichgesinnt[50] – ihre neuen Möglichkeiten, dem Reich Gottes zu dienen, in höchster Wachheit einbringen. Sie *werden vollendet*, indem sie *tun*.

Der Übergang in das nachtodliche Leben gleicht dem Übergang von der Zeit der Arbeitswoche in die Auszeit des *Sonntags*. Diese bedeutet eine schöpferische, messianische Zeit von eigener Qualität. Es handelt sich nicht bloß um eine strikte Ruhezeit. ‚Sabbatzeit' ist die Zeit der Vollendung im Grenzgebiet zwischen Welt und Reich Gottes. Sie ist die Gnadenzeit, die zwischen der Zeit dieser Welt und ihrem Ende noch bleibt. Die Toten, die in diesem *Sonntag* in ein Neues hinein *leben*, bleiben mit der alten Woche und Welt noch verbunden, obwohl für sie die ‚kommende Woche' bereits angefangen hat.[51]

2.3 Die dritte Frage: Warum überhaupt ein ‚Weiterleben' jenseits der ‚Schwelle'?

Der Sinn einer menschlichen Existenz jenseits der Todesschwelle wird herkömmlicherweise fälschlich darin erblickt, dass der eine Teil der Menschen für seine Lebensführung nun in Gottes Reich belohnt und der andere Teil der Menschen für seine Lebensführung in der Hölle bestraft werden soll. Es gibt aber nur *einen* Grund, warum der Mensch überhaupt noch in diesen ‚anderen Raum' kommen soll, und das ist ein anderer Grund: Gott hat sein Bundesziel mit dem Menschen erst dann erreicht, wenn dieser so weit entwickelt ist, dass er als echter Partner Gott zurücklieben und mit ihm kooperieren kann. So weit ist der Mensch aber noch nicht, wenn er stirbt. Ginge es bei der Gnade Gottes, wie man häufig meint, nur darum, dass Gott den einzelnen Menschen so annimmt und in sein Reich einfügt, wie der einzelne Mensch nun einmal ist (z. B. ‚arm', ‚schwach', ‚nichtig'), dann wäre es folgerichtig, dass der Tod das Ende jeder menschlichen Entwicklung bedeutet. Aber in Wirklichkeit geht es darum, dass weder Gott noch der Mensch zum Zeitpunkt des physischen Sterbens das Ziel schon erreicht haben. Erst die wache, himmlische Koexistenz der Gestorbenen mit dem auferstandenen Christus erbringt diese Vollendung. Der Anspruch des Reiches Gottes, Gott einen mündigen, einen nicht von schweren Übeln nieder-

---

‚Raum' ist, so wie umgekehrt der eschatologische ‚Ort' bzw. ‚Raum' immer auch eine quasi zeitliche Erstreckung haben.

50) Vgl. Phil 2,5.

51) Vgl. die Analyse der *messianischen Zeit* als „die Zeit, die die Zeit benötigt, um zu Ende gehen" (= „die Zeit, die uns bleibt") bei Georgio Agamben, Die Zeit, die bleibt. Ein Kommentar zum Römerbrief (SV 2453), Frankfurt am Main 2006 (ital. Orig. 2000), 81.

gedrückten geschöpflichen Partner zuzuführen, und der Anspruch der menschlichen Seele, die eigene Identität zu erlangen, korrespondieren hier. Gelangen wir ins Reich Gottes, so finden wir auch zu uns selbst.

Durch den Tod wird der Mensch *nicht* abgetrennt von der auf ihn gerichteten Liebe Gottes. Über den Tod hinaus gewährt Gott jedem Menschen noch die Erfahrungen, die er braucht, um zur Höhe der ihn ganz und heil machenden Gottesliebe, Selbstliebe und Nächstenliebe zu gelangen. Das können auch schmerzliche Erfahrungen sein, aber eben doch nicht die Hölle. Es wird sich dann vielmehr um ‚förderliche Schmerzen' handeln. Dass Gott mit den Menschen, will er sie auf eine für sie nachvollziehbare, begreifliche Weise vollends zu sich erheben, unterschiedlich verfährt nach deren Tod, ist nur folgerichtig. Aber es ist viel zu ‚menschenmäßig' gedacht, wenn dies als der ‚gerechte Ausgleich' nach dem Tod bezeichnet wird. Es geht nicht darum, dass alle zum Schluss dasselbe haben, wie es in den menschlichen Kinderzimmern (und darüber hinaus) gewünscht wird. Sondern es geht darum, in der Rolle, die wir für Gott zu spielen haben, vollendet zu werden. Der Himmel *darf* nicht sein. Er *muss* sein. Er wird uns auferlegt. Wir haben dort nicht späten Trost zu erfahren und ein genussvolles Leben zu führen oder uns gründlich auszuruhen, sondern wir haben dort noch etwas zu tun. Damit sind die süffisanten, religionskritischen Bemerkungen gegen die christliche ‚Himmelhoffnung' völlig gegenstandslos.

2.4 Unter dem theologischen Vergrösserungsglas: das Reich Gottes

Das Reich Gottes ist das unverbrüchliche Zusammenwohnen Gottes und der Menschen im Bund wechselseitiger Liebe. Damit die Menschen Gott, ihre Mitgeschöpfe und sich selbst lieben und dieses Zusammenwohnen realisieren können, nimmt Gott ihnen die niederdrückende Last des dreifachen Menschheitsübels von den Schultern. Der Schöpfer übernimmt diese Last. Das verstehen wir letzten Endes unter der Gnade Gottes. Das Ergebnis ist das Reich Gottes.

Das Reich Gottes ist auch ein Ausdruck der *göttlichen Erwählung des Menschen*. Zu fragen wäre dabei: Sind die übrigen Geschöpfe wegen der göttlichen Erwählung des Menschen benachteiligt? Oder werden sie im Gegenteil dadurch miterhoben, dass die (von ihnen faktisch nicht abtrennbare) Menschheit von Gott erwählt worden ist? *Nur* Letzteres trifft zu. Erwählung muss in der Bibel theologisch inklusiv verstanden werden. D. h. sie kommt auch den Nachbarn der Erwählten zugute. Sie geschieht *pars pro toto*.[52] Sie dient gerade

---

52) Das ist völlig übersehen in dem schon in mehreren Auflagen erschienenen Buch: Klaus-

dazu, dass auch die Benachbarten, von denen die Erwählten abgehoben worden sind, aufwachen und eines Tages ‚zum Zion wallfahrten' können. Das messianische Friedensreich der Bibel, im Neuen Testament ‚Reich Gottes' genannt, schließt von Anfang an auch die Tiere und Pflanzen mit ein.53 Durch eine so weitreichende Veränderung soll *in der bestehenden Schöpfung* Neues werden.

Der Mensch kommt nicht in den Himmel, sondern dieser kommt zu ihm. Der Mensch kommt nicht ins Reich Gottes, sondern dieses kommt zu ihm. Das Reich Gottes ist weder hier noch dort,54 sondern es *kommt*. So wie auch Gott nie einfach da ist, sondern immer *kommt*. Gerade so ist Gott für den Menschen *allergrößte Nähe* – und bleibt dennoch Gott, geht nicht auf oder unter im Menschlichen. In dieser spezifischen Weise ist uns auch das Reich Gottes besonders nah, es ist ‚mitten unter uns'. Wenn dem so ist, dann ist allerdings die herkömmliche Empfindung, der Mensch trete im Tod aus der Zeit und aus dem Diesseits aus und gehe hinüber in die Ewigkeit und ins Jenseits, auch noch genauer unter die Lupe zu nehmen. Vielleicht öffnet sich ja im selben Haus, in dem sich des Menschen Biographie abspielte, nur die Tür eines anderes Zimmers, und zwar von innen. Wir werden über eine Schwelle gezogen ins andere Zimmer und sehen nun aus einem anderen Fenster in eine bisher noch nicht wahrgenommene Richtung. In diesem Modell kann man es jedenfalls am besten denken, dass die Toten und die Lebenden noch eng beieinander wohnen.

Das Reich Gottes kommt auf alle Menschen zu. Das Reich Gottes – die von Gott völlig veränderte Lebenswirklichkeit, in der die Tränen abgewischt und die drei Grundübel überwunden sind – schiebt sich schon ins jetzige Leben vor. Es erhebt einen Anspruch. Wer diesen hört, wird so oder so darauf reagieren, wird vielleicht versuchen, sich von der menschlichen Seite her aufs Gottesreich hinzubewegen, und sei es nur in der Form einer Sehnsucht nach ihm. *Durch das*

PETER JÖRNS, Notwendige Abschiede. Auf dem Weg zu einem glaubwürdigen Christentum, Gütersloh 2004, 188–216.

53) Das ist theologisch so klar, dass die in der Christentumsgeschichte hiervon häufig abweichenden Meinungen ein Rätsel sind. Es war in der Kirchengeschichte theologisch immer wieder umstritten, ob am eschatologischen Ziel und Ende der Welt die gesamte *nichtmenschliche Schöpfung* vernichtet werde oder ob auch sie ‚verwandelt' werde in die Liebesgestalt des Reiches Gottes hinein. *Nur* Letzteres entspricht der recht verstandenen Erwählung des Menschen. Keinen Augenblick lang darf sich darum der Mensch als ein vermeintlich unendlich Höherer und Überlegener der ‚Natur', genauer gesagt: der übrigen Schöpfung, entfremden und nachlassen in seiner Verantwortung für ihre Erhaltung. Ja, die christliche Ethik würde ihren Auftrag an dieser Stelle verfehlen, wenn sie nicht auf *Freundschaft* zwischen menschlichen und nichtmenschlichen Geschöpfen hinzielte. Denn genau dies liegt in der Perspektive des Gottesreichs. Albert Schweitzers generelle Forderung der Ehrfurcht vor dem Leben ist eher noch zu schwach. Die Zielsetzung muss die *wechselseitige wohlwollende Förderung* und Unterstützung von Menschen, Tieren und Pflanzen sein. Die unter dem Vorzeichen des Reiches Gottes entfaltete Eschatologie hat christlich sachgemäße Auswirkungen auch für die Ethik.

54) Vgl. Lk 17,21.

‚herankommende' Reich Gottes wird der Mensch von Gott jetzt schon in Anspruch genommen wie einer, der Gott ‚auf Augenhöhe' lieben könnte, der sich Gott hingeben könnte, so wie Gott dies ihm gegenüber tut und sich dabei verletzlich macht. Es ist Gottes Geheimnis, dass er eines seiner Geschöpfe, den Menschen, in diese Mündigkeit der Beziehung zu Gott hinein erweckt und ihm schon im Voraus mehr zutraut, als vorerst vom Menschen realisiert wird. Dieses Geschöpf, der Mensch, muss seinen Schöpfer bereits jetzt nicht in der Weise ‚zurücklieben', wie die Liebe eines Abhängigen zu sein pflegt. Der wie auf Augenhöhe zu Gott erhobene Mensch hat vielmehr die Möglichkeit, sich Gott auch zu entziehen und dessen Liebe zurückzuweisen. Kurz, *er hat bei Gott ein Ansehen, in das er erst noch hineinwachsen muss.* Es wird demnach zu Recht davon ausgegangen, dass der Mensch zu Gott und seiner in den Bund einladenden Liebe auch *Nein* sagen kann. Sonst wäre der Mensch so unfrei, dass Gottes Liebe mit ihm auch dann nichts anfangen könnte, wenn der Mensch eifrige ‚Bereitschaft für Gott' bekundete. Aber bedeutet dies nun, dass Gott und sein Reich im Endeffekt am Menschen und der Mensch an Gott auch scheitern könnten?

Gegen die Annahme, das Reich Gottes könne möglicherweise auch scheitern, gibt es nun doch starke Gründe. Dass der Mensch zu Gott auch *Nein* sagen kann, diese Freiheit hat gerade das herankommende Gottesreich selbst am Menschen hervorgeliebt. Erst auf dem Hintergrund der ‚ansprechenden Einladung' in den Bund der Liebe sagt der Mensch vielleicht ‚Nein', wo er ‚Ja' sagen sollte. Das ist in einzelnen Fällen sogar nachvollziehbar. Manche Menschen spüren alles andere als einen für sie förderlichen Gott. Das kann sogar am herankommenden Reich Gottes selbst liegen. Denn die Art, wie es in die jetzige Welt einzieht, zeitigt auch ‚Gegensatzgestalten'. Sein Weg zu uns nimmt *Windungen*, deren Notwendigkeit wir vielleicht nicht verstehen. So kann der Weg des auf uns zukommenden Reiches Gottes auch noch durch die dunkle Schlucht des Todes führen,[55] der doch gerade durch das Reich Gottes ‚aufgehoben' wird und auch schon besiegt ist. Dieser Weg kann auch noch durch *Schuld* führen, die doch gesühnt scheint.[56] Er kann ferner noch durch schwere *Leiden* führen, die in ihm doch überwunden sein sollten. All dies kann dann auch zu einem besonders dezidierten Nein des Menschen zu Gott führen.

Es ist daher *zum jetzigen Zeitpunkt* ebenso wenig theologisch zu behaupten, dass das Reich Gottes auf seinem Weg zu uns noch viele menschliche Seelen

---

[55] Vgl. Martin Luthers *sub contrario* („in der entgegengesetzten Gestalt erscheinend") des herankommenden Heils.

[56] Man denke etwa an Dietrich Bonhoeffers Hinweis auf die manchmal unvermeidliche *Schuldübernahme* durch die Frommen.

verlieren werde, wie, dass es mit Sicherheit alle und alles gewinnen werde. Denn wir stehen jetzt ohne volle Übersicht in einer der Windungen der Wegführung des herankommenden Gottesreiches. Auch die Behauptung, es komme gewiss zur *apokastasis panton*[57] und zur *Allversöhnung*, ist aus dem genannten Grund ein in unserer Situation verfrühtes oder voreiliges dogmatisches Reden.[58]

Und dennoch: Gottes Reich kann nicht scheitern. Gott, der Liebe ist, wird es *sich selbst recht machen*. Gottes Liebe ist universal. Sie beschränkt sich nicht auf die Kirche, und erst recht nicht auf den ‚einen Teil' der Glieder der Kirche: die Erwählten. Er wird das Leben dieser *und* jener Menschen nutzen, um sein Reich zu bauen. Er wird unfreiwillige Mitarbeiter haben – und wohl am Ende auch ihr Herz gewinnen. Wir durchschauen das jetzt im Einzelnen noch nicht. Aber es wird für uns einmal noch zu verstehen sein, und es wird recht sein.

Gottes Wille, uns im Bund mit ihm und für den Bund mit ihm zu gewinnen, wird auch nicht daran scheitern, dass wir alle schon gestorben sein werden, bevor wir auch nur von ferne auf der Höhe seiner Einladung zur dreifachen Liebe angekommen sind. Trotzdem wird das Ziel des Reiches Gottes, das Miteinander-Wohnen Gottes und des Menschen in wechselseitiger Liebe, mit uns persönlich noch erreicht werden können. Dass wir auferweckt werden, meint nicht bloß, dass wir von Gott über unseren Tod hinaus gnädig erhalten werden sollen, sondern dass wir von Gott für die Vollendung seines Reiches *noch gebraucht* werden. Doch in welcher Gestalt unserer Person geht das vor sich?

2.5 Zur christlichen Bewertung verschiedener Reinkarnationsvorstellungen

Von „fast einem Drittel der kirchentreuen katholischen Gläubigen" wird derzeit „auf die Frage, was denn nach dem Tode komme, mit Wiedergeburtsvorstellungen geantwortet". „Das lässt darauf schließen, dass im kirchlichen Bereich offensichtlich keine beeindruckenden und überzeugenden religiösen Bilder und Vor-

---

57) S. o., 43.
58) Allerdings geht noch einen Schritt weiter: J. Christine Janowski, Eschatologischer Dualismus oder Allerlösung? In: Thomas Herkert/Matthias Remenyi (Hg.), Zu den letzten Dingen. Neue Perspektiven der Eschatologie, Darmstadt 2009, 123–173, hier: 172 f. Janowski meint: „Die Frage kann nicht sein, ob – jedenfalls evangelisch-theologisch – … eine Eschatologie der Erlösung aller Menschen und von da aus Versöhnung aller Menschen auch untereinander gelehrt werden darf, sondern wie man es unter welchen Voraussetzungen angemessener Weise tut". Dass Janowski die Behauptung, viele Menschen seien zweifellos vom Heil ausgeschlossen, denn es gebe einen ‚doppelten Ausgang' der Geschichte, theologisch überwinden will, das halte auch ich für richtig. Ich möchte zum jetzigen Zeitpunkt aber nicht theologisch behaupten, eine aus persönlichen Gründen geschehende Ablehnung Gottes und eine Zurückweisung seines ‚Heils' seien ohne Gewicht, sie könnten auch nicht zum gewünschten Ziel führen.

stellungen angeboten werden, um die Frage nach den letzten Dingen im eigenen christlichen Bereich zu bearbeiten."[59] Im Bereich der evangelischen Kirchen steht es ähnlich. Ein 44-jähriger evangelischer Christ schrieb mir im Frühjahr 2009:

> *In der Kirche und im Gottesdienst wird eigentlich wenig von den letzten Dingen gesprochen, und wenn, dann nur andeutungsweise und sehr allgemein gehalten. Ich bedaure dies durchaus, da mich in den letzten Jahren oft Zweifel packten an der Gewissheit, „nach dem Tod kommt die unsterbliche Seele in den Himmel und lebt bei Gott und in seiner Herrlichkeit". Diese Vorstellung ist mir während der Kindheit in der Kirche und in der Familie vermittelt worden. So fand ich es vor Jahren sehr irritierend, als ich in einem Buch las, dass die Vorstellung von der unsterblichen Seele in einem sterblichen Körper eben von Platon stamme und dass es in der hebräischen Denkweise keine Trennung zwischen Körper und Seele gäbe, so dass angeblich mit dem Tod jedes Bewusstsein aufhöre zu existieren. Ich finde, diese Vorstellung ist ziemlich frustrierend, nimmt sie einem doch die Hoffnung auf ein Jenseits, zu dem das irdische Leben gewissermaßen als Vorbereitung dient. Wozu soll dann das Denken und Streben des Menschen gut sein, außer um die wichtigsten leiblichen Bedürfnisse zu befriedigen? Ich meine, ohne eine Hoffnung über den Tod hinaus fehlt den Menschen etwas Wesentliches. So gesehen ist auch der Reinkarnationsgedanke aus dem Buddhismus eine interessante Vorstellung, weil sich darin u. a. die Weiterentwicklung der Seelen ausdrückt.*[60]

Dass menschliche Individuen nach ihrem Tod irgendwo auf der Erde in irgendwelchen Lebewesen wiedergeboren werden und sich weiterentwickeln könnten, dies wird freilich quer durch die Kulturen und Religionen der Erde in so vielen unterschiedlichen Nuancen angenommen, dass nicht alles auf einen gemeinsamen Nenner gebracht werden kann. Die hier zu klärenden Fragen können also nicht generell diskutiert werden. Es bieten sich für die christliche Theologie nur zwei Wege des Reagierens und Antwortens an: Entweder sie beurteilt jeden einzelnen Vorstellungskreis für sich; oder sie sagt von sich aus, unter welchem Gesichtspunkt Reinkarnationsvorstellungen ihrer christlichen Sichtweise vom Leben und Tod der Menschen möglicherweise widersprechen oder auch entsprechen. Wir wählen den letzteren Weg.

---

59) So der Tübinger praktische Theologe OTTMAR FUCHS, Das Jüngste Gericht. Hoffnung auf Gerechtigkeit, Regensburg 2007, 218 f.
60) Zitiert mit seiner Zustimmung.

Aus christlicher Sicht fällt auf, dass – insbesondere im ostasiatischen Bereich – die sukzessive Einwohnung von (in sich kontinuierlich und identisch bleibenden) ich-bewussten Seelen in unterschiedlichen Körpern offenbar für möglich gehalten wird. *Eine* Seele scheint, und das ist für das Christentum und für die westliche Philosophie eine fremde Vorstellung, für mehrere *physische Körper* auszureichen. Sie scheint sich durch die Nutzung mehrerer Körper entwickeln zu können. Es scheint demnach logischerweise insgesamt *weniger Seelen* als Körper in der Welt zu geben.

Wenn nun vom Westen her die skeptische Überlegung eingebracht wird, ein individuelles Bewusstsein könne in einem anderen, neuen Körper doch wohl nicht immer noch kontinuierlich dasselbe Bewusstsein darstellen,[61] so kann der vom Buddhismus geprägte Osten eine solche kritische Anfrage kaum verstehen bzw. nur mit Verwunderung entgegennehmen. Denn dort gibt es die weit verbreitete ‚Hintergrundsphilosophie', das *Bewusstsein* stehe weit über der Welt des Körperlichen, es gehöre in eine qualitativ höhere Welt des Geistes, es gehe darum im Tod, der primär ein körperliches Phänomen sei, nicht mit unter. Der heutige 14. Dalai Lama (geb. 1935) lehrt, das Bewusstsein oder der Geist bilde als „eine Art subtiler Substanz von reiner Leuchtkraft die Basis für das Leben aller Wesen". „Da diese Substanz nicht materieller Natur ist, können wir sie nicht messen. Das heißt jedoch nicht, dass sie nicht existiert." Im Tod eines Menschen löse sich diese „subtile Substanz" vom Körper ab. „Der Tod ist nichts anderes als die Trennung des Bewusstseins vom physischen Körper."[62] Hinter alledem steht die weiträumige, alte Lehre vom *Schleier der Maya*, derzufolge *Materie* überhaupt erst dann kein ‚leerer Schein' mehr ist, wenn sie vom Bewusstsein in eine Bedeutung hineingehoben wurde. Das Bewusstsein ist also überhaupt *vorgängig*[63] (was als Welterklärungstheorie bei manchen den *Dualismus* für unerlässlich haltenden westlichen Philosophen und Gehirnforschern *auch heute noch*

---

61) Vgl. WILHELM BUSCH:
„Die Lehre von der Wiederkehr
Ist zweifelhaften Sinn's.
Es fragt sich sehr, ob man nachher
Noch sagen kann: Ich bin's."
(Zit. n. RÜDIGER SACHAU, Weiterleben nach dem Tod? Warum immer mehr Menschen an Reinkarnation glauben, Gütersloh 1998, 149).
62) DALAI LAMA, Der Sinn des Lebens (hg. v. RAJIV MEHROTRA; aus d. Engl v. THOMAS SCHMIDT), Freiburg-Basel-Wien 2008, 68 f.
63) DALAI LAMA, a. a. O., 161: Es ist „das grundlegende Sein", welches, anders als die „Körper", *nicht* „bestimmten Grenzen unterliegt". „Wenn sich die gröberen Ebenen des Geistes auflösen, tritt der subtilere Geist in den Vordergrund." Wenn durch den Tod „der individuelle Körper nicht mehr besteht" bzw. „nicht mehr länger aufrechterhalten werden kann", übernehmen wir mit unserem nach dem Tod fortexistierenden immateriellen Bewusstsein oder „Selbst" „einen neuen Körper". „Nach dieser Auffassung hat das Dasein weder Anfang noch Ende; es wird bis zur Buddhaschaft bestehen bleiben."

eine Rolle spielt)⁶⁴, und es kann seine selbstgewählte ‚Anhaftung' an die Dinge auch wieder zurückziehen. Der Inhalt des Bewusstseins, das den Tod überdauert, scheint vor allem das Karma zu sein: die Summe der Taten. Das Bewusstsein selbst kann sich dann im nächsten Körper durch neue Taten weiterentwickeln.⁶⁵

Sollte also die Zahl der zur Verfügung stehenden Seelen begrenzt sein, so würde die Reinkarnation einer Seele in einem anderen Körper Folgendes bedeuten: *Dieses Mal* holt sich ein distinktes Ich (Bewusstsein, Geistseele) einen vom bisherigen Körper völlig verschiedenen Körper, um in ihm Erfahrungen zu machen, die im früheren Leben versäumt wurden oder ausgeblendet blieben. Die so verstandene *Unerlässlichkeit der Erfahrungserweiterung und der erweiterten sittlichen Bewährung* ist aber eher ambivalent als attraktiv: Ihr zufolge müsste man sich in erster Linie dem stellen, was man bisher *nicht* gern erleben und tun wollte. Das Ganze könnte wie die Strafe eines ‚Nachsitzens' in der Schule des Lebens herauskommen. Im Buddhismus – wie dann auch bei Kübler-Ross – ist das ganze Leben eine *Schule*.⁶⁶

Obwohl es nun aus christlicher Sicht keinen Grund gibt, die Anzahl der Menschenseelen als begrenzt vorauszusetzen (etwa weil Gott angeblich genau nur so viele von ihnen geschaffen und zugelassen habe, wie Engel gefallen seien), wenn vielmehr nach christlicher Überzeugung zu jeder einzelnen Person auch eine eigene Seele gehört, stellt sich freilich *auch* im Christentum die Frage einer postmortalen Weiterentwicklung der Humanseelen durchaus. Sie stellt sich im Christentum mindestens mit gleicher Dringlichkeit. Nur: Ist denn diese Frage im Rahmen des Christentums überhaupt *beantwortbar*? Wenn es für die Humanseelen keine weiteren Körper mehr geben sollte – wie können dann noch weitere Entwicklungen und Erfahrungen stattfinden? Da dies undenkbar zu sein

---

64) Beispielsweise bei dem mit dem Nobelpreis ausgezeichneten Gehirnphysiologen SIR JOHN C. ECCLES (vgl. KARL R. POPPER/JOHN C. ECCLES, Das Ich und sein Gehirn, München-Zürich 6. Aufl. 1987. Engl. Orig. *The Self and its Brain – An Argument for Interactionism*, 1977). Eccles meint: Es gibt eine monistisch oder naturalistisch nicht wegzuerklärende *Kluft* „zwischen dem Verbindungshirn und dem selbstbewussten Geist" (a. a. O., 595).

65) Ähnliche Gedanken finden wir in der *Anthroposophie* Rudolf Steiners.

66) Vgl auch GOTTHOLD EPHRAIM LESSING, „Die Erziehung des Menschengeschlechts" (1780): „… warum könnte jeder einzelne Mensch auch nicht mehr als einmal auf dieser Welt vorhanden gewesen sein?" (§ 94); „Du hast auf deinem ewigen Wege so viel mitzunehmen! So viele Seitenschritte zu tun!" (§ 92). „Warum sollte ich nicht so oft wiederkommen, als ich neue Kenntnisse, neue Fertigkeiten zu erlangen geschickt bin? Bringe ich [denn etwa] auf einmal [schon] so viel weg, dass es der Mühe wieder zu kommen etwa nicht lohnet?"(§ 98). – Vgl. zum Ganzen: R. SACHAU, a. a. O., 47: „Das Grundmodell der Moderne heißt Lernen." Sachau nennt mehrere Gründe, warum Reinkarnationsvorstellungen heute die Menschen im Westen fesseln, z.B.: Wissen statt Glauben! Ferner das Unbehagen am vermeintlichen Schicksal. Ferner die Möglichkeit einer Verdiesseitigung des Jenseits (129 ff.). Zuletzt fragt Sachau, ob der Reinkarnationsglaube mit dem christlichen Glauben vereinbar ist; er kommt zu einem differenzierten Ergebnis (152 ff.).

scheint, wird häufig theologisch gelehrt, dass es solche weiteren Entwicklungen und Erfahrungen eben auch nicht gäbe. Sie seien weder möglich noch notwendig. Auch wenn manches Menschenleben als ‚zu früh abgebrochen' empfunden werden sollte, wird behauptet, von Gott komme dennoch kein weiteres Leben mehr hinzu.

Soll und darf man das theologisch vertreten? Es gibt immerhin hübsche Bilder für diese Meinung, dass selbst ein kaum gelebtes, ein ‚unausgelebtes' Leben in sich selbst perfekt sein könne. Ich fand dieses: Der ‚Weg' eines sogleich wieder absterbenden menschlichen Embryonen gleicht „dem Lichtsprung eines Fischleins über den Meeresspiegel – es verließ den Geheimnisstand nur für einen Augenblick"[67]. Aber damit ist z. B. der *Gerechtigkeitsfrage* von vornherein ausgewichen; und der *Sinnfrage* ebenfalls. Im biblischen ‚Reich Gottes' sind dagegen beide von zentraler Bedeutung.

Insgesamt muss man – gegen bestimmte christliche Sichtweisen – fragen: Haben, im Vergleich zu ihnen, nicht manche Reinkarnationslehren mindestens *die besseren Fragestellungen*? Müsste nicht auch im Christentum gelehrt werden: *Allen Menschen* wird – freilich unter der Einwirkung der göttlichen Liebe – der Impuls und auch der Raum für die Entfaltung der Wiederliebe Gottes gegeben, ohne dass der Tod des Menschen eine Grenze setzen muss, jenseits derer keine solche Entfaltung mehr möglich wäre?

Es wird jedenfalls nicht genügen, ‚christlich' zu lehren (wie es heute oft geschieht), dass Gott alle die unvollständig gebliebenen, schicksals- oder schuldbedingt verkrümmten oder verkürzten Menschenleben in seine ewige Liebe aufnehme, sie verherrliche und sie *so rechtfertige, wie sie waren*. – Letzteres auszusagen, könnte sogar einen Missbrauch der Rechtfertigungslehre darstellen. Auch wäre das Jüngste Gericht übergangen.

Das kritische Potential, das aus gewissen Reinkarnationsgedanken für die christliche Theologie gewonnen werden könnte, aber auch dessen Grenzen (und die Notwendigkeit, an der christlichen Sicht festzuhalten), soll abschließend in einer kleinen Auseinandersetzung mit einem Diktum des Philosophen Arthur Schopenhauer (1788–1860) beleuchtet werden:

> *Aber wahrlich, wenn mich ein Hochasiate früge, was Europa sei, so müsste ich ihm antworten: es ist der Weltteil, der gänzlich von dem unerhörten und unglaublichen Wahn besessen ist, dass die Geburt des Menschen sein absoluter Anfang und er aus dem Nichts hervorgegangen sei.*[68]

---

67) ERNST JÜNGER, Die Schere, Stuttgart 2. Aufl. 1990, 186.
68) Zit. n. R. SACHAU, a. a. O., 44.

2. Warum sollen wir in den Himmel kommen?

Um das gleich richtigzustellen: Die Entstehung jedes einzelnen Menschen aus dem Nichts ist im Christentum niemals behauptet worden. Alle Menschen gelten als hineingebunden in den großen Schöpfungs-, Lebens- und Schicksalszusammenhang von Adam und Eva an. Doch wurde im Christentum überwiegend die dogmatische Auffassung vertreten, dass Gott jede einzelne Menschenseele eigens neu erschaffe und sie in den Prozess der biologischen Zeugung eines Kindes mit hineingebe. Damit war die Einmaligkeit und Unwiederholbarkeit jedes Menschenlebens bzw. jeder Person theologisch besonders kräftig akzentuiert worden. (Auch die Lehre von der somatischen, also körperlichen Auferstehung des Menschen am Jüngsten Tag sollte ja ‚theologisch sicherstellen', dass ‚ich und kein anderer' so wie ich ‚leibte und lebte' in Gottes Ewigkeit hineingelange.)[69] Zu beobachten war jedoch: Durch diese Betonung der Einmaligkeit und Besonderheit jedes Einzelnen fühlten sich manche Christen entweder *überfordert*, so dass sie die Sicherheit des Sich-Verbergens hinter dem, was ‚man' immer schon so macht und ist,[70] suchten; oder aber sie *überhöhten sich* und verkannten gerade ihre eigene Einbettung ins Ganze, sie überschätzten sich und nahmen sich den Mitgeschöpfen gegenüber zu viel heraus. Diese beiden *Gefahren* haben in der Christentumsgeschichte immer wieder zum Verlassen des Wegs des Glaubens geführt.

Die Wahrnehmung des Menschen in seiner Zugehörigkeit zur Gesamtheit der Geschöpfe, die in dem Franz von Assisi (1182–1226) zugeschriebenen *Sonnengesang* so eindrucksvoll zum Ausdruck gebracht und in der Kirche auch weiter überliefert worden ist, geriet immer wieder ins Hintertreffen. Das rächt sich

---

69) Vgl. z.B. Dietz Lange, Glaubenslehre Bd. II, Tübingen 2001, 438. Bei der Auferweckung der Toten am Jüngsten Tag wird die bleibende Personalität durch den Begriff *soma* [Leib] bezeichnet". Dem entspricht z.B. Martin Luthers Übersetzung der berühmten Bibelstelle Hiob 19,25 f. ins Deutsche: „Ich weiß, dass mein Erlöser lebt, und er wird mich hernach aus der Erden auferwecken. Und werde darnach mit dieser meiner Haut umgeben werden und werde in meinem Fleisch Gott sehen." – Nur, so möchte ich hinzufügen, gerade hier ist Luther eine *falsche Übersetzung* unterlaufen. Die revidierte Lutherbibel von 1985 hat sie korrigiert und übersetzt nun: „Aber ich weiß, dass mein Erlöser lebt, und als der Letzte wird er über dem Staub sich erheben. Und ist meine Haut noch so zerschlagen und mein Fleisch dahingeschwunden, so werde ich doch Gott sehen." – Gerade diese alttestamentliche Stelle ist somit kein Beleg dafür, dass im hebräischen Denken Körper und Seele strikt zusammengehören und dass nur die körperliche Gegenwart das persönliche Dasein und Bewusstsein ermögliche. Im Gegenteil! Diese Bibelstelle bildet eine kühne Ausnahme, wenn Hiob sagt: *Selbst wenn mir mein Fleisch dahingeschwunden ist, werde ich trotzdem noch Gott sehen*, und wenn Hiob im nachfolgenden Vers 27 bekräftigend hinzufügt: „Ich selbst werde ihn sehen … und kein Fremder …".

70) Vgl. die Äußerung einer jungen Frau in Deutschland: „Ich brauche das Bewusstsein, Teil eines Kreislaufs zu sein, der schon seit Jahrtausenden besteht und sich immer wieder erneuert … Durch diesen Glauben … kann ich negative und unglückliche Erlebnisse auch besser wegstecken. Ich tröste mich damit, dass die Dinge einfach passieren mussten … Ich fühle mich gut aufgehoben damit." (Mitgeteilt in: Unsere Hoffnung auf das ewige Leben. Ein Votum des Theologischen Ausschusses der Union Evangelischer Kirchen in der EKD, Neukirchen-Vluyn 2006, 26).

heute auch an unerwarteter Stelle, nämlich bei der (unnötigen) Verlegenheit mancher Theologen gegenüber der naturwissenschaftlichen Sicht des Menschen. Noch heute verkennen einige die Einbettung des Menschen in die Gesamtreihe der Lebewesen; sie reagieren auf den ‚Darwinismus' mit großer Unsicherheit, wie die umstrittenen Begriffe *intelligent design* und *anthropisches Prinzip* (sc. der Evolution) andeuten. Die Frage der Tierseelen wird gegenwärtig wie eine aufregende Neuigkeit theologisch diskutiert, als ob sie nicht schon lange christlich-theologisch lehrbar gewesen und auch tatsächlich gelehrt worden wäre.

Die christliche Theologie darf aber auf der anderen Seite durchaus nicht mit Gedanken wie „auch ich könnte noch ein Hund werden" spielen. Sie muss und darf vielmehr bei dem Gedanken stehen bleiben: „Mich Einzelnen/Einzelne und Einmalige[n] nimmt Gott an; ja, Gott will gerade *mich*: *Ich* werde darum noch am Ziel der Welt jenes Individuum sein dürfen, das ich von Anfang an war und als das Gott mich persönlich bei meinem Namen gerufen hat." Dies hat die christliche Theologie der erwählenden, fürsorgenden und den Menschen weiterentwickelnden göttlichen Liebe zuzuschreiben. Diese göttliche Liebe und Zuwendung ist es auch, die aus der Eschatologie den öden Beigeschmack der Reinkarnationslehren herausnimmt, das Leben sei eine *Schule*, in der ein Mensch sich selbst voranbringen müsse.

Viel liegt daran, dass die christliche Theologie eine Lehre von der *Seele des Menschen* anbieten kann, die ebenso deren Besonderheit und Einmaligkeit wie auch deren Zusammengehörigkeit mit dem übrigen Naturreich ausdrückt. Die christliche Theologie verfehlt diese Lehre, wenn sie von einer Menschenseele spricht, die mit der Erde und dem Zeitlichen wenig oder nichts zu tun hat, die vielmehr ganz dem Himmlischen und Ewigen zugehört. Tatsächlich muss in der theologischen Anthropologie gerade auch jene Ich-Dimension der menschlichen Seele, die in ‚kollektiven Schichten' der Natur verwurzelt ist, gewichtet werden. Es ist hier nämlich nicht nur ‚feindliches Gebiet'. Es findet sich hier nicht nur ein person- und kulturfernes ‚Es' vor. Die Theologie *könnte* diese Zusammenhänge sogar noch besser ausdrücken als manche psychoanalytische Theorie. Sie muss nämlich in Bezug auf diese ‚dunkleren Schichten' der Seele sich ‚schöpfungstheologisch' folgendermaßen ausdrücken: Hier liegen zwar für das menschliche Ich *Dienstbarkeiten* vor, doch es steht nicht von vornherein fest, dass diese Dienstbarkeiten das menschliche Subjekt und dessen bewusstes Ich an die Natur versklaven. Es kann zwischen den beiden Dimensionen der menschlichen Seele auch freundschaftliche und demütige Formen der Kommunikation geben. Gerade zu ihnen kann der christliche Glaube anhalten. Dann erschließen sich dem Menschen neue Stufen der Freiheit.

Fazit: Der christliche Glaube zielt *nicht* hin auf die in einem *anderen Lebewesen* erfolgende Wiederverkörperung einer Person, einer Seele oder eines Ichs, sondern auf deren *Transfiguration* – genauer auf die personale Erweiterung bzw. auf den Gestaltwandel der Person.[71] Die Individualität des Menschen bleibt gemäß dem christlichen Glauben in Ewigkeit wichtig. Gott schafft sich in seinem Reich nicht Gegenüberstehende, die in der Vollendung alle gleich und sozusagen ein einziges vollendetes Gegenüber wären. Das Ziel und Ende ist nicht eine in diese Richtung gehende Nivellierung, sondern ein Schöpfungs-Gesang in nun harmonisch zusammenklingendem vielfältigstem Gotteslob.

---

71) Mit DIETZ LANGE, Glaubenslehre Bd. II, Tübingen 2001, 436: „Für den christlichen Glauben ist es" (wie hier zur Unterscheidung vom Buddhismus gesagt wird) „das Ich als Ich, das, wenn auch ‚verwandelt', in die volle Gemeinschaft mit Gott aufgenommen wird". Die Buddhisten erwarten dagegen zwar nicht „eine schlechthinnige Vernichtung des Ich", jedoch dessen „Ent-Ichung". Diese „drückt eine letzte Wesenlosigkeit und Bedeutungslosigkeit der Individualität des Menschen aus".

Meine Hand hat alles gemacht, was ist, spricht der Herr. Ich sehe aber auf den Elenden und auf den, der zerbrochenen Geistes ist und der erzittert vor meinem Wort.

Jesaja 66,2

Wahrlich, wahrlich, ich sage euch: Wer mein Wort hört und glaubt dem, der mich gesandt hat, der hat das ewige Leben und kommt nicht in das Gericht, sondern er ist vom Tode zum Leben hindurchgedrungen.

Johannes 5,24

... an dem Tag, an dem Gott das Verborgene der Menschen durch Christus Jesus richten wird ... müssen wir alle offenbar werden vor dem Richterstuhl Christi, damit jeder seinen Lohn empfange für das, was er getan hat bei Lebzeiten, es sei gut oder böse.

Römer 2,14–16; II Korinther 3,5.10

Ich glaube nicht an ein großes endgültiges Strafgericht Gottes. Für mich bedeutet das Gericht Gottes das endgültige Zurechtbringen des getanen und erlittenen Unrechts und die endgültige Aufrichtung der Gebeugten.

Jürgen Moltmann
(auf dem Deutschen Evangelischen Kirchentag in Stuttgart, 1999)

3.
Zur Interpretation des Jüngsten Gerichts

3.1 Gericht – Zwischenzustand – Auferstehung: notwendige kategoriale Umstellungen 227
3.2 Das Weltgericht nach Matthäus 25 229
3.3 Das Verwirrende des Jüngsten Gerichts und der Vorstellung vom Fegfeuer 230
3.4 Das Licht des Jüngsten Gerichts 234
3.5 Eschatologie vor der Erneuerung 236

3.1 Gericht – Zwischenzustand – Auferstehung: notwendige kategoriale Umstellungen

Die traditionelle Lehre vom Jüngsten Gericht arbeitet, wie das eschatologische Lehrstück überhaupt, mit *zeitlichen Kategorien*, die wir verändern müssen. Es ist notwendig, die ‚letzten Dinge' aus den über sie gestülpten physikalisch-chronologischen Abfolge-Schemata herauszulösen. Z. B. wurde gelehrt, das In-den-Himmel-Kommen des Menschen sei, wenn es denn geschieht, ein Ereignis *nach* dem ‚Jüngsten Gericht'. Jedoch sei der ‚Zwischenzustand' der Seelen zwischen individuellem Sterben und allgemeiner Auferweckung der Toten am Jüngsten Tag ein Phänomen *vor* dem Jüngsten Gericht: Solches Nachher und Vorher ist aus theologischen Gründen kritisch anzufragen; wir benötigen hier neue systematische Koordinierungen.

In der Sache nicht gegen das kirchliche Dogma, sondern mit ihm, sagen wir, bemüht die eschatologische ‚Zeit' theologisch sachgerecht zu erfassen:[72] Das Jüngste Gericht ist nicht ein Ereignis *nach* der Totenauferweckung, sondern ein Ereignis *vor* ihr. Es führt *hin* zum Wiederaufleben des gestorbenen Menschen in neuer ‚transfigurierter' Gestalt. Das ist eine ungewohnte These, die wir aus theologischen Gründen wagen. Auch bei Jesus selbst ist die weltgerichtliche Szene von Golgatha der Auferweckung vorausgegangen. *Das Jüngste Gericht ist das Eingangstor zu den ‚letzten Dingen'*.[73] Es bildet die entscheidende Zäsur zwischen *dieser* Zeit und *jener*. Es vollzieht sich jeweils mit dem *Tod* eines Menschen,[74] und es ist dennoch eine einzige göttliche Veranstaltung in Bezug auf die ganze Menschheit. Das universale kosmische Endgericht und das individuelle Endgericht müssen ineinandergestellt werden.[75]

---

[72] Bei Rudolf Bultmann wurde die traditionelle Eschatologie der Kirche einer programmatischen ‚Entmythologisierung' und ‚existenzialen Interpretation' unterworfen (s. o., 61–65). Die Seele des Menschen spielte dabei keine Rolle mehr. Das Reich Gottes ging in der zukunftsoffenen Gegenwart des Glaubens auf. Ein Vollendungsprozess war nicht im Blick. Zwar hat Bultmanns ‚existentiale Interpretation', die Vorschläge enthielt, die Chronologie der kirchlichen eschatologischen Lehrtradition zu verbessern, auch Verdienste im Blick auf ein besseres heutiges Verständnis der letzten Dinge. Ihre Prämissen waren aber stärker philosophisch als theologisch. Sie drangen nicht tief genug in die theologische Materie der Eschatologie ein, in der vor allem nach *Gottes* Zeit und Ziel zu fragen ist.

[73] Vgl. die Formulierung von Ottmar Fuchs, Das Jüngste Gericht. Hoffnung auf Gerechtigkeit, Regensburg 2007, 30: Das Jüngste Gericht ist die „Schleuse zwischen alter und neuer Welt".

[74] Es vollzieht sich *auch* mit dem Tod, den der bisherige ‚veraltete Mensch' schon im Leben – etwa bei der Taufe – stirbt, wobei dann die ‚Wiedergeburt' (die geistliche Erweckung des ‚neuen Menschen') nachfolgt. Das ist der entscheidende Sinn des von Rudolf Bultmann gern zitierten Christuswortes Joh 5,24: „Wer mein Wort hört und glaubt dem, der mich gesandt hat, der hat das ewige Leben und kommt nicht in das Gericht, sondern er ist vom Tode zum Leben hindurchgedrungen."

[75] So auch schon: Medard Kehl, Eschatologie, Würzburg 1986, 283–285. K. will die traditionelle Unterscheidung zwischen dem Individualgericht, dem jeder Mensch direkt beim Eintritt seines

IV. Auferstehung der Toten und das ewige Leben?

Was bisher oft als ‚Zwischenzustand' bezeichnet worden ist, würde besser als die *Zielgerade* des menschlichen Lebens verstanden. Das Jüngste Gericht, das nach christlicher Auffassung von Christus abgehalten wird, bringt die Menschen auf diesen letzten Weg. An seinem Ende sind sie dann durch Christus gleichsam hindurchgegangen und er durch sie.

Die ‚Zielgerade' ist der weitere Weg des Menschen *nach* seinem Tod. Schon im Himmel angelegt, ist die ‚Zielgerade' der ‚schöne Weg' der Seele hinein in die eigene Vollendung und in die Vollendung der gesamten Schöpfung im Reich Gottes. Wie ein Gott ‚dienstbarer' Engel kann die Seele, die das Gericht *hinter sich hat*, *tun*, was Gott und was ihr selbst gefällt, und was zum Besten dient. In diesem Dienst erfährt die Seele: *Deo servire summa libertas* („Gott dienen in höchster Freiheit"). Die Seele wird auch hier, wie überall im Buch, nicht als eine spezielle, geistige und unvergängliche Substanz ohne physisch zu Buche schlagende Extension verstanden, sondern als individuelles Selbstbewusstsein, das mit einer sich entwickelnden Gestalt verbunden ist, deren richtige, von Gott ermöglichte Endform von der Seele gefunden werden muss.

Der vermeintliche ‚Zwischenzustand' ist eigentlich die entscheidende nachtodliche Phase.[76] Er ist auch nicht wirklich ein ‚Zustand', denn in dieser Phase vollzieht sich noch eine dramatische Entwicklung: *Da* werden die Tränen abgewischt, *da* wird, erschüttert von der Liebe Gottes, bereut und Versäumtes eilends nachgeholt; da werden Gebeugte aufgerichtet; *da* wird im Schutze der eigenen Subsistenz am auferweckten Christusleib Ausschau gehalten nach der eigenen individuellen Vollkommenheitsgestalt, *da* werden die Menschen mit sich selbst identisch.[77] *Die Auferweckung der Toten selbst sehen wir daher als einen Pro-*

Todes von Gott unterzogen wird, und dem Gericht über alle, das am Ende aller Tage geschieht, zwar beibehalten, aber er meint, diese beiden Gerichtsformen seien ineinander zu stellen. Denn es ist ja nicht anzunehmen, dass Gott über einen Menschen beim Todeseintritt erst einmal vorläufig und unter dem Vorbehalt richtet, es müsse eigentlich noch das Gesamtergebnis der Weltgeschichte abgewartet werden.

76) Auch das umstrittene sogenannte *Tausendjährige Reich* der christlichen Nebenbewegung der ‚Chiliasten' ist wohl in jener echatologischen Phase anzusiedeln, die man herkömmlicher Weise als den ‚Zwischenzustand' bezeichnet hat.

77) S. auch FUCHS, a. a. O., 150 f.: „Wenn Jürgen Moltmann um der Gerechtigkeit den Opfern gegenüber einen eigenen ‚Zwischenzustand' zwischen Tod und Vollendung annimmt, in dem die Zerbrochenen ‚jenes Leben leben können, das ihnen bestimmt war', dann wäre folgerichtig, auch um der Gerechtigkeit willen, ein anderer ‚Zwischenzustand' für die Bösen in den Blick zu nehmen, wo sie, angesichts der großen Versöhnungstat Christi und durch diese ermöglicht, ihre eigene Sühne für das, was sie getan haben, ausleiden. Ob es sich dabei um zeitliche Räume oder mehr um augenblickliche (in ihrer zeitlichen Qualität nicht vorstellbare) intensive Erfahrungsräume handelt, kann hier genau so offen bleiben wie die Frage danach, wie sich denn dies alles im Gesamtprozess des Gerichtes ereignet. Denn der Vollzug dieser Gerechtigkeit setzt bereits das Gericht voraus. Jedenfalls wird ein solches auch in und bei den Tätern ermöglichtes Gerechtigkeitsgeschehen, hier bezüglich ihres eigenen Reueleidens, rechtfertigungstheologisch vertretbar und um der Gerechtigkeit willen notwendig sein."

zess, bei dem noch dieses und jenes geschehen wird und getan werden muss im Rahmen der zu erwartenden Vollendung. Sie vollzieht sich nicht ‚schlagartig' beim Schall der Engelsposaune am Jüngsten Tag.[78] Da ‚Auferstehung' die göttliche Verleihung der neuen Vollkommenheitsgestalt meint, beginnt sie möglicherweise schon irgendwann im biographischen Leben, wenn ein Mensch Gottes Ruf hört. Sie vollendet sich erst, wenn die volle individuelle Identität erreicht und die endgültige Gestalt für dieses bestimmte Individuum gefunden ist. Dann ist auch das Reich Gottes die alles bestimmende Wirklichkeit geworden.

In der neuen Gestalt werde ich Gott so lieben, wie er mich liebt. Zugleich werde ich viel intensiver und besser *zusammensein* mit den Mitgeschöpfen und Mitmenschen. Ich werde kein in sich vollendeter Solitär werden.

3.2 Das Weltgericht nach Matthäus 25

Der Mensch sollte in seinem biographischen Dasein *Geben* und *Nehmen* in ausgewogener Form erfahren, zulassen, tun. Er sollte sich *tragen lassen* können, aber auch selbst andere *tragen können*. Mit diesem doppelten Können sollte er aber nicht nur in der Balance bleiben (‚dass die Waage stimmt'), sondern einen guten Geist in die Welt bringen. Durch diesen guten Geist sollten sich die Geschöpfe nicht nur wechselseitig ‚in Ruhe' lassen, sondern sich wechselseitig erheben – „einer trage des andern Last"[79]. Alle sollten freier werden können, alle sollten Liebe spüren und üben. Mehr oder weniger erkennen die meisten Menschen diese Sinn- und Zielbestimmung ihres Lebens. Aber die ‚Übel' des Lebens kommen dazwischen und behindern mehr oder weniger stark die Erfüllung. Scheitern und Verbitterung der zu kurz Gekommenen säumen die Lebenswege.

Es kann nun nicht der Sinn des Jüngsten Gerichts sein, Menschen für ihr Scheitern bei der Verwirklichung des geahnten oder gewussten Lebensziels zu strafen; noch, sie für ‚Anflüge des Nichtscheiterns' zu belohnen. Vielmehr geschieht dieses ‚Gericht', um Rückblick zu halten auf das, was einem Menschen

---

78) Hier ist an die in der Kirchengeschichte zu wenig zum Tragen gekommene Auffassung des Origenes zu erinnern, dass es sich bei der Auferstehung der Toten nicht handeln könne „um die physizistische Wiederherstellung des vorfindlichen Leibes, sondern um seine Verwandlung in einen ... Leib, dessen Identität mit dem irdischen Leib nicht durch die Identität der Materie, sondern durch ein *eidos*, durch eine ... in die Seele eingeschriebene Form garantiert ist. Und ebenso ist bei Origenes die Auferstehung ein *Prozess*, der jetzt bereits im Leben des Glaubens anhebt. Es ist ein Prozess, in welchem die Seele auch nach dem Tod nicht leiblos wird, sondern eine Leiblichkeit feinerer und reinerer Qualität gewinnt ..." (Gisbert Greshake, ‚Seele' in der Geschichte der christlichen Eschatologie. Ein Durchblick. In: Wilhelm Breuning [Hg.], Seele. Problembegriff christlicher Eschatologie [Quaestiones Disputatae 106], Freiburg-Basel-Wien 1986 [107–158], 122 f.). Die reinere und feinere Qualität der auferstehenden Seelengestalt muss allerdings nicht spiritualistisch verstanden werden.

79) Gal 6,2.

gefehlt hat, und um festzustellen, was er noch braucht, um in die Freiheit der Liebe zu gelangen. Bei dem Gleichnis vom *Weltgericht* im 25. Kapitel des Matthäusevangeliums dürfen wir das Bild von den in die Hölle fahrenden ‚Böcken', die nicht geliebt haben, nicht auf bestimmte einzelne Menschen hin ‚zurückübersetzen'. Das ‚Wer ist es?' wird auch im Gleichnis selbst gegenüber den hiernach Fragenden unbeantwortet gelassen. Denn es geht eben nicht um die absurde Verurteilung und ewige Bestrafung solcher Einzelner, deren ausgeübte Liebe ein bestimmtes, nur Gott bekanntes (!) ‚Soll' unterschritten hätte, sondern dieses Gleichnis sagt Gottes Verurteilung des lieblosen Lebens als solchem aus. Dieses ist mit dem Reich Gottes für ewig verbannt.[80]

3.3 DAS VERWIRRENDE DES JÜNGSTEN GERICHTS UND DER VORSTELLUNG VOM FEGFEUER

Das Jüngste Gericht hat einen sehr weiten religions- und kulturgeschichtlichen Hintergrund. Bevor in Israel eine biblische Theologie entstanden ist, war das Jüngste Gericht schon längst eine zentrale Anschauung z. B. in der Religion Ägyptens: Auf einer ‚Seelenwaage' werden nach dem Tod eines Menschen dessen Taten abgewogen. Kaum eine andere Vorstellung verbindet die alten und neuen Religionen und Kulturen der Welt mehr als diese. Das Jüngste Gericht ist kein religiöses Nebenthema, sondern eines der prominentesten religiösen Themen überhaupt. Das Jüngste Gericht bildet aber auch ein markantes Beispiel dafür, wie im neutestamentlichen Christentum Kernelemente des religiösen Synkretismus neu interpretiert worden sind. Durch solche *Umdeutungen* ist die christliche Lehre aber oft schwer zu verstehen; sie *konfligiert* mit den Religionen.

Herkömmlicherweise sichert das Jüngste Gericht die ethischen Wertvorstellungen und Gebote einer Kultur ab. Es enthält eine beabsichtigte starke Drohung, nicht von den Vorschriften abzuweichen. Aber im Christentum gibt es Friktionen zwischen dem Reich Gottes, in dem das ‚Evangelium' herrscht, und der kulturellen Moral, in der das Sittengesetz herrscht. Diese Friktionen *verwirren* viele.

---

[80] Vgl. GERHARD SAUTER, Artikel „Jüngstes Gericht II (Dogmatisch)", in: RGG[4] IV, Tübingen 2001, 711 f.: Das Bild vom doppelten Ausgang des Weltgerichts (Mt 25) hat schon „viele Betrachter verleitet, sich hier ihren eigenen Ort zu suchen. Die Pointe des Gleichnisses besteht jedoch darin, dass Christus für alle überraschend als derjenige hervortritt, der in vielen Gestalten der Bedürftigkeit bereits jetzt anwesend ist, wenngleich verborgen". – „Auf Christus Hoffende müssen aber nicht nur so, wie sie sind, vor Christus treten, sondern sie sehen sich von seiner Gerechtigkeit umhüllt ...". „Damit sind Sünder letztgültig von ihrer Sünde geschieden ...". Es „vollendet sich" im Jüngsten Gericht „die Rechtfertigung der Gottlosen".

3. Zur Interpretation des Jüngsten Gerichts

Sind die christlichen Um- und Neudeutungen alter mythisch-religiöser Vorstellungen eine Belastung? Bauen sie Verstehenshindernisse auf, weil man vom ‚Einleuchtenden' weggeleitet wird? Oder zeigen sie im Gegenteil die überragende Bedeutung des Christentums an? Auf jeden Fall sind sie keine freien kirchlichen ‚Erfindungen'. Sie sind ein Ausdruck von Entwicklungsschüben in der religiösen Erfahrung und Denkweise, die mit Jesus Christus zusammenhängen. Das ‚Verstehensschwierige' am Reich Gottes ist in den Gleichnissen Christi auch – fast – schon wieder ins ‚Einfache' überführt. Aber im Verlauf seiner späteren Geschichte ist das Christentum dadurch in eine Schwierigkeit geraten, dass es über mehr als 1000 Jahre hinweg in der Lage war (und sich hierzu auch verpflichtet wusste), in vielen Nationen die Maßstäbe der kulturellen Moral zu setzen: in den Schulen, in den Familien – überall. Durfte man in *dieser Lage* noch von Friktionen zwischen dem Reich Gottes und der kulturellen Moral sprechen? War nun nicht doch zu erwarten, dass das Jüngste Gericht die Maßstäbe der kulturellen christlichen Moral bestätigt durch ‚ewige' Belohnungen und Bestrafungen? Eben dies wäre und war ein gravierender Trugschluss.

Es wird überliefert, dass in der antiken zoroastrischen Religion die jenseitigen peinvollen Höllenstrafen für die Seelen der Verstorbenen, die zu Lebzeiten Böses getan hatten, drei Tage und drei Nächte andauern. Im Judentum sollen sie als auf ein Jahr beschränkt gedacht worden sein. Im mittelalterlichen Christentum werden sie jedoch – wie übrigens auch im Islam – als ewig andauernd vorgestellt; „freilich stellt der Islam wenigstens jenen Sündern, die den Glauben bekennen, in Aussicht, einmal im Jahr ins Paradies eingehen zu dürfen"[81].

Welche schreckliche Selbstverfehlung ist hier ins christliche Denken eingezogen! Statt der befreienden christlichen Neuinterpretation des Jüngsten Gerichts entwickelten sich Bilder einer geradezu fanatischen Intimidation. Vom Gedanken des Jüngsten Gerichts ging nun, wie Wolfgang Huber es auf den Begriff brachte, *Gottesvergiftung* aus.[82]

Aus der ‚schwer verständlichen' christlichen Religion, die alte religionsgeschichtliche Mythen zwar ‚evangelisch' umdeutet, sie aber nicht preisgibt, be-

---

81) Nach SIGURD HJELDE, Artikel „Jüngstes Gericht I. Religionsgeschichtlich", in: RGG 4. Aufl. Bd. IV, Tübingen 2001, 710 f.

82) WOLFGANG HUBER, Der christliche Glaube. Eine evangelische Orientierung, Gütersloh 2008, 231 f.: „Denn die Vorstellung vom Gericht wurde dazu eingesetzt, Menschen einzuschüchtern und zu verängstigen." Es rückte sogar „die Vorstellung eines himmlischen Ausgleichs für irdische Ungerechtigkeit ... aus dem Blick. Die Gerichtsvorstellung wurde ‚täterorientiert'. Die Drohung mit Fegefeuer oder Höllenstrafen wurde zum Herrschaftsmittel." Vom theologisch falsch verstandenen Jüngsten Gericht aus legitimierte man weltliche politische Instanzen, sogenannten „Ketzern den Garaus zu machen". Man hielt es für „eine gottgefällige Tat, einen Ungläubigen zu töten". Von diesem *Missbrauch*, schreibt Huber zu Recht, muss die Theologie des Jüngsten Gerichts in bußfertiger Weise befreit werden.

ginnt sich glücklicherweise seit Längerem endlich jenes Christentum wieder herausschälen, das die Kraft hat, Furcht ausstrahlende dunkle Mythen von innen her aufzubrechen. Aber noch heutigentags ist das Verwirrende des Jüngsten Gerichts nicht ganz überwunden. Der evangelische Theologe Gerhard Ebeling schrieb: Die direkte Verbindung *Jesu Christi* „mit dem Weltgericht" ist es, die zunächst irritiert. Dass Christus hier der Richter ist, das erweckt den Anschein, „zuletzt müsse doch das Evangelium dem Gesetz weichen". Doch hier müsse man sehen, dass ‚Gesetz und Gericht' gerade das ist, was Gott *sich selbst* mit der Kreuzigung seines Sohnes *auferlegt hat*.[83] Auf diesem Hintergrund könne sich beim Endgericht alles so vollziehen wie bei der Rechtfertigung des Sünders aus Glauben und wie bei dem ‚Lohn', der *hierbei* herauskommt (Gott belohnt sein eigenes Werk). „Dem inneren Gefälle des biblischen Lohngedankens nachgehen heißt, bei dem sola gratia enden." Der glaubende Mensch hat, so Ebeling, das Gericht bereits hinter sich. Er wartet jetzt nur noch auf das Schauen dessen, was er geglaubt hat.[84]

Aber sind denn die Glaubenden in jeder Hinsicht dessen unbedürftig, sich in einem göttlichen Endgericht mit den Auswirkungen ihrer Taten konfrontieren zu lassen? Das ist eine rhetorische Frage, und sie wird durch den Apostel Paulus ja eindeutig beantwortet.[85] Zwar ist es das Privileg der Glaubenden, darauf vertrauen zu können, dass gar nichts – auch nicht der Tod – sie von der Liebe Gottes mehr trennen kann.[86] Aber sind denn auch sie schon solche Menschen

---

83) GERHARD EBELING, Dogmatik des christlichen Glaubens III, Tübingen 1979, 469f. – Vgl. auch die lichtvollen Ausführungen im HEIDELBERGER KATECHISMUS (Frage 52): *Was tröstet dich die Wiederkunft Christi, zu richten die Lebenden und die Toten?* Dass ich in aller Trübsal und Verfolgung, mit aufgerichtetem Haupt eben des Richters, der sich zuvor dem Gericht Gottes für mich dargestellt, aus dem Himmel gewärtig bin …". – Vgl. ferner: KARL BARTH, KD II/2, 177: „*Gott will verlieren, damit der Mensch gewinne*. Sicheres Heil für den Menschen, sichere Gefahr für Gott selber! Wenn es recht ist, dass man in der Prädestinationslehre immer von einem Doppelten, immer von Erwählung und Verwerfung, von Vorherbestimmung zur Seligkeit und zur Verdammnis … geredet hat, dann können wir … sagen: in der Erwählung Jesu Christi, die der ewige Wille Gottes ist, hat Gott *dem Menschen das Erste, die Erwählung*, die Seligkeit und das Leben, *sich selber aber das Zweite, die Verwerfung*, die Verdammnis und den Tod *zugedacht*."

84) GERHARD EBELING, ebd. – Ergänzend wäre noch zu sagen: Die Formel, der verstorbene Mensch möge nun schauen, was er geglaubt hat, wird oft subjektivistisch missverstanden. Sie gewinnt dann, auch im Munde von Pfarrerinnen und Pfarrern, den Unterton: So wie jemand ‚es' sich ‚vorgestellt' hat, so möge er oder sie ‚es' nun auch vorfinden und erleben. Genau das meint aber die vom Apostel Paulus entlehnte Formel nicht. Sondern sie meint, dass *der Modus*, das Reich Gottes im Glauben schon zugeeignet zu bekommen, jetzt abgelöst wird durch eine neue, direkte Verbindung mit dem Reich Gottes, die nicht mehr den Charakter des Vorgriffs hat. Es wäre aber eine Bankrotterklärung der Kirche, würde sie hier eine ‚allgemeine Ungewissheit' mit *jedem das Seine* beantworten. Es darf daher auch nicht lauten „der Verstorbene *möge* nun …", sondern es muss lauten „er *wird* nun …", besser noch, „nun *schaut er* …".

85) Vgl. Röm 2,14–16; II Kor 3,5.10.

86) Vgl. Röm 8,35.

geworden, die Gott von ganzem und reinem Herzen lieben können? Sie sind es nicht, und sie nehmen den Schmerz hierüber mit in den Tod.

Die Möglichkeit einer von dem mit diesem Defizit belasteten Menschen noch nach seinem Tod im *Fegfeuer* zu erzielenden persönlichen Läuterung lehrt die römisch-katholische Kirche. Doch wird diese Lehre heute von vielen Katholiken abgelehnt. Der Protestantismus hat sie ausgeschieden, weil sie ein in sich widersprüchlich scheinendes Gemenge mehrer religionsgeschichtlicher Vorstellungen darstellt und offenbar auch als christliche Lehre nicht wirklich klar werden kann. Das Fegfeuer ist so etwas wie ein persönliches Vor-Gericht vor dem Jüngsten Gericht. Zu seiner theologischen Verteidigung könnte man vielleicht sagen, es orientiere sich am Ernst der Forderung, dass die Menschen Gottes Gebote auch zu halten haben. Soll das persönliche Heil nicht verfehlt werden, bedürfe es – jedenfalls in nicht wenigen Fällen – noch einer nachtodlichen Reue und Reinigung „wie durchs Feuer hindurch"[87]. Man müsse dabei aber, so heißt es heute ausdrücklich, nicht an plagende Teufel oder an unerträgliche Hitze denken, sondern an ein das Herz reinigendes göttliches Liebesfeuer vor dem Endgericht.[88] Nur: Auch diese Deutung ist problematisch. Wird nämlich das ganze Jüngste Gericht unter dem Evangelium Christi gesehen und in seiner Funktion für das Reich Gottes, dann steht es ja gar nicht zur Debatte, wie *ich* mich auf dem Hintergrund meiner Handlungen im Leben im Gericht halten und rechtfertigen kann, sondern, ob Gott meine Handlungen und ihre Auswirkungen für den Bau seines Reichs gebrauchen kann, ob sie nicht konträr zu ihm stehen. Im Sinne des Apostels Paulus werden die *Werke* eines Menschen – aber nicht ein gestorbener Mensch selbst –, einer solchen Feuerprobe unterzogen. Das Reich Gottes ist hier das überaus Wichtige, nicht aber, dass ich noch eine letzte Chance der Reinigung erhalte, bevor ich vor Gott zu treten habe.

Und doch ist auch aus evangelischer Sicht nicht alles falsch an der Glaubensauffassung, dass es einen über den Tod hinausgehenden Schmerz über das eigene ‚Liebesdefizit' und ein elementares Bedürfnis nach dessen ‚Aufarbeitung' gibt. Aber wo und wie gibt es eine solche Möglichkeit?

---

87) I Kor 3,15.
88) Hierzu: BENEDIKT XVI. JOSEPH RATZINGER, Eschatologie. Tod und ewiges Leben, Neuauflage Regensburg 2007, 182. Gefragt wird hier: Kommt der bleibende Gehalt der Fegfeuer-Lehre nicht ans Licht, wenn das *Feuer* (mit I Kor 3,10ff.) „christologisch verstanden und wenn erklärt wird, dass der Herr selbst das richtende Feuer ist". – Aber ist dann aus dem Fegfeuer nicht tatsächlich bereits das Jüngste Gericht selbst geworden? Und müsste dann das Fegfeuer nicht mindestens vom katholischen Gedanken des Ablasses vollständig getrennt werden? Denn es wäre dann ja ein liebevolles Geschehen, das *abkürzen* zu wollen kein Anlass bestünde.

3.4 Das Licht des Jüngsten Gerichts

Die über unseren Verstand hinausgehenden „Gerichte Gottes"[89] rücken, Gott sei Dank, *unser* irdisches Richten und unsere Vorurteile noch zurecht. Das gilt auch für unsere Vorurteile über Gott selbst: für die falschen auf ihn projizierten oder gegen ihn gerichteten Erwartungen, Wünsche und Handlungen. Das gilt darüber hinaus für unsere *Selbstverurteilungen*, gegen die Gott ebenfalls Widerspruch einlegt. Im Christentum ist aus dem religionsgeschichtlichen Synkretismus aber beibehalten: *Das Jüngste Gericht erweist sich als der endgültige Maßstab.* Es löst das für uns Widersprüchliche auf und macht uns das wahre Ausmaß der Verflochtenheit unseres Lebens mit demjenigen anderer sichtbar. Wer ist Opfer, wer ist Täter? Wer ist beides? Es deckt uns auf, warum wir uns selbst unerkennbar geblieben waren im Leben.

Wir fahren nun in christlicher Interpretation fort: Dies bringt uns einen großen Sprung voran auf unserem Weg zur Identität. Das Strafwürdige und Hassenswerte der Sünde ist nicht geleugnet, es wird vielmehr jetzt erst in jeder Hinsicht klar, aber es stößt nicht diejenigen in die Hölle, die sie begangen haben, sondern konfrontiert sie mit Gottes aufbauender[90] Liebe. Jenseits dieses Gerichts beginnt die Freiheit. Christlich richtig verstanden wird das Jüngste Gericht dann, wenn es als Höhepunkt der *Würdigung der menschlichen Person* durch Gott gesehen wird. Gott sucht den Bund mit dem Menschen auf Augenhöhe. Er sieht nicht alles das gnädig nach, was der Mensch falsch gemacht hat.[91] Sondern er zeigt es ihm. Er hält ihn für verantwortlich und zurechnungsfähig.[92] Er hält ihn vor allem für liebesfähig. Er lässt ihn sich entwickeln bis zur Höhe des Wunders, dass der Mensch mit Gott frei in Liebe verbunden sein und ihm Partner sein kann. *Das ist nicht nur der tiefste Sinn des Jüngsten Gerichts, sondern auch der Auferweckung des Menschen vom Tod.*[93] Das ist das neue Leben, das dem Menschen noch geschenkt wird und das mit seinem bloßen Wunsch eines ‚Weiterlebendürfens trotz des Todes' überhaupt nichts zu tun hat.

---

89) Vgl. Röm 11,33.

90) Die Vokabel ‚aufbauend' ist hier theologisch besser als die Vokabel ‚verzeihend'. Die heutige Kirche sollte wegkommen von ihrer Überstrapazierung des ‚wunderbaren göttlichen Verzeihens', das mit Recht schon den Spott von Voltaire hervorgerufen hat.

91) Diese infantile Sicht vom Jüngsten Gericht ist nicht weniger verheerend als die moralisierende Erwartung einer vergeltenden ‚Endabrechnung'.

92) Vgl. hierzu: W. Huber, a. a. O., 229.

93) Vgl. die These von Oswald Bayer, Die Zukunft Jesu Christi zum Letzten Gericht. In: R. Rittner (Hg.), Eschatologie und Jüngstes Gericht (Bekenntnis, Fuldaer Hefte 32), 68–99, hier: 97): „Das Letzte Gericht ist als Auferweckung der Toten schöpferisch …".

3. Zur Interpretation des Jüngsten Gerichts

Der Frankfurter Dogmatiker Medard Kehl (SJ) – er hat ein anregendes, auch außer- und nebenchristliche Eschatologie-Gedanken prüfendes, zudem profiliert auf das *Reich Gottes* bezogenes Eschatologie-Lehrbuch vorgelegt – ist bereits manchen der hier geäußerten Gedanken nahegekommen. Auch er bezieht das Jüngste Gericht insgesamt auf den Prozess der „Identitätsfindung durch die ‚richtende' Liebe Gottes"[94]. Das Jüngste Gericht bedeutet, Kehl zufolge, erstens „die entscheidende *Krise*" jedes Lebens angesichts des Ereignisses, dass der Mensch sein irdisches Leben zu beenden hatte und nun für immer „aufgehoben" werden soll „im Leben Gottes". Diese Krise, welche die in der Biographie gelebten Scheidungen, Unterscheidungen und Entscheidungen *endgültig* werden lässt, gibt dem Menschen aber, so meint Kehl, bereits die definitive „Gestalt seiner Identität". Die Seele bedürfe dann keiner weiteren Entwicklungen mehr. Sie seien ausgeschlossen und auch überflüssig, weil Gott in seinem Gericht die vom gestorbenen Menschen „in seinem Leben getroffene Entscheidung absolut ernst nimmt *und* sie zugleich hineinnimmt" in sein „befreiendes, neues Leben erschaffendes Ja zu diesem sündigen Menschen".

Das Jüngste Gericht bedeutet nach Kehl zweitens die *Aufdeckung der Wahrheit* im Rückblick auf ein gelebtes Leben (zu der auch die Einsicht gehört, dass man in Wahrheit ein von Gott in Gnaden angenommener ‚verlorener Sohn' ist).

Das Jüngste Gericht bedeutet, so Kehl, drittens, das Zurechtrücken der gesamten Weltwirklichkeit im Sinne der *Gerechtigkeit* Gottes. Dieses Zurechtrücken kann jedoch frühestens am Jüngsten Tag, also mit dem Ende der Welt, geschehen. Denn dies ist ja das vollendete Reich Gottes. Doch die gerichteten Gestorbenen erfahren dies sofort, weil sie bereits in Gottes überzeitliche Schau hineingekommen sind.

Nach Kehls Deutung des Jüngsten Gerichts ist diese abschließende ‚Erfahrung' (besser: Schau) für jeden so Gerichteten dermaßen erfreulich und lichtvoll, dass man sich allerdings fragt, wo denn nun das Erschütternde geblieben ist, das vom vollen Begreifen dessen ausgeht, welches Leid man sündigend selbst angerichtet hat (und welche qualvollen Leiden weiterhin in der Welt verursacht werden). Im Übrigen: Wie ist dieses ganze Begreifen eigentlich ohne weitere Entwicklungen und zusätzliche Erfahrungen bei den von Christus Gerichteten vorstellbar? Muss, um Erfahrungen machen zu können, nicht noch einmal *Zeit eingeräumt* werden?

---

[94] MEDARD KEHL, Eschatologie, Würzburg 1986, 283–285.

3.5 Eschatologie vor der Erneuerung

Weder der evangelische Theologe Gerhard Ebeling noch der katholische Theologe Medard Kehl lehren ein mögliches Weiterarbeiten Gottes am gestorbenen Menschen und ein mögliches Weiterarbeiten des gestorbenen Menschen für das Reich Gottes. Weitere Handlungen, Entwicklungen und Erfahrungen scheinen für sie, wie für die meisten Theologinnen und Theologen der Gegenwart, nicht mehr vorgesehen und nicht mehr möglich zu sein. Nichts ‚Läuterndes' ist mehr im Blick. Die Eschatologie ist auf einem reduzierten Level eingefroren worden. Eine heute wieder lebendiger werdende christliche Hoffnung über den Tod hinaus muss aber genau an dieser Stelle wenn nicht neue Wege gehen, so doch theologisch erneuerte Aussagen machen.[95]

Eine neue theologische Qualität gewinnt der Fragenkomplex ‚Jüngstes Gericht', wenn wir die dankbare, freudige Läuterung der Gestorbenen in den Blick nehmen, die ihnen *nach* dem Jüngsten Gericht und *aufgrund* desselben eröffnet ist. Sie ist ein Bestandteil ihrer seelischen Auferstehung. Diese Läuterung ist ein durch Gott ermöglichter, ungeteilter persönlicher Wille, für die Vollendung des Reiches Gottes da zu sein – und sich mit diesem selbst zu vollenden. Alle Strafvorstellungen liegen weit dahinten. Gottesliebe und eigene Freiheit sind allein leitend.

Jesus selbst ist im Verein mit starken jüdisch-religiösen Strömungen seiner Zeit von der Gewissheit geleitet gewesen, dass auch die gestorbenen Vorväter und Ahnen Israels *leben*. Abraham lebt noch, Isaak lebt noch, Jakob lebt noch. Wenn Gottes Name mit „Gott Abrahams, Isaaks und Jakobs" wiederzugeben ist, was durch Moses Autorität verbürgt ist, und wenn Gott ein Gott der Lebenden und nicht der Toten ist, dann *leben* folglich auch diese gestorbenen ‚Erzväter', sie leben im göttlichen *Namen*, wie Jesus im Streitgespräch mit sadduzäischen Auferstehungsleugnern herausstellte, was diesen den Mund stopfte.[96] Wer die Heilige Schrift und die Kraft Gottes wirklich kenne, so argumentierte Jesus hier, der wisse, dass die Toten auferstehen zu einer neuen Form des Lebens wie die der Engel. Sie heiraten dann nicht mehr und bekommen auch keine Kinder, weil sie im ewigen Leben sind und sich nicht mehr ‚fortzupflanzen' haben.[97] Aber was *tun* diese im Himmel Lebenden dann eigentlich? Wie sind sie *mit dabei* in der

---

[95] Einen ernüchternden Spiegel der diesbezüglichen evangelisch-theologischen Leistungen und Möglichkeiten während des 20. Jahrhunderts findet man vor im 10. Kapitel des lesenswerten Buchs: BERNHARD LANG/COLLEEN MCDANNELL, Der Himmel. Eine Kulturgeschichte des ewigen Lebens (es 1586. NF Bd. 586), 411–478.
[96] Mk 12,26 f. (par.)
[97] Mk 12,24 f. (par.)

3. Zur Interpretation des Jüngsten Gerichts

Geschichte des herankommenden Reiches Gottes? Nehmen sie Einfluss auf unser Leben oder wir auf ihres?

Es gibt eine echt christliche Möglichkeit hierauf zu antworten: Sowohl in der evangelischen wie in der katholischen und der orthodoxen Eucharistiefeier vereinigt die Kirche ihr Gotteslob mit dem himmlischen Gottesdienst *aller uns bereits vorausgegangenen Heiligen*. Die uns bereits vorausgegangenen Glieder am vom Tode auferweckten Leib Christi können also noch etwa sagen, wollen und tun. Sie sind wach. Sie wollen ihrer Liebe zu Gott Ausdruck verleihen – durch Worte, und warum nicht auch durch Taten? Sie sind mit Christus besorgt, dass das Reich Gottes sich vollendet. Das ist jetzt ihr einziges Ziel.

In der heutigen Dogmatik ist diese spezifische Lebendigkeit der Toten meistens auf der Strecke geblieben. Die genannte seelische Zielstrebigkeit und Liebesfähigkeit nach dem Tode ist – scheinbar – überflüssig geworden. Die Toten gelten nun zwar als in Gott ‚vollendet', ‚verschönt' und als tief zufrieden, aber sie sind nun doch zu sehr tot. Ihr Leben im Bund mit Gott *endet gerade in dieser neuzeitlichen Betrachtungsweise recht unmündig*. Bildet diese Verkürzung der christlichen Hoffnung die heutige spirituelle Lage der westlichen Christenheit? Wohl sind zum Glück heute auch manche törichten Himmelsvorstellungen verschwunden. Aber die den Menschen erhebende, die ihn in der Liebe zu Gott vollendende überaus wichtige Tätigkeit, die Gott uns im Himmel nicht *erlässt* und die auch einen in seiner Wichtigkeit gar nicht zu überschätzenden Beitrag der schon ‚Toten' zur Stärkung der jetzt und hier lebenden Menschen und zur Besiegung der Übel darstellt – wird wohl diese beglückende persönliche Zukunft der mit Christus lebenden Gestorbenen bald ihre angemessene eschatologische Darstellung finden? Wird die ‚Aufklärung' zur ‚Mündigkeit' endlich auch mehr Licht in die theologische Eschatologie bringen?[98]

Wir verkennen nicht: Es ist alles andere als leicht, in *neuer Einfachheit* und *biblisch-evangelischer Klarheit* wieder von der Seele des Menschen und vom Reich Gottes zu sprechen und dabei das Denken der Neuzeit nicht zu umgehen, sondern im Gegenteil zu nutzen. Am ‚Jüngsten Gericht' erhielten wir zuletzt ein Beispiel dafür, wie kompliziert die Dinge liegen.[99] An dieser Stelle sind die christlichen Glaubensvorstellungen fast zum Irrgarten geworden. Wir benötigen

---

98) In einer neuen evangelisch-katholischen Sicht des sogenannten Zwischenzustandes wäre zu bedenken: Gott wird die Gestorbenen, die ihm Partner sein dürfen, nicht einfach in einem plötzlichen Verwandlungsakt in ihre Vollendung ‚hineinsprechen'. Denn was die Seele noch nicht erreicht hat, gewinnt sie nur, wenn die betroffene Person *eigene Schritte in das Fehlende hinein tun kann*. Es muss somit vom Menschen nachvollzogen werden, was ihm Gott im Jüngsten Gericht gnädig eröffnet hat. Gottes Gnade aktiviert und verurteilt nicht zur Passivität.

99) Seelsorglich einfühlsam sind die heutigen Fragen und theologischen Lösungsvorschläge dargestellt in dem genannten Buch von OTTMAR FUCHS, Das Jüngste Gericht (s. o., 227, Anm. 73).

heute sehr ein gründlich erneuertes ‚eschatologisches Zeitverständnis', in dem es sich sogar denken lässt, dass das Jenseits der einen Menschen das Diesseits der anderen Menschen ist – und umgekehrt.[100] Wir benötigen ein erneuertes christliches Verständnis der Bestimmung des Menschen. Wir benötigen neue Brücken zwischen Eschatologie und Ethik. Wir benötigen in ökumenischer Breite und Einheit im Christenleben fest verankerte kirchliche Riten – zumal für die Stufen der Biographie. Und wir benötigen vor allem eine erneuerte christliche Heilsgewissheit, der ein präziseres Verständnis dessen, worin das Heil besteht, zugrunde liegt. So viele gewünschte Veränderungen sind aber nur zu bekommen, wenn ein *neues Paradigma* ‚auftaucht'. Ein die eschatologische Lehre ‚menschennah' neu organisieren könnendes Paradigma erhielten wir mit der – neben dem üblichen theologischen Forschungs- und Lehrbetrieb kulturell ‚aufgetauchten' – neuen Chance und Möglichkeit, von der Wirklichkeit der Seele zu sprechen.

Die Theologie muss ihre eigenen Möglichkeiten wieder besser zu ‚geben' lernen. Die Sinnleere der heutigen Globalkultur ist immens. Dass unter der Decke überall das reine Nichts hervorsticht, sollte für die christliche Theologie freilich das ihr gemäße Betätigungsfeld sein. Sie kann realistisch gerade in diese Situation hineinsprechen und den Sinn des Menschenlebens aufzeigen. Die Neuaneignung einer kritisch geprüften und auch philosophisch diskutierbaren Lehre von der menschliche Seele kann die Theologie und Praxis der christlichen Kirche in der Gegenwartskultur wieder präsent machen. Ihre Höchstschätzung des *einzelnen* Menschen enthält ein Potential, auf das viele in aller Welt warten. Gewartet wird überall auch auf verständliche Darlegungen, *warum kein Mensch ins Nichts geht* und dass der Tod eine Schwelle ist, die unsere Möglichkeiten, in Liebe dabei zu sein, auf einer neuen Stufe sogar vergrößert und vollendet. Für die Vorstellung von einem langweiligen Himmel der Musen und der gleichzeitigen Müßigkeit ist künftig kein Platz mehr. Die Theologie sollte die – von Jesus offenbar geteilte – jüdische Überzeugung wieder näher betrachten, dass Gott selbst *nur* als ein Gott *Lebender* zu sehen ist. Da er nun aber auch der Gott der Gestorbenen ist, *leben* auch sie. „*Ihm leben sie alle.*"[101] So schloss Jesus nach

---

100) Wegen der Überschneidung individueller Lebenslinien in den Seelen menschlicher Personen: Fremdes wird zu Eigenem, Eigenes zum Fremdem; Vergangenheit, Gegenwart und Zukunft verknüpfen sich, und es verknüpfen sich auch Hier-sein und Nicht-hier-sein.

101) Lk 20,38. Eine solche originelle Verbindung des Verbums ‚leben' mit dem Dativ begegnet im Neuen Testament öfters (vgl. z. B. auch Röm 6,11). Sie enthält eine Eigentümlichkeit des Dativgebrauchs in der griechischen Sprache. Der Dativgebrauch ist hier mehrsinnig. An der vorliegenden Stelle Lk 20,38 handelt es sich sicherlich *nicht* um einen sogenannten *Dativus instrumentalis*. Läge dieser vor, so müsste man übersetzen: *Durch ihn* (Gott) leben sie alle. Aber an dieser Stelle handelt es sich um einen Dativ, der zum Ausdruck bringen soll, wem *zum Nutzen* jemand lebt (*Dativus commodi et incommodi*). Diese sprachliche Beobachtung ist für das rechte Verständnis des *Ihm leben sie alle* von

dem Lukasevangelium seine Ausführungen zur Frage nach der Auferstehung ab. „Da antworteten ihm einige der Schriftgelehrten und sprachen: Meister, du hast recht geredet."[102]

4.
ZUSAMMENFASSUNG DER ERGEBNISSE VON KAPITEL IV

4.1 Die Qualität des ‚Lebens nach dem Tod' lässt sich kaum in wissenschaftlicher Sprache beschreiben. Daher gelten Bilder, Symbole und literarische Kunstsprache für seine Kommunikation als unerlässlich. Doch oft werden diese künstlerischen Ausdrucksformen aus Geschichte und Gegenwart missverstanden, als handle es sich bei ihnen um Geschichtstatsachen, die in eine bestimmte heilsgeschichtliche Reihenfolge zu bringen seien. Dadurch wird dann vieles falsch gedeutet. Diese *Gefahr* der Bilder verlangt als Gegengewicht die diskursive Erörterung dessen, worin das christliche ‚Heil' besteht. Es hängt alles an der *Gewissheit*, die hinsichtlich des Lebens nach dem Tod erlangt werden kann. Auch muss man sich nüchtern klarmachen, dass sogar *Auferstehung der Toten* zunächst einmal selbst ein bildhafter Ausdruck ist. Er umgreift die ganze Eschatologie und wird daher nicht angemessen begriffen als nur *eine* der ‚Stationen' im heilsgeschichtlichen Prozess.

4.2 Zum Schaden der Gewissheit ist die Eschatologie immer auch die Eingangspforte des ‚Wünschens' und schlechter Formen einer ‚natürlichen Theologie' gewesen. Der christliche Realismus, der von der *Theologie des Kreuzes* ausgeht und der eine große Leerheit und Armut der menschlichen Seelen bekennen muss, ist in der Eschatologie oft vernachlässigt oder im Sinne einer ‚Drohkulisse' falsch wiedergegeben worden. Tatsächlich gilt aber: Was niemand weiß, wünscht und erwartet – das sind die ‚letzten Dinge', derer nur der Glaube auf Christus hin gewiss ist. Es geht darum: „Gott will verlieren, damit der Mensch gewinne" (Karl Barth).

---

theologischer Relevanz. Die Toten leben nicht einfach, weil sie aus Gott heraus seelisch weiterleben können. Sie leben auch nicht um ihrer selbst willen (etwa für ihre eigene Vollendung). Ihre Lebendigkeit kommt vielmehr daher, dass auch sie *für Gott immer noch dazusein und tätig zu sein haben*. Gerade nur dies, dass sie in der Liebe zu Gott, ihrem Schöpfer, der sie zuerst geliebt hat, noch etwas erreichen und erbringen müssen, hält sie lebendig. Aber so sind und bleiben sie auch lebendig.

102) Lk 20,39.

4.3 Die häufigen *Illusionen* hinsichtlich eines ewigen Lebens und Bleibens im Heil entstammen nicht dem Alten oder Neuen Testament, sondern der menschlichen Schwäche, sich die eigene Verletzbarkeit und Hinfälligkeit selbst zu verbergen. Die Bibel indessen sieht den Menschen, sofern sie ihn nicht als von Gott gehalten beschreibt, heimgesucht von der Erfahrung einer extremen Verlassenheit und Bedeutungslosigkeit. Aus ihr kann der Mensch sich nicht selbst erheben durch sein ‚wertvolles Inneres'. Doch baut Gott sein *Reich* gerade mit den durch *Armseligkeit* gekennzeichneten ‚Bausteinen', d. h. mit den Menschen, die seiner bedürftig sind. Die Seligpreisungen der Bergpredigt gehören zu den Grundtexten der christlichen Eschatologie.

4.4 Die Frage, ob der Messias schon gekommen sei, steht, so scheint es, als offene Frage zwischen Christentum und Judentum. Bonhoeffer hat zu fragen gewagt, ob das Christentum wirklich auf *mehr* ‚Erlösung' zurückgreifen könne als das Judentum und als das Alte Testament. Dieses ‚Mehr' ist in der Tat schwer oder gar nicht auszusagen, richtig aber doch so, dass kraft der Möglichkeit einer Glaubensverbindung mit dem auferweckten Christus nun eine *Gabe* da ist, die uns über dem Abgrund des Nichts zu halten und aufzurichten vermag. Christus hat mit seinem Weg aus dem Himmel und zurück in den Himmel für die menschliche Seele eine urbildliche Qualität, die einerseits einen unvergleichlichen diesseitigen Lebensrealismus, andererseits das Bewusstsein einer unzerstörbaren Liebesverbundenheit mit Gott impliziert.

4.5 In diesem vierten Kapitel wird auch nach der religiösen Bedeutung der teilweise übereinstimmenden Berichte von ‚Nahtoderfahrungen' gefragt und nach dem Verhältnis zwischen Christentum und ‚Reinkarnations-Lehren'. Es wird konzediert, dass hier manchmal – bezogen auf die durchschnittliche heutige Theologie – wenn schon nicht die ‚besseren Antworten', so doch die ‚besseren Fragestellungen' angetroffen werden. Sie können den Blick der theologischen Eschatologie für die eigene Sache wieder schärfen. Das gilt besonders für die neutestamentliche Lehre, dass die menschliche Lebensreise mit dem Tod nicht abgeschlossen ist und dass Gott Liebe ist.

4.6 In der Eschatologie der Gegenwart steht an: eine neue systematisch-theologische Zusammenordnung ihrer einzelnen traditionellen ‚Vorstellungskreise' (wie ‚Jüngstes Gericht', ‚Auferstehung', ‚ewiges Leben', ‚In-den-Himmel-Kommen' usw.). Ihre übliche Koordination ist kritisch anzufragen. Damit stehen aber auch die theologischen Gehalte der einzelnen ‚Vorstellungskreise' selbst neu zur Debatte. Ihre Neuordnung sollte unter dem Vorzeichen ‚Reich Gottes' geschehen.

4. Zusammenfassung Kapitel IV

Bei Lichte besehen, drängt die ganze überkommene Sprache der Eschatologie hin zu einer Erneuerung. Dabei will Nachfolgendes bedacht werden:

4.7 Im christlich verstandenen Jüngsten Gericht geht es nicht um einen ‚gerechten Ausgleich', wie doch so oft angenommen wird, sondern um die Feststellung, was einem irdisch abgeschlossenen Leben aus der Perspektive Gottes (*sub specie Dei*) noch fehlt. Was steht noch an, damit Gott sein Bundesziel an und mit den einzelnen Menschen erreicht und an ihnen die vom ‚Bund' vorgezeichnete Beziehung zu Gott zur Vollendung bringt? Was steht dafür noch aus, dass die jeweiligen Menschen Partner Gottes in der ‚Liebe auf Augenhöhe' werden?

4.8 Während der irdischen Lebensphase lebt jeder Mensch *von* der Liebe Gottes. Der Schöpfer der Welt bringt den menschlichen Individuen in größerem oder kleinerem Umfang fremdes Leben zu, um sie ‚aufzubauen' für den Bund mit Gott. Das Ziel ist die wechselseitige Bundesliebe Gottes und des Menschen, in der sich das Reich Gottes erfüllt. Aber zur reifen Wiederliebe Gottes gelangt kein Mensch schon während seiner Biographie, obwohl seine Seele mit ihrer spezifischen Lebenskraft auf dieses Ziel ausgerichtet ist. Tatsächlich gilt: Kein Mensch macht sich, von Jesus abgesehen, *für Gott* so verletzlich wie Gott sich für ihn. Unter der Last der drei Grundübel – Leiden, Schuld und Tod – bleiben alle Menschen während ihres irdischen Lebens hinsichtlich ihrer Wiederliebe Gottes mindestens auf das Stärkste *behindert*. Wir erkennen es meistens auch gar nicht, in welchem Umfang Gott sich in seiner individuellen Liebeszuwendung zu uns ‚auf Augenhöhe' selbst verletzlich macht und die auf uns lastenden Übel auf sich zieht, damit wir erhoben werden können in den ‚Stand' seiner vertrautesten, in reiner Liebe mit ihm lebenden und an seiner Macht Anteil nehmenden Freunde und ‚Hausgenossen'.

4.9 Diese letzte Erkenntnis über das eigene Leben wächst jedem Menschen erst zu, wenn er als Gestorbener vor Gott steht, d. h. wenn sich in seinem Tod alle anderen Foren seines Lebens, vor denen er gestanden und denen er sich verpflichtet gefühlt hatte, zurückgezogen haben. Dann erwacht in der unvollendeten Seele des Menschen ein großer Schmerz darüber, die Wiederliebe Gottes versäumt zu haben. Er ist Gott nicht so wiederbegegnet, wie Gott ihm begegnet war. Er hat Christus nicht erkannt, wenn dieser in Gestalt eines anderen Menschen vor seiner Tür stand. Er ist diesem die Liebe schuldig geblieben. Aber diesen Beitrag zum Wachsen des Reiches Gottes will der im Tod vor Gott gestellte Mensch nun noch leisten. Seine Seele, die von weiter herkommt und die weiter reicht als die Ausdehnung seiner Biographie (und die folglich seinen Tod überragt), hat nun noch dieses *eine* Verlangen. Erst wenn es zur Ruhe gekommen ist, ist das seelische Streben des Menschen nach der eigenen Identität am Ziel. Es ‚vollends' zu stillen, dafür ist es noch nicht zu spät, sondern dafür ist jetzt die Zeit gekommen. Das ist es, was Theologie und Predigt mit Festigkeit über unser Leben ‚danach' sagen können und sollen. Sie dürfen sich hier um Christi und des Himmels willen nicht auf ein *Ignoramus–Ignorabimus* („etwas, das sich für immer unserer Einsicht entzieht") zurückziehen.

4.10 Die theologischen Gründe sind klar und realistisch: Zwar müssen wir nach unserem ‚Ableben' das von uns an anderen Menschen bzw. Geschöpfen Versäumte oder Verbrochene *Gott überlassen*, hoffend, dass er als Schöpfer diesbezüglich mit ihnen noch ‚zurechtkommt' (so wie er das auch mit uns tun wird hinsichtlich des an uns von anderen falsch Gemachten). Jedoch müssen wir dann *nicht* sogar auch dieses Gott überlassen, dass er sich nun auch noch mit der von uns versäumten *Wiederliebe Gottes* einfach abfindet. Das wird nicht geschehen. Denn unsere Berufung in den Bund und die Vollendung seines Reiches wird Gott nicht scheitern lassen. Das, wozu er uns berufen hat, soll und kann gerade jetzt noch zum Ziel kommen. Sind wir nämlich, nachdem wir vor Gottes Thron gestellt worden sind, endlich hierfür bereit und völlig motiviert, Gott nicht mehr hintanzusetzen zugunsten anderer Engagements, wie uns das im biographischen Leben stets unterlaufen war, dann ist auch Gott bereit, uns die Gelegenheit für die weitere Entwicklung desjenigen einzuräumen, auf dessen Heranreifen er als der uns Liebende *gewartet* hat.

4.11 Früher hat man von einer ‚Läuterung' des Menschen noch nach dem Tod (z. B. im Fegfeuer) gesprochen. Aber dieser Vorstellungskreis ist mit Fragwürdigem belastet. Zu sagen ist an dieser Stelle jedoch Folgendes: Es ist zutreffend, dass wir nach dem Sterben gerade nur *Eines* noch können und wollen: *Gott zu leben*, für ihn nur *da zu sein*. Die Seele hat jetzt nur noch Zeit, Vitalität und eine Intention für Gott und sein Reich. Sie ist jetzt nicht einfach, wie man zu sagen pflegt, ganz ‚in der Hand Gottes' (wo sie ohnehin immer schon war). Sie ist jetzt auch nicht etwa in einen langen friedlichen Schlaf gefallen; noch dämmert sie dahin im Hades. Sondern sie ist *aufgewacht* für *ihr Letztes* im Bunde mit Gott: die Liebe auf Augenhöhe. Diese Zukunft der frohen und auch aktiv-tätigen Wiederliebe Gottes haben wir über den Tod hinaus. Indem wir nun *das* noch dürfen, Gott in ungeteilter Hingabe danken und ihn wiederlieben, kommt Gott noch zu seinem Ziel und kommen auch wir noch zu unserem Ziel.

4.12 ‚Auferweckung vom Tod' heißt, in das Leben der unbehinderten Wiederliebe Gottes hinein erweckt zu werden. Auferweckung bedeutet das Aufwachen des Menschen für Gott. Sie kann in diesem Leben schon anheben. Aber zum Ziel gelangen wird die Auferweckung unserer Person erst *nach* unserem Tod.

4.13 Der für uns nach dem Tod anhebende ‚himmlische Gottesdienst' ist alles andere als eine ewig währende musikalisch-liturgische Veranstaltung, die keine über sich selbst hinausreichende Sinnstiftung mehr hätte (und die folglich bald langweilig werden müsste). Er dient der Vollendung des Reiches Gottes. Das Reich Gottes ist nicht durch ‚Ewigkeit' charakterisiert, sondern ‚Ewigkeit' ist durch das Reich Gottes und die in ihm geschehende Liebe definiert. Der himmlische Gottesdienst ‚zusammen mit den Engeln' verbindet sich im Übrigen stets mit der eucharistischen Christusfeier – dem Reich-Gottes-Mahl – in allen irdischen Gottesdiensten. Die reine und starke Gottesliebe der Gestorbenen kommt auch den jetzt lebenden Christen zugute, denn sie stärkt deren Kraft im Glauben, in der Liebe und nicht zuletzt in der Hoffnung. Die Irdischen spüren, wohin sie kommen. Sie spüren, dass auch sie im Kommen sind, so wie das Reich Gottes selbst ja ‚herbeikommt'. Es *ist* nicht, sondern es *kommt*. Wir gehen und schwinden nicht dahin in unserem Leben, sondern wir *kommen*. Diese Spannkraft der eigenen Seele spüren Christen beim Christusmahl, und wenn sie das Evangelium vom Reich Gottes vernehmen.

4.14 In dem zuletzt Dargelegten zeigt sich auch die Verwobenheit der Existenz der Lebenden und der Toten. Das Verbindende ist der auf die Lebenden und die Toten gleichermaßen zukommende Gott. „Ihm leben sie alle." Der Schöpfer verknüpft beide Bereiche und die in ihnen Lebenden zugunsten des herankommenden Reiches Gottes. Die Verknüpfung führt zu ‚wachsender Liebe'. Das Irdische wird vom Himmlischen her, wo reine Gottesliebe geübt wird, begünstigt. Unser christliches Totengedenken möge dies bedenken. Dann ist es nicht Ausdruck eines fragwürdigen ‚Ahnenkults'. Es verkennt auch nicht die einzig erlösende Kraft des Gottesopfers in Jesus Christus. Sondern es lässt eine Liebe spüren, die von der *Last* der Ahnen gerade befreit; und die im Übrigen auch befreit von der *Last* jenes Moralismus, der an allen Stationen unserer Biographie die Warntafel in Position bringt mit der schrecklichen Aufschrift „Gleich wird es für dich zu spät sein". Beide Befreiungen und die Umwandlung der Last in *Gabe* und des Schreckens in *Hoffnung* verdankt die Welt Jesus Christus. Dass die Kirche hierfür und für ‚wachsende Liebe' steht, begründet auch die weitere Zukunft und universale Bedeutung des Christentums auf der Erde.

Namenregister

Agamben, G. 214
Albertus Magnus 44.130
Alexander v. Hales 140
Althaus, P. 34 f.121
Angelus Silesius 38
Angenendt, A. 198
Anselm v. Canterbury 27
Aristoteles 24 f.27.44 f.120.127–132.138.142.
  162.176
Augustinus 26 f.48.160.162–165
Averroes (Ibn Rushd) 131

Bach, J. S. 107.111 f.117
Barth, K. 19.31.149.157.160.164 f.167 f.170.
  174.232.240
Bayer, O. 52.234
Becker, E. 100
Beinert, W. 204
Benedikt XVI. Joseph Ratzinger 47.233
Berger, K. 204
Bilstein, J. 125
Boethius 165 f.
Bonhoeffer, D. 74.200–203.217
Bosch, H. 204
Brecht, B. 51
Brentano, F. 140
Brüntrup, G. 123
Bultmann, R. 21.35.61–65.121.227
Buridan, J. 130
Busch, W. 220

Calov, A. 33
Calvin, J. 168
Cramer, F. 162
Cullmann, O. 19.168

Dalai Lama 220
Descartes, R. 137
Dietrich v. Freiberg 130
Dostojewskij, F. 105
Drewermann, E. 27 f.
Duns Scotus 49

Ebeling, G. 60.66.232.236
Eccles, J. C. 221
Engelhard, P. 140
Erikson, E. H. 140

Etzelmüller, G. 170
Evers, D. 159–161

Feuerbach, L. 143
Flasch, K. 162 f.
Frankl, V. E. 140
Franz v. Assisi 223
Freud, S. 71.88.94
Fuchs, E. 168.237
Fuchs, O. 219.227–229

Geisser, H. 68
Gephart, W. 28
Gerhardt, P. 97.108.207
Gerhardt, V. 111
Girard, R. 92
Goethe, J. W. 191.194 f.
Greshake, G. 229

Harnack, A. v. 136
Hasenfratz, H.-P. 132.139
Heck, H. 123
Heermann, J. 107
Heidegger, M. 154.156.162
Heidland, H.-W. 68
Heraklit 12.125
Hieronymus 110
Hjelde, S. 231
Hölderlin, F. 164
Homer 132
Huber, W. 231.234
Hübner, J. 168
Huxel, K. 23

Irenäus 58

Jackelén, A. 159
Janowski, J. Chr. 44.218
Janssen, C. 176.191
Jörns, K.-P. 215 f.
Jüngel, E. 25.144
Jünger, E. 222
Jung, C. G. 29.68 f.88–94.102.116

Kaftan, J. 173
Kant, I. 20.56.97.166
Kehl, M. 204.227.235 f.

Kierkegaard, S.   29 f.95.99–101.103.139.145.158
Klages, L.   149
Klessmann, M.   23.121
Kosmann, K. A.   130
Krocil, V.   110
Krockow, Chr. Graf v.   196
Kübler-Ross, E.   204 f.221

Lamparter, H.   37
Lang, B.   236
Lange, D.   196.223.225
Lange, F. A.   18
Lawrence, M.   7
Leeuw, G. v. d.   203
Leibniz, G. W.   72
Leo d. Große   110 f.
Leo X.   131
Lessing, G. E.   221
Lévinas, E.   140.198
Link, Chr.   165
Luther, M.   11.29.51–56.69 f.113.134.168.178.
  188.196.199.205 f.212.217.223

Markschies, Chr.   131
McDannel, C.   236
McTaggart, J. M. E.   21
Mead, G. H.   140
Mell, U.   80 f.87
Metzger, W.   177
Moltmann, J.   168 f.226–229
Mostert, W.   50.71
Mühling, M.   165 f.

Niederbacher, B.   130

Obrist, W.   94
Oetinger, F. Chr.   66
Origenes   40–43.51.229

Pannenberg, W.   103 f.158.173
Parsons, T.   140
Perler, D.   131.140
Picht, G.   160
Platon   18.25.27.29.44 f.124.126–128.131 f.
  137 f.203
Plotin   166
Pomponatius, P.   143
Popper, K. R.   221

Quitterer, J.   22.142

Rahner, K.   19.172 f.
Reischle, M.   134

Ricœur, P.   29 f.
Rilke, R. M.   41
Ringleben, J.   197 f.
Rist, J.   198
Rohde, E.   125
Runggaldier, E.   7.22.130

Sachau, R.   220–222
Sauter, G.   68.230 f.
Schaede, S.   131.202
Schelling, F. W. J. v.   139
Schiller, F.   72 f.
Schindler, A.   145
Schlapkohl, C.   28
Schleiermacher, F. D. E.   31.56–61.69.166.
  188–190
Schmithals, W.   64
Schopenhauer, A.   222
Schroer, S.   133.138
Schweitzer, A.   216
Siger v. Brabant   131
Slenczka, N.   73.199
Sokrates   126.133.181
Sonnemans, H.   124
Spaemann, R.   178
Stange, C.   51.53.131
Staubli, Th.   133.138
Steiner, R.   221
Stock, K.   23
Strasser, P.   171.180
Strauss, D. F.   61
Swinburne, R.   165 f.

Thomas v. Aquino   30.44–51.69 f.130 f.
Thurneysen, E.   69
Tillich, P.   18.70–72
Tolstoi, L.   105
Troeltsch, E.   68

Voltaire, F. M. A.   234

Walser, M.   163
Weeber, M.   57
Welker, M.   149 f.
Wetzel, Chr.   204
Willich, H. v.   189 f.
Winzen, M.   125
Wölfel, E.   161 f.
Wolff, H. W.   135

Yalom, I. D.   196
Yasutomi, S.   169